TRIBUNAIS DE CONTAS, POLÍTICAS PÚBLICAS E UNIDADE LEGÍSTICA

PROBLEMAS E PROPOSTAS DE ATUAÇÃO ACOPLADA NA FISCALIZAÇÃO ORÇAMENTÁRIA PARA A SEGURANÇA JURÍDICA

ANDRÉ LUIZ DE MATOS GONÇALVES

TRIBUNAIS DE CONTAS, POLÍTICAS PÚBLICAS E UNIDADE LEGÍSTICA

PROBLEMAS E PROPOSTAS DE ATUAÇÃO ACOPLADA NA FISCALIZAÇÃO ORÇAMENTÁRIA PARA A SEGURANÇA JURÍDICA

Belo Horizonte

2021

FÓRUM
CONHECIMENTO JURÍDICO

Luís Cláudio Rodrigues Ferreira
Presidente e Editor

Coordenação editorial: Leonardo Eustáquio Siqueira Araújo
Aline Sobreira de Oliveira

Av. Afonso Pena, 2770 – 15º andar – Savassi – CEP 30130-012
Belo Horizonte – Minas Gerais – Tel.: (31) 2121.4900 / 2121.4949
www.editoraforum.com.br – editoraforum@editoraforum.com.br

Técnica. Empenho. Zelo. Esses foram alguns dos cuidados aplicados na edição desta obra. No entanto, podem ocorrer erros de impressão, digitação ou mesmo restar alguma dúvida conceitual. Caso se constate algo assim, solicitamos a gentileza de nos comunicar através do *e-mail* editorial@editoraforum.com.br para que possamos esclarecer, no que couber. A sua contribuição é muito importante para mantermos a excelência editorial. A Editora Fórum agradece a sua contribuição.

Dados Internacionais de Catalogação na Publicação (CIP) de acordo com a AACR2

G643t Gonçalves, André Luiz de Matos

Tribunais de contas, políticas públicas e unidade legística: problemas e propostas de atuação acoplada na fiscalização orçamentária para a segurança jurídica / André Luiz de Matos Gonçalves.– Belo Horizonte : Fórum, 2021.

454 p.

ISBN: 978-65-5518-190-6

1. Direito Público. 2. Tribunais de Contas. 3. Políticas Públicas. I. Título.

CDD 341
CDU 342

Elaborado por Daniela Lopes Duarte - CRB-6/3500

Informação bibliográfica deste livro, conforme a NBR 6023:2018 da Associação Brasileira de Normas Técnicas (ABNT):

GONÇALVES, André Luiz de Matos. *Tribunais de contas, políticas públicas e unidade legística*: problemas e propostas de atuação acoplada na fiscalização orçamentária para a segurança jurídica. Belo Horizonte: Fórum, 2021. ISBN 978-65-5518-190-6.

A Deus, sem o qual nada tem o seu sentido, e à minha família, pelo suporte imprescindível.

LISTA DE ABREVIATURAS E SIGLAS

ADC	Ação Direta de Constitucionalidade
ADCT	Ato das Disposições Constitucionais Transitórias
ADI	Ação Direta de Inconstitucionalidade
ADPF	Arguição de Descumprimento de Preceito Fundamental
AGU	Advocacia-Geral da União
AICPA	*American Institute of Certified Public Accountants*
ATRICON	Associação dos Membros dos Tribunais de Contas do Brasil
CDAs	Certidões da Dívida Ativa
CDC	Código de Defesa do Consumidor
CERDS	Controle Externo com Foco na Redução da Desigualdade Social
CF	Constituição Federal
CMO	Comissão Mista de Orçamento
CN	Congresso Nacional
CNJ	Conselho Nacional de Justiça
CONFAZ	Conselho Nacional de Política Fazendária
CPC/15	Código de Processo Civil 2015
DCL	Dívida Consolidada Líquida
DPE	Defensoria Pública Estadual
ECA	Estatuto da Criança e do Adolescente
EUA	Estados Unidos da América
FAG	Faculdade de Guaraí
FME	Fundo Municipal de Educação
FPE	Fundo de Participação do Estado
FPM	Fundo de Participação dos Municípios
FUNDEB	Fundo de Manutenção e Desenvolvimento da Educação Básica
HC	*Habeas Corpus*
IBDP	Instituto Brasileiro de Direito Público
IBGE	Instituto Brasileiro de Geografia e Estatística
ICMS	Imposto sobre Circulação de Mercadorias e Serviços
IDEB	Índice de Desenvolvimento da Educação Básica
IEGM	Índices de Desempenho da Educação Infantil
INEP	Instituto Nacional de Estudos e Pesquisas Educacionais Anísio Teixeira
INTOSSAI	Organização Internacional de Entidades Fiscalizadoras Superiores
IPI	Imposto sobre Produtos Industrializados
IPTU	Imposto Predial e Territorial Urbano
IPVA	Imposto sobre a Propriedade de Veículos Automotores
IR	Imposto de Renda
ISSQN	Imposto sobre Serviços de Qualquer Natureza
ITBI	Imposto sobre Transmissão de Imóveis *intervivos*
ITCMD	Imposto de Transmissão *Causa Mortis* e Doação
ITR	Imposto Territorial Rural
LACP	Lei da Ação Civil Pública
LC	Lei Complementar

LDB	Lei de Diretrizes e Bases da Educação Nacional
LDO	Lei de Diretrizes Orçamentárias
LINDB	Lei de Introdução às Normas do Direito Brasileiro
LO	Lei Orgânica
LOA	Lei Orçamentária Anual
LRF	Lei de Responsabilidade Fiscal
MP	Ministério Público
MPE	Ministério Público Estadual
MS	Ministério da Saúde
OAB	Ordem dos Advogados do Brasil
PLOA	Projeto de Lei Orçamentária Anual
PNAD	Pesquisa Nacional por Amostra de Domicílios
PNAE	Programa Nacional de Alimentação Escolar
PNE	Plano Nacional de Educação
PNFA	Política Nacional de Assistência Farmacêutica
PPA	Projeto Plurianual
REDEINDICON	Rede Nacional de Indicadores Públicos
RCL	Receita Corrente Líquida
RI	Regimento Interno
RREO	Relatório Resumido de Execução Orçamentária
SAEB	Sistema de Avaliação da Educação Básica
SEPLAN/TO	Secretaria do Planejamento e Orçamento
SICAP	Sistema Integrado de Controle de Auditoria Pública
SICAP	Sistema Integrado de Controle e Auditoria Pública
SIOPE	Sistema de Informações Sobre Orçamento Público em Educação
SIOPS	Sistema de Informações sobre Orçamento Público em Saúde
STF	Supremo Tribunal Federal
STN	Secretaria do Tesouro Nacional
SUS	Sistema Único de Saúde
TAG	Termos de Ajuste de Gestão
TARES	Termos de Acordo e de Regime Especial
TCs	Tribunais de Contas
TCU	Tribunal de Contas da União
UERJ	Universidade do Rio de Janeiro
UNESA	Universidade Estácio de Sá
USP	Universidade de São Paulo

LISTA DE TABELAS

LISTA DE GRÁFICOS

SUMÁRIO

INTRODUÇÃO

A compreensão geral ainda reinante no Brasil de que o orçamento público é meramente um apanhado de receitas estimadas e despesas previstas é demasiadamente superficial. Ao revés, almejar-se-á demonstrar que o orçamento está presente, direta ou indiretamente, instrumentalizando todas as rotinas prestacionais da Administração Pública.[1]

Desse modo, a temática a ser desenvolvida na presente tese de doutorado estará inscrita na moldura da ausência do auxílio do controle externo sobre o planejamento e processamento do orçamento nas políticas públicas notoriamente deficitárias na quadra do contentamento social, ainda que dispondo de densas garantias constitucionais e legais, representativas de obrigações de fazer dirigidas à gestão pública.

A concepção pessoal sobre o problema acima descrito deriva do conhecimento prévio auferido na atuação profissional do autor como procurador-geral do estado do Tocantins e, há mais de cinco anos, como conselheiro do Tribunal de Contas do mesmo ente federado. Neste sentido, revelar-se-á que a descrição das operações de um sistema somente se torna possível pela observação de um sistema pelo outro, argumento alinhado metodologicamente com a técnica de pesquisa denominada de "observador participante", descrita por Gasset (1959), Cardoso (2016) e Gustin e Dias (2014).

O objetivo geral deste trabalho é comprovar que o controle aplicado entre os sistemas organizacionais de justiça, do Ministério Público e do controle externo, incidente sobre o orçamento público, parametrizado na Constituição Federal e em leis nacionais, propicia políticas públicas de boa qualidade.

Já o objetivo específico é utilizar a técnica descrita por Luhmann para o aperfeiçoamento do sistema de controle por meio do acoplamento estrutural, seguindo os parâmetros metodológicos indicados.

---

1 Nesta tese, o termo Administração Pública será utilizado com letras maiúsculas por se tratar de um dos objetos de estudo.

No campo das investigações das ciências sociais aplicadas à ciência jurídica, esta tese possui enquadramento no contexto dos processos mentais voltados ao exame do fenômeno jurídico orçamentário e à sua correspondente fiscalização para a consecução de boas políticas públicas. O tipo metodológico desta pesquisa será jurídico-compreensivo (GUSTIN, 2016), dada a indispensável decomposição do problema que se mostra como de alta complexidade, como foco na projeção e institucionalização de boas práticas orçamentárias, obtidas por meio do acoplamento estrutural fiscalizatório.

Ainda na quadra metodológica, faz-se necessário explicitar que, ao longo da pesquisa, as referências estão sintetizadas usando a técnica de citação denominada de *passim*, que, segundo Lakatos (2017), constitui a observação dos pontos-chave da fonte da pesquisa.

Foi utilizado o método hipotético dedutivo alinhado com a revisão bibliográfica, que demonstra o ineditismo desta tese devido à aproximação da teoria dos sistemas de Niklas Luhmann, possibilitando o aperfeiçoamento dos tribunais de contas.

As escolhas dessas técnicas de pesquisa possibilitaram minudenciar as dificuldades de comunicação entre os sistemas de justiça e de contas, inclusive por este pesquisador se enquadrar na categoria luhmanniana de "observador de primeira ordem", tendo em vista haver a possibilidade de participação ativa do pesquisador nos processos de julgamentos promovidos pelo Tribunal de Contas do Estado do Tocantins, possibilitando o condicionamento.

Esta pesquisa, em diversas passagens, de modo consciente, se servirá de excertos de julgados do Supremo Tribunal Federal, embora a problematização acadêmica, epistemológica como é, se distancie do que deveria ser simples julgamento de caso. Contudo, impõe-se o reconhecimento de que o STF tem ultrapassado com bastante frequência a seara puramente judicante para examinar diversas categorias, como se verá no caso do julgamento dos prefeitos ordenadores de despesas e as competências das cortes de contas. Desse modo, mostrar-se-á inevitável, nos exames de revisão de literatura, a apropriação de construções e desenvolvimentos presentes nos julgados da Suprema Corte.

Intenta-se afirmar, dentro das duas perspectivas de atuações profissionais mencionadas, que, embora produzam resultados diferentes dos obtidos nos processos de auto-observação, facilitam, no ponto médio, uma visão mais aproximada dos pontos ideais de acoplamento para a resolução do problema da pesquisa, ou seja, orçamentos disfuncionados e políticas públicas deficitárias em contentamento social.

Outrossim, motivou o enfrentamento da questão a maior facilidade para a obtenção de dados, considerando que as cortes de contas acompanham a execução orçamentária de forma aproximada e ampla, além da importância teórica e da sua pertinência com as políticas públicas tidas constitucionalmente como essenciais.

Na concepção do campo de validade do presente estudo, almeja-se a generalização teórico-prática do enunciado nuclear da tese, o qual estabelece que deve haver controle acoplado entre os sistemas organizacionais de justiça, do Ministério Público e dos tribunais de contas sempre que a parametrização constitucional e legal nacional causar conflitos federativos decorrentes de violações contidas nas peças orçamentárias com implicações nocivas, especialmente, em políticas públicas estruturantes.

Importa observar, no campo do ineditismo acadêmico, que não há registro sobre a problematização do controle dentro da moldura estabelecida na tese em estudo. No repositório de teses e dissertações da Universidade de Brasília (ANTUNES, 2011; NEIVA, 2011), observa-se que o orçamento é explorado como objeto de pesquisa, mas não sob a ótica fiscalizatória acoplada na teoria dos sistemas em Luhmann.

Existem também outros trabalhos acadêmicos produzidos em universidades (BANHOS, 2012; SILVA, 2000; MENDES, 2017; SIMIONI, 2014; UNGARO, 2014; ASSIS, 2009; AZEVEDO, 2013; CHRISTOPOULOS, 2014; MARTINS, 2013; PASSEROTTI, 2014) que relacionam o orçamento e o Estado nacional, mas sem considerar a fiscalização externa parametrizada nas leis nacionais e, especialmente, na Constituição Federal e com a providência proposta de representação interventiva.

Em decorrência do acesso interno aos procedimentos praticados na Corte de Contas tocantinense, houve a escolha de explicitar a atuação de políticas públicas que são desenvolvidas naquele estado da federação brasileira devido ao acesso a dados e também à possibilidade de se fazerem propostas de melhorias em base nos resultados que serão demonstrados ao longo desta tese.

Contudo, dois pontos metodológicos ainda podem ser aventados: o primeiro é que a situação demonstrada sobre o Tocantins induz a realidade de outros entes federados; o segundo ponto é que, mesmo se utilizando de dados locais, os mesmos foram cotejados com a jurisprudência do Supremo Tribunal Federal, que, em seus julgados, estabelece padrões argumentativos que são analisados ao longo do texto.

É relevante aclarar que as prestações em saúde e educação serão utilizadas como exemplos de políticas públicas essenciais malsucedidas e que o vertente estudo se concentrará especificamente na necessidade da participação efetiva dos sistemas de controle apoiados na unidade legística, sobretudo material, a qual pode projetar seus instrumentos técnicos desde a fase conceptiva da lei orçamentária até a avaliação do seu desempenho na sua execução.

Sendo o orçamento autorizativo de todo o dispêndio e os investimentos públicos fortemente regulado na Constituição Federal (CF) e em diversas leis nacionais, por que não há concentração dos esforços da fiscalização externa a fim de garantir, nas peças orçamentárias, as provisões suficientes e a aplicação adequada para a execução das aludidas obrigações de fazer que se impõem?

A importância da resposta à indagação formulada justifica a pesquisa porque, se a atuação do sistema de controle externo acoplado ao de justiça puder resultar na fixação orçamentária de dispêndios com planejamento científico concretamente voltados às necessidades sociais e com saldos suficientes para o custeio dos gastos derivados dos comandos constitucionais e legais objetivos, haverá uma enorme facilitação do acompanhamento da execução orçamentária, pois, na mesma proporção em que o orçamento deixar de ser mera peça de ficção, haverá ganho de parâmetros objetivos de fiscalização sobre a execução orçamentária.

Buscar-se-á explicitar que a modelagem de elaboração das Leis Orçamentárias Anuais (LOA) não é confiável, pois desprovidas de previsões de receitas e fixação de gastos orientados tecnicamente em graus de prioridade e emprego e voltadas à satisfação das necessidades sociais mais urgentes, com planejamento justificado por parâmetros aferíveis e com efetividade de investimento testada em exercícios anteriores.

Demonstrar-se-á que o apoio na ciência legística, como instrumento para os sistemas de controle, é capaz de resultar em direitos sociais com uma base de custeio segura e planejada, tornando até mesmo, pelo grau de justificação técnica, as intervenções judiciais menos frequentes e com maior grau de precisão.

Cabe prenunciar, anteriormente à apresentação das razões para a ausência das instâncias de controle nas fases de planejamento e conversão dos projetos orçamentários em lei, a existência constitucional de espaço para a atuação do controle *a priori*, ou seja, anteriormente à execução orçamentária, nos casos em que o orçamento padecer de violações a direitos sociais assegurados, sobretudo constitucionalmente e em leis nacionais, podendo, em alguns casos, resultar em ações de representação interventiva promovidas pela Procuradoria-Geral da República com o apoio técnico do Tribunal de Contas da União, ante o estabelecimento do litígio constitucional federativo.

O primeiro capítulo iniciar-se-á exibindo o funcionamento do sistema de controle externo e a possibilidade de acoplamento estrutural com o sistema organizacional de justiça com vistas à redução de complexidades no ambiente das prestações governamentais em políticas públicas, afirmando-se, a este propósito, que o fechamento operacional que naturalmente todos os sistemas possuem não pode representar insulamento.

Os acoplamentos estruturais serão apresentados entre as organizações de justiça e dos tribunais de contas, estes inseridos na moldura do controle externo protagonizado pelo Legislativo como instrumento útil ao emprego conjunto das estruturas de um sistema pelo outro, no sentido da obtenção de ganhos operacionais para os seus próprios processos comunicativos, promovendo assim transformações no ambiente das prestações públicas.

Comprovar-se-á, outrossim, a fuga dos aspectos técnicos, os quais devem ser preponderantes no direcionamento dos recursos públicos; mas, antes, promover-se-á o expurgo das ambiguidades terminológicas, definindo o controle externo brasileiro e evidenciando as consequências da descentralização administrativa e da remodelagem da fiscalização a partir do Decreto-Lei nº 200/67 e do auxílio do controle interno com responsabilidades determinadas no artigo 77 da Lei nº 4.320/64.

O preâmbulo do vertente estudo, abordando o controle externo e interno, tem relevância em face da responsabilidade conjunta e complementar, com preponderância do primeiro, atuante no acompanhamento das metas previstas no Projeto Plurianual (PPA) e na fiscalização da execução orçamentária. Cabe asseverar, igualmente, que o controle interno é o primeiro bastião na defesa dos direitos fundamentais, os quais são inteiramente dependentes do planejamento inserto nas peças orçamentárias e das finanças públicas.

Os apontamentos iniciais sobre a teoria dos sistemas servirão para demonstrar que os sistemas evoluem à medida que se abrem para o ambiente no qual devem atuar, reduzindo, no caso em questão, as complexidades insertas no orçamento submerso no ambiente das políticas públicas.

Traçar-se-ão inicialmente as linhas gerais da codificação nacional sobre direito financeiro, tratadas entre os primeiros temas da presente pesquisa porque a LRF é código geral necessário à manutenção do pacto federativo, figurino determinante para a percepção das disfunções orçamentárias, sobretudo no que diz respeito aos gastos com pessoal, os quais ordinariamente têm origem na violação das normas constitucionais e das leis nacionais aplicáveis, gerando a quebra da isonomia entre os entes federados diante do que o sistema de controle externo aprecia como lícito ou ilícito.

Dentre as desambiguações de maior relevância no primeiro capítulo, a que exprimirá o real significado da palavra "controle" será a mais relevante, tendo em vista que o acoplamento estrutural entre os sistemas de justiça e de controle externo passa pelos pontos de afinidade na moldura da atividade fiscalizatória.

A Lei de Responsabilidade Fiscal é apresentada dentro da conjuntura dos elementos internos que conferem estabilidade e organização interna ao sistema de controle externo. No interior do mencionado sistema, a lei que versa sobre o equilíbrio entre receitas e despesas generaliza as comunicações e exerce um papel fundamental na escolha do que deve ser fiscalizado e, posteriormente, na fundamentação resultante do controle.

Especificamente para esclarecer a qual propósito serve o controle externo, informa-se que a fiscalização dos tribunais de contas é, sobretudo, voltada à consecução, à garantia, dos direitos fundamentais sociais. Para isso, os elementos internos de funcionamento, os quais conferem a devida estabilidade orgânica para o funcionamento das suas operações de controle, possuem ambiente nos campos contábil, financeiro, orçamentário, operacional e patrimonial.

A complexidade do mencionado ambiente multidisciplinar será sempre maior do que a complexidade interna do sistema de controle; contudo, conforme se delineará, os elementos de comunicação interna vão se tornando generalizados, consolidados, ampliando-se a capacidade de diminuição das complexidades exteriores ao sistema e, na mesma medida, é ampliada a possibilidade de acoplamentos estruturais com outros sistemas que atuam no mesmo ambiente, por exemplo, o sistema organizacional de justiça, voltado à promoção de políticas públicas eficientes, eficazes e efetivas quando demandado.

No tocante ao controle externo e interno, tem relevância a abordagem da responsabilidade conjunta e complementar, com preponderância do primeiro, atuante no acompanhamento das metas previstas no Projeto Plurianual (PPA) e na fiscalização da execução orçamentária.

Outrossim, cabe referenciar que, ao longo do texto, curtos excertos históricos contextualizantes sobre o controle externo brasileiro suportarão a problematização da tese. Optou-se por uma abordagem não seccionada, ou melhor, que não representasse de modo concentrado simples incursão histórica autônoma e voltada ao propósito discursivo sobre as diversas fases do controle externo, dado que esse tipo de tratamento seria insignificante para formação desta tese.

Especificamente no tocante à tarefa constitucional do controle externo, serão lançados os primeiros argumentos contrários ao exercício do controle externo fundado unicamente no exame da regularidade, os seja, aquele que atua somente após iniciada a execução orçamentária e com foco na adequação entre os atos praticados pela administração e os aspectos formais previstos no ordenamento administrativo pátrio, *v.g.*, se a licitação não teria violado algum aspecto da Lei nº 8.666/93.

No tocante à interação entre o controle externo e social, será necessário esclarecer que mesmo sistemas complexos, como é o caso do sistema de controle externo, podem sofrer influências externas. Essas influências são relevantes para o desenvolvimento interno do sistema porque ajudam a eliminar obstruções eventuais. Trata-se de um importante mecanismo de imunização complementar contra os pontos cegos no campo da auto-observação.

Relevar-se-á, ainda, que o controle social deve permanecer ativo tanto na fase de planejamento quanto na de execução das despesas públicas, pois é o que preconiza o §2º do artigo 74 da Constituição Federal de 1988, ao afirmar que qualquer cidadão, partido político, associação ou sindicato é parte legítima para, na forma da lei, denunciar irregularidades ou ilegalidades perante o Tribunal de Contas da União e, por simetria, às demais cortes de contas.

No tocante às auto-observações dirigidas ao protagonista do controle externo, verifica-se que o poder político, orientado por interesses eleitorais, promove, eventualmente, disfunções violadoras do Texto Constitucional e de leis nacionais, com especial efeito a Lei de Responsabilidade Fiscal. Nesse sentido, assevera-se não representar intromissão na esfera de competências do Poder Legislativo a correção de rumos a fim de que as leis orçamentárias guardem adequação com a própria Constituição e com as leis que fortalecem a tessitura do pacto federativo.

Far-se-á necessário examinar a Resolução nº 1, de 2006-CN. Tal resolução serve ao propósito regulamentador do §1º do artigo 166 da Constituição Federal, o qual delega à Comissão Mista de Planos e Orçamentos Públicos e Fiscalização o encargo da apreciação das propostas de leis relativas ao orçamento e à sua execução. Nesse diapasão, cabe inteirar que, em grande parte, o funcionamento da Comissão Mista de Orçamento é embaraçado por comandos vagos e confusos contidos na mencionada resolução. É o que se pode inferir das necessárias adequações normativas ao processo orçamentário, sobretudo no que atine aos critérios de admissibilidade das emendas coletivas.

Esperar-se-á, com a descrição, demonstrar que a fiscalização protagonizada pelo Legislativo não corrige com eficiência as falhas do orçamento encaminhado pelo Executivo, mais ainda, que há falhas geradas pelo aludido fiscal. Em um breve exame, far-se-á alusão às dificuldades encontradas para o efetivo apoio técnico dos servidores auxiliares atuantes na CMO e sobre a remota participação do Tribunal de Contas da União nessa fase de elaboração orçamentária.

Sobre as leis orçamentárias, necessário dar ênfase à LDO, a qual funciona como verdadeiro elo entre o PPA e a LOA, de forma a estabelecer a conexão entre um plano de médio prazo com um instrumento viabilizador de execução, o orçamento anual. Outrossim, atenta-se para incontestável preocupação do Constituinte com o planejamento seccionando no tempo.

Ainda no exame das peças orçamentárias, verificar-se-ão concretamente as particularidades anômalas das selecionadas no Estado do Tocantins e concentradas nas políticas públicas de saúde e educação. No entanto, as antecederá um estudo de aspectos basilares voltados aos princípios e conceitos do ciclo orçamentário, oportunidade em que as receitas e despesas orçamentárias serão abordadas.

O primeiro capítulo mostrará que a efetividade da gestão é o eixo central do controle externo europeu e americano, indicando que o maior foco de exame e fiscalização é o resultado das políticas públicas, o contentamento social, obviamente, sem descurar-se da regularidade dos atos de gestão, ou seja, de sua conformidade com a codificação administrativa e com os ditames constitucionais. Lançaram-se, nesta oportunidade do texto, as bases para o exame da legística material aplicada ao orçamento, conforme será abordado mais à frente.

No mesmo sentido, o PPA será retomado como ambiente propício para as reformas gerenciais que necessitam de instrumentos e de mecanismos capazes de medir efetividade, eficácia e eficiência na gestão dos recursos públicos. Desse modo, o ciclo de gestão promovido pela Administração Pública deve avaliar o desempenho de seus programas e redirecionar o planejamento quando for necessário.

Após as notas introdutórias sobre o déficit de planejamento orçamentário a partir do PPA, buscar-se-á evidenciar que os desmandos no manejo dos recursos públicos, com os riscos decorrentes para as políticas públicas, passam com bastante vigor pelas receitas públicas para concluir que são relevantes para a fiscalização externa tanto os dispêndios quanto as receitas, igualmente impactantes nas prestações oferecidas à sociedade.

Também se tratará, na linha da ausência de planejamento, sobre o manejo das rubricas orçamentárias dentro das duas hipóteses de aplicação dos créditos adicionais. Nesse contexto, tem-se que as possibilidades legais apresentadas estão impregnadas, na prática, de acentuada eventualidade, mesmo diante da máxima de que o orçamento deve ser o mais preciso possível.

Sobre o tema das receitas públicas na linha dos desdobramentos dos créditos adicionais, pontuar-se-á que a Lei de Responsabilidade Fiscal estabeleceu no artigo 12 as balizas sobre as estimativas das receitas públicas. Nesse sentido, preceitua que as previsões de receita observarão as normas técnicas e legais, assim como os dados históricos de arrecadação. O §1º do mesmo dispositivo sentencia que a reestimativa de receita por parte do Poder Legislativo só poderia ser admitida se comprovado erro ou omissão de ordem técnica ou legal.

Contudo, observar-se-á que o Legislativo tocantinense não promove as alterações das previsões das receitas com estrito fundamento em erro ou omissão de ordem técnica ou legal. Oportuno compreender que, embora essa seja a tarefa de controle do Legislativo, são indispensáveis o acoplamento estrutural e o esforço conjunto do Tribunal de Contas e do Ministério Público comum junto ao sistema organizacional de justiça, pois, quanto mais elástico em termos de planejamento se apresenta a peça orçamentária, maior o risco de prejuízos para as políticas públicas.

Ainda sob o viés colaborativo entre os sistemas de controle, apresentar-se-á o comando constitucional para aplicação vinculada de percentuais das receitas públicas em políticas públicas estruturantes. Observa-se que o artigo 24, inciso IX, da Constituição Federal indica competência legislativa concorrente para a União, os estados e o Distrito Federal quanto ao desenvolvimento da função educação, ou seja, esses entes devem organizar, em regime de colaboração, os seus sistemas de ensino, conforme anuncia o artigo 211 da CF/88.

Tais apontamentos são relevantes porque o acoplamento estrutural entre os sistemas de justiça e de controle externo passa pelo exame da constitucionalidade das leis orçamentárias, tidas como inconstitucionais em face de aplicações ou previsões de recursos com parâmetros diversos dos determinados na CF e, por derivação, nas leis aplicáveis em cada política pública e, sobretudo, na Lei de Responsabilidade Fiscal.

Buscar-se-á assentar que as leis orçamentárias se materializam em fontes primárias de aplicação da própria Constituição, de modo que, em face disso, reúnem caraterísticas que possibilitam o controle de constitucionalidade em processos objetivos, com especial efeito os limites traçados para gastos em saúde e educação contrapostos com os dispêndios em pessoal ativo e inativo dos estados e municípios, referenciais no exame do tema.

Os mencionados limites mínimos para saúde e educação, insculpidos nos artigos 212 e 198, §3º, da CF e, especificamente, na função saúde, na Lei Complementar nº 141/2012, na qual são tratados os valores mínimos a serem aplicados anualmente nas três esferas de governo em ações e serviços públicos de saúde, são apresentados nos pareceres prévios expedidos pelos tribunais de contas como fonte de informações a serem processadas, eventualmente, no interior do sistema organizacional de justiça para correção das disfunções orçamentárias que deságuam em forma de prestações públicas insatisfatórias nas varas da fazenda pública. Trataram-se nessa quadra da pesquisa as primeiras linhas sobre o acoplamento estrutural.

Infraconstitucionalmente, no campo das leis nacionais, apresentar-se-á a Lei nº 8.080, de 1990, como um código para a fixação dos fundamentos da política pública para a recuperação da saúde, organização e funcionamento da prestação estatal. Neste campo, revelar-se-á que o próprio pacto federativo se vulnera quando leis nacionais ou a própria Constituição são inobservadas.

Sublinha-se no texto da Constituição um sistema de controle de legitimidade, uma espécie de figurino que deve orientar os atos estaduais, os princípios constitucionais sensíveis, artigo 34, VII, c/c 36, III, da CF. Diante desse contexto, apresentar-se-á o antecedente necessário de inobservância dos deveres constitucionais, nascendo, portanto, a possibilidade de ação de representação interventiva junto ao STF, em debate no último capítulo do estudo.

Em síntese, no primeiro capítulo se analisará o espaço interno do sistema de controle externo para evidenciar as configurações estáveis em face dos elementos desestabilizadores com vistas à facilitação de uma comunicação simbolicamente generalizada, redutora de complexidades do ambiente das prestações públicas e facilitadora de acoplamentos estruturais com outros sistemas, com ênfase para o de justiça.

O segundo capítulo se iniciará buscando examinar a intervenção judicial nas políticas públicas e as suas consequências irradiantes sobre o orçamento público planejado pelo Executivo. É importante perceber que o aludido tópico não promoverá defesa antagônica ao Judiciário em face dos seus julgados; *a contrario sensu*, o que se busca é a preservação do orçamento, ainda que debilitado por inúmeros vícios, na parcela aproveitável.

Ele lançará os primeiros fundamentos para a apresentação do acoplamento estrutural entre os sistemas de justiça e de controle externo, o qual será apresentado com mais clareza no último capítulo. Neste intento, importa perceber que, entre os dois mencionados sistemas, não há aproveitamento das estruturas de funcionamento um do outro, ainda que atuem conjuntamente no ambiente das políticas públicas.

Será necessário mostrar que os processos comunicativos de um sistema, os quais deveriam aparecer, ou seja, migrar para o outro, como ferramenta auxiliar de funcionamento, na verdade sequer são observados. Desse modo, a complexidade operacional de cada sistema fica insulada, isolada, e não contribui de modo associado para a mitigação das complexidades do ambiente de convergência.

A legística será apresentada na presente pesquisa como um meio facilitador de ampliação dos processos comunicativos entre os sistemas de justiça e de controle externo no ambiente orçamentário. O texto buscará esclarecer, na quadra desta temática, que, mesmo diante da peculiaridade dos processos comunicativos, é possível organizar no interior dos mencionados sistemas um meio simbolicamente generalizado fundado na legística, conferindo, assim, unidade na fiscalização orçamentária, sobretudo no que atine as violações dos comandos constitucionais e legais nacionais.

O intento da inserção da legística direcionar-se-á à apresentação de respostas teóricas para a problematização das políticas públicas, que é eminentemente de conteúdo coletivo. Em outros termos, a efetividade das políticas públicas depende da mencionada problematização sobre os direitos fundamentais; trata-se, então, da exigência de decisões orçamentárias racionais com o intuito de se evitarem contradições performativas.

A unidade legística trata, outrossim, da teorização das receitas, as quais necessitam de antídotos contra os frequentes voluntários nos gastos tributários. Apresentar-se-á, nesse campo, a necessidade da densificação normativa orçamentária para concessão desses benefícios que minguam a base de cálculo na qual devem incidir os percentuais mínimos de aplicação em saúde e educação.

Por certo, na medida em que a pesquisa parte da inequívoca compreensão de que todo o dispêndio público e, por via de consequência, as políticas públicas dependem da higidez das leis orçamentárias, procurar-se-á estimular uma reflexão sobre a efetividade de intervenções judiciais que não trazem considerações sobre a maior fração do problema, a necessidade de reparos nas disfunções orçamentárias que dão causa às políticas públicas deformadas.

Como evidência dos desencontros de parte das decisões judiciais sobre questões orçamentárias, a pesquisa abordará, *v.g.*, bloqueios judiciais; incidentes sobre a fonte 247 (atenção primária), em percentual correspondente à totalidade dos recursos orçamentários voltados à resolução dos problemas de saúde mais frequentes da população, comprometendo a garantia aos cidadãos pelos princípios da universalidade, integralidade e equidade.

Nesse estágio, a pesquisa se empenhará na apresentação de um método decisório redutor de complexidades que parta da premissa de que o orçamento exerce um papel dúplice de margem legal autorizativa e de parâmetro fiscalizatório para todo o sistema de controle. Além disso, a vigilância fundada na reparação orçamentária retira o casuísmo decisório de demandas individuais na medida em que possui impulso replicador para casos similares de déficits de efetividade em políticas públicas.

Será relevante mencionar que, em todas as hipóteses, o controle orçamentário sempre estará restrito às balizas constitucionais e legais objetivas. A propósito dessa linha de compreensão é que são destacadas as funções saúde e educação, as quais são protegidas por princípio constitucional sensível estipulador de percentuais mínimos fixados a partir da receita corrente líquida de cada ente e fartamente reguladas no campo infraconstitucional.

O primeiro tópico do segundo capítulo ocupar-se-á, outrossim, do lançamento das primeiras sementes do que será mais intensamente tratado no terceiro capítulo: a real necessidade do combate ao fechamento operativo absoluto e à promoção do acoplamento institucional no sentido da reunião das aptidões e competências entre as instâncias de controle.

Luhmann (2016) inspirará as reflexões nesse momento, na medida em que auxiliará a idealização de um código de licitude e ilicitude capaz de construir, a partir da Constituição e de leis nacionais específicas, um roteiro controlável e de observância compulsória por ocasião da elaboração orçamentária, permitindo uma atuação acoplada da fiscalização em sentido amplo.

Tais elementos do sistema – instâncias do sistema de controle –, segundo almeja-se demonstrar, não possuem existência útil de forma inteiramente independente ou isolada, pois devem ser parte de um todo. Se assim for, defende-se que o sistema passará a prover sua própria alimentação (*autopoiesis*), sustentará suas próprias estruturas e será capaz de influenciar o planejamento, a elaboração orçamentária e a execução de políticas públicas.

No entanto, há que promover correções, pois também os tribunais de contas ainda não dispõem de um meio uniforme para aplicações de sanções e imputações de débito voltadas a reparações de prejuízos causados ao erário, ou seja, essa ausência de parâmetros é também um ruído complicador para as comunicações inteligíveis entre as instâncias de controle judicial e administrativa.

Outrossim, conjecturar-se-á que a codificação de linguagem muito particular às cortes de contas, somada a defeitos como os mencionados, acaba por desaguar em soluções judiciais mitigadoras das competências necessárias para o exercício do poder de fiscalização atribuído constitucionalmente aos tribunais de contas.

A pesquisa abordará os meios de obtenção de informações empregados pelas cortes de contas, tais como as auditorias e inspeções, as quais são fundamentais para o exercício do controle externo. A compreensão do planejamento orçamentário, defeituoso ou não, tornar-se-á simplificada a partir do tratamento dos dados realizado nos pareceres prévios expendidos, no julgamento das contas dos ordenadores de despesas e nas informações cruzadas nos mais diversos relatórios contábeis sobre a execução da despesa pública. Decisões judiciais dependentes da visão real entre a reserva do possível e o mínimo existencial podem ser facilitadas.

Organismos internacionais, tais como a Organização Internacional de Entidades Fiscalizadoras Superiores (INTOSAI), serão empregados na pesquisa como entidades parametrizantes de um novo modelo de fiscalização voltado ao controle de desempenho das políticas públicas, com enfoque na economicidade, eficiência e efetividade das prestações públicas.

Pode-se afirmar que os argumentos a serem considerados no primeiro tópico do segundo capítulo se esforçarão para alertar que a crescente intervenção judicial será cada vez mais intensa se a raiz do problema não for atacada, ou seja, o deficitário planejamento público sobre políticas públicas essenciais. Sem que haja esforço concentrado no núcleo do problema apresentado, tudo será apenas reação inútil em face do descontentamento explícito (os que intentam demandas) e implícito (os que apenas sofrem as consequências).

Na sequência da exposição dos argumentos, a pesquisa debruçar-se-á sobre o acesso individual à justiça nas demandas por medicamentos. O que se verificará são as disfunções e impactos gerados no planejamento orçamentário por decisões judiciais movidas por um senso desequilibrado pela comiseração e sem a precisa compreensão do alcance orçamentário dos princípios da universalidade e da integralidade dos tratamentos na função saúde.

Não se olvidará que as possibilidades de dispêndio necessárias ao custeio da saúde derivam das receitas arrecadadas, isto é, a coletividade paga e os seus representantes eleitos estabelecem, por meio do orçamento, o planejamento fundado nas prioridades sociais. O artigo 196 da CF também associa o direito à saúde às políticas sociais e econômicas para que seja possível assegurar a universalidade das prestações com isonomia de atendimento, sem que o acesso ao Judiciário seja fator preponderante.

Após a tratativa do acesso individual à justiça por prestações em saúde e educação, intentar-se-á demonstrar que, se ao Judiciário cabe substituir a vontade executiva nessas funções públicas, também caberá a este o ônus do exame das consequências orçamentárias das decisões que toma, considerando os demais interesses titularizados por toda a coletividade. As decisões em demandas individuais, embora importantíssimas, não são capazes de resolver questões comezinhas, *v.g.*, saldos de almoxarifado nos fundos de saúde municipais, os quais funcionam com estoques zerados nos fins de cada exercício, causando desabastecimentos em comunidades inteiras.

Se o controle externo tem meios insuficientes para a imensa demanda fiscalizatória, deve agir com prioridades escalonadas em temas com efeitos irradiantes em atendimento coletivo e, metodologicamente, com inteligência; caso contrário, cada remédio não encontrado, cirurgia desmarcada ou exame não realizado terá de *per se* potencial para converterem-se em demandas no Judiciário.

Verificar-se-á que a microjustiça em detrimento da macrojustiça resulta em prejuízos na medida em que trata individualmente problemas que são coletivos. Para tornar concreto o argumento, exibe o caso das cirurgias cardiacopediátricas nos exercícios de 2016 e 2017 no estado do Tocantins.

Mas não só, o estudo buscará demonstrar que decisões individuais, substitutivas do mérito administrativo, não trazem consigo o encargo das difíceis escolhas alocativas derivadas da intransponível limitação orçamentária, além de não se preocuparem com os percentuais mínimos de investimento em saúde e educação (artigos 198, §2º, e 212) e com o custeio da seguridade social.

A fim de antecipar a compreensão do argumento que se almeja demonstrar, no ano de 2016 o MP propôs, no estado do Tocantins, nove demandas coletivas e, no mesmo ano, o número de demandas individuais propostas foi superior a 1.300 (mil e trezentos). Nos anos que se seguiram, houve ampliação dos números, o que prova que as demandas voltadas para a coletividade vergam diante da resolução de casos individuais, que consomem uma parte importante do orçamento existente e desorganizam as políticas públicas como um todo.

A Lei nº 13.655/18, Lei de Introdução às Normas do Direito Brasileiro (LINDB), especificamente no artigo 21, fala da obrigatoriedade dirigida aos julgadores de qualquer espécie de, ao invalidar um ato, contrato, ajuste, processo ou norma administrativa, indicar de modo expresso as consequências jurídicas e administrativas da decisão tomada. Como se verá, trata-se de colocar o controlador nas mesmas circunstâncias do controlado, de experimentar a realidade diante da lei e da Constituição.

Na sequência, ainda no segundo capítulo, aspectos ligados às constantes mitigações de poderes conferidos historicamente aos tribunais de contas serão apontados como causa contribuinte da falência fiscalizatória externa que faz aportar no Judiciário tantas demandas. Em primeiro plano, o RE nº 848.826/DF, que transfere os exames das contas dos prefeitos ordenadores de despesas para as câmaras de vereadores e, em segundo plano, curso jurisprudencial que marcha para a anulação do verbete da Súmula nº 347, a qual permite o controle incidental, pelas cortes de contas, de leis inconstitucionais com aptidão para causar dano ao erário.

Recorrer-se-á, ainda, ao exame voltado à ação ministerial na política pública de saúde. Nesse contexto, será possível observar que, mesmo sendo o orçamento autorizativo de todos os gastos, segundo se depreende de declaração da Procuradoria-Geral do Estado, inexiste na história recente qualquer questionamento sobre alocação de recursos para a satisfação de políticas públicas urgentes na função saúde.

Segundo os dados obtidos em prestações de contas junto ao TCE e na Secretaria de Saúde do Estado do Tocantins, verificar-se-á que, a cada ano, as intervenções judiciais se avolumam e as deficiências orçamentárias e financeiras persistem. Os bloqueios judiciais com parâmetros indiscriminados atingem fontes com elevado grau de risco para a sociedade e, com muita frequência, interrompem prestações públicas indispensáveis.

Com efeito, apresentar-se-ão argumentos e dados que comprovam a incomunicabilidade das instâncias de controle, além de se atestar o pouco interesse por intervenções capazes de corrigir o dispêndio público por meio de dados contidos nas prestações de contas, de informações contidas nos bancos de dados dos tribunais de contas e, até mesmo, nas habituais recomendações minudenciadas na quadra das funções saúde e educação.

O terceiro e último capítulo buscará demonstrar que a teoria dos sistemas, em Luhmann, pode ser empregada com sucesso na fiscalização orçamentária a partir do emprego associado de tecnologias as quais não são apenas jurídicas, mas multidisciplinares. Os sistemas organizacionais de controle externo, do Ministério Público e da Justiça compartilham o mesmo ambiente caótico das políticas públicas, que necessita da redução das suas complexidades para que haja maior efetividade nas prestações governamentais.

A teoria sistêmica de Luhmann revela o direito a partir do conceito de norma, das expectativas normativas e cognitivas, bem como o código lícito e ilícito. Desse modo, o direito é um sistema cuja função é a manutenção das expectativas encerradas nas normas jurídicas, proporcionando estabilidade mesmo diante de eventuais violações. Para a redução das aludidas complexidades, os acoplamentos estruturais entre os sistemas organizacionais mencionados necessitam de estruturação a partir dos processos comunicativos.

Avançando nesse contexto, a legística será apresentada como um modelo teórico capaz de promover avaliações, inclusive de impacto normativo, ou seja, por meio desse instrumento técnico e metodológico, as políticas públicas podem ser observadas no plano real e a partir do orçamento, calibrando-se, dessa forma, o impacto que as leis orçamentárias possuem e promovendo arranjos institucionais progressivos para a mitigação das frustrações dos preceitos normativos.

No curso do terceiro capítulo, tratar-se-á do déficit de poder de coerção experimentado pelas cortes de contas, sobretudo nos julgamentos decorrentes dos exames das contas de ordenadores de despesas, cuja competência é distribuída constitucionalmente. Nessa linha, criticam-se as constantes reformas das decisões exaradas pelo controle administrativo, as quais, com muita frequência, são alteradas pelo sistema organizacional de justiça em face da incompreensão decorrente dos códigos diversos de linguagem entre o Poder Judiciário e os tribunais de contas.

Ao abordar o significado, dentro da teoria dos sistemas, de acoplamento estrutural, o qual possui na Constituição Federal e nas leis nacionais dupla referência semântica, explicar-se-á que os sistemas organizacionais, como é o caso do Ministério Público, do Judiciário e dos tribunais de contas, devem atuar no sentido de que as normas orçamentárias respeitem, por exemplo, os mínimos constitucionais de aplicação em saúde e educação, bem como o limite de gastos com pessoal, respectivamente, sob pena de quebra do pacto federativo por ofensa ao princípio da isonomia entre os estados-membros.

O novo Código de Processo Civil será também apresentado como um processo comunicativo que pode coexistir nos sistemas de referência acoplados. Com efeito, os sistemas organizacionais, com suas regras de funcionamento, ainda que particulares, segundo será demonstrado no estudo, podem compartilhar esse código de validade/não validade como meio de universalidade, ampliando com mais força as vias de comunicação.

A metodologia de controle exercida pelos tribunais de contas tem elevada amplitude, pois se dedica à fiscalização orçamentária, financeira, patrimonial e operacional, ou seja, há concreta possibilidade de emprego desses dados na correção do orçamento, sobretudo em saúde e educação – políticas com elevada densidade normativa constitucional – a partir dos percentuais objetivamente postos na Constituição Federal e em leis nacionais sobre as aludidas funções.

Por meio dos dados analisados, concluir-se-á que, desacoplados como são os sistemas organizacionais de justiça, de controle externo e do Ministério Público, estão sempre decidindo com informações incompletas, o grau de certeza é sempre parcial. Desse modo, a transferência racional de informações por meio da adoção, no que for próprio, do CPC/15, mostrar-se-á capaz de orientar decisões consistentes, ainda que em ambientes de elevada complexidade, por meio da legitimação pelo procedimento e da integração regrada ou em cooperação, tornando as rupturas entre os sistemas organizacionais de justiça e de controle externo menos prováveis.

Ainda tratando do aproveitamento da legislação processual civil, os precedentes revelar-se-ão como um meio redutor da insegurança jurídica na medida em que conferem integridade aos sistemas por meio da uniformização ou universalização de decisões que tenham como tronco comum as mesmas razões de decidir. Desse modo, os precedentes, enquanto instrumentos de realização do próprio direito, sobretudo os direitos fundamentais, desvelar-se-ão na pesquisa como ferramentas para uma visão mais concreta das decisões do controle externo, mais próxima da realidade e, portanto, facilitadora dos processos comunicativos entre quem planeja as políticas públicas, aprova tais políticas e as fiscaliza.

Após demonstrada a importância dos precedentes para os acoplamentos estruturais, examinar-se-á outro canal de aproximação entre os sistemas de justiça e de controle externo: as sanções administrativas. Explicita-se que, nas observações recíprocas entre os sistemas, é necessário que um sistema possa identificar, no ambiente dos processos comunicativos, a rede recursiva de premissas que direciona com frequência as decisões.

Como o enfoque principal da pesquisa se direcionará ao planejamento e à execução orçamentária, as questões mais relevantes versarão sobre as sanções decorrentes de execuções de despesas sem crédito orçamentário (artigo 167 da CF), abertura de créditos adicionais (especiais, suplementares) sem autorização legislativa (artigo 167, V, da CF), sem indicação de recursos correspondentes (artigo 167, V) ou de forma ilimitada (artigo 167, VII); além disso, a inclusão de novos projetos na LOA sem que sejam atendidos os em andamento, bem como a elaboração das peças orçamentárias em desacordo com os preceitos constitucionais.

Contudo, observar-se-á que, nas dosagens das sanções em decisões do TCE/TO e até mesmo do TCU nos termos das amostras coletadas, o que há é uma importante ausência de parâmetros, tornando impossível o controle, até mesmo judicial, dos critérios de aplicação dessas sanções administrativas.

Os aspectos sancionatórios nesta parte da pesquisa servirão ao propósito de evidenciar que o isolacionismo jurídico é danoso. O sistema de justiça não pode funcionar sem aproveitar as potencialidades do sistema de controle externo. Em se tratando da aplicação da ciência jurídica, impõe-se a delimitação de sentido do que é racionalmente discursivo. Os acoplamentos estruturais, enquanto *tecnologia jurídica*[2] sancionatória, são os instrumentos de estabilização e realização do próprio direito.

A última parte da pesquisa buscará conferir concretude à proposta de acoplamento estrutural a partir do interesse da União no equilíbrio fiscal no contexto da ordem jurídica nacional. Em outros termos, nesta parte da pesquisa verificar-se-ão os interesses da União, não como pessoa jurídica de direito público interno, mas como ente aglutinador dos interesses da universalidade dos membros da federação na aplicação isonômica da Constituição e da LRF no planejamento e na execução orçamentária.

Com efeito, a representação interventiva fundada em levantamentos do TCU, em atuação acoplada com a Procuradoria-Geral da República frente ao Poder Judiciário, buscará a correção das disfunções orçamentárias causadas por inconstitucionalidade e ilegalidades perpetradas nas peças orçamentárias, exteriores, portanto, do abrigo da separação dos Poderes.

---

[2] COUTINHO, Diogo. O direito nas políticas públicas. *In*: MARQUES, Eduardo (Org.). *A política pública como campo disciplinar*. São Paulo: Unesp, 2013. p. 181-200.

A construção referenciada basear-se-á na premissa de que o equilíbrio fiscal é indispensável para o custeio das políticas públicas. Assim, com esteio na divisão das competências constitucionais, pretende-se, nesta última parte do estudo, apresentar um modelo acoplado de relações interorganizacionais voltado ao objetivo final da promoção de prestações públicas de boa qualidade.

CAPÍTULO 1

ASPECTOS DIMENSIONAIS DO SISTEMA DE CONTROLE EXTERNO

O vertente capítulo volta-se aos lineamentos da interferência do sistema de controle externo no ambiente caótico das políticas públicas, que experimentam substanciais prejuízos nos índices de efetividade em razão do elevado déficit de planejamento orçamentário que parte das propostas do PPA, da LDO e da LOA, formuladas pelo Poder Executivo e que são recebidas com assentimento pelo Legislativo, convertendo-se em leis ineficientes no que tange às prestações públicas.

Outrossim, segundo o ângulo sistêmico, serão identificados os sistemas de controle externo e de justiça, ambos com atribuições constitucionais voltadas à mitigação da aludida complexidade a partir da seleção de elementos que compõem o espaço organizado interno de cada um deles (LUHMANN, 2016).

1.1 O acoplamento estrutural entre os sistemas de justiça e de controle externo

O artigo 70 da Constituição Federal, referindo-se ao plano federal, prevê que a fiscalização externa será, quanto à natureza, contábil, financeira, orçamentária, patrimonial e, no atinente à responsabilidade, será exercida pelo Congresso Nacional. Em seguida, o artigo 71 do Texto Constitucional esclarece que o sistema de controle externo é bipartido, ou seja, é protagonizado pelo Legislativo, mas com o indispensável "auxílio" técnico do Tribunal de Contas da União, sem embargo da simetria constitucional do artigo 75 da CF, que estende o modelo aos demais entes da Federação.

Desse modo, para a adequada compreensão da mencionada atividade, forçoso o exame do sistema de controle externo e, nos termos do que este estudo propõe, faz-se necessária a compreensão do que representam os sistemas no contexto da teoria de Niklas Luhmann, a fim de que tais compreensões possam ser empregadas quando em análise o acoplamento estrutural entre o sistema de controle externo e o sistema de justiça.

Dentro do convívio em sociedade são múltiplas as operações, atividades e ações, de modo que a função dos sistemas é reduzir as complexidades a partir de espaços organizados internamente, fragmentando o todo e diferenciando cada sistema do ambiente em face da aludida organização interna, reprise-se, em um esforço de delimitação de fronteiras.

Nos sistemas, haverá o desenvolvimento das operações internas de organização do espaço, estas voltadas à leitura das informações do ambiente. No interior de cada sistema, formam-se meios de comunicação simbolicamente generalizados. É possível afirmar que tudo que ocorre em sociedade é parte de um sistema ou de um ambiente caótico; desse modo, quando um sistema experimenta uma transformação, o ambiente também a suportará, assim como os outros sistemas que interagem com o mesmo ambiente.

A interação dos sistemas sociais com o ambiente e com outros sistemas ocorre por meio dos acoplamentos estruturais. Sistemas consolidados possuem elevada organização interna, o que os diferenciam com mais clareza nas relações com o ambiente. Trata-se do fechamento operacional, peculiar a todos os sistemas.

Da *autopoiesis*, geração interna dos elementos de cada sistema para o seu funcionamento, nasce a autorreferência derivada do fechamento operacional. Concretamente, o sistema de controle externo funciona a partir dos elementos intrínsecos de incidência sobre as peças orçamentárias, os percentuais constitucionais mínimos de aplicação em políticas públicas, enfim, tudo concretizado no conteúdo dos pareceres expedidos pelas cortes de contas para o exame do Parlamento.

Essas operações internas referenciadas são compostas de processos comunicativos exclusivos e, com isso, a identidade do sistema é gerada. Com efeito, em cada processo comunicativo há um código binário do que é lícito ou ilícito, e estes serão os pressupostos de funcionamento. Por exemplo, dentre as leis orçamentárias serão lícitas as que guardarem um encadeamento lógico do Plano Plurianual até a Lei Orçamentária Anual.

Serão lícitas as aplicações fundadas nos mínimos constitucionais que estejam no rol de aplicações passiveis de contabilização para formação dos percentuais, *v.g.*, uma estrada na porta de uma escola não representará um investimento na manutenção e desenvolvimento da educação a ser contabilizado, pois ilícita tal inclusão à luz da codificação do sistema.

Contudo, o fechamento operacional não pode significar um sistema autopoiético que opere como se não houvesse nenhum ambiente (LUHMANN, 2002). Desse modo, a troca de informações com o sistema de justiça não implica contradição na medida em que por fechamento operacional não se pode compreender insulamento. As operações típicas de cada sistema restam preservadas dentro de cada um deles.

A coleta de dados, pelo sistema de controle externo, sobre a execução orçamentária em diversas políticas públicas, ano após ano, consubstancia informações de utilização interna e forma o processo comunicativo em comento. Tem-se, destarte, que os sistemas se fortalecem internamente na medida em que se abrem para o ambiente, ampliando cada vez mais a sua possibilidade de alterar a realidade do ambiente, aqui categorizado como aquele em que as políticas públicas essenciais são prestadas.

O sistema de controle externo, tal como exposto alhures, possui um processo comunicativo próprio fundado em operações que se traduzem em informação, participação e compreensão. A informação é gerada no circuito binário do válido ou inválido como elemento de comunicação; após, haverá uma seleção de palavras capazes de identificar a informação devidamente estruturada e, em seguida, a compreensão na qual processos comunicativos anteriores serão preparados para conectar-se com novas estruturas.

Na medida em que esse repertório de informações vai alcançando consolidação e generalização, ele passa a ser cada vez mais conhecido pelos demais sistemas, tornando assim os processos comunicativos cada vez mais prováveis, eficazes e úteis na busca pela diminuição das complexidades do ambiente.

Importa afirmar que as informações existentes no sistema de controle externo, com amplo conjunto de possibilidades, existentes no próprio sistema ou no ambiente de atuação, importam muito ao sistema de justiça, no qual desaguam questões sobre prestações em políticas públicas. É de fácil constatação que a fiscalização da execução orçamentária acaba notificando o sistema de controle administrativo, o que proporciona a sua participação mais acentuada na seleção das informações úteis.

A compreensão incidente sobre as informações orçamentárias gera elementos novos ao sistema, que constituem pressuposto para a formação de outros. É dizer, se determinada informação versa sobre o aumento dos gastos com pessoal, a mesma informação poderá gerar um novo elemento sobre o que representa a receita corrente líquida e as derivações decorrentes do conceito dentro do código binário lícito e ilícito capaz de provocar o incremento indesejado de gastos, ou seja, a primeira informação apresenta-se como requisito da segunda.

É necessário aclarar, embora seja até certo ponto intuitivo, que as mensagens, nos processos comunicativos de concretização, necessitam ser complementadas e validadas a fim de que sejam convertidas nas enunciações que subsidiarão o próprio sistema por meio de um histórico de premissas.

Os sistemas possuem meios de controle interno. Trata-se aqui da verificação dos critérios para a seleção dos processos comunicativos e, a partir desses critérios, serão definidas as operações aceitas como válidas. É relevante compreender que não se trata do código de licitude e licitude, mas do que se submeterá a esse código. Existe aqui uma relação de complementariedade.

Os programas finalísticos coordenam as operações para determinados resultados. As seleções serão feitas com um propósito voltado a determinado fim, que, na quadra do controle orçamentário, poderá representar a submissão ao código binário de aspectos relacionados à regularidade da execução orçamentária ou até mesmo dos resultados das políticas públicas. No último caso, o acionamento da sensibilidade do sistema se faz por meio das auditorias operacionais, consoante se examinará ainda neste capítulo.

É relevante compreender que a formação dos processos comunicativos é contingente, é dizer, os processos comunicativos internos não podem ser inteiramente definidos *a priori*, pois a cada momento determinadas informações tidas como certas segundo o código binário podem sofrer drásticas alterações. Essas compreensões são extremamente aplicáveis no ambiente das políticas públicas, considerando-se o elevando grau de indeterminação das necessidades sociais.

Em outros termos, dentro da teoria dos sistemas, as contingências representam antídotos que visam proteger contra a improbabilidade da comunicação do espaço desorganizado, externo ao sistema. Contudo, o repertório das decisões anteriores resulta na redução do limite do racionalmente discursivo, o que é útil do ponto de vista orçamentário porquanto evita voluntarismo.

1.2 Os sistemas de controle e as observações recíprocas

Para que determinado sistema possa ser descrito, é necessário que as suas operações tenham sido observadas externamente, ou seja, de fora para dentro. Também é verdade que a descrição das operações de um sistema depende muito do sistema que o observa, de acordo com o seu código de validade ou invalidade.

Desse modo, é possível que o sistema de justiça, ao examinar o sistema de controle externo, descreva resultados diferentes da auto-observação realizada pelo sistema de controle administrativo. Sobre a questão, no segundo capítulo deste estudo, serão apresentadas algumas decisões judiciais, sobretudo a que transfere o julgamento das contas dos prefeitos ordenadores de despesas dos tribunais de contas para as câmaras de vereadores, que são empregadas como meios de comprovação do que ora se afirma.

No campo da auto-observação, tida como expressão da racionalidade do sistema, este capítulo aponta alguns elementos reveladores da estrutura do sistema de controle externo, mais especificamente quanto ao protagonista do controle, o Parlamento, ao tratar das emendas de apropriação, que serão aqui examinadas.

As distinções entre os elementos internos e externos, especificamente quanto ao reconhecimento das informações que "vêm de fora", são úteis para que os sistemas de justiça e controle externo mantenham a sua integridade, ou seja, para que os elementos que se originam de outro sistema não sejam tratados ou empregados com o sentido original, redundando em sistemas superpostos, o que não se deseja até mesmo em razão da formatação constitucional.

O acoplamento estrutural somente é possível quando a relação com o ambiente – no caso, o ambiente prestacional das políticas públicas – realiza-se com fundamento em elementos organizados, ou seja, considerando a necessidade da sua própria manutenção. Cabe prenunciar, sobre o que será tratado no terceiro capítulo, que o emprego da ciência legística é também uma maneira para alcançar descrições de outros sistemas, comparando as observações que são levadas a efeito pelos próprios sistemas de interesse, de justiça e controle externo.

1.2.1 Sistemas acoplados e as reduções de complexidades do ambiente

Inicialmente, cumpre esclarecer que os sistemas de justiça e de controle externo são organizacionais; desse modo, o que há de mais relevante não é o código binário de comunicação, já que a lei o define, na maior parte dos elementos, apontando o que é lícito ou ilícito. Na verdade, o principal critério é o de pertencimento, ou seja, membro ou não membro de cada uma das organizações. Assim, é possível estender o argumento afirmando que, para além da codificação, as vias de comunicação têm fundamental relevância.

Nos sistemas organizacionais, é marcante a existência de programas com definições de objetivos e metas condicionadas e, dentro de cada um deles, as condições com as quais as metas devem ser atingidas. No que tange ao acoplamento estrutural entre organizações, é relevante esclarecer que um sistema utiliza estruturas do outro para operar seus próprios processos comunicativos, o que se dá, por exemplo, quando eventualmente um juiz solicita ao Tribunal de Contas cópias de auditorias ou inspeções.

Quando existe o acoplamento estrutural, um sistema passa a ser para o outro algo além de informações do ambiente externo. O processo comunicativo de um passa a operar no outro como uma ferramenta auxiliar de funcionamento, que é o objeto da presente pesquisa, ou seja, provar que a atuação acoplada entre os sistemas de justiça e de controle externo pode reduzir as complexidades de planejamento e execução orçamentária, promovendo transformações no ambiente das prestações públicas.

Contudo, cumpre esclarecer que os processos comunicativos de um sistema não passam a ser o do outro sistema, não se trata disso. A partir do funcionamento das operações, o significado se constrói dentro do próprio sistema. Voltando ao exemplo das auditorias e inspeções, essas operações dentro do sistema de justiça passarão a ter um significado próprio no ambiente das ações civis públicas que tramitam nas varas da fazenda pública.

Os acoplamentos estruturais possuem muita relevância porque as informações processadas em um ambiente de sistema organizado podem ser empregadas de forma reproduzida no sistema de destino, mas com a preservação da sua identidade por meio do fechamento operacional, mantendo, portanto, o processo de cognição.

Possui relevância compreender, outrossim, ser insignificante que um sistema conheça os processos comunicativos do sistema do qual tomou por empréstimo as estruturas de comunicação, é dizer, ao processar a execução de um título extrajudicial produzido por um tribunal de contas (artigo 71, §3º, da CF), o sistema de justiça não precisa conhecer a forma de organização interna do sistema de controle externo.

Como se pode perceber, a relação encontra-se, no exemplo dado, radicada no plano meramente funcional, ou seja, os processos de dotação de sentido e de formação do repertório de processos comunicativos e operações internas permanecem preservados em razão das diferenças de codificação na justiça e nos tribunais de contas.

A fim de esclarecer que esta pesquisa não busca o isomorfismo entre os sistemas de justiça e de controle externo, é importante pontuar que esse risco é improvável em face do elevado estágio de consolidação dos dois sistemas de referência, o que resulta na baixa probabilidade de sofrerem ingerências externas.

É de se reconhecer que atualmente já existe, mas de forma muito incipiente, acoplamento institucional entre os sistemas de justiça e de controle externo; contudo, ocorre sem percepção recíproca, o que é possível, segundo a teoria dos sistemas, em razão de não ser necessária a reconstrução cognitiva da capacidade do outro.

Veja-se, quando uma política pública é malsucedida no campo da saúde pública e o Tribunal de Contas observa que esse resultado se deu em razão da aplicação deficitária de recursos públicos, em desacordo, portanto, com a codificação constitucional de licitude do percentual da receita corrente líquida a ser aplicada, o sistema de justiça não precisa reconstruir cognitivamente os processos da fiscalização externa para julgar a mencionada inconstitucionalidade, somente é necessário que ocorra o seu acionamento, a sua sensibilização, o que deve se dar por meio do acoplamento estrutural.

Em outros termos, é possível afirmar que o sistema de justiça deve se utilizar, sobretudo no campo das demandas por políticas públicas em face de disfunções orçamentárias, de estruturas mais avançadas do que as suas próprias, sem a necessidade, embora fosse desejável, de compreensão das lógicas de funcionamento do sistema de controle externo.

Cediço que o processo de elaboração das leis orçamentárias é, antes de tudo, um processo de natureza política e, naturalmente, envolve relações de poder. Entrementes, esse processo de planejamento e elaboração dessa categoria de leis deve obediência a outros parâmetros constitucionais e legais, por vezes voltados à proteção do próprio pacto federativo, como se verá ao final desta pesquisa, os quais também passaram por um processo político, deve-se considerar.

Desse modo, a participação fiscalizatória acoplada dos sistemas de justiça e de controle externo sobre as peças orçamentárias que autorizam todos os dispêndios em políticas públicas é legitimada juridicamente e contribui para a evolução dos dois sistemas na medida em que as frequentes perturbações, trocas de informações, acabam por gerar um fluxo estrutural que tende a ser permanente em face dos instrumentos de relevância simultânea e recíproca.

Os próximos temas tratados neste capítulo versam sobre os elementos internos, ou seja, sobre a forma pela qual o sistema de controle externo se organiza para obtenção de configurações estáveis que possibilitam as suas operações. Analisar-se-ão os processos de dotação de sentido partindo do momento em que o controle incide a fim de alcançar o seu múnus fiscalizatório.

1.3 Orçamento, finanças e a simétrica codificação constitucional de licitude

Inicialmente, cumpre consignar, embora de pretenso conhecimento geral, que o Estado, enquanto estrutura organizacional, detém o denominado "poder extroverso", ou seja, delineia obrigação para terceiros porque se presta à promoção do bem-estar da coletividade. Especificamente, o Estado brasileiro tem a sua organização político-administrativa e competências disciplinadas na Constituição Federal.

Infere-se do Texto Constitucional pátrio que o legislador originário atribuiu à União Federal as competências de interesse nacional/geral e regionais e aos estados-membros e municípios as competências locais.

Em se tratando de um Estado Democrático de Direito e já adentrando ao cerne do que se pretende discorrer, tem-se por indissociável a identificação entre o poder do Estado e o poder financeiro, já que o primeiro, para implementar as políticas públicas, necessita de recursos.

Para o desempenho da atividade financeira, adotou-se um instrumento com o fito de permitir o controle político do parlamento sobre o Poder Executivo, bem como para balizar os limites dos entes federativos: o orçamento público. Se a arrecadação de recursos, como há pouco afirmado, representa condição da própria existência do Estado contemporâneo, vez que para o exercício das funções que lhe são próprias deles necessita, deve ela ser disciplinada em ferramenta que possibilite a sua execução e controle.

Nesse diapasão, a Constituição Federal incumbiu aos entes federativos a competência legislativa concorrente para a tratativa do direito financeiro e tributário, nos termos do artigo 24, I.

Em face da simetria das normas constitucionais, as disposições orçamentárias estabelecidas no Texto Constitucional a partir do artigo 165 aplicam-se, também, aos orçamentos estaduais, municipais e do Distrito Federal. Consequentemente, esse é o comando do artigo 25 da Constituição Federal quando estatui que os estados organizam-se e regem-se pelas constituições e leis que adotarem (ABRAHAM, 2015).

Por decorrência, adita o autor em referência, onde há referência ao presidente da República ou ao chefe do Poder Executivo, deve-se estender a regra aos governadores e prefeitos. Do mesmo modo, onde estiver previsto Congresso Nacional, Senado Federal ou Câmara dos Deputados, têm-se, por extensão, as assembleias legislativas, câmaras municipais e Câmara Legislativa (ABRAHAM, 2015).

O sistema de controle, seja externo, seja judicial, reclama a compreensão do exato alcance da palavra "controle", ou seja, o que simbolicamente representa. Isto é relevante porque a compreensão da necessidade do acoplamento estrutural entre os sistemas passa pelo controle que cada um deles executa dentro da moldura das suas tarefas constitucionais, com especial efeito se considerarmos que o Poder que autoriza o controle é uno, cindido apenas para que a função administrativa se desenvolva melhor.

1.4 Lineamentos do controle

Traçadas as noções propedêuticas, a fim de evitar ambiguidades e a um só tempo uniformizar a terminologia que será amplamente utilizada nesta pesquisa, se faz necessário assentar alguns conceitos, dentre eles o de "controle", o qual pode ser adotado como um exame de adequação entre o que foi planejado ou previsto legalmente e o que se deu na realidade. Com efeito, a ação de controlar é a busca pelo amoldamento ao que se projeta, representa o afastamento dos riscos, representa a persecução do objetivo visado.

Nessa quadra, veja-se que, conforme entendimento do Tribunal de Contas da União (TCU), controle, em termos genéricos, é uma ação tomada com o propósito de certificar-se de que algo se realize conforme planejado. "Controle, portanto, só tem significado e relevância quando é idealizado para garantir o cumprimento de um objetivo definido e só faz sentido se houver riscos de que esse objetivo não venha a ser alcançado" (TCU, 2009, p. 4), compreendendo-se objetivo como o propósito definido no planejamento e risco qualquer incidente que possa obstaculizar ou embaraçar o seu alcance.

Para Gasparini (2006), o controle na Administração Pública é a atribuição de vigilância, orientação e correção de certo órgão ou agente público sobre a atuação de outro ou de sua própria atuação, com fim de confirmá-la ou desfazê-la, conforme seja ou não legal, conveniente, oportuna e eficiente. No primeiro caso, tem-se o heterocontrole; no segundo, autocontrole ou, respectivamente, controle externo e controle interno.

A primeira acepção de controle da Administração Pública trata do controle hierárquico e tem feição vertical; ocorre, portanto, na intimidade do Poder Executivo e é voltada ao desencadeamento das funções de supervisão, orientação, aprovação, revisão e eventual avocação da tarefa fiscalizada. O controle interno[3] é um dos principais representantes desse tipo de controle na medida em que se encarrega da supervisão e consequente orientação reparadora nos casos de disfunções na gestão pública.

No Brasil, conforme assevera Castro (2015), a origem do controle interno data de 1914. Nessa época, ainda havia a necessidade de uniformização das técnicas de contabilidade, sobretudo no que dizia respeito aos registros, metodologias e exames dos atos de gestão em todos os estamentos da administração.

Em 1967, com a vigência do Decreto-Lei nº 200, houve um acréscimo ainda maior das responsabilidades do controle interno. Cabe destacar que a descentralização administrativa, a qual concedeu maior autonomia à administração indireta e passou a empregar princípios como a racionalidade administrativa, acabou por forçar uma visão sistêmica da fiscalização, um planejamento orçamentário mais refinado e, por fim, a natural delegação de competências e controle dos resultados das ações administrativas, de acordo com Castro (2015).

Vale reconhecer que, desde 1992, registra-se, segundo Silva (1973), um incremento crescente da fiscalização do setor público no tocante à efetividade e adequada prestação dos serviços públicos. Contudo, o acompanhamento dos programas de trabalho e, sobretudo, de arrecadação de receitas, nos moldes do que preconiza o artigo 75 da Lei nº 4.320/64, ainda está longe de atingir um limite mínimo aceitável.

---

[3] O controle interno, importante ferramenta de transparência nas contas públicas, foi disciplinado nos artigos 70 e 74 da Constituição Federal, bem como encontra base legal na Lei nº 4.320/64, Decreto-Lei nº 200/67, Lei nº 8.666/93 e Lei Complementar nº 101/00.

Por sua importância, a fiscalização financeira e orçamentária foi elevada ao grau máximo de distinção pela Carta Constitucional de 1988, inclusive privilegiada com seção própria, qual seja, a Seção VII, e atribuída sua competência ao Congresso Nacional, por meio de controle externo, com o auxílio do Tribunal de Contas, assim como aos sistemas de controle interno do Poder Executivo.

É sabido que o controle interno auxilia na verificação e correção de eventuais irregularidades administrativas, mas o seu tom reside, também, nas ações preventivas. Assim impõe o artigo 77 da Lei nº 4.320/64 quando determina que, sem prejuízos das atribuições do Tribunal de Contas, compete ao controle interno a verificação da legalidade dos atos orçamentários de forma prévia, concomitante e subsequente.

Nesse contexto, vale a transcrição do artigo 74 da Constituição Federal quando preceitua sobre a atuação do controle interno, de forma integrada, com fito de:

> I – avaliar o cumprimento das metas previstas no Plano Plurianual, a execução dos programas de governo e dos orçamentos da União; II – comprovar a legalidade e avaliar os resultados, quanto à eficácia e eficiência, da gestão orçamentária, financeira e patrimonial nos órgãos e entidades da administração federal, bem como da aplicação de recursos públicos por entidades de direito privado; III – exercer o controle das operações de crédito, avais e garantias, bem como dos direitos e haveres da União; IV – apoiar o controle externo no exercício de sua missão institucional.

Um controle interno eficaz, além de constituir-se em poderoso instrumento gerencial, com sua postura preventiva, visa ao assessoramento da gestão, no sentido de buscar a integração do ciclo planejamento, orçamento, finanças e controle, usando mecanismos de eficiência, eficácia, efetividade e economicidade.

A propósito, esclarece Almeida (2016) que essa ação preventiva do controle interno se materializa no auxílio direto ao dirigente máximo da administração e aos diferentes setores desta, bem como ao controle externo.

Para tanto, nos moldes do referido autor, tendo como referencial os comandos do *American Institute of Certified Public Accountants* (AICPA), remata-se que os controles internos da Administração

Pública devem levar em conta: a) a atuação, acima de tudo, de modo preventivo, vez que não cabe margem de erro à gestão pública; b) a ininterrupta atenção para a reparação de desvios em relação às metas predefinidas, de maneira a assegurar a aderência da ação setorial ao planejamento nacional e regional; c) a assistência diretamente ao dirigente máximo e, simultaneamente, fazer-se presente em todos os níveis hierárquicos da administração para nortear quanto à correção de procedimentos; e d) a contribuição no amparo à gestão, de forma a auxiliar tanto a própria administração quanto o controle externo no desempenho de suas atribuições.

Para mais, a Lei de Licitações e Contratos Administrativos, Lei nº 8.666/93, também aportou a sua contribuição para o fortalecimento do sistema de controle interno, quando no artigo 113 estabeleceu o acesso da fiscalização interna a toda e qualquer despesa decorrente de contratos, além de promover, nos termos do §2º, a integração entre o controle externo e interno.

Bem verdade que, com a entrada em vigor da Lei Complementar nº 101, de 2000, ganha mais espaço o controle interno tendo em vista que é da essência da própria norma a limitação do crescente déficit nas contas públicas, sem olvidar que a própria Constituição atribuiu conjuntamente aos tribunais de contas e ao sistema de controle externo a fiscalização contábil, financeira e orçamentária.

No tocante ao controle externo, de incumbência do Legislativo com o auxílio técnico dos tribunais de contas, reprise-se, insta esclarecer que esta pesquisa não se concentrou na linha mais comum e conhecida de atuação, qual seja, a voltada para o exame da adequação entre os atos administrativos praticados sob o crivo da regularidade concretizada, *v.g.*, nas licitações e contratos ou nos atos administrativos defeituosos.

Acredita-se que o controle externo, apoiado no interno, tem maiores chances de efetividade na sua atuação se puder oferecer ao Legislativo, poder encarregado da aprovação do orçamento, informações precisas sobre as reais expectativas de receitas e sobre as prioridades na alocação de recursos, com efeito, em saúde e educação, pois são políticas públicas fortemente estabelecidas constitucionalmente em virtude óbvia da imprescindibilidade para a sociedade.

Importante alcançar que, embora cindido, o controle é singular na medida em que representa um único poder, o de fiscalização, devendo assim possuir fortes pontos de acoplamento institucional, sob pena de sacrifício do direito fundamental à boa gestão e, consequentemente, do interesse público.

Quanto ao processo legislativo orçamentário, é certo que, em grande medida, a falta da credibilidade das leis se deve à dissociação da realidade fiscal. A arrecadação superestimada ou subestimada acarreta graves anomalias no planejamento e, consequentemente, na execução das políticas públicas, gerando sucessivos contingenciamentos ocasionadores de restrições à implementação das despesas fixadas.

Entende-se que os esforços voltados ao controle orçamentário se apresentam com ressaltada importância também na quadra das garantias dos direitos fundamentais, albergados nos artigos 5º, 7º, 14 e outros da CF, sobretudo no que se dirige aos direitos coletivos, transindividuais e difusos (TORRES, 1995).

Como anota Torres (2008), os direitos fundamentais têm uma relação profunda e essencial com as finanças públicas. Dependem, para a sua integridade e defesa, da higidez e do equilíbrio da atividade financeira do Estado, ao mesmo tempo em que lhe fornecem o fundamento da legalidade e da legitimidade. Os direitos fundamentais se concatenam com os diversos aspectos das finanças públicas, considerando que aqueles são afiançados por estas. Assim é que o tributo, categoria básica da receita do Estado de Direito, é o preço da liberdade, preço que o cidadão paga para ver garantidos os seus direitos e para distanciar do Leviatã.

Daí se nota que deve haver o empenho dos governantes para tutelar esses direitos constitucionais. Na esteira de Bobbio (2004), a problemática fundamental dos direitos do homem, hoje, não é tanto de justificá-los, mas o de criar condições para protegê-los. A questão deixa de ser filosófica e passa a ser política.

Cumpre ressaltar, de acordo com Trindade (1997), que, na quadra prática das proteções aos direitos fundamentais, o que importa é, depois de editada norma, que seja cogente cumprimento das obrigações do Estado no patrocínio, sem discriminação, dos reais necessitados das prestações estatais; que o Estado salvaguarde os direitos econômicos, sociais e culturais, sem retrocessos; que seja assegurado um padrão mínimo de direitos humanos, com garantias de que os recursos públicos empregados tenham tido a maior eficiência possível.

Ramalho e Pinto alertam que o gasto mínimo em ações prestacionais públicas não é útil se focado apenas no cumprimento protocolar dos percentuais constitucionais em saúde e educação. O almejado é um padrão progressivo de qualidade a partir do dispêndio público, como valores mínimos assegurados. Buscam-se resultados substantivos derivados da aplicação dos recursos, ou seja, o gasto pode ser mínimo se evidenciada uma escala concreta de avanços sociais (2014, *online*).

Em verdade, a discussão passa pelos prismas da progressividade e pela vedação ao retrocesso social, os quais devem estar impregnados nas leis orçamentárias. É dizer que a participação dessas políticas públicas – saúde e educação – no todo orçamentário não pode sofrer diminuições; ao revés, devem ser mantidas ou ampliadas. À sociedade devem ser asseguradas, ao menos, as prestações indispensáveis ao mínimo existencial, linha em que já decidiu o STF, consoante se pode verificar na decisão cautelar do ministro Ricardo Lewandowski, nos autos da Ação Direta de Inconstitucionalidade (ADI) nº 5.595/STF, ação esta que aguarda julgamento definitivo.

Todas as reflexões acima externadas devem ser coligadas com a ideia de que o orçamento público é autêntico meio de planejamento no dispêndio das receitas públicas. E mais: sem planejamento adequado, prejuízos até mais severos que os derivados da corrupção podem tomar forma por aplicações em ações absolutamente inúteis, como se verá nos capítulos que se seguem.

Torres (1995, p. 77) acrescenta que é por meio do planejamento orçamentário que, além da homologação de políticas públicas essenciais, como saúde e educação, haverá o impulso necessário para o desenvolvimento da seguridade, dos transportes, da economia e da distribuição de renda.

Em um Estado moderno, os interesses sociais, sobretudo no que atine aos interesses comuns, ganham especial atenção no orçamento e na aplicação das finanças. Desse modo, é basilar que o ente possua um plano de ações em políticas públicas fundado na realidade, conforme ensina Harada (2011).

Após a Constituição de 1988, o plano orçamentário deixou de ser meramente político para lograr alcançar o plano delineador do próprio orçamento público, proporcionando, em contrapartida, ao orçamento novos contornos, abandonando a forma meramente contábil, técnica, para tornar-se um instrumento da democracia apto a estruturar o Estado que se quer galgar.

Desse modo, em qualquer dos planos do Estado brasileiro, o primeiro grande passo é a devida identificação das prioridades sociais. Trata-se de uma visão estratégica estabelecida a partir de uma sequência de procedimentos que se transmutarão em objetivos a serem perseguidos dentro de um espaço de tempo, com etapas e metas rigidamente determinadas.

Outro requisito fundamental é o estabelecimento de indicadores, tema a ser abordado no próximo tópico, por meio do qual haverá o monitoramento dos resultados obtidos e, eventualmente, os ajustes necessários, de acordo com Rezende (2009).

Esclarece Silva (1973) que a característica essencial dos orçamentos públicos é a que os determinam como um programa, como um instrumento de planejamento, de direção e de controle da administração. Sentencia Giacomini (2010) que o orçamento público evoluiu e já não é mais um aparelhamento de controle político, mas, sim, um instrumento de planejamento programático da Administração Pública.

Horvath (2014) fornece relevante ponto de vista justificador da presente pesquisa: trata-se da que impede que as peças orçamentárias sejam implementadas apenas pró-forma e, de tão genéricas, acabem por contemplar tudo e nada ao mesmo tempo, atravancando, assim, a alocação de recursos para concretização do direito básico do cidadão.

Budget (2007) agrega que, ao longo do século XX, houve um comando coercitivo para um dispêndio de dinheiro público mais eficiente, o que resultou no consolidado entendimento de que o processo orçamentário não consiste apenas em planejar para se lograr êxito em maiores entradas de recursos, mas também, e até primeiramente, em atendimento ao princípio da causalidade ou consequencialidade. Impõe-se o planejamento para se alcançarem resultados pretendidos e planejados.

Portanto, em termos diretos, cumpre asseverar que não há falar em direitos fundamentais de forma dissociada das receitas públicas. Não se pode olvidar que, em boa parte, os direitos humanos exigem prestações positivas do Estado. Em razão disso, a compreensão das disfunções no processo orçamentário finda por ter forte relevância na qualidade das prestações em saúde e educação, destaque desta pesquisa.

Desse modo, cumpre ao sistema de controle externo atuar reduzindo as complexidades do ambiente onde as prestações públicas devem ocorrer. Contudo, para que tais complexidades sejam mitigadas, a LRF deve ser compreendida na conjuntura dos elementos internos que conferem estabilidade e organização interna ao sistema de controle externo.

No interior do mencionado sistema, a lei que versa sobre o equilíbrio entre receitas e despesas generaliza as comunicações e exerce um papel fundamental na escolha do que deve ser fiscalizado e, posteriormente, na fundamentação resultante do controle.

Na seara do trâmite orçamentário e no âmbito do paradigma federal, possui sobrelevada importância a Resolução nº 1 do Congresso Nacional, de 26 de dezembro de 2006. É significativo para compreender que as disfunções nesse plano se irradiam para os níveis estadual e municipal. Com efeito, as anomalias se repetem até com mais vigor, já que a fiscalização tende a ser mais severa nos planos superiores da Federação do que em pequenos municípios.

1.5 Controle externo

Historicamente, é possível constatar que o controle externo nasceu sincronicamente com os primeiros lampejos da organização humana em cidades-estados. Já era natural que, da atividade arrecadatória, inicialmente de alimentos e, depois, de numerários, decorresse a obrigação de prestar contas. De acordo com Speck (2000), no fim da Idade Média, na Inglaterra, França e Espanha, a configuração atual das cortes de contas começou a tomar forma.

Por certo, a Revolução Francesa e a aclamação da separação dos poderes, delineada por Montesquieu, ramificado em Executivo, Legislativo e Judiciário, trouxeram consigo a concretização do controle externo como decorrência do direito da sociedade de exigir prestações de contas e, como derivação, o dever de dar satisfações do que se faz com os recursos que são públicos, consoante se pode extrair do artigo 15 da Declaração dos Direitos do Homem e do Cidadão.

Outrossim, é significativo inferir, com asserção, que a democracia depende do controle, pois, sem esse mecanismo, a atuação dos titulares das funções públicas no exercício do poder seria ilimitada, sem parâmetro de controle. Notadamente, quando o Legislativo exerce seu ofício constitucional legiferante nos projetos de leis orçamentárias, com realce para o Plano Plurianual,[4] também deve haver controle. Com efeito, a vigilância fiscalizatória deverá ser lastreada, bem como parâmetro de orientação e correção constitucionais e legais, como se exporá ainda neste capítulo.

É relevante esclarecer que o controle é adjetivado como externo para expressar o conteúdo e o seu meio de atuação; significa, portanto, independência das funções públicas encarregadas das atividades administrativas. Atina-se que, embora constitucionalmente atribuído ao Legislativo, também é exercido pelo Poder Judiciário, como se abordará no segundo capítulo desta pesquisa.

No entanto, assenta-se impropriamente, até mesmo entre os tribunais de contas, que a moldura de sua atuação seja voltada para conformidade das rotinas administrativas segundo a codificação legal; com raros lampejos, essa atuação fiscalizatória vai além e preocupa-se com os resultados alcançados pela gestão à luz da eficiência, eficácia, efetividade e economicidade.

Nesse ambiente limitado de atuação, torna-se inovadora e arrojada a operação mais contundente das cortes de contas em auxílio ao Parlamento, se direcionada ao exame orçamentário de políticas públicas constitucionais e legalmente reguladas, como saúde e educação, sobretudo no que atine aos resultados alcançados em exercícios anteriores.

Como é de amplo conhecimento, o orçamento é autorizativo de todo o dispêndio público. Desse modo, a fiscalização que incide neste momento possuirá efeitos vigorosos sobre a execução orçamentária e consecução de políticas públicas ajustadas com as obrigações de fazer constitucionais e legais do Estado prestador.

---

[4] O Plano Plurianual a que faz menção o legislador não cuida somente de meras sugestões desenvolvimentistas, mas impõe ao Poder Público limites à sua ação intervencionista e parâmetros à programação que implique despesas e receitas, vinculadas a mais de um exercício. [...] Vale dizer, a sociedade, a partir do Plano Plurianual, sabe o comportamento que se espera do governo no concernente aos projetos de longo alcance, sendo os orçamentos mero reflexo daquela parte do planejamento que se esgota no exercício (BASTOS; MARTINS, 2001, p. 204).

Também, em face de descumprimentos, poderão instruir, no sistema de justiça, ações coletivas eficientes e voltadas ao interesse público, como se exporá no terceiro capítulo desta pesquisa.

Nessa quadra, percebe-se que a atuação auxiliadora do controle junto ao Poder Legislativo na fase de elaboração das peças orçamentárias deve ser compulsória, pois, além dos argumentos expendidos, o princípio da supremacia do interesse público e da sua indisponibilidade[5] finda por representar a fonte matriz de toda a Administração Pública, conforme Bandeira de Mello (2007).

Outrossim, é importante a percepção de que a condição de órgão auxiliador estabelecida no artigo 71 da CF não diz respeito a qualquer tipo de subordinação hierárquica. Ao revés, diz respeito a uma condição sem a qual se torna impossível o exercício do controle externo protagonizado pelo Legislativo.

Ensina Gasparini (2006) que, por força do princípio da indisponibilidade do interesse público, não estão os bens, direitos, interesses e serviços públicos ao senhorio dos órgãos públicos, a quem apenas cabe defendê-los, ou do agente público, simples gestor da coisa pública, não sendo este nem aquele detentor da coisa pública, mas, apenas, guardião e dirigente, respectivamente, à vista disso, sem poder de dispô-los.

Medauar (1993) assevera que a garantia do interesse público precisa estar aparelhada com meios para a fiscalização da Administração Pública. Faz necessário que a gestão dos interesses da sociedade seja escrutinada por órgão exterior que atue em consonância com os princípios determinados pelo ordenamento jurídico, *v.g.*, legalidade, legitimidade, economicidade, moralidade, publicidade, motivação, impessoalidade, supremacia do interesse público e da indisponibilidade, entre outros.

---

[5] Para Celso Antônio Bandeira de Mello, interesse público enquadra-se em uma categoria que se contrapõe à de interesse privado individual, isto é, "[...] seria o interesse do todo, ou seja, do próprio conjunto social [...]" (MELLO, 2007, p. 56). Adita Bacelar que "[...] o interesse público, como supedâneo motivador de atitude pela Administração Pública, requer a devida demonstração de sua compatibilidade com os anseios do principal destinatário das atitudes do aparelhamento estatal: o povo!" (BACELLAR FILHO, 2008, p. 46-55). Conforme a ministra Ellen Gracie, na mesma vereda anda o princípio da indisponibilidade do interesse público, pois o administrador, mero gestor da coisa pública, não tem disponibilidade sobre os interesses confiados à sua guarda e realização (RE nº 253.885/MG – Rel. Min, Ellen Gracie, julgado em 4.6.2002).

Especificamente na quadra dos dispêndios públicos, Santos (2012) leciona que os gastos realizados pelos órgãos públicos não podem se desviar do que está autorizado no orçamento público nem conflitar com tal interesse. Para tanto, as demandas da comunidade por bens e serviços somente poderão ser atendidas se estiverem contempladas no referido orçamento.

À primeira vista, pode parecer absurdo que gastos na função saúde, em especial os investimentos em medicamento para pacientes terminais, dependam rigidamente de previsão orçamentária, mas é justamente o contrário. Políticas públicas essenciais, ordinárias, não previstas orçamentariamente revelam, em primeiro plano, um déficit da gestão do planejamento; contudo, o controle deve atuar para que se promova a devida correção com direcionamento à coletividade.

Ações de custo elevado – tema que será mais profundamente abordado no segundo capítulo – impactam o orçamento a ponto de representarem ameaça a toda a coletividade. Isso se dá porque o mesmo orçamento destina e autoriza recursos para as atividades econômicas, sociais, culturais e políticas da comunidade, que também dependem de recursos para sua aplicação.

Relevante aclarar que o entendimento posto não despreza o posicionamento de Hector Jorge (2007), para quem a noção de satisfação social deve encontrar-se intimamente imbricada à ideia de "interesse público". Contudo, a realização do interesse público reclama a existência de uma maioria de indivíduos devidamente contentada e, no momento posterior, a possibilidade de que cada um possa extrair o seu interesse individual, pessoal, direto, atual ou potencial.

É que, no ambiente real, apartado das utopias, as finanças públicas têm correlação direta com o interesse público, estando compreendido entre os deveres do Estado o de suprir as necessidades sociais e fundamentais dos indivíduos da melhor forma possível e com os parcos recursos de que dispõe cada ente.

Veja-se que até mesmo os índices mínimos constitucionais em saúde e educação anteriormente abordados dependem da receita corrente líquida de cada ente. Ora, mas se a receita corrente líquida não é uniforme, desiguais também serão os níveis de tratamentos médicos e a qualidade de ensino.

Tal pensamento é corroborado pela doutrina de Oliveira (2011), o qual conceitua necessidades públicas como tudo aquilo que incumbe ao Estado prover em decorrência de uma decisão política inserida em normas jurídicas, ou seja, o orçamento. Para Rivero (1981), o interesse público é considerado como um interesse geral, destinado a satisfazer as necessidades da comunidade e do ser humano individualmente considerado, e essa satisfação é afiançada pela economia política do Estado.

O ministro Celso de Mello, na ADIn nº 215/MC, STF, fixa o entendimento de que, com a Constituição de 1988, foi ampliada, de modo extremamente significativo, a esfera de competência dos tribunais de contas. A tais cortes foram outorgados poderes mais amplos, impulsionados por uma consciente opção política feita pelo legislador constituinte, que revela a inquestionável essencialidade dessa instituição, surgida nos albores da República.

Em face das matérias constitucionalmente atribuídas para fiscalização dos tribunais de contas, é incontornável o reconhecimento de sua aplicação nas garantias dos direitos fundamentais e sociais. Na quadra da fiscalização contábil, financeira, orçamentária, operacional e patrimonial do governo, assim como das entidades da administração direta e indireta, atinente à legalidade, legitimidade, eficácia e economicidade, concentra-se direta ou indiretamente a tutela de todas as prestações estatais.

Aos tribunais de contas cumpre assegurar a democracia subjetiva, afastando o interesse público descrito do plano dos objetivos mesquinhos, pessoais e "políticos", de modo que a sua participação constitucional auxiliadora nos debates orçamentários contribui de forma indispensável com a gestão financeira do Estado e com o ganho de efetividade nas políticas públicas, em especial saúde e educação.

É importante esclarecer que essa modelagem de pensamento voltada exclusivamente ao controle repressivo ou de regularidade parte de uma interpretação constitucional de que, agindo de forma preventiva, haveria afronta ao princípio da separação dos poderes e que o controle prévio somente se aplicaria em situações excepcionais, *v.g.*, exame prévio de editais, procedimentos em parcerias público-privadas, conforme orienta Zymler (2005).

Em que pese a relevância dos tribunais de contas, reconhecida pelo STF no julgado já referenciado, é da mesma corte que emanam decisões mitigadoras das competências atribuídas aos tribunais encarregados do controle externo, o que de certo serve como justificativa para a atuação emoldurada no campo da regularidade dos atos administrativos.

A compreensão da mais alta corte é no sentido de que não é dado aos tribunais de contas exercer controle de constitucionalidade, nem com efeito *ex tunc*, nem com efeito *ex nunc*. Deliberando sobre essa matéria, em 2009, na decisão do Mandado de Segurança nº 27.796, o ministro Carlos Britto se pronunciou, utilizando-se como razão de decidir o Parecer AC-15 da Advocacia-Geral da União, concluindo que cabe respeito ao princípio da presunção de constitucionalidade das leis e da legalidade dos atos da administração até que sobrevenha decisão judicial em contrário, sendo insuficiente a opinião das cortes de contas, às quais compete, tão só, julgar a regularidade das contas.

Embora o exame do controle de constitucionalidade seja objeto do segundo capítulo desta tese, cumpre alguns apontamentos imediatamente. A atividade desenvolvida pelos tribunais de contas no controle externo volta-se com muita intensidade à fiscalização contábil, financeira, orçamentária e patrimonial, consoante o artigo 70 da CF e, sobretudo nos pequenos municípios, muitas leis são editadas com elevado potencial de prejuízo ao erário e em patente dissonância ao Texto Constitucional.

Em inúmeros casos, o controle incidental realizado pelas cortes de contas tem como razão de arbitrar decisões do próprio STF em sede de controle abstrato. A fim de tornar concreto o argumento, veja-se o caso do aumento dos subsídios dos vereadores por resolução dentro da mesma legislatura, objeto do Processo nº 3.249/2012 TCE/TO. No caso em comento, houve a declaração de inconstitucionalidade incidental pela Corte de Contas para que fosse possível impedir desrespeito ao princípio da anterioridade e a readequação ao percentual de 30% fixado na CF, além da compatibilização com o Plano Plurianual e com a Lei de Diretrizes Orçamentárias.

Mas não é só, há também controle de legalidade. Veja-se o caso do Processo nº 10.841/17, o qual trata de representação levada a efeito pelo município de Araguatins/TO, cujo conteúdo versa sobre incidente de legalidade.

A Lei Municipal nº 1.183/14, que estabeleceu o Estatuto do Magistério e o Plano de Cargos, Carreira e Remuneração do

Magistério Público, tratou, no artigo 45, de uma gratificação de incentivo à docência para os professores que exercem suas atividades laborais em sala de aula. No entanto, havia nesse caso relevante violação da Lei de Responsabilidade Fiscal na medida em que a norma garantidora do direito não estava instruída com o estudo de impacto financeiro, nos termos dos artigos 15, 16 e 17 da LRF.

Em resumo, é relevante compreender que o plano orçamentário é vital para que as prestações públicas sejam adimplidas, e o papel do controle externo é fiscalizar para que isso seja possível. Nesse campo, explicitou-se que a modelagem repressiva de controle, direcionada apenas a fiscalização da execução orçamentária, é insuficiente. Com especial efeito, políticas públicas sem efetividade são resultado de um planejamento orçamentário igualmente disfuncionado.

A fiscalização dos tribunais de contas é, sobretudo, voltada à consecução, à garantia, dos direitos fundamentais sociais. Para isso, os elementos internos de funcionamento, que conferem a devida estabilidade orgânica para o funcionamento das suas operações de controle, possuem ambiente no campo contábil, financeiro, orçamentário, operacional e patrimonial.

A complexidade do mencionado ambiente multidisciplinar será sempre maior do que a complexidade interna do sistema de controle; contudo, à medida que os elementos de comunicação interna vão se tornando generalizados, consolidados, amplia-se a capacidade de diminuição das complexidades exteriores ao sistema e, na mesma medida, é ampliada a possibilidade de acoplamentos estruturais com outros sistemas que atuam no mesmo ambiente, por exemplo, o sistema de justiça, voltado à promoção de políticas públicas eficientes, eficazes e efetivas quando demandado.

1.5.1 Os controles interno e externo acoplados: a necessária interação

Na concepção *luhmanniana,* o fechamento operacional é resultado da necessidade que os sistemas possuem de reproduzir internamente os seus próprios elementos de funcionamento. Os sistemas são naturalmente autorreferenciais. Contudo, por fechamento operacional não pode representar a inexistência do ambiente e muito menos a de outros sistemas.

Com efeito, fechamento operacional não é isolamento. Nesta senda, é importante compreender que o controle interno, o qual também se responsabiliza, entre outras tarefas, pelo de controle financeiro e orçamentário, segundo o estatuído no artigo 74 da CF, representa a primeira trincheira de contenção lançada pelo Constituinte em favor do controle externo e, como tal, deverá avaliar as metas previstas no Plano Plurianual, a execução dos programas de governo e do orçamento, além de promover a predecessora avaliação dos resultados obtidos pela administração quanto à eficácia e eficiência.

O Constituinte, ao estabelecer esse enclave do controle externo dentro da intimidade da administração, possibilitou uma visão *a priori* do resultado prático da aplicação dos recursos públicos ao abrigo, reitera-se, de dois importantes princípios, a eficácia e eficiência.

Tamanha a preocupação com a transferência das informações que o §1º do artigo 74 estabelece, inclusive, responsabilidade solidária ante a sonegação de dados ao Tribunal de Contas da União e, por simetria, aos demais tribunais. Exige-se fidelidade dos agentes da administração responsáveis por zelar pelo cumprimento dos programas de interesse público.

Assim, na construção do entendimento de que é possível e desejável o auxílio das cortes de contas junto ao Legislativo no exame das leis orçamentárias, cabe pontuar que a constitucionalidade é consectário lógico da própria atuação do controle interno vinculada às cortes de contas, responsável pelo acompanhamento das metas do PPA, da execução dos programas e dos resultados.

Com efeito, na quadra das políticas públicas de saúde e educação, ainda deve ser acrescentado o teor do artigo 34, inciso VII, alínea "e", o qual mitiga até mesmo a autonomia dos entes pela intervenção nos casos em que o mínimo exigido da receita dos impostos estaduais e transferências não é aplicado no desenvolvimento do ensino e em ações e serviços públicos de saúde, conforme ensina Machado (2016).

Mas não é só, o *caput* do artigo 71 da CF estabelece que o controle externo será protagonizado pelo Legislativo, mas, no viés técnico, deverá ser exercido com o auxílio do TCU. Na mesma quadra da atuação dos tribunais de contas, o inciso IV do mesmo artigo assegura à corte, por sua iniciativa, a realização de auditorias de natureza contábil, financeira, orçamentária e operacional, sem olvidar que o inciso VII fala da obrigação do envio desses levantamentos ao Parlamento.

Ao que se pode inferir, partindo da premissa de que o orçamento representa, sobretudo, um parâmetro da fiscalização para o exercício do controle pelo Legislativo, é inevitável concluir que a participação associada do controle interno com os tribunais de contas no exame dos projetos de leis orçamentárias é medida que se impõe conjunta e separadamente e, embora sem caráter deliberativo, com imprescindível e irrecusável apoio técnico.

Com efeito, não se pode olvidar que a memória da execução financeira, contábil, orçamentária e, sobretudo, de eficiência e eficácia dos investimentos em exercícios passados será medular nos exercícios supervenientes no que atine ao planejamento e execução orçamentária, o que, por mais um ângulo, assegura o acesso e participação das cortes de contas no processo orçamentário sem que se possa falar em violação à separação dos poderes.

Relevante pontuar, outrossim, que o Legislador Constituinte, com a finalidade de preservar a separação dos poderes, estabeleceu em cada um deles e em cada unidade da Federação o controle interno com a finalidade de acompanhar as contas públicas,[6] e todos estes atuando em conjunto com os tribunais de contas, o que demonstra um imbricamento constitucional do controle, apto a contraindicar qualquer juízo desfavorável ao auxílio efetivo no planejamento orçamentário.

Atualmente não há mais espaço para a simples fiscalização da regularidade, da legalidade da despesa pública, fundada em um exame meramente formal da atividade financeira do Estado; busca-se, ao revés, uma fiscalização capaz de aferir a necessária modernização da Administração Pública, com especial efeito na atividade voltada

[6] Os municípios são exceção a essa regras, já que possuem apenas um órgão de controle interno para os Poderes Executivo e Legislativo, termos do artigo 31 da CF.

ao planejamento e à qualidade dos gastos públicos, deslocando-se o foco da forma para a finalidade do dispêndio.

A qualidade do gasto relaciona-se estreitamente com os parâmetros de eficácia e eficiência da gestão financeira, orçamentária e patrimonial da Administração Pública, sem olvidar a responsabilidade fiscal e o acompanhamento das metas derivadas do planejamento governamental, tudo é responsabilidade conjunta do controle interno e externo.

Em outra quadra, é de se reconhecer que, sendo o Poder Legislativo o encarregado da autorização de todo dispêndio ou gasto público, o que engendra por meio da aprovação das leis orçamentárias, não pode contentar-se meramente com o juízo político diante de uma matéria fundamentalmente técnica. Desse modo, é de se concluir que o auxílio[7] determinado na Constituição Federal, embora inobservado nessa fase, é coercivo, eis que condição para o exercício do controle.

Em contraste, em matéria de controle incidente sobre os projetos de leis orçamentárias em auxílio ao Legislativo, compreende-se que a atuação das cortes de contas, cingida de independência e responsabilidade, transborda os limites estreitos da visão clássica da separação dos poderes e coloca-se assentado ao lado do legislador e até mesmo do Executivo e do Judiciário, vez que reconhecida a essencialidade do equilíbrio das contas públicas para consecução dos direitos e garantias fundamentais.

Não obstante, a compreensão reinante entre os estudiosos da matéria, dentre eles Citadini (1995), é de que o controle deve voltar-se ao exame da regular execução das leis pelo chefe da Administração Pública e, citando as implicações fiscalizatórias sobre o orçamento, assevera que, cumpridos os ditames das leis orçamentárias, estarão fundadas as bases da boa administração. Enfim, defende o controle incidente sobre os atos administrativos segundo a regularidade e a economicidade resultante do dispêndio.

Cabe perceber que a atenção dos órgãos de controle não se voltou para a formação da peça orçamentária no que se refere aos

---

[7] Artigo 71. "O controle externo, a cargo do Congresso Nacional, será exercido com o auxílio do Tribunal de Contas da União [...]".

aspectos constitucionais, nem mesmo no tocante aos índices mínimos e muito menos às balizas contidas em leis nacionais, *v.g.*, Fundo de Manutenção e Desenvolvimento da Educação Básica (FUNDEB), do Sistema Único de Saúde (SUS) e outras. Cabe reforçar que, sem tais cuidados, as próprias leis orçamentárias podem padecer de vícios de constitucionalidade e de legalidade.

Uma vez libertadas do modelo de fiscalização concentrada no controle de legalidade ou regularidade e no custo, as auditorias das quais dispõem os tribunais de contas poderão adentrar em um campo mais qualificado de fiscalização, que se funda na efetividade dos atos praticados pela Administração Pública. Tal modelo deve se centrar na raiz das virtudes e vícios para a elaboração do orçamento público.

Ainda que a Constituição Federal tenha outorgado relevantes prerrogativas às cortes de contas, inclusive a função de órgão julgador das despesas levadas a efeito pelos administradores públicos, é relevante esclarecer que o formato de atuação aqui defendido é fundado na condição de auxiliar do Parlamento e, especialmente, na sua tarefa processual legislativa de elaboração orçamentária.

Cabe agregar que os achados e conclusões alcançados por meios das auditorias empreendidas pelas cortes de contas sempre estarão revestidos da blindagem da autonomia técnica, até mesmo diante do poder que auxilia, o Legislativo. Desfrutam, portanto, de independência técnica[8] nos limites da Constituição, que certamente poderão melhorar muito, *v.g.*, no Parlamento Federal, o trabalho das consultorias de orçamento da Câmara e do Senado, que, dada a sua subordinação,[9] acabam tendo dificuldades de atuação livre.

Ademais, o Poder Legislativo, para que de fato seja protagonista do controle político, para que seja instrumento de cidadania e de aprimoramento da gestão pública, deve ser o primeiro interessado em cingir-se com os instrumentos técnicos que os tribunais de contas podem oferecer, conforme se abordará no próximo capítulo.

---

[8] STJ, ROMS nº 2.622/BA, Rel. Min. José de Jesus Filho, 2ª T., DJ de 10.6.96, p. 20.302.

[9] Artigo 237 do Regulamento Administrativo do Senado Federal e artigo 262 do Regimento Interno da Câmara dos Deputados, aprovado pela Resolução nº 17, de 1989.

Nesse intento, o Constituinte, no artigo 71, foi imperativo ao determinar o auxílio do Tribunal de Contas, e embora nessa quadra o STF[10] tenha interpretado que não se inserem no acervo de competências das cortes de contas operações prévias de controle, máxime a validade de atos administrativos entabulados pelo Poder Público, o aporte técnico convergiria para o exame dos projetos de leis orçamentárias, não encontrando óbice na compreensão da mais alta corte do país.

Por fim, é primordial recapitular que, no momento histórico imediatamente posterior à Proclamação da República, no qual houve assinatura, pelo presidente Deodoro da Fonseca, do Decreto nº 966-A, de 7 de novembro de 1890, instrumento gerador do Tribunal de Contas, Rui Barbosa já sentenciava que a entidade criada seria a magistratura intermediária entre a administração e a legislatura, cingida de autonomia para o exercício de suas funções vitais na intimidade constitucional e que, se assim não fosse, acabaria por se tornar em "[...] instituição de ornato aparatoso e inútil" (TCU, 2000, p. 51).

Olvida-se que, mesmo reconhecida a moldura constitucional da separação dos poderes do Estado, houve uma evolução teórica da concepção clássica que alberga a compreensão de que o poder constituído não se cinge apenas das atribuições típicas que lhe foram atribuídas, hodiernamente as competências são percebidas como predominantes, sem embargo da independência entre as funções de Estado.

No alusivo aos tribunais de contas e estreitando o tema da separação dos poderes, ponto nuclear do momento da atuação do controle externo, sobreleva-se ressaltar que o modelo republicano brasileiro elegeu a prestação de contas como princípio sensível, cuja violação pode dar causa até mesmo à intervenção federal ou estadual, de modo que, seja considerando o arqueamento da visão clássica da separação dos Poderes, seja considerando o *múnus* público de quem tem como comissão o exame das contas públicas, aparenta razoável o acesso aos instrumentos constitucionais que darão ensejo ao dispêndio público, as peças orçamentárias,

---

10 ADI nº 916, rel. min. Joaquim Barbosa, j.2-2-2209, P, DJE de 6-3-2009.

sobretudo nas suas funções vinculadas constitucionalmente, tais como saúde e educação.

1.5.2 Os controles social e externo acoplados: as múltiplas visões

Mesmo sistemas complexos, como é o caso do sistema de controle externo, podem sofrer influências externas. Essas influências são relevantes para o desenvolvimento interno do sistema porque ajudam a eliminar obstruções eventuais. Trata-se de um importante mecanismo de imunização complementar contra os pontos cegos no campo da auto-observação.

É dizer, quando o controle social informa, o sistema de controle externo, com as suas operações internas, com a manutenção da sua autonomia e do seu fechamento operacional, evolui e amplia a sua área de abrangência devidamente orientado para novas seleções do que deve ser fiscalizado.

O Tribunal de Contas da União[11] há muito se preocupa com o fortalecimento do controle social. Desde 2003, ações vêm sendo empreendidas no sentido do estímulo da população para uma prevenção em rede contra a corrupção. O intento é fazer crescer uma cultura de corresponsabilidade social na fiscalização da Administração Pública.

Para isso, houve a inclusão, no planejamento estratégico da corte, de ações voltadas ao estímulo e à participação da sociedade civil organizada,[12] dos órgãos públicos e do próprio Parlamento Federal, buscando a aproximação de várias instâncias com a percepção social sobre a condução da máquina pública.

O intento busca clarificar à sociedade os meandros da administração e, ao mesmo tempo, obter informações sobre a regularidade ou não do emprego dos recursos públicos. O Projeto Diálogo Público, convertido em programa do TCU em 2006, é um parâmetro representativo desse intento institucional.

---

[11] O projeto Tendências do Controle da Gestão Pública, juntamente com o Prêmio Serzedello Corrêa "Perspectivas para o Controle Social e Transparência da Administração", é um bom exemplo do esforço associativo do TCU (Portaria nº 525, de 27.11.1998).

[12] Portarias TCU nº 59/2003 e 002/2006.

É preciso levar à população em geral a noção de que a cidadania também se pratica com a fiscalização sobre a atuação dos agentes, sobre o cumprimento dos ditames constitucionais e legais, sobretudo no que atine às políticas públicas relevantíssimas, como saúde e educação, que também são largamente reguladas por leis nacionais e que, frequentemente, são inobservadas em orçamentos desligados, até mesmo, do cumprimento dos mínimos constitucionais sobre tais funções públicas.

O projeto Controle Externo com Foco na Redução da Desigualdade Social (CERDS) (2002) foi instituído para a avaliação de programas governamentais, Portaria TCU nº 150/2005; contudo, o que se percebe é que tais iniciativas não se multiplicam pelo Brasil no âmbito dos tribunais de contas estaduais e, mesmo no âmbito federal, não parece haver uma ressonância proporcional à relevância do projeto.

Supõe-se que a pouca atenção dada deriva de uma incompreensão da codificação de linguagem do sistema de controle externo. No terceiro capítulo desta pesquisa, examinar-se-á em Luhmann (2016) a importância da codificação e programação para que as instâncias não padeçam do mal da autorreferência.

Contudo, mesmo as iniciativas de fortalecimento do controle social das políticas públicas não dedicaram ao orçamento participativo um esforço contundente. Trata-se de um relevante instrumento para a democracia. Em primeiro plano, porque os diplomas legais logram legitimidade pela participação direta do povo, além de possibilitarem a participação do cidadão nos destinos da Federação em todos os seus planos a partir da determinação das prioridades prestacionais em obras e serviços a serem realizados de modo programado a curto, médio e longo prazo.

Com efeito, Giacomoni (2010, p. 229) indica que a elaboração do orçamento público se aperfeiçoa pela colaboração participativa da comunidade diante da análise e discussão dos problemas e soluções. Não se pode olvidar que é a sociedade a destinatária das políticas públicas previstas nas leis orçamentárias, o que por si já impõe a sua participação.

Contudo, cumpre relevar que o controle social deve permanecer ativo tanto na fase de planejamento quanto na de execução das despesas públicas, pois é o que preconiza o §2º do artigo 74 da

Constituição federal de 1988 ao afirmar que qualquer cidadão, partido político, associação ou sindicato é parte legítima para, na forma da lei, denunciar irregularidades ou ilegalidades perante o Tribunal de Contas da União e, por simetria, as demais cortes de contas.

No entanto, é bastante realista a compreensão de Torres (2008) e Ribeiro (2002) quando alertam que, no geral, falta aos cidadãos a cultura orçamentária doméstica que tem conexão direta com a discussão do orçamento público, políticas públicas e controle da execução das ações do governo. Desafortunadamente, a ideia popular que se tem do orçamento é de mera peça contábil, enfadonha e complexa. A ideia de orçamento-programa, tido como planejamento a curto e médio prazo, ainda se encontra distante.

Jacobi (2002) sustenta que a participação dos setores populares em matéria orçamentária finda por ser um importante referencial ampliativo de possibilidades como perspectiva do desenvolvimento da sociedade civil, além de forte mecanismo democrático a serviço da garantia de execução eficiente de programas de compensação social no contexto das políticas públicas.

Cumpre salientar, como diz Freitas (2003), que controle social é também o exercício de um direito fundamental da sociedade na medida em que possibilita exercício sindicante incidente sobre a atividade pública, com efeito no concernente à eficiência e à observância dos limites estabelecidos pela Constituição, sem prejuízo de outras modalidades de controle. Como derivação, obtém-se a dúplice função do controle social: tolher abusos e controlar diretamente, desde a origem, as opções do administrador público.

Ames (2003) afirma que os presidentes lidam com públicos extremamente insatisfeitos com o desempenho do governo em praticamente todas as prestações públicas. Agrega-se, neste contexto, que o Poder Executivo não conta sequer com maiorias parlamentares nominais, além de depender de deputados que só se preocupam com suas próprias paixões e benefícios paroquiais de retorno eleitoral, ao revés de buscarem tutelar interesse de proveito nacional.

Prossegue na crítica o autor afirmando que o Congresso tem sido fraco demais para legislar por iniciativa de seus membros em matéria de interesse nacional, sobretudo porque os parlamentares estão preocupados com os eleitorados localizados ou com os patrocinadores políticos, com o objetivo de favorecer os redutos eleitorais.

Diante das estratégias adotadas pelos parlamentares, consistentes na remessa de recursos ao próprio reduto eleitoral, as emendas individuais exsurgem como campo fértil. Nessa toada, os deputados mais votados em eleições anteriores propõem mais emendas para localidades onde logram êxito no último pleito e, por derivação lógica, as emendas minguam na mesma razão em que se afastam das bases eleitorais, conforme revela Ames (2003).

Bezerra (1999), comungando da opinião de Ames, afirma, ao analisar essa temática, que a atuação política no Brasil, lamentavelmente, funda-se na noção atrelada de favorecimento aos municípios nos quais os deputados federais e estaduais obtêm mais votos.

Dentro dessa realidade, faz-se necessário o fortalecimento dos conselhos sociais, como foi no Programa Nacional de Alimentação Escolar (PNAE), Portaria nº 176/2004, no qual houve capacitação, inclusive com a expedição de cartilhas pelo TCU para os conselheiros do programa, merendeiras, pais e mestres. Somente será possível um controle externo efetivo se atuarem de modo acoplado às instâncias de controle e à sociedade. Só assim os instrumentos de pressão começarão a remover os entraves no caminho das políticas públicas de qualidade.

Pode-se apontar como exemplos, no passado recente, recomendações formuladas pelo TCU a partir de auditorias que, provocadas pelo controle social, resultaram em sugestões acatadas pelo Poder Executivo no concernente à composição e funcionamento dos conselhos nas funções saúde e educação, Decisão nº 995/2002 e Acórdão nº 158/2003, plenário.

O sistema de controle externo, conforme já abordado em linhas anteriores, é protagonizado pelo Legislativo, mas com base no auxílio indeclinável do seu órgão técnico auxiliar, que, embora autônomo tecnicamente, existe em razão da fiscalização externa distribuída constitucionalmente ao Parlamento.

Outrossim, é relevante compreender que o poder político, orientado por interesses eleitorais, promove, eventualmente, disfunções violadoras do Texto Constitucional e de leis nacionais, com especial efeito a Lei de Responsabilidade Fiscal. Nesse sentido, não representa intromissão na esfera de competências do Poder Legislativo a correção de rumos a fim de que as leis orçamentárias guardem adequação com a própria Constituição e com as leis que fortalecem a tessitura do pacto federativo.

1.6 Comissão Mista de Orçamento: a força política vence a técnica

O tópico que ora se inicia busca um parâmetro federal sobre a condução orçamentária. Neste campo, será útil abordar o trabalho da Comissão Mista de Orçamento e a sua lacunosa regulamentação; a predominância do interesse político sobre o social na admissão das emendas parlamentares; as indevidas apropriações no orçamento, com base em receitas fictícias, inexistentes; e as consequências deletérias decorrentes da execução desse orçamento disfuncionado.

Em sendo assim, para compreender o processo orçamentário faz-se necessário examinar a Resolução nº 1, de 2006-CN. Tal resolução serve ao propósito regulamentador do §1º do artigo 166 da Constituição Federal, o qual delega à Comissão Mista de Planos e Orçamentos Públicos e Fiscalização o encargo da apreciação das propostas de leis relativas ao orçamento e à sua execução.

Inicialmente, cabe inteirar que, em grande parte, o funcionamento da Comissão Mista de Orçamento é embaraçado por comandos vagos e confusos contidos na mencionada resolução. É o que se pode inferir das necessárias adequações normativas ao processo orçamentário, sobretudo no que atine aos critérios de admissibilidade das emendas coletivas.

Para tornar concreto o argumento, pode-se citar como exemplo o exame da constitucionalidade de emendas incompatíveis, em face de sua generalidade, até mesmo com o Plano Plurianual. Nesses casos, com patente violação ao inciso I do §3º do artigo 166 da CF. Os objetivos que se colocam não são delimitados, ao contrário do comando constitucional, impedindo até mesmo o controle de tais alterações propostas, pois desprovidas de fundamentos claros, gerando instabilidade jurídica.

Em verdade, o que se percebe é uma participação disfuncional do Parlamento, pois excessivamente política e apartada dos requisitos técnicos aos quais o parecer da comissão deveria apegar-se. Com efeito, o exame promovido pela comissão que trata de questões de elevada importância, *v.g.*, tais como os projetos de leis orçamentárias e as contas prestadas anualmente pelo chefe do Executivo, não assume a responsabilidade atribuída no artigo 70 da CF, ou seja, a de fiscal encarregado do controle externo.

Veja-se que, embora o artigo 35 do ADCT traceje um parâmetro de distribuição de recursos utilizando um critério populacional entre as macrorregiões, o que se percebe nas ações propostas nos projetos orçamentários é que a classificação mais corrente é a "nacional", não havendo, ao que se observa, um esforço real no que diz respeito ao desenvolvimento regional.

Se no plano federal é assim, o que se pode dizer do modelo orçamentário replicado nos planos estaduais e municipais? É certo que da mesma maneira haverá reprodução da inobservância do comando constitucional. Na mesma quadra, com fito de comprovar a assertiva, foram verificadas leis orçamentárias do estado do Tocantins do último quadriênio, período de 2012-2015,[13] e não se encontrou qualquer menção, mesmo reflexa, a um modelo de desenvolvimento regionalizado.

Como já prenunciado, o protagonista constitucional[14] do controle externo é o Legislativo e, sem embargo das deficiências na elaboração orçamentária levada a efeito pelo Executivo, há falhas gravíssimas que ocorrem dentro do próprio Parlamento. Não se pode tolerar o estabelecimento de novas dotações sem uma justificativa fundada em políticas públicas priorizadas segundo a sua relevância quando tais estudos estão disponíveis nas comissões temáticas permanentes da Câmara e do Senado.

No tocante à eficiência na alocação dos recursos públicos, percebe-se que, se o compromisso com a realidade das receitas é muito baixo, com muito menos razão haverá preocupação com as prioridades das políticas públicas nacionais. Quando os deputados federais ou senadores agem no sentido de alcançar emendas direcionadas para problemas locais, deixam de analisar de modo integrado

[13] Lei nº 2.538, de 16 de dezembro de 2011, referente ao Plano Plurianual do estado do Tocantins para o período de 2012-2015; Lei nº 2.699, de 21 de dezembro de 2012, revisão do PPA de 2012-2015 para o exercício de 2013; Lei nº 2.815, de 27 de dezembro de 2013, revisão do PPA de 2012-2015 para o exercício de 2014; Lei nº 2.941, de 25 de março de 2015, revisão do PPA de 2012-2015 para o exercício de 2015.

[14] Artigo 71 da CF.

com as necessidades nacionais, transformando-se em uma espécie de vereador de pouca relevância para os avanços do país.

O artigo 166, §1º, da Constituição Federal atribui à Comissão Mista de Orçamentos Públicos e Fiscalização (CMO) a tarefa de emitir parecer sobre os projetos de leis orçamentárias. Tal comissão, dotada de comitês permanentes, deve fiscalizar e controlar a execução orçamentária, as receitas estimadas e a admissibilidade das emendas parlamentares, de modo que, se o encarregado da fiscalização incorre no mesmo erro do fiscalizado – Poder Executivo –, o planejamento será em todos deficiente ou inútil.

A CMO deve realizar, nos termos da Resolução nº 1, de 2006-CN, audiências públicas com a presença de autoridades diversas e, no plenário da comissão, deve ocorrer o escrutínio preliminar sobre a proposta de parecer a ser emitido. A deliberação deve voltar-se, precipuamente, ao exame da admissibilidade de emendas segundo os preceitos constitucionais e legais, com efeito nos índices para saúde e educação fixados sobre a receita corrente líquida e os ditames da Lei de Responsabilidade Fiscal.

É nesse sentido que Sanches (2004) ressalta a importância da precisão orçamentária. As estimativas orçamentárias devem ser tão exatas quanto possível a fim de dotar o orçamento da consistência necessária para que este possa ser empregado como instrumento de gerência, de programação e de controle, diminuindo, por via de consequência, a superestimação e a subestimação das receitas, o que é extremamente prejudicial para a concretização das políticas públicas.

Lamenta-se que o recálculo das receitas em reestimativas, a fim de possibilitar emendas parlamentares, ainda que contrariando a previsão legal e a lógica dos créditos adicionais em face do excesso de arrecadação, não seja adotado como solução mais coerente, permitindo que ocorram ingerências desestabilizadoras até mesmo do planejamento nacional.

Tal conduta representa, antes de tudo, patente violação ao Texto Constitucional na medida em que não é dado ao Legislativo reestimar receitas contidas na proposta orçamentária enviada pelo Executivo.

Com efeito, após a descrição de tantas impropriedades, óbvias como são, levantam-se questionamentos sobre a existência ou não de assessoria técnica especializada no CN. No entanto, embora o apoio técnico seja competente, não consegue resistir às pressões políticas, pois interno e dependente do poder que assessora, diferentemente do Tribunal de Contas que auxilia sem subordinação.

Ora, mas se o Executivo costuma promover encaminhamentos orçamentários descolados da realidade, com pouca sustentação técnica no que diz respeito à avaliação de critérios econômicos e sociais, e se o Legislativo encaminha alterações apenas de caráter pontuais e com os discutíveis critérios acima delineados, é certo que o resultado terá, como se examinará a seguir, profundas alterações em cada fase do ciclo orçamentário.

Como derivação dos apontamentos expostos, o orçamento é um mero fechamento contábil, com o simples intuito de cumprir uma formalidade legal, não refletindo as políticas públicas. Desprovido de critérios técnicos efetivos e de diretrizes políticas sustentáveis, o orçamento torna-se refém do caixa, que passa a controlar as finanças públicas.

As políticas públicas, segundo Bucci (2006), devem ser resultado de programas de ações governamentais que resultem de um processo ou conjunto de processos juridicamente regulados – processo eleitoral, processo de planejamento, processo de governo, processo orçamentário, processo legislativo, processo administrativo, processo judicial – visando coordenar os meios à disposição do Estado e as atividades privadas para a realização de objetivos socialmente relevantes e politicamente determinados.

Relevante asseverar que os direitos fundamentais, sobretudo saúde e educação, não se encontram em uma faixa larga de discricionariedade para Administração Pública. A compreensão deve ser no sentido de que o orçamento seja moldado pela Constituição e pelas leis que instrumentalizam os mandamentos constitucionais, ou seja, ao administrador público não se outorga, nesta quadra, amplo juízo de conveniência e oportunidade.

Contudo, *a contrario sensu* da boa técnica e sob o pálio da interpretação distorcida do artigo 166, §3º, inciso III, alínea "a", as reestimativas de receitas no âmbito do CN buscam o argumento de que há omissões de receitas nos projetos encaminhado pelo Executivo para que possam promover apropriações de emendas. Tal conduta gera desequilíbrio, pois as receitas fictícias jamais virão, e o planejamento para a utilização dos recursos se frustrará, trazendo prejuízos à sociedade.

De acordo com Leinert e Moo-Kyung (2004), em países como Canadá e Holanda os indicadores econômicos utilizados como referência para o cálculo da estimativa de receita vêm dos parâmetros econômicos praticados no setor privado, modelo que, se copiado, mitigaria, ao menos em parte, eventuais suspeitas sobre os números apresentados pelo Executivo e, depois, distorcidos pelo Legislativo. Não é e não será exequível qualquer planejamento, nem mesmo doméstico, que preveja despesas sem um parâmetro seguro de receitas.

O processo de aprovação orçamentária se dá de maneira quase automática, como orienta Tolline (2008), não só no plano federal, mas também nos estados e municípios. É muito comum observar gastos municipais em educação superior, com valores muito superiores ao dispêndio na sua obrigação constitucional com educação básica.

Todas as disfunções descritas servem ao propósito demonstrativo de que o impacto é mais profundo nas ações essenciais de saúde e educação. Como é de se perceber, contingenciamentos levados a efeito pelo Executivo, em razão das previsões de receitas inexequíveis, comprometem profundamente, pela total ausência de coordenação, a previsibilidade da execução orçamentária do exercício nos órgãos setoriais (SCHICK, 2002), que não têm como confiar no orçamento aprovado.

Tal consideração é relevante, sobretudo, em virtude do foco desta pesquisa: as políticas públicas em saúde e educação. Cumpre pontuar, embora nos tópicos subsequentes o tema volte a ser mais profundamente abordado, que a programação orçamentária para as referidas prestações é discutida com muito mais propriedade nas comissões permanentes (SCHICK, 2002), as quais são especializadas e fundam suas proposições e acompanhamentos amparadas em índices de desempenho em cada área.

No entanto, tais compreensões não compõem com a devida ênfase o parecer da CMO, acabando por privar o parlamento de informações relevantes nas votações das leis orçamentárias, pois ausentes no parecer exarado. A razão para esse fenômeno deriva do próprio jogo político disfuncionado, pois, se o parecer contiver elementos excessivamente técnicos, as aspirações das bases eleitorais dos próprios membros da CMO correm risco de findarem frustradas.

Essa forma desviada de distribuição de recursos se inicia com frequência com a participação na CMO, pois é lá que as emendas individuais são apresentadas. No entanto, para o sucesso no intento, é também necessário que posições de relevância sejam ocupadas dentro da comissão, pois só assim haverá a devida pressão sobre os outros relatores, resultando no mutualismo de favorecimentos.

O *locus* é também de complexa rede de relações voltadas ao acompanhamento e liberação de recursos de emendas nos ministérios. Como jogadores, apresentam-se os diversos governos estaduais, prefeituras, empreiteiras, entidades de assistências e escritórios de consultoria, os quais atuam desde a formulação das emendas até a liberação de recursos federais.

Tem-se como corolário dessa disputa disfuncionada por recursos um alto índice de emendas apresentadas e a multiplicação de rubricas orçamentárias – em boa parte descoladas de qualquer planejamento fundado em reais necessidades públicas – como resposta da ação legislativa concentradora dos valores aprovados em investimentos e transferências a estados e municípios sem que lastro no interesse público seja prevalente nas escolhas e sem que concorram justificativas controláveis pelo sistema.

É intuitivo concluir, após a exposição de Rocha (1997), que, do quociente dessas constatações, haverá inquestionável dominância da CMO na arena orçamentária legislativa do Plenário no contexto do processo decisório.

Ao cabo e ao termo, as emendas tornaram-se um canal de composição de interesses que contemplam a base eleitoral de políticos influentes e do próprio Executivo, que, escancaradamente, usa esse meio como expediente de barganha para aprovação dos seus projetos de lei e para obtenção de apoio parlamentar. Determinadas regiões, onde recursos para saúde e educação são urgentes, acabam por não receber aportes públicos, pois superadas pelo descrito jogo político disfuncionado.

É certo que essa relação promíscua na seara dos recursos orçamentários não pode, como afirma Bezerra (2001), ser tolerada como uma prática natural. Corroborando o argumento, Pires (2005) demonstra que os parlamentares mais "obedientes" aos projetos de iniciativa do executivo tiveram forte execução orçamentária de suas emendas, comprovando a tese de que o ambiente das emendas é de extrema servilidade, completamente divorciado do interesse que deveria ser regente, o público.

Em sua obra, Joyce (2005) defende que o desinteresse do Parlamento pelos resultados obtidos com as políticas públicas em exercícios anteriores deriva do aludido estado disfuncionado de coisas e tem como consequência baixos resultados nos programas orçamentários com reiterados desperdícios, ano após ano, de receitas públicas.

Como explicitado no preâmbulo deste tópico, a exposição das anomalias do Parlamento Federal no tocante ao orçamento tem como objetivo sobrelevar a reflexão de que, ocorrendo lá, onde as consultorias setoriais e de orçamento são mais robustas, com muito mais amplitude se replicarão os problemas no plano estadual e municipal, justificando assim a presente pesquisa.

Com efeito, no tocante ao controle exercido e protagonizado pelo Legislativo, cumpre observar que o Legislador Constituinte, ao fixar no artigo 49, inciso V, da CF[15] a possibilidade de sustação de atos do Executivo, estabeleceu que o parâmetro de controle deveria ser sempre fundado na norma posta.

O controle, portanto, será arrimado no princípio da legalidade, o qual institui os limites da atuação do Estado e os restringe à lei, consoante também estatuído no artigo 37 da CF. Outrossim, o inciso IX[16] do artigo aludido assevera que os controles da execução dos planos de governo dependem do envio ao Parlamento, pelo chefe da Administração Pública, por simetria em qualquer de seus níveis, do projeto de lei de diretrizes orçamentárias e da Lei Orçamentária Anual, os quais, se aprovados, seguirão para fiel execução.

É de se perceber que o Legislativo deve exercer a função de controlador da utilização das verbas públicas, bem como da execução das políticas públicas contidas nos planos governamentais; no entanto, como já explicitado, o viés político-eleitoreiro

---

[15] Artigo 49. É da competência exclusiva do Congresso Nacional: V – sustar os atos normativos do Poder Executivo que exorbitem do poder regulamentar ou dos limites de delegação legislativa; [...].

[16] IX – julgar anualmente as contas prestadas pelo Presidente da República e apreciar os relatórios sobre a execução dos planos de governo; [...].

distanciado do campo técnico deságua no desperdício de recursos públicos e na má prestação de serviços essenciais, como saúde e educação.

É nessa quadra que se apresenta como solução o auxílio efetivo e presente das cortes de contas no exame dos projetos de leis orçamentárias junto ao Parlamento em qualquer de seus níveis. É certo que a primeira questão contraposta tratará da legitimidade das cortes de contas para atuarem antecipadamente, como se verá, fora do ambiente da regularidade, ou seja, após a realização do dispêndio público.

Uma das mais usuais compreensões do que representa o controle prévio desvela-se em uma condição para operatividade de um ato normalmente oriundo do Executivo, como se fosse uma espécie de condição de efetividade, tal como se dá nos empréstimos contraídos pela União e da sua dependência do aval do Senado Federal. Não é o que a tese propõe ao inclinar-se na direção do controle orçamentário.

Como já antecipado em linhas anteriores, no tocante ao orçamento público, o nível mais avançado de controle externo hoje desenvolvido nacionalmente é o concomitante ou sucessivo,[17] ou seja, aquele que se processa no curso da execução do dispêndio e que se concretiza por meio de auditorias superintendidas pela regularidade, voltadas, portanto, ao estreito exame do ajustamento do dispêndio com a codificação legal.

Releva-se que, de todas as espécies, o controle externo mais comum é o subsequente, corretivo ou *a posteriori*. Tal controle, como dito, se dá depois do ato concluído, é simploriamente corretivo e limitado ao que se pode ainda reparar. A fiscalização que se opera desse modo pode ser levada a efeito pela própria administração, pelo Legislativo e pelo Judiciário.

Na descrição linear e cronológica do "controle", observa-se que o Legislativo deveria ter forte vocação fiscalizatória (SOARES,

---

[17] Controle concomitante: todo aquele que fiscaliza de forma tempestiva a realização de atos e/ou procedimentos, no curso de sua formação e execução, para verificar a sua compatibilidade constitucional e legal, tendo como resultados alertas, medidas cautelares, recomendações, determinações, termos de ajustamento de gestão e sanções, entre outros, diante de fatos que possam comprometer a boa gestão (item 7, alínea "a", das Diretrizes de Controle Externo 3202/2014/ATRICON, relacionadas à temática "Controle Externo Concomitante", aprovada pela Resolução ATRICON nº 02/2014).

1989), o que se extrai do artigo 49, incisos II, IV, IX, no atinente aos atos da Administração e ainda na fiscalização financeira e orçamentária, artigos 70 e 71 da Constituição Federal. No entanto, por tudo que já foi demonstrado, não é o que se observa.

A pesquisa que ora se desenvolve demonstra, embora com foco nas políticas de saúde e educação, com destaque no estado do Tocantins, que, se houver participação técnica auxiliar dos tribunais de contas, essa vocação mencionada poderá se tornar concreta pela ampla exposição dos dados e consequente emprego por todos os estamentos de controle, seja administrativo ou judicial.

Para isso, é necessário examinar o protagonismo do Poder Legislativo na fiscalização, auxiliado pelos tribunais de contas, nos projetos do Plano Plurianual, na Lei de Diretrizes Orçamentárias e na Lei Orçamentária Anual.

Adicionalmente, mostra-se relevante demonstrar a constitucionalidade da participação das cortes de contas nesse tipo de exame, o que impõe esclarecimentos sobre o conceito de controle externo, a visão jurisprudencial sobre a cronologia do controle cometido às cortes de contas, a interação entre o Legislativo e o auxiliar técnico, concretizada na Resolução nº 1, de 2006-CN, a ausência de lei complementar anunciada no artigo da Constituição Federal e as disfunções que podem derivar de um orçamento defeituoso.

Cumpre perceber que, conforme entende Sanches (1988), a apreciação legislativa necessita de transparência, racionalidade e efetividade, o que só pode ser alcançado pela larga exposição das razões que levam as decisões alocativas de recursos públicos e, na atual conjuntura, recursos minguados. Mais ainda, se em cada processo administrativo voltado a dispêndios em ações governamentais há necessidade de apresentação de motivos determinantes, não há razão que possa justificar a não fundamentação técnica nas distribuições de recursos pelo orçamento.

Percebe-se que essa concentração de poder decisório na CMO, desconsiderando até mesmo opiniões técnicas, embora constitucional, pode ser a raiz de muitos problemas orçamentários. Melhor seria ampliar a participação nos debates, dar espaço aos técnicos para explicações, ainda que fossem rechaçados os argumentos com a devida fundamentação; desse modo, existiria a certeza de que foram considerados nas tomadas das decisões.

Espera-se ter demonstrado que a fiscalização protagonizada pelo Legislativo não corrige com eficiência as falhas do orçamento encaminhado pelo Executivo, mais ainda, que há falhas geradas pelo aludido fiscal. Em um breve exame, houve alusão às dificuldades encontradas para o efetivo apoio técnico dos servidores auxiliares atuantes na CMO e sobre a remota participação do Tribunal de Contas da União nessa fase de elaboração orçamentária.

1.7 As peças orçamentárias observadas pelo sistema de controle

O modelo orçamentário brasileiro, instituído na Constituição de 1988, artigo 165, apresenta-se assentado em três instrumentos: o Plano Plurianual (PPA), a Lei de Diretrizes Orçamentárias (LDO) e a Lei Orçamentária Anual (LOA). Cada uma das leis referenciadas traz uma aplicação específica, sendo a primeira voltada ao planejamento de médio prazo, estabelecendo objetivos, metas e diretrizes.

Constata-se que, nos moldes que comanda o artigo 165, §1º, da Constituição Federal, a lei que instituir o PPA estabelecerá, de forma regionalizada, as diretrizes, objetivos e metas da Administração Pública Federal para as despesas de capital e outras delas decorrentes e para as relativas aos programas de duração continuada.

Cumpre destacar que as diretrizes são as balizas norteadoras que resultam no alcance dos objetivos, que, por sua vez, referem ao alvo que se intenciona atingir, ou seja, o que se pretende alcançar. E, por fim, as metas que demonstram os objetivos a serem alcançados de modo quantitativo mensuram aquilo que se pretende realizar.

Nessa senda, certifica Giacomoni (2010), em consonância com Andrade (2010), que o PPA se constitui no extrato dos esforços de planejamento de toda a Administração Pública e norteia a elaboração dos demais planos e programas de governo, bem como do próprio orçamento anual. O PPA, corrobora Nascimento (2012), é documento de mais alta hierarquia entre a tríade orçamentária, daí porque os demais planos e programas devem integrar e subordinar-se às diretrizes, aos objetivos e às metas nele estabelecidos

A segunda, a LDO, cuja vigência é de um ano, enuncia a cada exercício financeiro as políticas públicas escalonadas em níveis de prioridades e metas, nessa linha, adita Nascimento (2014). O papel da LDO consiste em conformar as ações de governo, previstas no PPA, às reais possibilidades de caixa. Além disso, a LDO possibilita submeter à soberania popular a definição de prioridades para a aplicação dos recursos públicos.

Para mais, a LDO se presta, segundo Andrade (2010), como mediadora, funcionado como verdadeiro elo entre o PPA e a LOA, de forma a estabelecer a conexão entre um plano de médio prazo com um instrumento viabilizador de execução, o orçamento anual.

Nessa perspectiva, pode-se inferir que a LDO é que orienta a elaboração e a execução da Lei Orçamentária Anual, a quem cabe estabelecer as receitas públicas suficientes para fazer frente aos objetivos perseguidos no exercício.

Conforme atesta Feijó (2008), a LOA é um instrumento do qual dispõe o governo para anunciar publicamente, em determinado período de tempo, seu programa de atuação, detalhando a origem e o montante dos recursos a serem alocados, assim como a natureza e a quantia dos dispêndios a serem efetuados.

Observa-se como incontestável a preocupação do Constituinte com o planejamento seccionando no tempo, máxime quando injunge que "[...] nenhum investimento cuja execução ultrapasse um exercício financeiro poderá ser iniciado sem a prévia inclusão no Plano Plurianual".[18]

Nessa perspectiva, o processo orçamentário passa por diversos momentos, cada um regulado por normas próprias, ou seja, compreende a composição da proposta orçamentária até o encerramento do orçamento, perpassando pela elaboração, aprovação e controle.

Nada obstante toda a previdência constitucional sucintamente esboçada, exsurgem muitas questões sem a devida resposta nas peças orçamentárias. Basta descortinar, por exemplo, a inexistência de medidas voltadas à redução das desigualdades inter-regionais, segundo o critério populacional,[19] para que se possa perceber uma despreocupação do Parlamento com os conteúdos das políticas públicas que são enviados para aprovação nas leis orçamentárias.

---

[18] Artigo 167, inciso XI, §1º, da CF.

[19] Artigo 165, §7º, da CF.

O orçamento público deve garantir um modelo territorializado do planejamento governamental, com consignação de metas individualizadas para as peculiaridades de cada região. Nessa trilha ratificada por Sanches (2004), anuncia-se que os orçamentos do setor público carecem de programação regionalizada, ou seja, minudenciada sobre áreas com o maior nível de particularização possível no interesse da Administração Pública.

Bercovic (2005) aduz corroboração que a Constituição Federal de 1988 em diferentes dispositivos destaca, *v.g.*, artigos 21, inciso IX; 30, inciso VIIII; 43, inciso II; 48, inciso II; 49, inciso IX; 68, §1º; 74, inciso I; 84, inciso XXIII; 165, §7º; 174; e 182, §1º, a expressa ideia de planejamento como guia de orientação da atividade estatal e do desenvolvimento social.

Com efeito, somente por meio de decisões coordenadas, programadas e empregando uma atuação ampla e intensa é que o Estado poderá modificar as estruturas socioeconômicas, propiciar a distribuição, a igualdade e a descentralização da renda, bem como integrar a população, social e politicamente.

Com base nos apontamentos delineados e também na posição de Matias-Pereira (2010), é intuitivo perceber o grau de influência que possui as leis orçamentárias. Tais leis exercem impacto direto sobre o domínio econômico do país. Trata-se da construção ou não de uma sociedade cada vez mais livre, justa e solidária, bem como da erradicação da pobreza, da marginalização e da desigualdade social, nos termos preceituados no artigo 3º da Constituição Federal de 1988, segundo leciona Matias-Pereira (2010), acompanhado do ministro Ayres Britto, o qual sentencia que a lei orçamentária é, depois da Constituição, a mais importante para o país.[20]

Em arremate, na visão de Bezerra Filho (2012), o Estado movido pelo planejamento orçamentário pode exercer três grandes funções sobre a economia, quais sejam: a realização de ajuste na alocação de recursos (função alocativa); a manutenção da estabilidade econômica (função estabilizadora); e a correção de problemas na distribuição de renda (função distributiva). Mais ainda, pode atingir os objetivos da política orçamentária, que, segundo Musgrave e Musgrave (1980),

---

[20] ADI-MC nº 4.048-1/DF, j. 14.5.2008, p. 38.

se resumem em: a) satisfazer necessidades públicas; b) redistribuir renda; e c) contribuir para a estabilidade econômica.

1.7.1 Instrumentos de planejamento e os critérios de fiscalização

O presente tópico volta-se ao exame das particularidades anômalas das peças orçamentárias selecionadas no estado do Tocantins e concentradas nas políticas públicas de saúde e educação. No entanto, faz-se necessário um estudo anterior de aspectos basilares voltados aos princípios e conceitos do ciclo orçamentário, oportunidade em que as receitas e despesas orçamentárias serão abordadas.

Como é de amplo conhecimento, o orçamento possui caráter autorizativo para a execução de todas as prestações estatais. Representa a linha demarcatória a qual devem respeito os governantes nas demandas de custeio da máquina pública. Nessa quadra, foram firmados como instrumentos de planejamento o Plano Plurianual, a Lei de Diretrizes Orçamentárias e a Lei Orçamentária Anual.

Rege o Plano Plurianual as diretrizes, objetivos e metas da Administração Pública para a consecução do desenvolvimento regionalizado. Nesse campo, estão os programas de duração continuada,[21] com efeito, em saúde e educação.

Os referenciados programas, no plano federal e estadual, devem ser regionalizados e setorizados consoante o plano de governo, ou seja, todas as peças devem guardar consonância e coerência. Não se admite que haja na lei orçamentária políticas públicas que não derivem do planejamento albergado no Plano Plurianual – é o que se infere do §4º do artigo 166 da CF.

Ressalta-se que o comando constitucional veda (artigo 167, §1º, da CF) qualquer investimento que ultrapasse um exercício financeiro

---

[21] Slomski baliza que despesas com duração continuada são as despesas que não se interrompem no tempo, ou seja, são aqueles programas de governo que terão continuidade; nesse sentido, compreendem mais que um exercício financeiro (SLOMSKI, 2013). Para mais, a própria Constituição Federal, artigo 165, §1º, alerta que, no PPA, deve-se constar as despesas dos programas de duração continuada: *"A lei que instituir o Plano Plurianual estabelecerá, de forma regionalizada, as diretrizes, objetivos e metas da Administração Pública federal para as despesas de capital e outras delas decorrentes e para as relativas aos programas de duração continuada"*.

que não esteja devidamente previsto no PPA, ato considerado crime de responsabilidade.[22] Por seu turno, a LDO, artigo 165, §2º, trata das metas e prioridades da Administração Pública, orientando inclusive a elaboração da Lei Orçamentária Anual.

Cumpre ressaltar que a Lei de Responsabilidade Fiscal, Lei Complementar nº 101/2000, comete à LDO o cuidado com o equilíbrio entre as receitas e despesas, além das normas de controle de custos e, à avaliação dos resultados dos programas, cumprimento de metas de exercícios anteriores, a exigência da memória metodológica justificadoras da expectativa dos resultados pretendidos, com parâmetro em três exercícios anteriores, e outros aspectos de controle e medição.

Como se pode perceber, o orçamento é instrumento múltiplo, vez que político, econômico, programático, gerencial e financeiro, consoante ensina Sanches (1997), sendo imprescindível instrumento de controle do poder político e também de planejamento. Em sendo assim, o orçamento tem função alocativa – assegura a correta aplicação dos recursos – distributiva da renda e estabilizadora, na medida em que é relevante para a economia ao promover a geração e manutenção de empregos.

A Lei nº 4.320/64, artigo 2º, fundou o controle do orçamento em princípios orientadores, dentre estes a unidade, ou seja, só há um orçamento por exercício financeiro, universalidade, integrado por todas as receitas e despesas da esfera de governo, e anualidade, baseada no lapso temporal de um ano, ou em outros termos, os créditos aprovados têm vigência restrita a um exercício financeiro, salvo nas hipóteses dos créditos especiais e extraordinários.

É relevante perceber, ainda tratando dos princípios e desfocando do viés da validade, mais relacionada ao ambiente das regras

---

[22] Artigo 4º São crimes de responsabilidade os atos do Presidente da República que atentarem contra a Constituição Federal, e, especialmente, contra: I – A existência da União: II – O livre exercício do Poder Legislativo, do Poder Judiciário e dos poderes constitucionais dos Estados; III – O exercício dos direitos políticos, individuais e sociais: IV – A segurança interna do país: V – A probidade na administração; VI – A lei orçamentária; VII – A guarda e o legal emprego dos dinheiros públicos; VIII – O cumprimento das decisões judiciárias (Constituição, artigo 89) (Lei nº 1.079/1950). A Lei nº 7.106/83 estende os crimes de responsabilidade aos governadores e secretários de Estado, e o Decreto-Lei nº 201/1967, aos prefeitos e vereadores. Corrobora-se que a cobertura constitucional encontra-se no artigo 85 do Diploma Maior.

estabelecidas na própria Constituição e em leis nacionais, que a ponderação é o mecanismo de controle mais adequado, pois implica necessariamente em justificação, em fundamentação, o que torna a moldura do que é racionalmente possível em matéria orçamentária mais delimitada.

A dimensão conceitual (BUGARIN, 1995) do princípio da eficiência, em razão da sua configuração multidisciplinar, é um importante veículo de intercomunicação no ambiente econômico de gestão e jurídico-constitucional. Tanto é assim que o mencionado princípio resta inserido entre os explícitos da administração públicas, artigo 37 da CF.

A eficiência também representa, no plano de tudo que resta compreendido no vão entre a administração e os administrados, um dever de agir de modo honesto, racional, transparente e participativo; em síntese, é possível asseverar que se trata do que Paulo Bugarin (2011) descreve como um "direito fundamental de cidadania", do direito a ações governamentais dirigidas as necessidades mais prementes da sociedade.

Ainda no plano econômico, a eficiência técnica funda-se na compreensão dos insumos negativos, ou seja, há impossibilidade na produção de determinado produto sem que isso signifique produzir menos de outro. O mencionado conceito de eficiência assume outra dimensão quando confrontado com a eficiência alocativa. É que, enquanto no primeiro caso o que se busca é maior produção possível ante os insumos disponíveis, no segundo caso, alocativa, volta-se à produção dos melhores resultados, com o melhor conjunto de elementos de produção.

Esse confronto semântico da eficiência em duas vertentes é relevante quando a decisão política sobre investimentos em políticas públicas se coloca, *v.g.*, no campo da saúde. Indaga-se: os insumos, recursos, representam obstáculo ao resultado pretendido, ou este deve ser alcançado a qualquer preço?

A teoria da gestão, no que concerne aos resultados alcançados, triparte-se nos princípios da efetividade, eficácia e eficiência. A efetividade representa o desenho de uma organização no que se reporta aos resultados alcançados e aos objetivos propostos. A eficácia, por sua vez, refere-se à adequação dos objetivos alcançados, considerando o fim proposto.

Do ponto de vista estatal, ser eficaz é alcançar a meta. Trata-se da medida em que um programa estatal, refletido orçamentariamente, é capaz de gerar resultados sociais a custos razoáveis. Distingue-se da eficiência, conceito mais ligado ao processo estabelecido para realização de tarefas segundo padrões previamente estabelecidos.

Essas considerações principiológicas, sobretudo após a "reforma administrativa", devem nos levar de um modelo burocrático para um gerencial, de realização eficiente do ponto de vista orçamentário no planejamento e na gestão, interconectando a eficiência do artigo 37 com a economicidade do artigo 70 da CF.

Ora, ser eficiente é, como descrito acima, realizar prestações públicas de acordo com as normas e padrões estabelecidos na Constituição Federal e nas leis nacionais, contudo a custos razoáveis, o que impõe uma criteriosa avaliação, pelo controle externo, da equação custo-benefício (OLIVEIRA; HORVAT; TAMBASCO, 1990). A economicidade, no discurso jurídico, implica necessariamente na eficiência da gestão financeira e na execução orçamentária, que são conceito imbricados, indissociáveis.

É nesse sentido que o espectro da economicidade passa pela fiscalização contábil, financeira e orçamentária. Subvenções e renúncia de receitas, chamadas gastos tributários, previstos nas leis orçamentárias, devem ser objeto de fiscalização segundo o crivo da economicidade.

Deve haver em todos os casos, seja na quadra dos dispêndios derivados da execução orçamentária, ou das isenções, deduções, abatimentos ou reduções de alíquotas, as devidas fiscalização e publicidade. A Portaria Interministerial STN/SOF nº 163/2001, no seu artigo 6º,[23] determina a classificação de despesas por categoria econômica, grupo de natureza de despesas e modalidade de aplicação, chegando ao rol minuciado dos elementos de despesa.[24]

---

[23] Artigo 6º. Na lei orçamentária, a discriminação da despesa, quanto à sua natureza, far-se-á, no mínimo, por categoria econômica, grupo de natureza de despesa e modalidade de aplicação.

[24] O elemento de despesa tem por finalidade identificar os objetos de gasto, tais como vencimentos e vantagens fixas, juros, diárias, material de consumo, serviços de terceiros prestados sob qualquer forma, subvenções sociais, obras e instalações, equipamentos e material permanente, auxílios, amortização e outros de que a Administração Pública se serve para a consecução de seus fins (Portaria Interministerial nº 163/2001, artigo 3º, §3º).

Toda essa cautela volta-se à promoção da transparência, identificando com precisão o objeto do gasto e a sua estreita vinculação com os objetivos e metas, estas, sim, de extrema relevância dentro do orçamento voltado à consecução de resultados. Relevante pontuar que, para alcançar a transparência, a Lei Complementar nº 131/2009 estabeleceu a exigibilidade da divulgação dos dados sincronicamente com o dispêndio público, ou seja, em tempo real, para conhecimento da sociedade da execução orçamentária e financeira.

Há também o princípio da não afetação de despesas, o qual veda a vinculação ou reserva de receitas a despesas determinadas; conforme ensina Giacomoni (2010), proíbe-se o comprometimento. Inobstante, as políticas de saúde e educação representam exceção a essa regra. A razão para essa mitigação deve-se ao fato de que, em momentos de escassez, políticas de elevada prioridade, como as mencionadas, podem ser prejudicadas, sofrer retrocesso.

O princípio da vedação ao retrocesso é parâmetro civilizatório. Serve ao propósito de impedir que instabilidades políticas e até mesmo econômicas promovam uma retração de diretos categorizados como fundamentais, dirigidos contra a dignidade da pessoa humana. Sarlet (2008) assevera que, em todas as vezes em que o ser humano sofre tratamento de cunho degradante e desumano ou que afete as condições mínimas para uma vida saudável, haverá violação grave carente de repulsa imediata.

Canotilho (1999), em sua visão direcionada à proibição do retrocesso e na quadra dos direitos sociais, argumenta que constitui afronta aos comandos constitucionais quaisquer medidas, com mais efeito as legislativas, restritivas de direitos e que não tragam consigo soluções alternativas ou compensatórias.

Tal pensamento tem uma força descomunal quando se pensa no orçamento como meio garantidor de todas as prestações sociais estatais. Constrange pensar em planejamento orçamentário sem que esta questão esteja em proeminência.

Com realce, deve-se destacar que ao menos o mínimo existencial, correspondente, nas palavras de Barroso (2008, p.881), "[...] às condições elementares de educação, saúde e renda que permitam, em uma dada sociedade, o acesso aos valores civilizatórios e a participação esclarecida no processo político e no debate público [...]", tem que ser garantido.

Regressando ao exame orçamentário e assentando o entendimento de que a Constituição deve ser progressivamente, segundo Mendonça (2003), realizada, não se pode deixar de lado que os objetivos e metas orçamentários, acima delineados, findam por representar uma poderosa força de vinculação em relação aos orçamentos anteriores no que tange aos seus resultados.

Outrossim, é necessário pontuar que, ao contrário do que se pode inadvertidamente supor, essa vinculação vai além da administração. Também se dirige ao Legislativo e aos órgãos que compõem o sistema de justiça, segundo aduz Sarlet (2008).

Essa linha de reflexão é importante e necessariamente deve anteceder o iminente exame dos fatos concretos relacionados ao orçamento e aos direitos fundamentais. Com efeito, não se pode admitir como constitucionais leis orçamentárias que contemplem trivialidades antes da alocação de recursos, *v.g.*, com saúde e educação. Na lição de Canotilho (1991), tais leis sem previsão de dotação orçamentária para direitos fundamentais, ainda que de efeitos concretos, estão inquinadas pela inconstitucionalidade.

No terceiro capítulo desta pesquisa, abordar-se-ão a inconstitucionalidade e as ilegalidades orçamentárias. No âmbito das ações coletivas, demonstrar-se-á que tais temas podem ser abordados com muita eficiência, favorecendo, sobretudo, o acesso à justiça.

É certo que a eficiência nas prestações das políticas públicas deverá orientar qualquer juízo de continuidade ou não das prestações; sem isso, é o desperdício e o improviso. Assentada a premissa de que a eficiência deve orientar os gastos públicos, é consectário lógico deduzir que a liberdade que o administrador possui na execução orçamentária sempre estará atada à busca da excelência, ao atingimento constante dos índices preordenados segundo as disponibilidades financeiras, conforme compreensão de Courtis (2008).

Dentre os critérios geralmente empregados na parametrização do controle estão a eficácia, a eficiência e a efetividade. Tal como se verá no tópico seguinte, ao se tratar da controlabilidade das decisões na teoria da argumentação jurídica de Alexy (2001), não há como verificar a racionalidade e a correção das decisões tomadas sem que os parâmetros estejam claros, o que também se pode observar na compreensão de Arretche (1988).

Cumpre evidenciar, a fim de se evitarem ambiguidades de compreensões, que o Tribunal de Contas da União (TCU, 2000)[25] normatizou os parâmetros de controle acima delineados. A eficiência, segundo convencionado, define-se pela relação entre os produtos (bens e serviços) gerados por uma atividade e os custos dos insumos empregados em determinado período de tempo.

No tocante à eficácia, trata-se do grau de alcance das metas programadas em determinado período, independentemente dos custos implicados; já a efetividade refere-se à relação entre os resultados alcançados e os objetivos que motivaram a atuação institucional. Trata-se, por outros termos, da relação entre os impactos reais observados na população e os que são esperados em decorrência da ação institucional.

Corroborando, Jannuzzi (2006) assevera que o exame das políticas públicas reclama indicadores que possibilitem a aferição dos atingimentos dos objetivos. É dizer, o nível de utilização dos recursos empregados em face do custo para disponibilização, bem como a efetividade e o contentamento social, isto é, o índice de efetividade.

Ao se tratar do controle externo europeu e americano, no terceiro capítulo, ver-se-á que a fiscalização é fortemente concentrada nos parâmetros de medição da eficiência da gestão. O exame da regularidade, ou seja, adequação com a legislação administrativa, não é dispensado, mas o emprego mais vigoroso dos meios de fiscalização volta-se para o contentamento social.

Figueiredo e Figueiredo (1986) trazem a reflexão de que é necessário observar, nas relações entre os programas e os seus resultados, com muito menos atenção aos aspectos formais e, mais detidamente, a razão entre os objetivos e instrumentos empregados.

Explica-se com as seguintes indagações: o que é mais relevante, o emprego do percentual constitucional em saúde e educação ou os resultados das políticas públicas em saúde e educação com os percentuais constitucionais devidamente empregados? É intuitivo

---

[25] BRASIL. Tribunal de Contas da União. Revista Eletrônica. *Técnicas de Auditoria*: Indicadores de Desempenho e Mapa de Produtos, capitaneado pelas diretrizes da Organização Internacional de Entidades de Fiscalização Superiores. 2008. Disponível em: https://portal.tcu.gov.br/biblioteca-digital/tecnica-de-auditoria-indicadores-de-desempenho-e-mapa-de-produtos.htm.

responder que os resultados sempre serão mais importantes que o simples emprego em ações nem sempre exitosas e desafortunadamente reiteradas, orçamento após orçamento.

Até mesmo na perspectiva dos custos com as prestações públicas, tem mais relevância à medida que os objetivos traçados são alcançados, pois esse é o parâmetro basilar da eficácia na visão de Cohen e Franco (1993).

Não se pode deixar de considerar, outrossim, que as políticas públicas corporificadas na medida de eficiência contida na relação entre o previsto e realizado ainda terão que contentar as mais prioritárias necessidades sociais e, em sendo assim, não poderão contemplar sobreposições de esforços, consoante explica Belloni (2001).

Com efeito, essas ponderações são relevantes para o fio condutor que levará até o exame da intervenção judicial nas políticas públicas sem o devido entrelace com o planejamento e os resultados das prestações públicas desenhados nas leis orçamentárias. Exame que se dará com vigor no terceiro capítulo desta pesquisa.

É dever observar, segundo Sabbag (2007), que o orçamento ético deita suas raízes em princípios constitucionais e legais. A relevância do argumento deriva da vigilância reclamada no combate contra as inconstitucionalidades ou ilegalidades perpetradas no processo orçamentário.

Com efeito, as violações à Constituição e às leis nacionais, nos termos do artigo 34 da CF, podem gerar até mesmo a consequência mais grave no plano federativo: a intervenção. Dentre as hipóteses está a aplicação do mínimo exigido das receitas na manutenção e desenvolvimento do ensino e nas ações e serviços públicos de saúde.

No último capítulo desta tese, restará assentado que a atuação acoplada das estruturas de controle é de elevado interesse para a Federação, sentido em que, por meio de notificação do TCU à Procuradoria-Geral da República, o sistema de justiça seja levado a pronunciar-se sobre o comportamento anti-isonômico de alguns estados-membros ante as regras e princípios sobre equilíbrio fiscal estatuídos na Constituição e em leis nacionais.

Ressalte-se que essa tese busca demonstrar que a atuação do controle externo em todas as suas feições, administrativa e judicial, incidente sobre o orçamento, traz efetividade para as políticas públicas de saúde e educação justamente a partir de orçamentos devidamente planejados e inclinados ao atendimento das mais caras necessidades sociais, com destaque nas aplicações baseadas em princípios constitucionais sensíveis, saúde e educação.

No tocante às responsabilidades pelas decisões tomadas, seja no planejamento orçamentário, na execução orçamentária ou até mesmo na fiscalização dos dispêndios autorizados orçamentariamente, cumpre observar que todos devem possuir lastro em fundamentos voltados à correção, racionalidade e, sobretudo, controláveis segundo parâmetros preestabelecidos, consoante se examinará no tópico subsequente.

Na quadra mencionada do controle, emerge a Lei nº 13.655/18, a qual preza com muita ênfase as consequências para a gestão pública em face das decisões tomadas. É o princípio da consequência, é o dever, em todos os casos relevantes, da fundamentação. Os efeitos são irradiantes para além da esfera administrativa, atingindo o controle judicial ou externo – tribunais de contas.

Ora, mas se o direito volta-se à sociedade, se a responsabilização por políticas públicas deficientes é medida que se impõe, não há razão para, nos casos em que a vontade administrativa for substituída pela vontade judicial ou emanada das cortes de contas, também não se impor o dever de fundamentação e correção a partir do exame das questões práticas e das consequências geradas pela aludida decisão, venha de quem vier.

O artigo 20 da Lei nº 13.555/18[26] afirma a responsabilidade decisória do Estado em qualquer de suas faces. Afasta-se do indeterminismo refugiado nos princípios ou expressões jurídicas abertas, de múltiplas interpretações. Com efeito, há imposição legal de observação dos fatos e dos seus impactos, ou seja, da observação do princípio da proporcionalidade pelas lentes da necessidade e da adequação.

A mencionada lei abre espaço para soluções rápidas, práticas. Basta observar o estatuído no artigo 26, o qual abre espaço para a negociação com os jurisdicionados. As negociações têm dado efetivos resultados nos acordos de leniência firmados com empresas envolvidas em fraudes acentuadamente lesivas aos cofres públicos,

---

[26] Artigo 20. Nas esferas administrativa, controladora e judicial, não se decidirá com base em valores jurídicos abstratos sem que sejam consideradas as consequências práticas da decisão.

embora ainda não estejam acopladas devidamente às esferas de controle, conforme se tem visto no cabo de guerra entre a Advocacia-Geral da União (AGU), o TCU[27] e o Judiciário.

1.7.2 Efetividade em políticas públicas: consequência do planejamento

A efetividade da gestão é o eixo central do controle externo europeu e americano. O maior foco de exame e fiscalização é o resultado das políticas públicas, o contentamento social, obviamente, sem descurar-se da regularidade dos atos de gestão, ou seja, de sua conformidade com a codificação administrativa e com os ditames constitucionais.

A metodologia de fiscalização brasileira ainda não adotou o modelo estrangeiro. Ainda inclina-se demasiadamente para o exame da legalidade e economicidade, ou seja, concentra seus esforços na observação da conformidade com a lei e nos eventuais prejuízos. Fora dessas hipóteses, os atos tendem a ser, na maior parte das vezes, considerados regulares.[28]

Cumpre, agora, tratar da experiência com o Índice de Efetividade da Gestão Municipal (IEGM),[29] embora o tema volte a ser examinado na oportunidade em que a pesquisa vier a tratar sobre legística, no terceiro capítulo. Para o presente, é importante esclarecer que se trata de uma ferramenta disponibilizada às cortes de contas que firmaram termo de adesão em acordo de cooperação técnica patrocinado pela Associação dos Membros dos Tribunais de Contas do Brasil (ATRICON).[30]

Obviamente, o índice tem como finalidade avaliar a efetividade das políticas e atividades públicas desenvolvidas pelos seus

---

[27] Disponível em: https://g1.globo.com/economia/noticia/tcu-julgara-pedido-para-suspender-acordo-de-leniencia-que-governo-assinou-com-a-odebrecht.ghtml. Acesso em: 20 ago. 2018.

[28] O tema será mais bem abordado no terceiro capítulo desta pesquisa.

[29] O IEGM/TCE/TO, em 2018, está na sua terceira edição. Teve início em 2014 no Tribunal de Contas do Estado de São Paulo, conta com apoio da Associação dos Membros dos Tribunais de Contas do Brasil e foi instituído pela Rede Nacional de Indicadores Públicos (REDE INDICON).

[30] Criada em 16 de agosto de 1992 com o objetivo de garantir a representação, a defesa, o aperfeiçoamento e a integração dos tribunais de contas e de seus membros. Disponível em: http://www.atricon.org.br/institucional/apresentacao/. Acesso em: 24 set. 2018.

gestores. Com efeito, os indicadores servem ao propósito de traduzir de forma mensurável a realidade, tornando possível a avaliação dos resultados.

Como diz Garcia (2000), a partir dos resultados virão as medidas corretivas dentro de uma razão de oportunidade e possibilidade de dispêndio proporcional às necessidades sociais. Os indicadores revelam de forma segura as dimensões do desempenho porque são amparados em parâmetros técnico-científicos de mensuração de contentamento social nos quais é medido o grau de atingimento dos objetivos e das metas fixadas contidas no programa, isso sem perder de vista a relação que deve existir entre metas atingidas e recursos utilizados.

Segundo o Manual de Elaboração de Programas (BRASIL, 2006), editado pelo Ministério do Planejamento, cada programa deve possuir, no mínimo, um indicador capaz de medir se as ações insertas são coerentes com seus objetivos e com os padrões de eficácia, eficiência e efetividade esperados.

Não se pode perder de vista que os programas não podem representar meros requisitos legais para a aplicação de recursos públicos. Os programas existem para o enfrentamento de demandas da população; por isso, devem ser bem definidos e descritos por informações encontráveis na realidade.

Se assim não for, as alterações sociais benéficas resultantes das políticas públicas não poderão ser sentidas e muito menos associadas ao desempenho das ações de governo.

Como prenunciado, no plano municipal, os tribunais de contas desenvolveram uma metodologia de fiscalização fundada em sete índices temáticos de avaliação: I-Educ, I-Saúde, I-Planejamento, I-Fiscal, I-Ambiente, I-Cidade e I-GovTI. Contudo, em face da delimitação do tema desta pesquisa, cumpre destacar os índices da educação e saúde.

O índice temático I-Educ mede o resultado das ações da gestão municipal na tônica educação por meio de quesitos específicos relativos à educação infantil e ao ensino fundamental.

Tal índice reúne informações sobre avaliação escolar, conselho e plano municipal de educação, infraestrutura, merenda escolar, qualificação de professores, transporte escolar, quantitativo de vagas e material e uniforme escolares.

No I-Saúde, o índice medirá o resultado das ações da gestão pública municipal por meio de quesitos específicos, com ênfase nos processos realizados pelas prefeituras relacionados à Atenção Básica, Equipe Saúde da Família, Conselho Municipal da Saúde, atendimento à população para tratamento de doenças como tuberculose e hanseníase e cobertura das campanhas de vacinação e de orientação à população.

Na quadra do I-Planejamento, o exame possui concentração na razão entre o planejado e o efetivamente executado. Isso se dará por meio da análise dos percentuais gerados em confronto variáveis mencionadas. Nesse cotejo, além dos aspectos relacionados ao cumprimento do que foi planejado, também é possível identificar a existência de coerência entre as metas físicas alcançadas e os recursos empregados, bem como entre os resultados atingidos pelas ações e seus reflexos nos indicadores dos programas.

O IEGM/TCETO possui cinco faixas de resultados, definidas em função da consolidação das notas obtidas nos sete índices setoriais expostos acima. O enquadramento dos municípios em cada uma destas faixas obedece aos seguintes critérios:

Tabela 1 – Critérios para aferição do IEGM/TCETO

Nota	Faixa	Critério
A	Altamente efetiva	IEGM com pelo menos 90% da nota máxima e, no mínimo, 5 índices com nota A.
B+	Muito efetiva	IEGM entre 75% e 89,9% da nota máxima.
B	Efetiva	IEGM entre 60% e 74,9% da nota máxima.
C+	Em fase de adequação	IEGM entre 50% e 59,9% da nota máxima.
C	Baixo nível de adequação	IEGM menor ou igual a 49,9%.

Fonte: Rede INDICON.

O Processo nº 8.035/2017/e-Contas foi o último julgado na Corte de Contas Tocantinense e refere-se ao IEGM-2016. A ênfase será nos dados constantes desses autos, que contaram com 242 itens de avaliação, distribuídos entre as sete dimensões.

Observa-se que os questionários do IEGM/2016 foram respondidos por 125 municípios tocantinenses dos 139, abrangendo o percentual de 90% dos existentes no estado. Somente os municípios de Araguatins, Axixá, Campos Lindos, Fátima, Fortaleza do Tabocão, Juarina, Mateiros, Natividade, Palmas, Ponte Alta do Bom Jesus, Rio da Conceição, Santa Maria do Tocantins, Santa Rita do Tocantins e São Sebastião não remeteram os sete questionários que compõem ao IEGM/TCETO.

No gráfico a seguir, extraído do Relatório de Levantamento nº 01/2017, contido nos autos que compõem o Processo nº 8.035/2017, demonstra-se o resultado compilado do questionário aplicado aos municípios do Tocantins em 2016.

Gráfico 1 – Resultado IEGM/2016

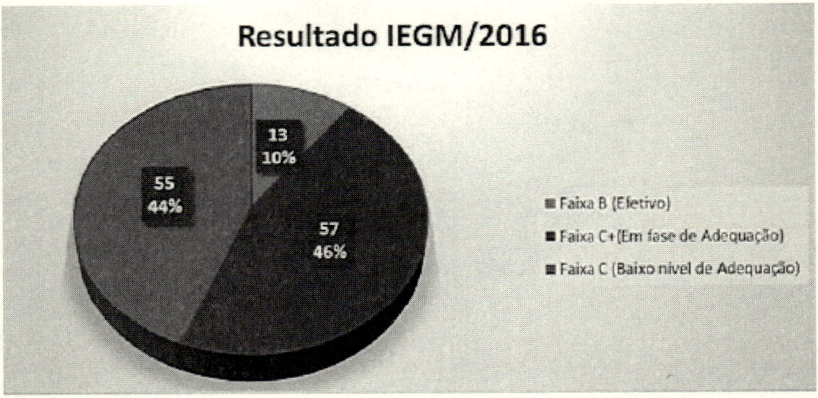

Fonte: Relatório de Levantamento nº 01/2017, contido nos autos que compõem o Processo nº 8.035/2017.

Tais resultados, quando comparados ao exercício de 2015, segundo consta do Relatório de Análise, indicam regressão de efetividade. Com efeito, de um ano para o outro, os percentuais passaram de 55% para 10% classificados nas faixas B (efetivo), 23% no percentual C+ (em fase de adequação) para 46%, com acréscimo de 144% no percentual de municípios na faixa C (baixo nível de adequação), nível mais baixo de classificação, o que, ao fim e ao cabo, nada mais é do que retrocesso social.

No concernente ao I-Educação, 2016, a divisão por faixas apresentada a seguir pelo gráfico compila os resultados de 125 municípios. 64 (51%) encontram-se classificados na faixa C (baixo nível de adequação), isto é, mais de 60% dos municípios estão na faixa mais baixa, com índice de efetividade da gestão municipal menor ou igual a 49,9%.

Gráfico 2 – I-Educ

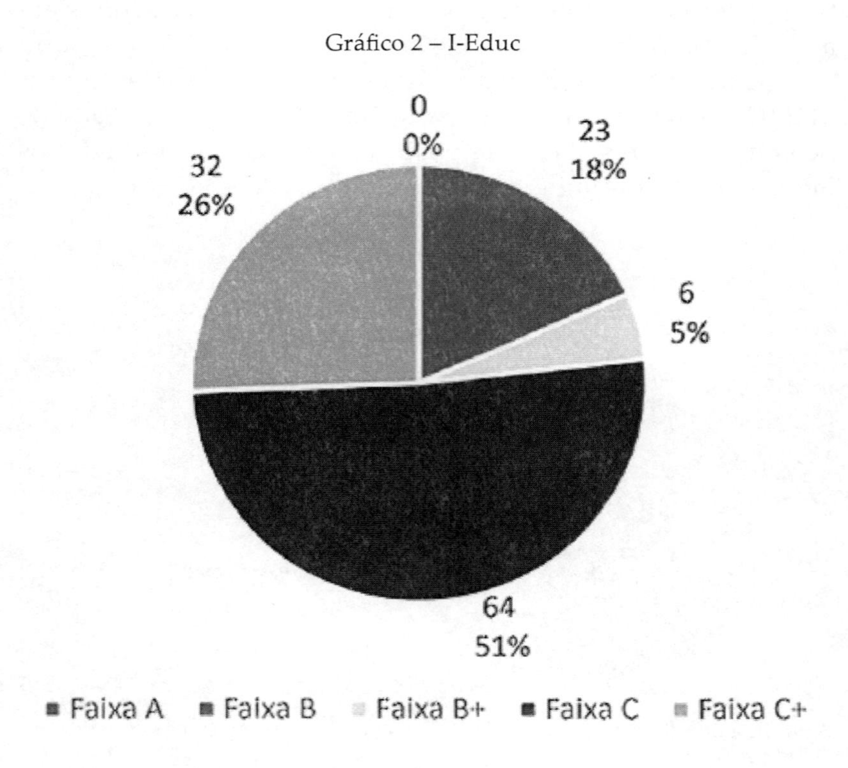

Fonte: Relatório de Levantamento nº 01/2017, contido nos autos que compõem o Processo nº 8.035/2017.

O I-Planejamento responde à pergunta mais relevante: mas quais são as razões de níveis tão baixos de efetividade? Segundo o relatório final de avaliação, a realidade do índice de planejamento, do ano 2016, é a pior possível. Conforme se pode observar, dos 125 municípios pesquisados, 109 (87%) se situaram na faixa C+ (em fase de adequação), e 16 (13%), na faixa C (baixo nível de adequação), as faixas mais baixas do IEGM.

Gráfico 3 – I-Planejamento

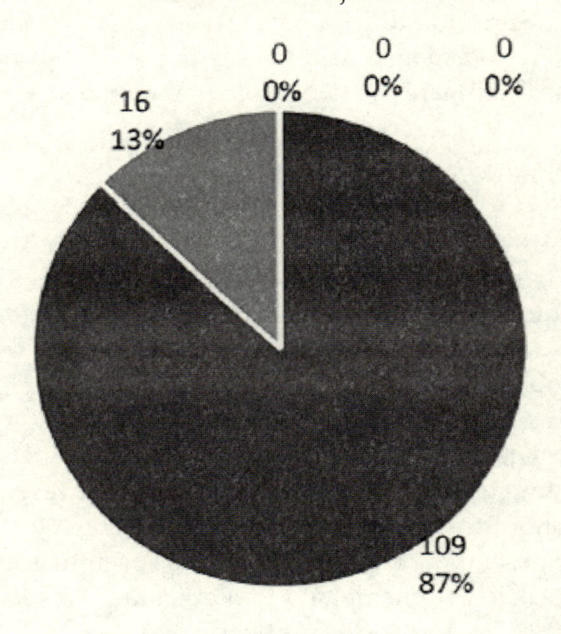

Fonte: Relatório de Levantamento nº 01/2017, contido nos autos que compõem o Processo nº 8.035/2017.

É importante ressaltar que o I-Planejamento leva em conta (i) a coerência entre os resultados dos indicadores dos programas e das metas das ações; (ii) o confronto entre o resultado físico alcançado pelas metas das ações e os recursos financeiros empregados; (iii) o percentual de alteração do planejamento inicial; e (iv) o percentual da taxa de investimento estabelecida no planejamento inicial e a executada.

Desse modo, é possível concluir que os municípios tocantinenses não têm realizado um planejamento efetivo, condizente com a realidade, vez que 87% da municipalidade não alcançam 50% de efetividade, ou seja, não há consistência entre o que foi planejado e o efetivamente executado.

Outrossim, é intuitivo perceber que os gastos em saúde e educação serão tão contentadores das expectativas sociais quanto for eficiente o planejamento que dará causa ao dispêndio do dinheiro público. Também não é difícil concluir que o descontentamento social se converterá em demandas judiciais, quase sempre individuais, consoante se examinará nos capítulos subsequentes.

1.7.3 O PPA como peça matriz

O tópico anterior desta pesquisa explicitou que as reformas gerenciais necessitam de instrumentos e de mecanismos capazes de medir efetividade, eficácia e eficiência na gestão dos recursos públicos. Desse modo, o ciclo de gestão promovido pela Administração Pública deve avaliar o desempenho de seus programas e redirecionar o planejamento quando for necessário.

É nessa quadra que emerge a importância do estudo do PPA e de elementos periféricos, como o Relatório Anual de Avaliação do referido plano. Esse documento deve ser bastante elucidativo na medição de desempenho e concentra-se nas eventuais assimetrias entre o planejado e o que de fato fora executado, revelando-se os resultados do emprego dos recursos públicos.

O PPA organiza a atuação do governo em programas. A Lei nº 11.653/08 (BRASIL, 2008), artigo 7º, assevera que o Plano Plurianual deve observar os princípios da eficiência, da eficácia e da efetividade, critérios sujeitos a monitoramento, avaliação e revisão dos programas. Tais critérios estão definidos de maneira objetiva no Decreto nº 5.233/2004 (BRASIL, 2004a).

No primeiro tópico deste capítulo, ao se tratar dos problemas orçamentários na quadra das comissões de orçamento do CN, observou-se que o trato casuístico das emendas parlamentares, em muitos casos, leva a severos contingenciamentos orçamentários.

No plano federal, dentre os maiores problemas apresentados nos Relatórios Anuais de Avaliação do Plano Plurianual (BRASIL, 2007), entre os exercícios de 2004/2007, estão os contingenciamentos orçamentários, a inadequação dos indicadores e a carência de recursos humanos e de materiais de infraestrutura.

Releva-se, ainda, segundo Giacomoni (2010), que o Plano Plurianual deve integrar-se com o orçamento anual segundo as prioridades e metas extraídas para quatro exercícios, nos termos da

Lei de Diretrizes Orçamentárias. Em outros termos, deve haver ligação entre o futuro programado e o desejado, segundo Nader (2005).

Tecidas tais considerações, cumpre esclarecer que o ciclo de gestão do PPA compõe-se de monitoramento da execução, avaliação e revisão dos programas. O monitoramento é a constante aferição entre a execução física e a financeira das ações. O objeto de mensuração compreende os objetivos, os produtos gerados, as metas e, como já delineado, os produtos em face dos custos.

O governo deve avaliar, segundo suas estratégias, os resultados da implantação dos seus programas. Até mesmo intuitivamente, é de se esperar que, se os resultados não forem alcançados, os programas devem ser revistos com a correção das falhas. O que não ocorre na prática.

Costa (2003) recomenda que a avaliação seja feita de forma sistemática sobre os programas sociais de maior relevância, com vistas ao alcance dos melhores resultados na aplicação e controle dos recursos públicos. Também deve haver mensuração dos insumos, tais como carga de trabalho, produtos, resultados e, sobretudo, a satisfação do destinatário, como ensinam Cavalcanti e Otero (1997).

Como se pode perceber, esta pesquisa aplica-se no objetivo de identificar problemas no planejamento e execução orçamentária e, em seguida, buscar gerar respostas dirigidas à solução ou mitigação das questões identificadas e suas consequências.

Desse modo, dados orçamentários serão analisados indutivamente,[31] tendo como fonte as leis orçamentárias, os pareceres prévios e demais instrumentos de aferição gerados pelas cortes de contas.

Em razão de a pesquisa ter como principal meio de investigação documentos conservados na intimidade dos órgãos públicos, impõe-se a restrição geográfica predominante no estado do Tocantins, embora, no que for possível, dados de outros estados da Federação possam ser empregados como parâmetro de comparação a fim de demonstrar que não são peculiares apenas no estado onde se dá a pesquisa.

---

[31] As análises indutivas dizem respeito a exames que partem de análises singulares e, a partir destas, indutivamente, chega-se a múltiplas conclusões (COHEN; NAGEL, 1971).

A Lei nº 2.538, de 2011, Plano Plurianual, criou para o estado do Tocantins 36 programas temáticos com anexos voltados a aspectos estruturantes; a macros desafios; a programas temáticos de gestão e de manutenção dos serviços do estado e, por último, a metas e prioridades da administração.

Essa quadra da pesquisa volta-se ao exame da fonte orçamentária do Programa nº 1.026, correspondente à educação básica, referente ao PPA do quadriênio 2012 a 2015 do estado do Tocantins. Como se perceberá, os indicadores não são empregados e também não orientam os gastos públicos, gerando dispêndios desnecessários e ausência de recursos para ações prioritárias.

A fim de tornar concreto o argumento sobre a inobservância dos aspectos ligados ao planejamento orçamentário, cumpre examinar os indicadores do Plano Plurianual do Estado do Tocantins no quadriênio 2012 a 2015 no tocante a uma função essencial: a educação.

No exercício de 2012, o Índice de Desempenho da Educação Básica do Tocantins – 5º ano do Ensino Fundamental Português – era de 4,88. O índice posto como meta era de 5,9. Ao se observar o Anexo 2, percebe-se que, surpreendentemente, não houve alteração tanto dos índices atuais quanto dos desejados.

No tocante ao Índice de Desenvolvimento da Educação Básica – anos finais do ensino fundamental –, o índice em 2012 era de 3,9, e o desejado era de 4,9. Do mesmo modo do exemplo anterior, os valores se mantiveram inalterados para todos os demais exercícios do PPA referenciado.

Como já antecipado, os indicadores têm como função básica aferir a efetividade do planejamento. São os parâmetros balizadores da avaliação e do monitoramento dos programas e, como se pode perceber, no quadriênio contido no Anexo 2, não ocorreu uma aferição capaz de subsidiar eventuais alterações no PPA pela comissão revisora, o que certamente trouxe implicações danosas na alocação dos recursos públicos nas sucessivas leis orçamentárias do período.

Em outro campo, o Objetivo nº 0065, voltado à promoção da valorização dos profissionais da educação, para o mesmo quadriênio delineado mantém todas as suas metas e iniciativas inalteradas ao longo do período. Seria como se houvesse um congelamento no tempo das condicionantes iniciais do planejamento, comprometendo seriamente as diretrizes e orçamentos derivados durante o referido intervalo temporal.

No ano de 2013, consoante se pode observar no Relatório das Contas do Governo, a Função Educação, em seu Programa Temático nº 1.026 – educação básica – visava alfabetizar jovens com mais de 15 anos de idade que não obtiveram formação na idade apropriada. Nesse programa, foram gastos aproximadamente R$900 milhões na execução de 29 ações, com quatro ações prioritárias e com dispêndio de aproximadamente 38,89% nas citadas ações especiais.

Como se pode observar, os recursos são inquestionavelmente expressivos, sobretudo considerando a receita geral do estado do Tocantins. Observa-se, porém, uma nítida ausência de planejamento no dispêndio na função educação, já que o maior instrumento de fiscalização passou sem ser alterado, o que seria natural em face dos investimentos demonstrados e da exigência legal.

Nas contas prestadas pelo ordenador de despesas da Secretaria de Educação, no exercício de 2012, examinou-se que a execução dos programas e suas ações foram discrepantes, considerando a previsão inicial contida no orçamento. Verificou-se, ainda, a não execução físico-financeira de 42 ações, provenientes de emendas parlamentares, o que convoca rememorar os contingenciamentos evidenciados no plano federal abordados no primeiro tópico deste capítulo.

A conclusão elementar, no exame das contas, é de que não houve planejamento adequado e, como consequência, impactos negativos foram sentidos na execução orçamentária e financeira, ocasionando violação do artigo 74, inciso II, da Constituição Federal na medida em que o controle interno da pasta responsável não exerceu adequadamente sua função fiscalizadora dos resultados, bem como falhou nos exames de eficácia e eficiência das políticas públicas prestacionais em educação.

No plano dos recursos públicos, é possível observar, conforme Relatório de Análise do Tribunal de Contas,[32] que não houve o adequado cálculo a partir do que fora arrecadado nos últimos

---

[32] Relatório de Análise de Prestação de Contas nº 46/2014, evento 5, Processo nº 1.344/2013.

exercícios, assim como também não foram incluídos no orçamento em análise os recursos provenientes de transferências da União, por meio do convênio voltado ao Programa Educação. Em apertada síntese, é possível observar violações aos artigos 29 e 30 da Lei nº 4.320, de 1964, e do artigo 12 da Lei Complementar nº 101.

1.7.4 Disfunções do processo orçamentário

A Constituição de 1988 deu ao orçamento instrumentos de mutação a fim de que as demandas sociais pudessem ser atendidas. Tratava-se de contentar o desejo popular com fim último de lograr garantias para a democracia. Dentro desse eixo, as políticas públicas planejadas, previstas nas leis orçamentárias, e não executadas também implicam em violação à Constituição e ao próprio Estado Constitucional, impondo às instituições públicas fiscalização e controle mais efetivos, consoante leciona Canotilho (2003).

Pires (2005) esclarece, em complementação, que o orçamento público é substancialmente uma ferramenta de planejamento minucioso por meio da qual a receita e o gasto público devem ser ordenados para o atendimento de interesses plurais mais amplos na sociedade; desse modo, devem ser expressos com fidelidade na manifestação dos eleitos para cargos nos Poderes Executivo e Legislativo. Os compromissos políticos assumidos em planos de governo devem ser cumpridos.

Na quadra procedimental, é de incumbência do Poder Executivo a elaboração do Projeto de Lei Orçamentária Anual (PLOA), com alicerce no planejamento estabelecido no Plano Plurianual (PPA) e na Lei de Diretrizes Orçamentárias (LDO) vigente, conforme antecipado.

Tal projeto de lei segue, em concordância com o plano da Federação, para o Congresso Nacional a fim de que os deputados federais e senadores, na Comissão Mista de Orçamento, apreciem a proposta orçamentária e, consoante for, proponham as denominadas emendas parlamentares.

Ato contínuo, o PLOA, com suas conformações, segue para aprovação do Plenário do Congresso e, uma vez aprovado, é encaminhado para sanção ou veto do presidente da República. Em caso de vetos, caberá ao Congresso Nacional apreciá-los, podendo rejeitá-los ou não.

Contudo, na prática, não se observa um exame acurado da compatibilidade entre o PLOA, a LDO e o PPA. Além dessa falha, não há uma reestimativa de receitas que rechace o cálculo do Executivo e permita novas despesas derivadas de emendas de apropriação dentro do próprio Parlamento. Sem mencionar que o caminho natural seria a emenda de remanejamento, a qual, por depender de anulações de outras dotações inseridas no projeto de lei encaminhado, nunca é utilizada.

Ainda no tocante às emendas e considerando o teor do artigo 166 do §3º, há que se ter em mente as fortes restrições a inovações no projeto encaminhado pelo Executivo, sobretudo em razão dos grupos de despesas com pessoal, seus encargos sociais e dívida pública. Em face dessa precaução, somente foram dados ao Legislativo acréscimos na programação que derivassem de cancelamentos de valores equivalentes, ou seja, rechaçando-se a possibilidade de que receitas fictícias pudessem dar origem a emendas de apropriação, como rotineiramente se faz.

Porém, mesmo se levando em consideração todas as disfunções provocadas pela má atuação do Legislativo, a realocação de recursos restou como uma contundente ferramenta à disposição desse poder, de modo que a apresentação de emendas ao Plano Plurianual, à Lei de Diretrizes Orçamentárias, à Lei Orçamentária Anual e aos créditos adicionais – suplementares, especiais e extraordinários abertos por medida provisória – pode modificar de maneira relevante as públicas planejadas, com efeitos mais deletérios em saúde e educação.

Nesse diapasão, cumpre ressaltar, a fim de facilitar a compreensão dos apontamentos que virão, que há relevante distinção entre créditos orçamentários e de dotação orçamentária. Giacomini, Machado Jr. e Reis (2003) lecionam que dotação é a medida ou quantificação monetária do recurso ancorado em um programa, atividade, projeto, categoria econômica ou objeto de despesa, consignados na Lei Orçamentária Anual para a realização de despesas. Já os créditos orçamentários representam autorização, por meio da Lei de Orçamento ou de créditos adicionais, para a execução de programa, projeto ou atividade ou para o desembolso de quantia aportada a objeto de despesa, vinculado a uma categoria econômica e a um programa.

Destarte, os créditos adicionais transformam uma situação jurídica já posta, pois são autorizações de despesas não computadas ou dotadas insatisfatoriamente na Lei de Orçamento que dão nova quantificação a créditos preexistente ou criam novos programas e ações, ou seja, podem remodelar a lei orçamentária anual em vigência.

Ressalta-se que os créditos adicionais podem alterar o orçamento de forma qualitativa ou quantitativa e são efetivados com três finalidades principais, quais sejam: reforçar ou suplementar dotação existente na LOA, que é denominado crédito adicional suplementar; criar crédito orçamentário destinado a atender despesas não fixadas na LOA, ou seja, nova dotação orçamentária, também chamado de crédito adicional especial; e, por último, para atender despesas imprevisíveis e urgentes fixadas ou não na LOA, designada de crédito adicional extraordinário.

Nos moldes do que determina o artigo 166 da Constituição Federal, a elaboração de leis financeiras, quais sejam, o Plano Plurianual, a Lei de Diretrizes Orçamentarias, a Lei Orçamentária Anual e os créditos adicionais, segue procedimento legislativo especial.

Outrossim, o artigo 167, V, da CF/1988 possibilita a abertura de créditos especiais e suplementares por meio de simples decreto do chefe do Executivo, condicionado apenas à prévia autorização legislativa. Contudo, essa autorização, sobretudo no caso mais recorrente dos créditos suplementares, consta da própria Lei Orçamentária Anual, artigo 165, §8º, da CF, e com frequência chega a 100% em municípios menores, como será abordado no próximo tópico.

Interessante perceber que a única exceção na quadra da imposição da prévia autorização legislativa para a autorização de créditos adicionais se refere aos créditos extraordinários, e isto em virtude das excepcionais circunstâncias em que são possíveis, despesas urgentes e imprevisíveis. No entanto, autorizações de suplementação de até 100% desnaturam completamente tais precauções legais e representam uma eloquente confissão de que não há planejamento orçamentário.

Aspira-se demonstrar a multiplicidade de meios para alterações orçamentárias e, para além da utilização dos créditos adicionais, que provêm da Lei nº 4.320/1964, artigos 40 a 46, o orçamento também pode ser realocado, mediante lei específica, por meio dos institutos constitucionais da transposição, remanejamento e transferência, conforme prevê o artigo 167, VI, da Constituição Federal.

Intuitivamente, pode-se perceber que mesmo em condições naturais, ou seja, de cumprimento estrito da Constituição, com tantas alterações, já seria muito difícil manter um planejamento sério das prestações públicas; no entanto, o controle da manutenção dos recursos mínimos necessários para políticas públicas essenciais, tais como saúde e educação, é muito mais complexo e acaba resultando em demandas no Judiciário, consoante se observará no próximo capítulo.

No caso das transposições, a fiscalização sobre o orçamento facilita um pouco a prevenção de abusos porque a realocação se dá no âmbito do programa de trabalho do mesmo órgão, *v.g.*, a permuta de uma campanha de febre amarela em todo o Estado, já programada e incluída no orçamento, pela construção de um posto de saúde, também já planejado e abarcado no orçamento, cujo projeto original pretende-se ampliar. Nesse caso, basta que a lei autorize a realocação dos recursos orçamentários do primeiro para o segundo projeto, sem que haja uma desnaturação substancial da essência do gasto público.

No que tange à saúde e educação, *v.g.*, o remanejamento, que representa a realocação de recursos orçamentários de uma categoria de programação para outra diversa do órgão orçamentário original, não é aplicado nem fiscalizado corretamente pelo sistema de controle, prejudicando-se tais políticas públicas. É constante a movimentação de pessoal para órgãos diversos das funções referenciadas, mas a folha original continua inalterada. Em termos práticos, têm-se médicos e professores consumindo orçamento da saúde e da educação, mas atuando fora de suas naturais atividades.

Nos casos em que órgãos são extintos, cumpre a fiscalização examinar como ficam as atividades inseridas nos programas de trabalho, a transferência dos recursos físicos e orçamentários para outros órgãos da administração direta ou indireta e, sobretudo, a manutenção adequada das prestações. É demasiadamente comum que decisões de conteúdo meramente político, sobretudo no campo de investimentos estaduais em escolas e hospitais, interfiram em prestações públicas essenciais.

Não se pode olvidar, como ensina Furtado (2010), que as transferências devem despertar especial interesse dos órgãos de controle em face de que as movimentações dos recursos entre as categorias econômicas de despesas, até mesmo dentro do mesmo órgão e programa de trabalho, acabam traduzindo-se priorização dos gastos a serem executados. Contudo, se tais providências não respeitarem a essência do que fora planejado em políticas públicas sensíveis, como será exposto adiante, convolam-se em torrencial número de demandas por prestações sociais na justiça.

Convém expor que o próprio Tribunal de Contas do Tocantins não tem notícias de demandas judiciais questionando a priorização de gastos públicos. Não com raridade, obras como hospitais e escolas são levadas a efeito sem que haja questionamento sobre as razões da insuficiência de atendimento das já existentes. Recursos que deveriam ser empregados em despesas correntes, como a manutenção das creches e hospitais, acabam convertendo-se em despesas de capitais, ou seja, mais construções sem que a capacidade dos bens públicos já existentes esteja esgotada.

Cumpre referenciar: dentre as despesas correntes a que mais é prestigiada é a que se volta à folha de pagamento, assunto que será profundamente abordado nos próximos capítulos, mas que, se pode antecipar, é responsável por um grande percentual de tudo que é gasto nessa quadra de dispêndios de recursos públicos.

Após esta introdutória apresentação dos manejos de recursos públicos e os eventuais riscos para as políticas públicas, cumpre tratar das receitas públicas. É elementar a afirmação de que tão relevante para a fiscalização externa são os dispêndios e as receitas, quão igualmente impactantes nas políticas públicas oferecidas à sociedade.

1.7.4.1 Entre improviso e casuísmo orçamentário

É relevante ter em mente que a tarefa de planificação e programação de políticas públicas encontra dificuldades enormes mesmo quando realizada com método e responsabilidade social. Com efeito, cumpre avaliar quando explícita a percepção do desperdício dos recursos em face do improviso e da alocação casuística, conforme descrito no primeiro tópico deste capítulo.

O processo orçamentário nunca será estático. Como ensina Burkhead (1971), sempre dependerá das constantes mutações decorrentes das transformações sociais, tecnológicas e da renda nacional. Como se pode observar, no plano da globalização, as economias do mundo são abertas, nada é constante e tudo exige métodos sérios de planejamento e projeções seguras ante as corriqueiras alterações na realidade econômico/financeira.

Ante a volatilidade de cenários acima descrita, a Lei do Orçamento, Lei nº 4.320/64, previu os créditos adicionais. Tais créditos representam, ao cabo e ao termo, autorizações concedidas pelo Legislativo para que o Executivo possa dispender recursos previamente indicados e ainda não estejam comprometidos orçamentariamente. Tal autorização pode se dar por meio de lei específica (artigo 167 da CF) ou de previsão na própria LOA (artigo 165 da CF e artigo 7º, I, da Lei nº 4.320/64).

O artigo 40 da Lei nº 4.320/64 abre duas hipóteses de aplicação de créditos adicionais, conforme ensina Furtado (2010). A primeira trata dos casos em que o orçamento contém a previsão de determinado gasto, mas os recursos alocados são insuficientes, créditos adicionais suplementares. No segundo caso, a autorização abre a possibilidade de gastos com despesas não computadas na lei orçamentária, créditos adicionais especiais ou extraordinários.

É intuitivo perceber que as possibilidades legais acima apresentadas estão impregnadas de acentuada eventualidade, considerando que o orçamento deve ser o mais preciso possível. Contudo, é relevante observar como se dá, na prática, a realidade orçamentária de alguns municípios tocantinenses.

No Processo nº 4.213/2015,[33] o qual versa sobre prestação de contas consolidadas, as quais, nas lições de Chaves (2009), são submetidas pelo chefe do Executivo ao controle e julgamento político do Legislativo, ficou evidenciado que, no exercício de 2014, estimou-se receita e fixou-se despesa no montante de R$14.595.368,95 (quatorze milhões, quinhentos e noventa e cinco mil, trezentos e sessenta e oito reais e noventa e cinco centavos).

---

[33] Processo nº 4.213/2015, Prestação de Contas Consolidadas, exercício 2014, 5ª Relatoria.

A Lei Orçamentária Anual abriu a possibilidade de abertura de créditos suplementares no percentual alargadíssimo de até 50%; contudo, o percentual alterado foi de aproximadamente 63%, em valores, o montante de R$9.153.277,38 (nove milhões, cento e cinquenta e três mil, duzentos e setenta e sete reais e trinta e oito centavos).

No Processo nº 4.260/2015,[34] o orçamento geral do município de Piraquê/TO autorizou suplementações até o percentual de 30%; todavia, a suplementação chegou ao incrível percentual de 81,40%, correspondente ao montante de R$11.283.472,01 (onze milhões, duzentos e oitenta e três mil, quatrocentos e setenta e dois reais e um centavo).

Os dois casos representativos de muitos outros[35] revelam que o orçamento público está muito longe de representar, como ensina Baleeiro (2006), um meio pelo qual, em pormenor, o Legislativo autoriza, por um período certo, as despesas destinadas ao funcionamento dos serviços públicos.

Ora, não é difícil imaginar que políticas públicas como saúde e educação, adiante examinadas com mais profundidade, são profundamente prejudicadas com tamanhas alterações. Mais ainda, que tais prejuízos se converterão em demandas judiciais cujos resultados não serão percebidos com a rapidez que seriam se as instâncias de controle possuíssem elevados mecanismos de comunicação, de trocas de informações.

O conselheiro Caldas Furtado (2010) aduz que, além das suplementações exageradas, outro problema reside nas suplementações que não apontam corretamente a origem dos recursos que serão suplementados, o que se traduz em cobertura fictícia (artigo 167, II, da CF).

Com o intento de explicitar a disfunção atinente às suplementações sem a devida indicação da origem das alocações suplementadas, cumpre examinar o caso do município de Santa Fé do Araguaia/TO, averiguado no Parecer Prévio nº 74/2016.[36] Consoante se pode

---

[34] Prefeitura Municipal de Piraquê/TO, Contas Consolidadas, exercício 2014, Parecer Prévio nº 25/2017, 2ª Relatoria/TCE/TO.

[35] Prefeitura Municipal de Colinas do Tocantins, Prestação de Contas Consolidadas, exercício de 2015, Parecer Prévio nº 160/2017, 2ª Relatoria.

[36] Parecer Prévio nº 74/2016, referente aos autos materializados no Processo nº 3.720/2014, da Prefeitura Municipal de Santa Fé do Araguaia, Contas Consolidadas do exercício de 2013, Segunda Relatoria/TCE/TO.

examinar, o município obteve autorização na Lei nº 491/12 para suplementar em até 85% o orçamento e promoveu suplementações até 81%; contudo, não indicou as fontes que foram empregadas para suplementação.

Desse modo, o que se verifica em qualquer dos casos é a total ausência de planejamento e organização dos entes governamentais, o que certamente redundará em políticas públicas impregnadas por vícios de eficácia, eficiência e efetividade, sem mencionar a antieconomicidade em face das superposições de políticas públicas inúteis ou sobrepostas.

O princípio da reserva de parlamento determina que a peça orçamentária seja instrumentalizada por meio de lei aprovada pelas casas legislativas e, por via de consequência, afronta a Constituição Federal, pois o artigo 68 veda expressamente a delegação legislativa em matéria de natureza orçamentaria.

Relevante destacar, ainda, que a autorização exacerbada para abertura via decreto não guarda observância ao que determina o artigo 167, VII, da Constituição Federal, vez que a Carta Magna veda a concessão ou utilização de créditos ilimitados, e a autorização excessiva não deixa de ser ilimitada.

Ademais, ofende, também, o princípio da especificidade, que impõe autorização legislativa específica a um desígnio certo e determinado, nos moldes do artigo 167, incisos V, VI e VII, da Lei Maior.

Essa autorização ilimitada é um cheque em branco para o chefe do Poder Executivo,[37] o que lhe permite alterar, de forma unilateral e ampliada, conteúdos básicos da programação orçamentária,[38] contrariando, por simetria, o artigo 167, VII, da Constituição. Além de desfigurar o orçamento original, pode resultar no déficit de execução orçamentária.

A fim de tornar mais concretos os argumentos acima expendidos, cumpre examinar o juízo da Corte de Contas tocantinense

---

[37] Transposição, Remanejamento e Transferência Orçamentária. Possibilidade de autorização na Lei de Diretrizes Orçamentárias (LDO). Disponível em: https://www4.tce.sp.gov.br/sites/tcesp/files/downloads/20140425-artigo_transposicoes.pdf. Acesso em: 21 set. 2018.

[38] Para Sanches (2004), o princípio da programação impõe que "o orçamento público deve ser estruturado sob a forma de programação, isto é, deve expressar o programa de trabalho de cada entidade do setor público, detalhando por meio de categorias apropriadas, como, onde e com que amplitude o setor público irá atuar no exercício a que se refere a Lei Orçamentária".

nos Autos nº 4.717/2017, referentes à prestação de contas consolidadas da Prefeitura Municipal de Itaporã do Tocantins, exercício 2016, apreciada pela Segunda Relatoria/TCE/TO, via Parecer Prévio nº 20/2018.

Na Lei Municipal nº 84/2015, Lei Orçamentária Anual para o exercício de 2016, o limite de suplementação autorizado foi de 100% do orçamento. Como se pode observar, não houve qualquer cautela no reconhecimento da ausência de planejamento orçamentário para o exercício em estudo, já que pôde ser alterado em sua totalidade.

Percebe-se que não há cuidado no exercício do planejamento das ações que consumirão os recursos públicos autorizados orçamentariamente. A LOA não reflete a realidade municipal em face das expectativas de arrecadação e de aplicação dos recursos, redundando em deficiências nas políticas públicas que desaguarão no estuário do Poder Judiciário em forma de demandas por prestações públicas, sobretudo em saúde e educação.

Bugarin (2011) traz uma importante reflexão acerca da abusiva abertura de tais créditos e da violação de fundamentos constitucionais. Segundo aduz, cria-se um verdadeiro orçamento paralelo, o qual não permite controle e implica em violento desequilíbrio fiscal, de planejamento e de transparência.

O parecer prévio das contas supramencionadas foi pela rejeição, tendo em vista remanescerem inúmeras impropriedades ao final da instrução, dentre elas abertura de crédito suplementar sem indicação da fonte de recurso utilizada, afrontando à referida norma constitucional, bem como infringência ao artigo 43 da Lei nº 4.320/64.

Como já antecipado, entre os artigos 165 a 169 da Constituição Federal encontram-se as diretrizes do processo orçamentário. A unicidade[39] das peças permite observar em um só diploma a origem e a natureza das receitas e despesas públicas. São diversas as rubricas e destinações que, se dispostas de maneira espargida, tornariam impossível qualquer tipo de controle.

---

[39] A Lei do Orçamento conterá a discriminação da receita e despesa de forma a evidenciar a política econômica financeira e o programa de trabalho do Governo, obedecidos os princípios de unidade, universalidade e anualidade (artigo 2º da Lei nº 4.320/1964). Ou seja, todas as receitas e despesas devem ter previsão em uma única peça orçamentária, a qual deve referir-se a um período limitado de tempo.

Outrossim, não se pode falar em uma peça orçamentária executável sem que o equilíbrio esteja fortemente observado. Trata-se de um princípio fundamental tanto do ponto de vista constitucional como legal. Com efeito, a Lei Complementar nº 101, de 2000, ao fundar os parâmetros da responsabilidade, buscou contrapesar receitas e despesas, postas em uma ordem que a um só tempo é lógica e cronológica.

No ambiente dos gastos que comprometem as políticas públicas, dentre as quais saúde e educação, estão os gastos com pessoal, vigorosamente delimitados no artigo 19 da Lei Complementar (LC) nº 101/00. Sem esse cuidado, preordenou o legislador, o orçamento seria uma peça de ficção, pois não cuidaria dos investimentos como deve, voltando-se unicamente ao habitual afilhadismo, ao clientelismo, como sentencia Torres (2004).

A Lei de Responsabilidade Fiscal, com a finalidade de distribuir os limites de gastos com pessoal, fundou limites em percentuais da receita corrente líquida – na União, em até 50% e, nos estados e municípios, em até 60% (artigo 19). No entanto, as delimitações foram além e atingiram até mesmo os poderes de cada ente, consoante estatuído no artigo 20 do mesmo diploma legal.

As consequências para as violações dos mencionados limites podem importar, em alguns casos, em imputações de irresponsabilidade fiscal, cujos tipos estão na Lei dos Crimes Fiscais, Lei nº 10.028/00, além das penalidades previstas no Código Penal Brasileiro, capítulo IV, no qual as sanções vão de multas, inelegibilidade e chegam à reclusão.

A fim de demonstrar um pouco mais o nível de detalhamento legal, cumpre reavivar na memória que a LRF estabeleceu um percentual de alerta correspondente a 90% do limite máximo permitido para gastos com pessoal (artigo 59, §1º, II, da LRF) e, ainda, o limite prudencial, que é um pouco mais à frente, chega a 95% do máximo.

Uma vez concretizados os cenários acima descritos, cumpre aos tribunais de contas a promoção de alertas aos gestores. O comando do artigo 59, §1º, II, da LRF tem como finalidade tornar pública a situação financeira do ente a fim de que os órgãos de controle promovam medida para evitar que os resultados dos programas sejam comprometidos pela ausência de recursos empregados indevidamente.

Nóbrega (2002) assevera que o equilíbrio fiscal depende da razão entre receitas e despesas. Contudo, observa-se, na fiscalização empreendida pelos tribunais de contas, que diversos expedientes acabam sendo empregados pela gestão pública no sentido de esquivar-se, sobretudo, dos limites de gastos com pessoal estabelecidos na CF/88, artigo 169, e na LRF.

O Parecer Prévio[40] nº 160 para o exercício de 2015, em Colinas/TO, levantou que o ente gastou com pessoal 64,06% da receita corrente líquida, excedendo, portanto, os limites estabelecidos no inciso III do artigo 19 e inciso III, alínea "b", do artigo 20 da LRF. Importante observar que, do percentual apurado, 61,90% correspondem ao gasto com pessoal do Executivo e 2,16% referem-se à despesa do Poder Legislativo.

Conforme determina a lei, a administração municipal foi orientada a reduzir seus gastos com pessoal pelo Tribunal de Contas em 02.06.2015 e, em 30.09.2015, com a emissão dos Alertas nº 2015000793 e 2015001800, respectivamente.

Contudo, mesmo com as devidas publicações dos alertas, constatou-se a ausência de quaisquer ações planejadas para prevenção de riscos e correção de desvios capazes de afetar o equilíbrio das contas, mais especificamente no que tange à geração de despesas com pessoal do Executivo.

No entanto, além do limite ultrapassado, é muito comum a observância de contratações ilegais para cargos finalísticos, tais como assessoria jurídica e contábil, os quais deveriam ser providos mediante concurso público. Em outros termos, contrata-se para não realizar concursos e, com isso, revelam-se, com mais clareza, os montantes ultrapassados em violação à LRF. Trata-se de mero simulacro de inscrição contábil.

No mencionado município, a equipe técnica constatou a execução de despesas referentes à contratação de assessoria jurídica no montante de R$39.666,66 (trinta e nove mil, seiscentos e sessenta e seis reais e sessenta e seis centavos) e de serviços contábeis da ordem de R$349.458,00 (trezentos e quarenta e nove mil, quatrocentos e cinquenta e oito reais), totalizando R$389.124,66 (trezentos e oitenta e nove mil, cento e vinte e quatro reais e sessenta e seis centavos), as

[40] Autos nº 5.273/2016, Prestação de Contas Consolidadas da Prefeitura de Colinas/TO de 2015, Segunda Relatoria/TCE/TO, Parecer Prévio nº 160/2017.

quais, se incluídas no cálculo dos gastos com pessoal, impactariam mais ainda no limite estabelecido na Lei Complementar nº 101/00.

Caso semelhante ao descrito ocorreu no município de Itaipulândia/PR, onde uma organização social, segundo achado levantado em inspeção[41] da Corte de Contas Paranaense, atuava intermediando mão de obra de assessoria administrativa, jurídica e contábil com patente violação aos incisos I, II e V do artigo 37 da CF/88.

Mas achados de auditoria dessa natureza com muita frequência acabam trazendo outras impropriedades. No mesmo município, houve terceirização integral do Sistema de Saúde por intermédio da contratação de empresa voltada ao objetivo de simular[42] a regularidade dos limites previstos na LRF. O controle externo classifica esse tipo de irregularidade como intermediação de mão de obra.[43]

Com efeito, em consequência do excessivo gasto com pessoal, passam a ocorrer distorções entre a previsão e o orçamento executado. É comum a movimentação de saldos de ações relevantes ao interesse público para o custeio dos recursos humanos, de folha de pagamento.

Nas contas consolidadas[44] do estado do Tocantins para o ano de 2012 (Anexo 1), verificaram-se inúmeros achados relacionados com frustrações orçamentárias em áreas essenciais. Como exemplo, pode-se citar a Ação nº 3.018, relativa ao aparelhamento das unidades de saúde – a diferença entre o orçado e empenhado é de mais de 40%.

Uma das ações muito relevantes é a que diz respeito ao controle e regulação, a qual pode ser entendida como meio de intervenção qualificada nos processos de prestação de serviços.

Na ação de gerenciamento sanitário, o percentual de concretização orçamentária empenhada atingiu pouco mais de 50% do programado para o exercício de 2012. As auditorias no SUS só tiveram empenhados 14,57% do que fora orçado. Com efeito, essas

---

[41] TCE-PR nº 3926842010, Relator: THIAGO BARBOSA CORDEIRO, Primeira Câmara, Data de Publicação: 09.12.2011.

[42] A simulação consiste em realocar o registro fiscal desses gastos em outras despesas – campo contábil impróprio – descaracterizando a terceirização desses serviços como gasto com pessoal. Na prática, traveste-se a realidade do limite de pessoal previsto na LRF, ofendendo o princípio do equilíbrio fiscal.

[43] TC nº 020.173/2014-8, Acórdão nº 1852/2015- TCU, Plenário, Relator Benjamin Zymler.

[44] Quadro recortado da Análise da Prestação de Contas de Ordenador, 2012, da Secretaria da Saúde do Estado do Tocantins, fls. 29 a 32, Processo nº 1.277/2013. Contas Julgadas Regulares com Ressalvas pelo Acórdão nº 409/2017, Segunda Câmara em 30.05.2017.

últimas ações frustradas possuem índole absolutamente preventiva e, como tal, possuem forte tendência de conversão em demandas na justiça por prestações em políticas públicas, em boa parte em razão do disfuncionado.

Ainda na quadra das políticas públicas deficientes em razão do orçamento, cumpre refletir sobre os investimentos públicos nesta função. O estado do Tocantins, exercício 2012, investiu R$19.367.024,42 (dezenove milhões, trezentos e sessenta e sete mil, vinte e quatro reais e quarenta e dois centavos), o que representa 13,98% do total orçado durante todo o exercício.

Contudo, as despesas empenhadas com pessoal e encargos totalizaram R$568.519.248,77 (quinhentos e sessenta e oito milhões, quinhentos e dezenove mil, duzentos e quarenta e oito reais e setenta e sete centavos), o equivalente a 59,25% das despesas correntes,[45] remanescendo apenas R$391.017.287,03 (trezentos e noventa e um milhões, dezessete mil, duzentos e oitenta e sete reais e três centavos), para a totalidade das outras despesas de mesma natureza.

É intuitivo perceber que, sendo a maior fração dos dispêndios públicos com servidores, a expansão dos serviços à população, com investimento, despesas de capital,[46] será prejudicada. Também haverá impacto na aquisição de medicamentos, na realização de cirurgias, enfim, uma boa fração dessas políticas públicas deficitárias se converterá, em face do desequilíbrio orçamentário, em ações na justiça, e a outra, em descontentamento social.

Cumpre demonstrar, ainda, na função saúde, no exercício de 2015,[47] pelo viés do Grupo de Natureza,[48] que a razão entre os investimentos da ordem de 1,25 % e despesas com pessoal em 64,5%,

---

[45] Despesas Correntes: Classificam-se nessa categoria todas as despesas que não contribuem, diretamente, para a formação ou aquisição de um bem de capital (Anexo II, inciso II, Alínea "A", 3, da Portaria Interministerial STN/SOF nº 163, de 04.05.2001, que dispõe *sobre normas gerais de consolidação das Contas Públicas no âmbito da União, Estados, Distrito Federal e Municípios, e dá outras providências*).

[46] Classificam-se nessa categoria todas as despesas que contribuem, diretamente, para a formação ou aquisição de um bem de capital (Anexo II, inciso II, Alínea "A", 4, da Portaria Interministerial STN/SOF nº 163, de 04.05.2001).

[47] Prestação de Contas de Governo do Estado do Tocantins, exercício 2015, Relatório Técnico, Processo nº 4.579/2016. Fonte: SIAFEM e Portal da Transparência.

[48] O Grupo de Natureza da Despesa é um agregador de elemento de despesa com as mesmas características quanto ao objeto de gasto (Item 5.6.2.1.2., p. 58, do Manual Técnico de Orçamento, 2018).

inviabiliza completamente o atendimento do crescente aumento de demanda por essa política pública.

Tabela 2 – Grupo de despesa

Código	Grupo de despesa	2015	
		Valor (R$)	%
1	Pessoal e encargos sociais	846.887.595,21	64,50%
3	Outras despesas correntes	449.066.149,66	34,20%
4	Investimentos	16.376.496,33	1,25%
5	Amortização da dívida	632.918,34	0,05%
Total		**1.312.963.159,54**	**100%**

Fonte: SIAFEM e Portal da Transparência.

Ampliando a amostra do exame de despesa com pessoal para o quadriênio do PPA 2012-2015, observa-se na tabela a seguir que esta representa 62%, o custeio, 36%, e o investimento, apenas 3%.

Tabela 3 – Despesa com pessoal para o quadriênio PPA 2012-2015

Nº	Despesa com pessoal e plantões extras	Custeio (medicamentos, materiais, serviços, etc.)	Investimentos	Total
2012	595.497.506,11	364.039.029,69	19.367.024,42	978.903.560,22
2013	822.479.290,66	390.535.894,00	29.546.189,46	1.242.561.374,12
2014	819.527.943,90	581.779.828,58	66.340.589,40	1.467.648.361,88
2015	849.161.267,01	447.425.396,20	16.376.496,33	1.312.963.159,54
Total	**3.086.666.007,68**	**1.783.780.148,47**	**131.630.299,61**	**5.002.076.455,76**

Fonte: www.transparencia.to.gov.br, extraído do relatório técnico das Contas de Governo referente ao exercício de 2015, Processo nº 4.579/2016.

É alarmante perceber que não há contenção contra o mal: gastos com pessoal. À medida que o tempo passa, inobstante todos os alertas publicados, os órgãos de controle, funcionando de maneira estanque, permitem que os investimentos em folha representem, para o exercício de 2017, mais de 84%, conforme gráfico a seguir.

Gráfico 4 – Aplicação de Recurso Próprio na Saúde 2011-2016

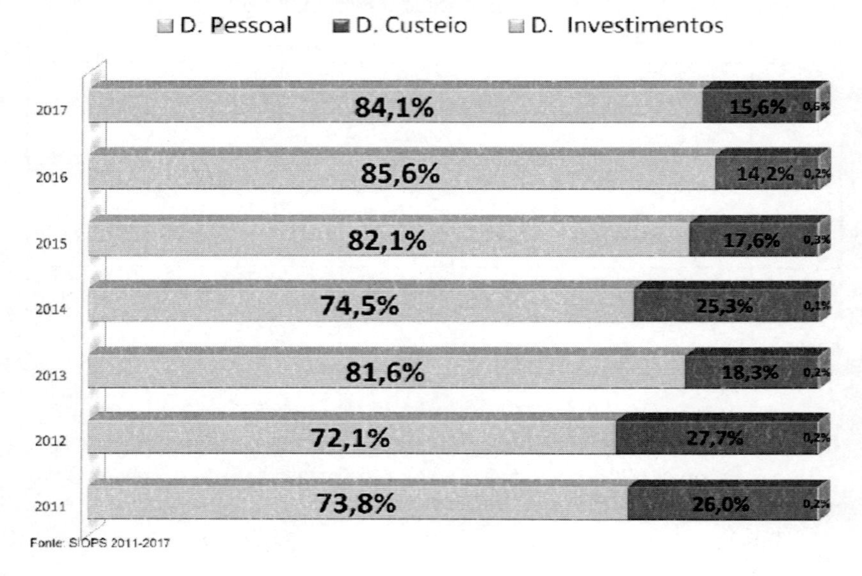

Os dados revelam que é plenamente natural que um número cada vez maior de pessoas faleça por falta de medicamentos, da bateria de um marca-passo ou até mesmo de uma luva cirúrgica. Contudo, as demandas, conforme se examinará no segundo e terceiro capítulo desta pesquisa, são resolvidas predominantemente em ações individuais e em dissonância com as políticas nacionais para saúde.

As informações acima postas, no início do presente capítulo, esclarecem que o acoplamento estrutural entre o sistema de controle externo e o sistema de justiça é o caminho mais próximo para que disfunções em políticas pública, via de regra, com nascedouro no planejamento orçamentário, sejam mitigadas.

Os sistemas devem aproveitar reciprocamente as estruturas de funcionamento um do outro. Se determinada política pública é recorrentemente alvo de demandas nas varas da fazenda pública, é evidente que há um déficit de cobertura gerencial que deve ser corrigido desde o orçamento. Se o controle externo chega ao diagnóstico, conforme explicitado, de que há excesso nos gastos com folha de pagamento, as medidas de enxugamento devem ser iniciadas no próprio planejamento orçamentário. Não será na execução do orçamento que a solução será viável.

1.7.5 Receitas orçamentárias e políticas públicas

No tocante às receitas, cumpre lembrar que a Lei de Responsabilidade Fiscal estabelece no artigo 12 as balizas sobre as estimativas das receitas públicas; nesse sentido, preceitua que as previsões de receita observarão as normas técnicas e legais, assim como os dados históricos de arrecadação. O §1º do mesmo dispositivo sentencia que a reestimativa de receita por parte do Poder Legislativo só será admitida se comprovado erro ou omissão de ordem técnica ou legal.

Contudo, cabe ao Legislativo alterar a previsão das receitas com fundamento em erro ou omissão de ordem técnica ou legal. É relevante compreender que, embora esta seja tarefa do Legislativo, deve haver o reforço da provocação conjunta do Tribunal de Contas e Ministério Público, pois, quanto mais elástico for o orçamento, tanto mais políticas públicas podem ser levadas a efeito.

É relevante trazer a exame o Relatório de Auditoria de Regularidade[49] nº 004/2016, cujo processo recebeu o número 1.615/16, com período auditado entre 01.01.15 a 30.04.2016. Nessa auditoria, o exame voltou-se ao encaminhamento das Certidões da Dívida Ativa (CDAs) à Procuradoria-Geral do Estado para execução dos créditos referentes ao Imposto sobre Circulação de Mercadorias e Serviços (ICMS) e Imposto de Transmissão *Causa Mortis* e Doação (ITCMD), além de outros créditos não tributários.

---

[49] Volta-se ao exame e avaliação dos registros; demonstrações contábeis; das contas governamentais; das operações e dos sistemas financeiros; do cumprimento das disposições legais e regulamentares; dos sistemas de controle interno; da probidade e da correção das decisões administrativas adotadas pelo ente auditado, com objetivo de expressar opinião. Compõe as auditorias de regularidade, as auditorias de cumprimento legal e as auditorias contábeis. TOCANTINS, Tribunal de Contas do Estado. *Manual de auditoria governamental*. Palmas: TCE/TO, 2014.

Em tal diligência, foram fortes os indícios de descontrole nos incentivos ou renúncias de receitas fiscais; ausência de unidade administrativa e pessoal específico para o controle de gastos desses incentivos, além de benefícios fiscais não homologados pelo Conselho Nacional de Política Fazendária (CONFAZ). É certo que esses recursos não obtidos reduziram a receita corrente líquida, que, por sua vez, diminuiu a base de cálculo para os mínimos constitucionais em saúde e educação.

No entanto, há mais: verificou-se que tributos têm sido entregues parcialmente aos municípios, por via de consequência minimizando a base de receitas que também devem ser aplicadas no percentual constitucional em saúde e educação.

Outrossim, verificaram-se, no período, retenções indevidas de repasses descontados em folha de pagamento dos servidores às entidades sindicais, bancárias e operadoras de planos de saúde, inclusive as contribuições patronais ao instituto de gestão previdenciária dos servidores.

Segundo levantou-se, inexistiram medidas de compensação com renúncias de mais de um bilhão de reais, em total descumprimento ao artigo 5º, inciso II, e artigo 14 da Lei de Responsabilidade Fiscal. Só para que se trace um paralelo, o orçamento anual para saúde no estado do Tocantins em 2015 foi de um bilhão e cem milhões, aproximadamente.

Os Termos de Acordo e de Regime Especial (TARES), os quais concedem incentivos fiscais, não vinham sendo publicados, em violação ao artigo 37 da CF, com efeito do princípio da publicidade. Paralelamente a tudo isso, verificou-se dissonância entre o volume de tributos arrecadados e a Instrução Normativa nº 2, de 2013, do TCE/TO.

Nessa mesma seara, a auditoria apurou que os créditos do Refis não vinham sendo controlados, ou seja, mesmo as condições favoráveis concedidas a contribuintes inadimplentes não lograram transformação em receitas.

Aspectos comezinhos para o fisco, como os registros contábeis dos tributos sobre Imposto sobre Circulação de Mercadorias e Serviços (ICMS), Imposto sobre a Propriedade de Veículos Automotores (IPVA) e ITCMD, foram postos em dúvida pela equipe de auditoria. No caso do último tributo, ITCMD, constatou-se até mesmo a ausência de registro da dívida ativa.

Diante de todos esses achados, o Tribunal de Contas instaurou uma Tomada de Contas Especial[50] para apurar o montante do prejuízo e imputar responsabilidade pelo ressarcimento. No entanto, o mais relevante é que tais questões relacionadas ao orçamento e à arrecadação são tratadas pelo controle externo, tribunais de contas e Ministério Público, com menor destaque que eventuais fracionamentos de despesas que constantemente geram ações de improbidade.

É que, dada à complexidade da apuração de tais desvios, a ausência de capacidade postulatória dos tribunais de contas e a falta de comunicabilidade entre as instâncias de controle, questões gravíssimas como as descritas, acabam em um ponto cego, mesmo com relevantes impactos, como dito, em saúde e educação.

Segundo a compreensão de Lima (2003), o orçamento público, abalizado como autorizativo dos dispêndios pelo Executivo, tem a maior parte de suas rubricas como gastos de natureza obrigatória, sobretudo aqueles provenientes de determinação constitucional ou legal, caso de saúde e educação.

Desafortunadamente, as peças orçamentárias não têm servido como meio de planejamento, pois as constantes modificações das ações e prioridades governamentais, as estimativas de receitas irreais e os incentivos tributários em descompasso com a Lei de Responsabilidade Fiscal geram um contundente impacto ao planejamento das políticas públicas essenciais e, até mesmo, no repasse para os poderes, já que, nos termos do artigo 9º da Lei de Responsabilidade Fiscal, para o cumprimento das metas fiscais, há possibilidade de limitações de empenhos e movimentações financeiras.

Falar da limitação de empenho, na quadra dos poderes, tem relevância na medida em que diz respeito à verificação, a cada dois meses, da execução da arrecadação conforme o planejado orçamentariamente. Desse modo, mesmo os órgãos com autonomia orçamentária, em face de eventuais frustrações de arrecadação, não poderão realizar despesas ainda que de acordo com os montantes

---

[50] Segundo o artigo 74, inciso II, da Lei nº 1.284, de 2001, conceitua-se tomada de contas especial a ação determinada pelo tribunal ou autoridade competente ao órgão central de controle interno, ou equivalente, para adotar providências, em caráter de urgência, nos casos previstos na legislação em vigor para apuração de fatos, identificação de responsáveis e quantificação pecuniária do dano.

autorizados. Devem, nesses casos, editar atos de limitação de empenho, conforme prenuncia o artigo 9º da LRF, tudo com o fito de preservar o equilíbrio financeiro-orçamentário.

É nesse sentido que Sanches (2004) ressalta a importância da precisão orçamentária. As estimativas orçamentárias devem ser tão exatas quanto possível, a fim de dotar o orçamento da consistência necessária para que este possa ser empregado como instrumento de gerência, de programação e de controle, diminuindo, por via de consequência, a superestimação e a subestimação das receitas, o que é extremamente prejudicial para a concretização das políticas públicas.

No tocante às receitas dos impostos, conforme assevera Torres (1995), em consonância com os termos do artigo 167, inciso IV, da CF, há desvinculação. Cumpre à própria administração, em sua atividade discricionária e na execução da despesa pública, especificar, conforme estudo regionalizado, os investimentos a serem dispendidos e as políticas públicas selecionadas.

Contudo, a Constituição de 1988 fundou exceções à não afetação na medida em que estabeleceu obrigação imposta à União de aplicação 15% de sua receita corrente líquida em ações e serviços públicos de saúde (artigo 198, §2º, I), bem como a obrigação dos estados e municípios de aplicação de 25% de sua receita de impostos e transferências na manutenção e desenvolvimento do ensino (artigo 212).

Cumpre asseverar, ainda, que o legislador constituinte elevou à categoria de direitos constitucionais sensíveis as políticas públicas de saúde e educação (artigo 34, VII, "e"), superando, nesta quadra, a vedação de vinculação de receitas de impostos. Mas não só, excepcionou-se o postulado da não intervenção, possibilitando à União intervir nos estados e Distrito Federal, bem como o estado intervir nos municípios quando, respectivamente, caso esses não promovam a aplicação do mínimo exigido da receita estadual ou municipal, conforme o caso, na manutenção e desenvolvimento do ensino e nas ações e serviços públicos de saúde.

Os achados acima descritos, com impacto evidente sobre políticas públicas essenciais, deveriam aparecer como processos comunicativos que passam de um sistema para o outro. Em termos concretos, o sistema de justiça, em vez de buscar informações a partir de perturbações do ambiente, o que ocorre sobretudo com as demandas individuais e até mesmo coletivas, poderia usar o sistema de controle externo como uma ferramenta auxiliar para o seu próprio funcionamento, aproveitando a complexidade operacional do outro sistema e reproduzindo internamente.

1.8 A distribuição das competências constitucionais

Em que pese o comando constitucional para aplicação de percentuais das receitas, nota-se que o artigo 24, inciso IX, da Constituição Federal indicou competência legislativa concorrente para a União, os estados e o Distrito Federal quanto ao desenvolvimento da função educação, ou seja, esses entes devem organizar, em regime de colaboração, os seus sistemas de ensino, conforme anuncia o artigo 211 da CF/88.

Nesse ponto, o artigo 212 da CF indica que a União aplicará, anualmente, nunca menos de dezoito, e os estados, o Distrito Federal e os municípios vinte e cinco por cento, no mínimo, da receita resultante de impostos, compreendida a proveniente de transferências, na manutenção e desenvolvimento do ensino.

Contudo, o Constituinte, ao distribuir as tarefas na função educação (artigo 211 da CF de 1988), segregou em educação infantil, ensino fundamental e superior. Nesta distribuição, *v.g.*, coube aos municípios priorizar o ensino fundamental e a educação infantil, aos estados e o Distrito Federal o ensino fundamental e médio, ficando, prioritariamente, a cargo da União a educação superior.

Segundo o artigo 6º da Constituição Federal, a saúde e a educação são direitos sociais e, nas palavras de Moraes (2008), direitos sociais são direitos fundamentais do homem, caracterizando-se como verdadeiras liberdades potestativas, de observância obrigatória em um Estado Social de Direito, tendo por finalidade a melhoria de condições de vida aos hipossuficientes, visando à concretização da igualdade social e à consagração dos fundamentos do Estado Democrático, termos do artigo 1º, IV, da Constituição.

Conceitua Silva (2002) os direitos sociais como prestações positivas envidadas pelo Estado, seja direta ou indiretamente, enunciadas nas normas constitucionais, para propiciar melhores condições de vida aos que mais necessitam. Tais garantias tendem a realizar a igualização das situações sociais desiguais.

São, portanto, direitos que se ligam à prerrogativa de igualdade. Valem como pressupostos do gozo dos direitos individuais na medida em que criam condições materiais mais propícias ao aferimento da igualdade real, o que, por sua vez, proporciona condição mais compatível com o exercício efetivo da liberdade.

Em linha argumentativa similar à narrativa para função educação, sustenta Ordacgy (2007) ser inegável que a saúde se encontra no bojo dos bens imateriais mais singulares ao ser humano, já que é parte elementar do direito à vida. À vista disso, a atenção à saúde também se constitui um direito fundamental e, por conseguinte, um dever do Estado.

Sobre a organização da função saúde, prenuncia o artigo 196 da CF/88 que é direito de todos e é organizada via SUS. Nesse sentido foi editada a Lei Orgânica da Saúde nº 8.080/1990, que preceitua sobre a estrutura e o modelo operacional do SUS. Ademais, constata-se que todos os entes da Federação devem alocar recursos para prover despesas com ações e serviços públicos de saúde, nos termos do que determinam os artigos 195 e 198, §2º, ambos da CF/88, bem como a Emenda Constitucional nº 29/2000.

Dispõe a Constituição, no artigo 198, §2º, inciso I, que a União deve aplicar no mínimo 15% da receita corrente líquida do respectivo exercício financeiro, e o ADCT, no artigo 77, inciso III, estabeleceu que, a partir de 2004, os municípios deveriam aplicar, no mínimo, 15% (quinze por cento) do produto da arrecadação dos impostos a que se refere o artigo 156 e dos recursos que tratam os artigos 158 e 159, inciso I, alínea *b*, e §3º da Constituição Federal em ações e serviços de saúde.

O artigo 77, inciso II, do ADCT estabelece que, no caso dos estados e do Distrito Federal, a partir de 2004, é dever aplicar na saúde doze por cento do produto da arrecadação dos impostos a que se refere o artigo 155 e dos recursos de que tratam os artigos 157 e 159, inciso I, alínea *a*, e inciso II, deduzidas as parcelas que forem transferidas aos respectivos municípios.

Contudo, mesmo diante da distribuição minudente de tarefas, não é difícil ver gastos municipais com tarefas que, constitucionalmente, deveriam ser executadas com recursos estaduais ou federais.

Em face dessas disfunções orçamentárias, o Legislativo municipal acaba por desprezar a importante tarefa constitucional de julgar e aprovar as políticas públicas consoante a determinação constitucional de atribuições; despreza, outrossim, o contentamento da população local a ser beneficiada, a busca por ganhos nos índices de desenvolvimento humano e os indicadores socioeconômicos, exemplos de parâmetros que devem ser fundamentos do PPA e replicados nas demais leis orçamentárias.

A título de exemplo, veja-se o município tocantinense de Guaraí. A municipalidade teve previsão orçamentária de R$640.000,00 (seiscentos e quarenta mil reais), no exercício de 2016, para manutenção da Faculdade de Guaraí (FAG), executando R$167.655,46 (cento e sessenta e sete mil, seiscentos e cinquenta e cinco reais e quarenta e seis centavos) do orçado, o que equivale a 26,20 do percentual de execução. Nota-se que a atribuição constitucional na função educação, no mesmo período, teve como previsão orçamentária inicial R$11.499.999,08 (onze milhões, quatrocentos e noventa e nove mil, novecentos e noventa e nove reais e oito centavos), com dotação atualizada de R$13.587.819,21 (treze milhões, quinhentos e oitenta e sete mil, oitocentos e dezenove reais e vinte e um centavos), a aplicação de R$13.587.819,21 (treze milhões, quinhentos e oitenta e sete mil, oitocentos e dezenove reais e vinte e um centavos), ou seja, executando 100% do orçado; porém, os Índices de Desempenho da Educação Infantil (IEGM), nesse exercício, atingiram a letra C (baixo nível de adequação), enquadrada no IEGM como menor ou igual a 49,9% da nota máxima e, no Índice de Desenvolvimento da Educação Básica (IDEB) – resultados e metas; nesse período, obteve nota 5,7, quando a meta projetada era 6,0, estando, portanto, abaixo da média esperada.[51]

No entanto, observa-se que não só as distribuições de competências constitucionais são inobservadas, mas até mesmo a Lei nº 4.320/64 é relegada ao ostracismo. Basta observar a transferência de recursos públicos para entidades privadas, o

---

[51] Disponível em: http://IDEB.inep.gov.br/resultado/. Acesso em: 25 set. 2018. Dados extraídos dos Balanços de Ordenadores de Despesas, exercício 2016, constantes do Sistema Integrado de Controle de Auditoria Pública – SICAP/Contábil/TCE/TO, Processo nº 2.482/2017 (Fundação de Desenvolvimento Educacional de Guaraí) e Processo nº 1.354/2017 (Fundo Municipal de Educação de Guaraí). Voto condutor da Resolução nº 161/2018, Processo nº 8.035/2017/TCE/TO/IEGM.

que somente seria possível, com severas restrições, nas funções saúde e educação.[52]

Nessa quadra, cumpre um rápido exame no caso das taxas de administração pagas às organizações sociais. No estado do Tocantins, nos exercícios referenciados foi paga a importância de R$13.525.842,45 (treze milhões, quinhentos e vinte e cinco mil, oitocentos e quarenta e dois reais e quarenta e cinco centavos), destinando-se R$6.556.004,86 (seis milhões, quinhentos e cinquenta e seis mil e quatro reais e oitenta e seis centavos) para a sede da Pró-Saúde (CNPJ 24.232.886/0020-20) e R$6.969.837,50 (seis milhões, novecentos e sessenta e nove mil, oitocentos e trinte e sete reais e cinquenta centavos) para a sucursal instalada na capital do estado do Tocantins (CNPJ 24.232.886/0111-00), em decorrência do comunicado de interesse público decretado pela Lei Estadual nº 2.472/2011 e regulamentada pelo Decreto nº 4.353/2011, para que 17 dos 19 hospitais tocantinenses fossem administrados neste modelo de cogestão, um percentual considerável do total orçamentário destinado à função saúde.[53]

De igual forma, da análise dos autos materializados no Processo nº 288/2015/TCE/TO/Pleno, verifica-se que foi instaurada inspeção determinada nos termos da Resolução nº 14/2015, objetivando apurar possíveis irregularidades na execução dos Contratos de Gestão nº 649/2009 e 050/2014, firmados entre a prefeitura de Araguaína, por intermédio da Secretaria Municipal de Saúde, e a Pró-Saúde – Associação Beneficente de Assistência Social e Hospitalar. Nesse sentido, "[...] depreende-se do Relatório de Inspeção que de 2009 a 2015 o Município de Araguaína efetuou pagamentos à Organização Social Pró-Saúde, a título de taxa de administração, no montante

---

[52] Artigo 16. Fundamentalmente e nos limites das possibilidades financeiras a concessão de subvenções sociais visará a prestação de serviços essenciais de assistência social, médica e educacional, sempre que a suplementação de recursos de origem privada aplicados a esses objetivos, revelar-se mais econômica. § único. O valor das subvenções, sempre que possível, será calculado com base em unidades de serviços efetivamente prestados ou postos à disposição dos interessados obedecidos os padrões mínimos de eficiência previamente fixados. Artigo 17. Somente à instituição cujas condições de funcionamento forem julgadas satisfatórias pelos órgãos oficiais de fiscalização serão concedidas subvenções (Lei nº 4.320/64).

[53] Disponível em: https://mpf.jusbrasil.com.br/noticias/100225278/mpf/TO-requer-suspensao-imediata-dos-17-contratos-da-pro-saude. Acesso em: 20 ago. 2018; e Processo TC – TCU nº 028.900/2011-1.

de R$ 9.948.138,36 (nove milhões novecentos e quarenta e oito mil cento e trinta e oito reais e trinta e seis centavos)".[54]

O STF, no julgado ADI nº 1.923-DF, firmou entendimento de que, em funções essenciais, como a saúde, o Estado poderia valer-se do apoio da iniciativa privada, no entanto, sem abrir mão do seu protagonismo. Contudo, as possibilidades que se abrem a partir de um regramento mínimo de contratações, intermediação de mão de obra com a relativização dos limites de gastos com pessoal fixados na Lei de Responsabilidade Fiscal, acabam atraindo a gestão pública para esse tipo de solução extremamente onerosa e de efetividade questionável.

Outrossim, a autorização de repasses na LDO às organizações não governamentais, muitas vezes fora da área de interesse genuinamente público ou com menos de três anos, abre um conflito normativo que dificulta até mesmo o exercício do controle externo pelas cortes de contas, as quais são incumbidas da fiscalização dos recursos públicos destinados aos convênios celebrados.

As questões apresentadas atraem o interesse da União, não como pessoa jurídica de direito público, mas como representante dos interesses de todos os entes federados no cumprimento isonômico da Lei de Responsabilidade Fiscal, norma nacional voltada ao equilíbrio entre receitas e despesas, em todo o território compreendido pela Federação brasileira.

Cumpre antecipar, nesta quadra, o que será examinado no último capítulo desta tese, ou seja, que o objetivo geral desta pesquisa é justamente investigar a possibilidade constitucional da União, impulsionada pelo interesse acima descrito e amparada tecnicamente pelo seu Tribunal de Contas, de levar a efeito medidas capazes de concretizar a aplicação uniforme nos estados-membros da LC nº 101/00, sem que isso implique em violação à autonomia dos entes federados.

1.9 Saúde e educação na Constituição: exemplos densamente regulados

Uma vez demonstradas as disfunções orçamentárias de planejamento, cumpre agora adentrar no exame da eficiência,

---

[54] Item 9.9.1.1 do voto condutor do Acórdão nº 418/2018.

eficácia e da efetividade dos recursos aplicados nas ações relacionadas com a educação, como especificidade nos percentuais constitucionais mínimos.

Em primeiro plano, é imperativo pontuar que a margem de discricionariedade do gestor nessa quadra é demasiadamente estreita, pois, ao cabo e ao termo, representa obrigações legais de fazer, consoante assevera Graziane (2015).

Em sendo assim, apresentam-se as linhas de controle que serão abordadas juntamente com casos concretos ocorridos no plano municipal e estadual do estado do Tocantins, dentre os quais se destacam as rejeições de contas em face de aplicações indevidas das verbas do FUNDEB, as aplicações constitucionais disfuncionadas em exercícios anteriores e, em face de inadimplemento da obrigação, a cumulação ou recomposição compensatória de gastos no tocante ao exame de admissibilidade de tais percentuais com parâmetro nos artigos 70 e 71 da Lei de Diretrizes e Bases da Educação Nacional (LDB).

Preambularmente, cumpre perceber que o controle deve ser bipartido, ou seja, no campo da constitucionalidade com o cumprimento dos percentuais com suas derivações legais e, ainda, na qualidade dos serviços oferecidos com base nas regras albergadas nos planos estaduais e municipais de educação.

O controle externo deve deter-se inicialmente no exame do próprio orçamento, o qual necessita conter de maneira clara em todas as suas leis orçamentárias a previsão dos gastos mínimos em saúde e educação. A ausência dessa previsão representará, por si, razão para propositura de ações voltadas ao controle da constitucionalidade.

Outrossim, é importante observar se medidas compensatórias, em face de déficit anterior diagnosticado, foram previstas na Lei Orçamentária em apreciação no Parlamento. O parecer prévio emitido pelos tribunais de contas contém tais apreciações; ocorre que, infelizmente, a peça opinativa não é exarada a tempo para tais considerações no processo orçamentário, dificuldade que necessita de reparo urgente.

Não se pode perder de vista que a participação social na fiscalização da gestão pública também é fundamental. Se há déficit na aplicação de recursos em saúde e educação, a população necessita saber. Contudo, isso só será possível quando de fato houver transparência na arrecadação e no dispêndio público, no planejamento e na execução orçamentária.

Na quadra da inexecução da obrigação de fazer correspondente ao "[...] cumprimento dos limites constitucionais relativos à educação e à saúde [...]", as consequências são severíssimas, a ponto de causar, nos termos do artigo 25, §1º, inciso IV, alínea "b", da LRF, suspensão das transferências voluntárias.

Mais ainda, pode dar causa à intervenção na gestão do ente descumpridor da obrigação, consoante o artigo 35, inciso III, da CF de 1988, além da responsabilização no âmbito do artigo 1º, I, alínea "g", da LC nº 64, de 1990, e do artigo 208, §2º, da CF.

O Tribunal de Contas do Estado do Tocantins, na fiscalização dos portais da transparência, tem adotado multas diárias para os gestores municipais que não têm cumprido seu mister constitucional de divulgação das informações relativas à gestão em meio eletrônico.[55]

Ocorre que, mesmo com tal providência, em boa parte dos casos, os resultados buscados não têm sido alcançados, de modo que a intervenção apresenta-se como uma medida, embora bastante severa, mais útil, sobretudo porque não traz os prejuízos insuportáveis das suspensões de transferências voluntárias, principal fonte de receita dos entes mais pobres.

No campo legal, há obrigatoriedade de que os resultados obtidos pelas políticas públicas na educação, parametrizados no IDEB, devem encontrar-se na média nacional ou, pelo menos, em crescimento. Em caso negativo, conforme impõe o artigo 214 da CF/88 e a Lei nº 13.005, de 2014, Plano Nacional de Educação (PNE), as alocações orçamentarias devem ser suficientes para a contemplação das estratégias nacionais, importando a negativa dessas providências em eventual improbidade administrativa pela aplicação inadequada dos recursos públicos.

Fundamental aduzir que o PNE se enquadra como política pública e, por via de consequência, os compromissos firmados estão

---

[55] Processo nº 13.754/2016 – Resolução nº 338/2017/TCE/PLENO, Processo nº 14.327/2016 – Resolução nº 440/2017/TCE/PLENO, Processo nº 15.279/2016 – Resolução 557/2017/TCE/PLENO, Processo nº 15.480/2016 – Resolução nº 607/2017/TCE/PLENO.

sujeitos à conferência e monitoramento, porquanto boa parte das metas assinala finalidades objetivas e, como tal, avaliáveis.

Em face disso, o artigo 5º, §2º, da Lei do PNE determinou ao Instituto Nacional de Estudos e Pesquisas Educacionais Anísio Teixeira (INEP) a tarefa de, a cada dois anos, ao longo do período de vigência do plano, publicar estudos para aferir a evolução do cumprimento das metas, com informações organizadas por ente federado e consolidadas em âmbito nacional, tendo como referência os estudos e as pesquisas de que trata o artigo 4º da Lei/PNE/2014, sem prejuízo de outras fontes e informações relevantes.

Verifica-se que, em 2015, o INEP publicou o documento Linha Base, que descreve uma conjuntura da realidade do país em relação à educação. Em face da análise das metas do plano, esse documento compõe o relatório do 1º ciclo de monitoramento das metas do PNE, biênio 2014-2016, ressalvando que essa última lei do plano, que é decenal, compreende o período de 2004 a 2024.

Cumpre ressalvar que as informações constantes desse biênio, 2014-2016, tiveram como fonte o Censo da Educação Básica, de 2015; Censo da Educação Superior, de 2014; Sistema de Avaliação da Educação Básica (SAEB) e Índice de Desenvolvimento da Educação Básica (IDEB), de 2013; Pesquisa Nacional por Amostra de Domicílios (PNAD), de 2014; Censo Demográfico, de 2010; Pesquisa de Informações Básicas Estaduais – Estadic/Instituto Brasileiro de Geografia e Estatística (IBGE), de 2014; Pesquisa de Informações Básicas Municipais – Munic/IBGE, de 2014.

Desse modo, o Índice de Desenvolvimento da Educação Básica (IDEB) corporifica um relevante meio de monitoramento de políticas públicas quanto à qualidade de cada escola e de cada rede de ensino.

Contudo, isso não é suficiente em si. Cumpre aos órgãos de controle – não somente às cortes de contas, mas também ao MP, Defensoria e outros – examinar se os entes municipais e estadual encontram-se atualizados com Plano Nacional de Educação no tocante ao piso remuneratório dos profissionais da educação, bem como quanto à sua atualização, sobretudo no que atine à universalização de acesso à educação infantil.

A essa altura, já é possível afirmar, embora seja tema do segundo capítulo desta tese, que é mais eficiente a atuação do controle que fiscaliza na fase do planejamento e da execução orçamentária as disfunções em políticas públicas sensíveis – saúde e educação – em prejuízo dos comandos da CF e das leis sobre essas funções.

No tocante ao estado do Tocantins, na última análise do IDEB, referente ao biênio 2014-2016, a taxa de alfabetismo de pessoas com 15 anos de idade ou mais é de 87,8%, enquanto a meta prevista era de 93,5%, conforme tabela I, p. 220, do Relatório do 1º ciclo de monitoramento das metas do PNE.

Nessa linha, importa pontuar em gráfico a evolução do IDEB, meta 7 do PNE, para os anos iniciais e finais da educação infantil, apontamento do último biênio.

Gráfico 5 – Relativo aos anos iniciais da educação infantil

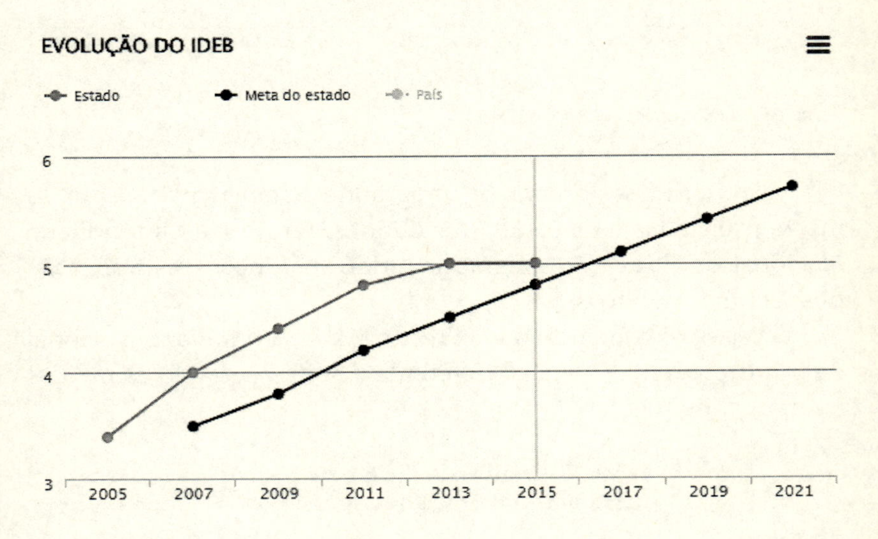

Fonte: QEdu.org.br. Dados do Ideb/Inep (2015).

Gráfico 6 – Relativo aos anos finais da educação infantil

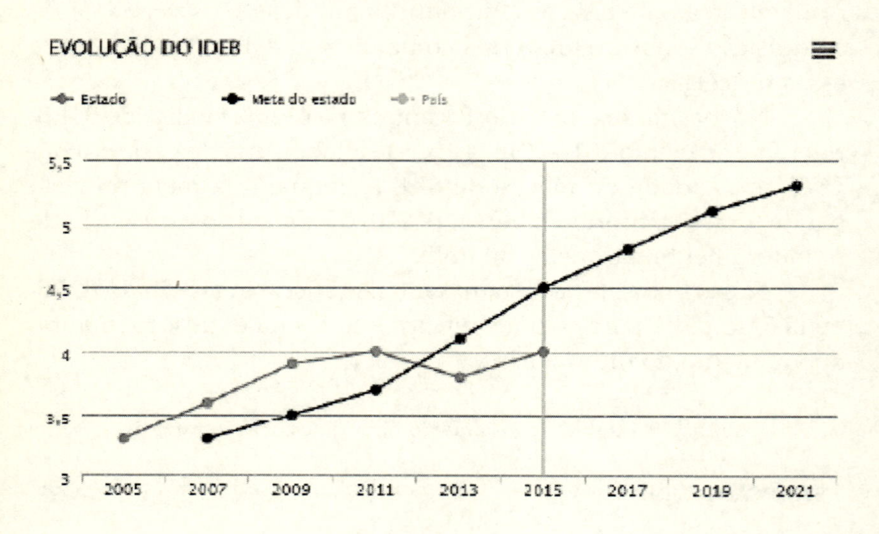

Fonte: QEdu.org.br. Dados do Ideb/Inep (2015).

Conforme se observa, há um grande distanciamento entre as metas projetadas e os resultados obtidos, ferindo, assim, o Plano Nacional de Educação e demonstrando disfunções na aplicação dos recursos públicos.

Veja-se o conteúdo da Lei nº 13.005, de 2014, Plano Nacional de Educação, em seu anexo, referente à meta 7, quanto às médias a serem atingidas.

Tabela 4 – Índices do IDEB para ensinos fundamental e médio/série histórica

IDEB	2015	2017	2019	2021
Anos iniciais do ensino fundamental	5,2	5,5	5,7	6,0
Anos finais do ensino fundamental	4,7	5,0	5,2	5,5
Ensino médio	4,3	4,7	5,0	5,2

Fonte: PNE.

A fim de tornar ainda mais concreta a realidade do estado do Tocantins, cumpre examinar os dados consolidados em 2015 relativos às metas do IDEB para a escola pública e constantes do Plano Nacional de Educação, os quais levaram à representação dos gráficos expostos.

Tabela 5 – Comparativo de IDEB observado *versus* metas/série histórica TO

	IDEB observado						Metas							
	2005	2007	2009	2011	2013	2015	2007	2009	2011	2013	2015	2017	2019	2021
Resultados e metas dos anos iniciais do ensino fundamental (4ª série/5º ano)	3.6	4.2	4.5	4.9	5.1	5.0	3.7	4.0	4.5	4.7	5.0	5.3	5.6	5.9
Resultados e metas dos anos finais do ensino fundamental (8ª série/9º ano)	3.4	3.6	3.9	3.9	3.7	3.8	3.4	3.5	3.8	4.2	4.6	4.8	5.1	5.4
Resultados e metas do ensino médio (3ª série EM)	2.9	3.1	3.3	3.5	3.2	3.3	2.9	3.0	3.2	3.4	3.8	4.2	4.5	4.7

Fonte: http://pne.mec.gov.br/monitorando-e-avaliando/monitoramento-das-metas-do-pne-2014-2024. Acesso em: 05 jun. 2018.

*Os resultados marcados em cinza-claro referem-se ao IDEB que atingiu a meta.

Conforme evidenciado, o estado do Tocantins encontra-se em déficit educacional em relação à meta do PNE, sobretudo nos anos finais da educação infantil e ensino médio. No tocante aos municípios tocantinenses e conforme os dados do IDEB/INEP, os percentuais revelam a seguinte realidade.

Gráfico 7 – Resultados das metas do PNE em relação às séries iniciais do ensino fundamental dos 137 municípios tocantinenses que tiveram o desempenho calculado, referente ao biênio 2014/2016

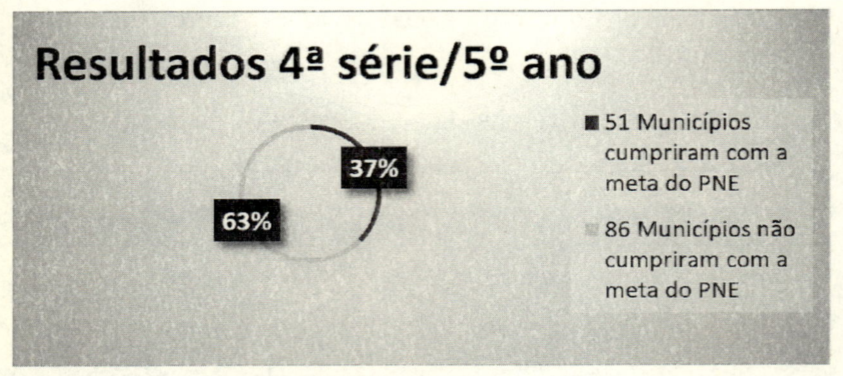

Fonte: PNE 2014/2024/Lei nº 13.005/2014.

Gráfico 8 – Resultados das metas do PNE em relação às séries finais do ensino fundamental dos 133 municípios tocantinenses que tiveram o desempenho calculado, referente ao biênio 2014/2016

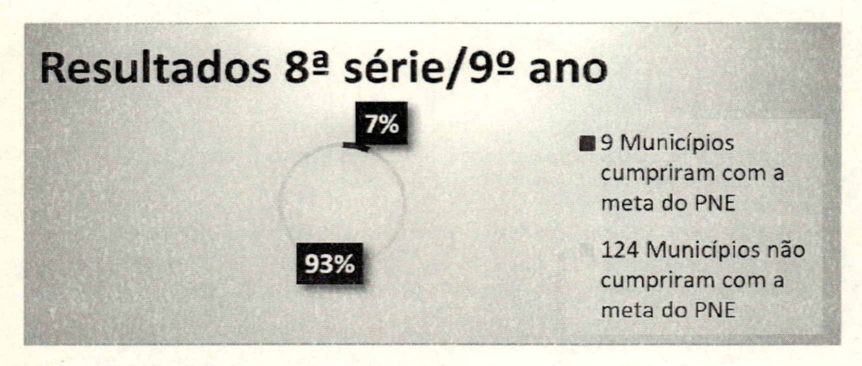

Fonte: PNE 2014/2024/Lei nº 13.005/2014.

Veja-se que três municípios não tiveram números de participantes suficientes para que as notas fossem divulgadas, e outros três municípios não houveram participantes ou não atenderam aos requisitos necessários para ter o desempenho calculado.

Conclui-se que o IDEB/TO retratou com clareza, nos exercícios apresentados, a situação da rede pública de ensino do estado do Tocantins e que este, mesmo estando muito aquém do traçado no

Plano Nacional de Educação, não resultou em correções na elaboração do orçamento público, não alcançou a conformação orçamentária necessária para colocar em prática as metas planejadas.

Cabe evidenciar que o descumprimento de tais comandos se revela vigorosamente como inobservância de obrigações legais de fazer, para as quais é fixado até mesmo prazo de execução, abrindo mais uma vez espaço para discussão de eventual improbidade administrativa.

No plano do exame de constitucionalidade das leis orçamentárias disfuncionadas, o parâmetro será o artigo 212 da CF em tudo que representar dissonância com o limite mínimo em educação e saúde.

Com efeito, as leis orçamentárias serão tidas como inconstitucionais em face de aplicações ou previsões de recursos com parâmetros diversos dos determinados na CF e, por derivação, nas leis aplicáveis em cada política pública. Outrossim, é razão para intervenção da União nos estados e no Distrito Federal o descumprimento da aplicação do mínimo das receitas estaduais de impostos na manutenção e desenvolvimento do ensino e nas ações da função saúde (artigo 34, VII, "e").

Bastante comum observar que a solidariedade que atrai as obrigações para o Tesouro Nacional, na área da saúde, normalmente deriva de gestões irresponsáveis que fazem minguar a receita corrente líquida, diminuindo a base de cálculo por meio de renúncias fiscais, ausência de instituição ou regulação de tributos, como IPTU, além de outras condutas desestabilizadoras da ordem constitucional.

1.9.1 A garantia pelo controle

No que atine à possibilidade de controle de constitucionalidade de leis orçamentárias, a Suprema Corte sedimentou posicionamento de que, mesmo sendo dotadas de efeitos concretos, essas espécies são formalmente leis e naturalmente possuem natureza jurídica de lei formal, o que, *de per si*, é o suficiente para que sejam analisadas em controle de constitucionalidade, segundo o que se extrai do voto na ADI nº 4.048MC, relator min. Gilmar Mendes.

Desse modo, foi tida como plenamente admissível a propositura de ADI em face de Lei Orçamentária, Lei de Diretrizes

Orçamentárias e Lei de Abertura de Crédito Extraordinário, consoante também se verifica na ADI nº 5.449 MC – Referendo/RR, Rel. Min. Teori Zavascki, julgado em 10.03.2016, STF/Plenário.[56]

No aludido julgado, discutia-se sobre o artigo 50 da Lei nº 1.005/15, estado de Roraima. O cerne da questão era a modificação dos gastos com pessoal dos Poderes Executivo e Legislativo para a superação do teto estabelecido na legislação federal. A compreensão foi a de que tal lei estadual teria o condão de usurpar competências privativas da União. Outrossim, aventou a real possibilidade de prejuízo ao erário em razão do aludido dispositivo.

Dentre as razões de decidir, ficou assentado que as leis orçamentárias materializam fonte primária de aplicação da própria Constituição, de modo que, em face disso, reúnem caraterísticas que possibilitam o controle de constitucionalidade em processos objetivos.

Foi central o argumento de que os padrões da Lei de Responsabilidade Fiscal, LC nº 101/00, não coadunavam com o dispositivo impugnado, gerando, desta feita, relevante crise de legalidade. Com vigor, os limites traçados para gastos com pessoal ativo e inativo dos estados e municípios são de referência nacional e vinculam todos os entes federados.

Dessa forma, uma vez demonstrada a discrepância com os dispositivos legais da LRF, bem como a lesão ao artigo 169 da CF, houve, no aludido e recente julgado, liminar referendada pelo Plenário da mais alta corte para suspender com efeitos *ex tunc* a redação da lei estadual violadora.

A decisão definitiva foi no sentido de julgar extinto o processo, vez que a liminar estabelecida atingiu a eficácia exigida, ou seja, o ato normativo já havia se exaurido, por ser Lei de Diretrizes Orçamentárias aprovada pelo estado de Roraima para o exercício de 2016.

Cumpre destacar que a mudança de posicionamento do STF, no sentido de começar a admitir controle de constitucionalidade para as leis orçamentárias, vem de 2003 e ocorreu no caso da Lei Orçamentária Anual da União (LOA) nº 10.640/2003.

---

[56] ADI nº 5.449 MC-Ref, Relator(a): Min. Teori Zavascki, Tribunal Pleno, julgado em 10.03.2016, DJe de 22.04.16.

Naquela oportunidade, o STF entendeu ser possível o controle objetivo da constitucionalidade das leis orçamentárias, obviamente quando presentes características de abstração e autonomia em quaisquer espécies de normas.

Na ADI[57] em questão, sob a relatoria da ministra Ellen Gracie, ficou assentado que a Lei Orçamentária nº 10.640/03 era inconstitucional, pois gera a abertura de créditos suplementares com violação do §4º do artigo 177 da Constituição Federal, ante a natureza exaustiva das alíneas "a", "b" e "c" do inciso II do citado parágrafo.

Na oportunidade, com exceção da ministra relatora, Helen Gracie, todos os ministros do Colegiado entenderam pela inconstitucionalidade da lei, conheceram e deram por procedente a ADI.

Outrossim, é necessário garantir a aplicação de princípios fundamentais, como o da vedação ao retrocesso e o da proteção insuficiente, além das normas que tratam de direitos e garantias, as quais possuem como vocação a aplicação imediata, consoante o artigo 5º, §1º.

Desse modo, acredita-se que seja por meio de ações de improbidade administrativa ou até mesmo do controle de constitucionalidade que existam amplas possibilidades de comunicação entre as instâncias de controle para proteção de políticas públicas essenciais, tais como saúde e educação. Com efeito, esses parâmetros devem orientar a confecção do parecer prévio e, posteriormente, o julgamento no Parlamento das contas de gestão ou consolidadas.[58]

1.9.2 Vinculação constitucional de receitas e a baixa efetividade

Especificamente no que tange aos limites mínimos para saúde e educação, insculpidos nos artigos 212 e 198, §3º, da CF e,

---

57 ADI nº 2.925, Relator (a): Min. Ellen Gracie, Relator (a) p/ Acórdão: Min. Marco Aurélio, Tribunal Pleno, julgado em 19.12.2003, DJ 04-03-2005 PP-00010 EMENT VOL-02182- 01 PP-00112 LEXSTF v. 27, nº 316, 2005, p. 52-96

58 Para o ministro Barroso, os exames das contas de gestão transcendem os gastos globais, pois, na realidade, o crivo deve estar voltado para cada ato administrativo que compõe a gestão contábil, financeira, orçamentária, operacional e patrimonial do ente público quanto à legalidade, legitimidade e economicidade (STF (RE) 848.826).

especificamente, na função saúde, Lei Complementar nº 141/2012, na qual são tratados os valores mínimos a serem aplicados anualmente nas três esferas de governo em ações e serviços públicos de saúde, é compulsória a fiscalização reparadora.

Explica-se: os déficits constantes dos pareceres prévios e relativos aos mínimos constitucionais para os exercícios devem, necessariamente, ser objetos de compensação no ano posterior. As sanções para as violações das normas constitucionais implicam, como dito, até mesmo em suspensão das transferências voluntárias, nos termos do artigo 25, §1º, IV, alínea "b", da LRF.

Sobre o tema em exame, a Corte de Contas tocantinense respondeu à consulta consubstanciada nos Autos nº 8.085/2010 e Resolução/Pleno nº 1.075/2010. O município de Talismã questionou acerca da aplicação do percentual correspondente ao excesso de arrecadação em ações de saúde e programas de manutenção e desenvolvimento do ensino no exercício seguinte como forma de compensação pelos limites não alcançados.

Alternativamente, indagou ainda o ente municipal sobre a possibilidade de celebração de termo de ajuste de gestão com vistas à aludida compensação como meio reparador da violação do comando constitucional de investimentos em saúde e educação.

A consulta foi conhecida e, ao cabo e ao termo, optou por aceitar a compensação no exercício subsequente dos valores não aplicados no exercício de execução, em patente flexibilização, em nome do interesse público, do princípio orçamentário da anualidade.

No que tange aos percentuais legais de aplicação no FUNDEB, há determinação, consoante estabelece o artigo 22 da Lei nº 11.494, de 2007, de valorização do magistério por meio da aplicação de 60% dos recursos recebidos no pagamento dos professores.

No entanto, em alguns casos tais recursos são empregados em finalidade diversa, representando esse ato descumprimento de obrigação de fazer legal e, em outros casos, o ente aplica os valores sem a indicação da fonte, o que inviabiliza a fiscalização.

Vale mencionar que é um fundo de natureza contábil, instituído pela Emenda Constitucional nº 53/2006, regulamentado pela Lei nº 11.494/2007, no Tribunal de Contas do Estado do Tocantins, pela Instrução Normativa nº 06/2013 e Portaria nº 442/2014, as quais instituem mecanismo de comprovação da aplicação dos recursos para manutenção e desenvolvimento da educação básica e de valorização dos profissionais da educação, com vigência de 1º de janeiro de 2007 a 31 de dezembro de 2020.

É intuitivo e, até certo ponto, óbvio que o controle interno e, sobretudo, o externo necessitam verificar com segurança a execução orçamentária. Somente assim será possível aferir o cumprimento dos programas, o atingimento dos objetivos e a plausibilidade das metas. Desse modo, o fundo de educação deve possuir conta específica e ser gerido por ente personificado. Esse é o caminho para o acompanhamento dos dispêndios públicos nessa importante função pública.

Contudo, insta relevar que, nos três maiores municípios tocantinenses – Palmas, Araguaína e Gurupi –, ainda não há Fundo Municipal de Educação (FME). Os recursos são geridos por órgãos despersonalizados e sujeitos a ingerências políticas.

Os repasses devem ser mensais e não podem sofrer qualquer espécie de contingenciamento que comprometa a manutenção e o desenvolvimento do ensino, o que deve estar muito claro na Lei Orçamentária, consoante se pode inferir do artigo 10 do Plano Nacional de Educação, no qual também estão previstas as transferências do FUNDEB, com fundamento no artigo 69, §§5º e 6º, da Lei nº 9.394/1996.

No tocante à programação de pagamento das despesas atinentes aos limites constitucionais e do FUNDEB, não se pode admitir que os limites orçamentários sejam menores, pois, neste caso, haverá dispêndio deficitário em razão da ausência de previsão na lei autorizativa dos gastos. Em face do argumento posto, devem ser combatidas quaisquer classificações diversas, sobretudo a de despesa obrigatória, sujeitas à programação financeira.

Quanto ao desempenho, a Lei nº 13.005, de 2014, prevê cooperação técnica e financeira, estratégia 7.6, para os casos em que os resultados alcançados na educação básica sejam inferiores à média nacional. Os gestores, infelizmente, nunca são instados a se pronunciarem quando os indicadores, além de não evoluírem, baixam. É de se compreender que esses casos podem ser entendidos como hipótese de má ou ineficiente gestão de recursos na manutenção e desenvolvimento do ensino e do FUNDEB.

Insta reconhecer que a fiscalização sobre a evolução desses índices em educação não é acompanhada nem mesmo pelos tribunais de contas, visto que as auditorias tramitam em apartado das contas consolidadas, no qual esses dados de macrogestão na função educação deveriam estar. E, mesmo nas auditorias, as cortes de contas ainda não têm tradição no monitoramento da efetividade.

É importante perceber que a primeira barreira de contenção das disfunções acima postas é o controle interno. No entanto, ao que se percebe não tem havido acompanhamento e avaliação dos processos de cumprimento de metas e estratégias do Plano Nacional de Educação. Ausente, pelo que se pode perceber, a governança que assegura a legalidade, legitimidade, eficácia e economicidade na aplicação dos recursos.

Até mesmo para os tribunais de contas, é importante a conscientização de que o seu papel não se resume a conferências formais e contábeis parametrizadas na Constituição Federal. O exame deve ser mais largo, pois existem inúmeras obrigações fixadas em lei com prazo determinado e que reclamam prioridade na aplicação dos recursos. Subverter essa ordem de prioridade abre espaço para discussão de eventual improbidade administrativa pela má aplicação dos recursos diante do descumprimento das metas do PNE e do ente em questão.

Relevante exigir compatibilidade entre o planejamento elaborado no plano federal até chegar aos municípios. As metas e os recursos são desdobrados para que tarefas sejam cumpridas e devem estar claras e concretizadas na alocação de recursos nas peças orçamentárias, segundo os artigos 8º e 10 do PNE.[59]

---

[59] Artigo 8º Os Estados, o Distrito Federal e os Municípios deverão elaborar seus correspondentes planos de educação, ou adequar os planos já aprovados em lei, em consonância com as diretrizes, metas e estratégias previstas neste PNE, no prazo de 1 (um) ano contado da publicação desta Lei. § 1º Os entes federados estabelecerão nos respectivos planos de educação estratégias que: I – assegurem a articulação das políticas educacionais com as demais políticas sociais, particularmente as culturais; II – considerem as necessidades específicas das populações do campo e das comunidades indígenas e quilombolas, asseguradas a equidade educacional e a diversidade cultural; III – garantam o atendimento das necessidades específicas na educação especial, assegurado o sistema educacional inclusivo em todos os níveis, etapas e modalidades; IV – promovam a articulação interfederativa na implementação das políticas educacionais. § 2º Os processos de elaboração e adequação dos planos de educação dos Estados, do Distrito Federal e dos Municípios, de que trata o caput deste artigo, serão realizados com ampla participação de representantes da comunidade educacional e da sociedade civil. [...] Artigo 10. O Plano Plurianual, as diretrizes orçamentárias e os orçamentos anuais da União, dos Estados, do Distrito Federal e dos Municípios serão formulados de maneira a assegurar a consignação de dotações orçamentárias compatíveis com as diretrizes, metas e estratégias deste PNE e com os respectivos planos de educação, a fim de viabilizar sua plena execução.

Faz-se necessário, outrossim, que entes que venham demonstrando baixo índice de efetividade no atingimento das metas e estratégias tenham a sua execução orçamentária acompanhada mais de perto.

Nessa quadra, cumpre referenciar o artigo 13 da Lei nº 13.005, de 2014, o qual é claro quanto às distribuições de competências e de recursos para o atingimento das metas do Plano Nacional de Educação.

Como será abordado nos capítulos que se seguem, os tribunais de contas dispõem atualmente de sistemas eficientes no acompanhamento dos dispêndios públicos; no TCE-TO, tal sistema recebe o nome de Sistema Integrado de Controle e Auditoria Pública (SICAP) Contábil. É imperioso que os órgãos de controle promovam a fiscalização e o cruzamento de dados de forma integrada, valendo-se, sobretudo do Sistema de Informações sobre Orçamento Público em Educação (SIOPE), a fim de que o controle seja tempestivo e, de fato, efetivo.

O artigo 10 do PNE também estabelece parâmetros de fiscalização e pode balizar a atuação dos conselhos, dentre os quais o do FUNDEB, o de alimentação escolar e a atuação dos próprios tribunais de contas e Ministério Público. Não é natural que as recomendações expedidas pela fiscalização não se concretizem em diretrizes orçamentárias sem que medidas judiciais sejam intentadas.

A partir do emprego do IEGM, o Tribunal de Contas do Estado do Tocantins passou a dispor de eficientes indicadores de efetividade, os quais podem ser somados à estratégia 20.7 do PNE[60] no tocante à obtenção de meios para a avaliação da qualidade do ensino e do dispêndio realizado. No entanto, o que se observa é que as conclusões e achados ainda estão muito longe de influir no planejamento orçamentário no que diz respeito à educação, em patente violação ao artigo 10 do PNE.

Ainda na quadra da fiscalização da educação, embora questões como transporte e alimentação escolar sejam de extrema

[60] Implementar o Custo Aluno Qualidade – CAQ como parâmetro para o financiamento da educação de todas etapas e modalidades da educação básica, a partir do cálculo e do acompanhamento regular dos indicadores de gastos educacionais com investimentos em qualificação e remuneração do pessoal docente e dos demais profissionais da educação pública, em aquisição, manutenção, construção e conservação de instalações e equipamentos necessários ao ensino e em aquisição de material didático-escolar, alimentação e transporte escolar.

relevância, considerando que os municípios menores não costumam ser cumpridores das normas de transporte de crianças e ainda se está muito longe da qualidade nutricional, é nos gastos com pessoal que se funda a raiz de inúmeros outros problemas. As contratações temporárias não observam a estratégia 18.1[61] do Plano Nacional de Educação, que impõe efetividade aos quadros.

No relatório técnico referente à análise das contas de governo 2015, as despesas com educação evoluíram de R$999.439.879,38 (novecentos e noventa e nove milhões, quatrocentos e trinta e nove mil, oitocentos e setenta e nove reais e trinta e oito centavos) em 2012 para R$1.094.133.002,86 (um bilhão, noventa e quatro milhões, cento e trinta e três mil e dois reais e oitenta e seis centavos) em 2015. Em valores constantes, apresentam uma alta de 8,65%. Concomitantemente, a participação das despesas com educação no total das despesas empenhadas do estado passou de 17,28% em 2012 para 14,62% em 2015, resultando em uma redução de 2,67% pontos percentuais.

Tabela 6 – Despesas na função educação – 2012-2015 – valores reais

Indicador/ano	2012	2013	2014	2015
Educação	999.439.879,82	1.038.001.420,09	1.059.318.230,66	1.094.133.002,86
% da despesa total	17,28	15,66	14,11	14,62
Despesa total do estado	5.782.760.787,40	6.626.509.400,43	7.507.435.286,92	7.486.049.495,86

Fonte: www.transparencia.to.gov.br – valor empenhado.

Explica-se: é que, na análise da composição dos gastos na função educação, verifica-se que a maior parte dos gastos está concentrada no pagamento de pessoal e encargos sociais, atingindo um percentual de 83%, restando aos demais grupos de despesa apenas 17%.

---

[61] Estruturar as redes públicas de educação básica de modo que, até o início do terceiro ano de vigência deste PNE, 90% (noventa por cento), no mínimo, dos respectivos profissionais do magistério e 50% (cinquenta por cento), no mínimo, dos respectivos profissionais da educação não docentes sejam ocupantes de cargos de provimento efetivo e estejam em exercício nas redes escolares a que se encontrem vinculados.

Outrossim, da análise horizontal, observa-se que o maior crescimento das despesas também ocorreu com pessoal e encargos sociais, atingindo um percentual de 24,78% entre 2012 e 2015. Com efeito, dentre as despesas que mais reduziram está a classificada como "outras despesas correntes", apresentando uma queda de 31,51% durante o mesmo período, consoante tabela a seguir:

Tabela 7 – Composição das despesas na função educação – 2012-2015 – valores reais

Descrição	2012	2013	2014	2015	Variação 2012/2015
Pessoal e encargos sociais	727.636.217,64	797.408.152,02	846.073.069,29	907.963.179,05	24,78
Outras despesas correntes, investimento e amortização da dívida	271.803.662,18	240.593.268,07	213.245.161,37	186.169.823,81	31,51
Total da educação	999.439.879,82	1.038.001.420,09	1.059.318.230,66	1.094.133.002,86	9,47

Fonte: www.transparencia.to.gov.br – valor empenhado.

Dessa forma, resta claro que 83% dos recursos gastos na função educação são com folha de pagamento. Desse modo, embora tenha ocorrido um acréscimo de R$61.890.109,76 (sessenta e um milhões, oitocentos e noventa mil, cento e nove reais e setenta e seis centavos) entre os exercícios de 2014 e 2015, conforme informação do INEP, apresentada no relatório do 1º Ciclo de Monitoramento das Metas do PNE: biênio 2014-2016, os resultados em educação não conseguem alcançar efetividade.

1.9.3 Receitas e despesas: o impacto negativo do desequilíbrio

Com a Constituição de 1988, foram outorgados à sociedade brasileira relevantes direitos a prestações do Estado na política pública da saúde, direitos que são raros, vale pontuar, até mesmo em países mais avançados economicamente.

É interessante observar que a preocupação central do legislador, insculpida no artigo 196 da CF, foi, sobretudo, com a prevenção de doenças e outros agravos; inobstante, fixou a implementação por meio de políticas sociais e econômicas, mas certamente com a expectativa originária de um planejamento eficiente dos dispêndios públicos.

A Emenda Constitucional nº 20/2000 ocupou-se em vincular parte substancial das receitas de impostos, próprios e transferidos na quadra da saúde. Por óbvio, o intento era garantir a participação orçamentária aos demais entes da Federação no âmbito do Sistema Único de Saúde. Posteriormente, por meio da Lei Complementar nº 141/12, houve o disciplinamento do financiamento das ações e serviços públicos em saúde.

Cumpre realçar que a vinculação de tributos é medida absolutamente excepcional no regramento constitucional tributário nacional, de modo que isso reveste de fundamental importância o exame da base de cálculo apurada sobre as mencionadas receitas de impostos arrecadados pelos entes estaduais e municipais e os transferidos por força constitucional.

Dentre os impostos arrecadados pelos estados estão o Imposto sobre Circulação de Mercadorias (ICMS); o Imposto sobre a Propriedade de Veículos Automotores (IPVA); o Imposto sobre a Transmissão *Causa Mortis* e Doação de quaisquer bens ou direitos; receita de multas, juros e correção monetária decorrentes de impostos cobrados diretamente ou por meio de processo administrativo ou judicial e receitas da dívida ativa de impostos e multas, juros de mora e correção monetária respectivos, também cobrados diretamente ou por meio de processo administrativo ou judicial.

Além dos impostos estaduais, ainda contabilizam-se os transferidos pela União, compreendendo o Fundo de Participação do Estado (FPE), na base de 21,5% do Imposto de Renda (IR) e do Imposto sobre Produtos Industrializados (IPI), 10% do IPI, considerando as exportações de Estado da Federação, 100% do Imposto de Renda sobre rendimentos pagos pelo Estado, além da transferência inerente à Lei Complementar nº 87/96, Lei Kandir.

No plano municipal, a base de cálculo compõe-se do Imposto Predial e Territorial Urbano (IPTU); Imposto sobre Serviços de Qualquer Natureza (ISSQN); Imposto sobre Transmissão de Imóveis *intervivos* (ITBI); receita de multas, juros de mora e correção monetária decorrentes dos impostos cobrados diretamente ou por meio de processo administrativo ou judicial e receita da dívida ativa de impostos e multas, juros de mora e correção monetária respectivos, também cobrados diretamente ou por meio de processo administrativo ou judicial.

Existem os recursos provenientes das transferências da União, dentre os quais o Fundo de Participação dos Municípios (FPM) (22,5% do Imposto de Renda e do Imposto sobre Produtos Industrializados), inclusive o recebido, adicionalmente, em dezembro de cada exercício (1%); 100% do Imposto de Renda sobre rendimentos pagos pelo município; 50% do Imposto Territorial Rural (ITR) e Transferências da Lei Complementar nº 87/96 (Lei Kandir) e qualquer compensação financeira proveniente de impostos já instituída ou que vier a ser criada.

Ainda no plano municipal, as receitas derivadas de impostos transferidas do Estado, somando-se 25% do ICMS, 50% do IPVA e 25% do Imposto sobre Produtos Industrializados/Exportação, transferidos pela União ao estado nos termos do artigo 159, II, da CF.

Como é de se perceber, são muitas as fontes de receita para política pública de saúde, o que impõe rigoroso acompanhamento na fase de planejamento e execução orçamentária. Com efeito, é vedada nessa quadra qualquer limitação de empenho capaz de comprometer a aplicação dos recursos mínimos, assim como também não se podem admitir exclusões da base de cálculo das receitas constitucionalmente vinculadas.[62]

Infraconstitucionalmente, a Lei nº 8.080, de 1990,[63] veio para fixar os fundamentos da política pública, assentados na promoção,

---

[62] Artigos 28 e 29 da LCF nº 141/12.

[63] Artigo 2º: A saúde é um direito fundamental do ser humano, devendo o Estado prover as condições indispensáveis ao seu pleno exercício. § 1º – O dever do Estado de garantir a saúde consiste na formulação e execução de políticas econômicas e sociais que visem à redução de riscos de doenças e de outros agravos e no estabelecimento de condições que assegurem acesso universal e igualitário às ações e aos serviços para a sua promoção, proteção e recuperação.

recuperação da saúde, organização e funcionamento da prestação estatal. Como se pode perceber, o espectro de responsabilidade é enorme, o que traz sérias implicações na fiscalização orçamentária, objeto central desta pesquisa.

Para tornar concreto o argumento, vale observar a ADI nº 3087-RJ; nesta ação, voltada ao exame da constitucionalidade da Lei Estadual nº 4.179, de 2003, o que se discutia era a consonância da norma com o Texto Constitucional ao prever a possibilidade da inclusão de gastos com alimentação nas despesas passíveis de inclusão no limite mínimo constitucional com saúde.

O argumento, naturalmente, era exatamente o caráter preventivo que uma boa alimentação tem sobre a saúde; no entanto, a criatividade nessa quadra é absurda e, via de regra, desviada do desiderato constitucional insculpido no artigo 212 da CF.

Com a edição da Lei Complementar nº 141, de 2012, artigos 3º e 4º,[64] houve uma regulamentação mais precisa do que pode ou

---

[64] Artigo 3º Observadas as disposições do artigo 200 da Constituição Federal, do artigo 6º da Lei nº 8.080, de 19 de setembro de 1990, e do artigo 2º desta Lei Complementar, para efeito da apuração da aplicação dos recursos mínimos aqui estabelecidos, serão consideradas despesas com ações e serviços públicos de saúde as referentes a: I – vigilância em saúde, incluindo a epidemiológica e a sanitária; II – atenção integral e universal à saúde em todos os níveis de complexidade, incluindo assistência terapêutica e recuperação de deficiências nutricionais; III – capacitação do pessoal de saúde do Sistema Único de Saúde (SUS); IV – desenvolvimento científico e tecnológico e controle de qualidade promovidos por instituições do SUS; V – produção, aquisição e distribuição de insumos específicos dos serviços de saúde do SUS, tais como: imunobiológicos, sangue e hemoderivados, medicamentos e equipamentos médico-odontológicos; VI – saneamento básico de domicílios ou de pequenas comunidades, desde que seja aprovado pelo Conselho de Saúde do ente da Federação financiador da ação e esteja de acordo com as diretrizes das demais determinações previstas nesta Lei Complementar; VII – saneamento básico dos distritos sanitários especiais indígenas e de comunidades remanescentes de quilombos; VIII – manejo ambiental vinculado diretamente ao controle de vetores de doenças; IX – investimento na rede física do SUS, incluindo a execução de obras de recuperação, reforma, ampliação e construção de estabelecimentos públicos de saúde; X – remuneração do pessoal ativo da área de saúde em atividade nas ações de que trata este artigo, incluindo os encargos sociais; XI – ações de apoio administrativo realizadas pelas instituições públicas do SUS e imprescindíveis à execução das ações e serviços públicos de saúde; e XII – gestão do sistema público de saúde e operação de unidades prestadoras de serviços públicos de saúde. Artigo 4º Não constituirão despesas com ações e serviços públicos de saúde, para fins de apuração dos percentuais mínimos de que trata esta Lei Complementar, aquelas decorrentes de: I – pagamento de aposentadorias e pensões, inclusive dos servidores da saúde; II – pessoal ativo da área de saúde quando em atividade alheia à referida área; III – assistência à saúde que não atenda ao princípio de acesso universal; IV – merenda escolar e outros programas de alimentação, ainda que executados em unidades do SUS, ressalvando-se o disposto no inciso II do artigo 3º; V – saneamento básico, inclusive quanto às ações financiadas e mantidas com recursos provenientes de taxas, tarifas ou preços públicos instituídos para

não ser considerado no cômputo geral do mínimo constitucional em saúde.

Tais parâmetros devem ser observados por ocasião do planejamento e elaboração das peças orçamentárias a fim de que o dispêndio público seja preciso e adequado com a Lei nº 141/2012 e com a Constituição Federal, servindo de parâmetro tanto para o controle interno quanto para a fiscalização levada a efeito pelos tribunais de contas, evitando, assim, glosas resultantes da inadequada aplicação dos recursos públicos.

A aferição da aplicação dos percentuais mínimos a serem destinados nas políticas públicas de saúde e educação está consolidada no demonstrativo de despesas com a saúde, correspondente ao Anexo XV do Relatório Resumido de Execução Orçamentária (RREO), elaborado, no plano federal, pela Secretaria do Tesouro Nacional (STN), o qual deve ser publicado em até 30 dias do encerramento de cada bimestre, consoante o artigo 165, §3º, da Constituição Federal e artigo 52 da LRF. No plano estadual, o RREO é consolidado e publicado no sítio da Secretaria do Planejamento e Orçamento (SEPLAN/TO).

Cabe reprisar, agora na função saúde, uma questão de grande relevância para a fiscalização. Trata-se do Relatório de Análise da Prestação de Contas de Governo, exercício 2015, tal documento diz respeito à folha de pagamento do mês de dezembro, com execução orçamentária para o exercício seguinte.

São denominadas despesas de exercício anterior e, no exemplo em questão, nada incomum, não houve disponibilidade orçamentária e muito menos financeira para cobertura dessas despesas. Um expediente muito comum é registrá-las no Passivo Permanente do Balanço Patrimonial, na conta "Outras Obrigações"; neste caso, uma dívida no montante de R$311.491.511,74.

Tais despesas não foram empenhadas e inscritas em restos a pagar, ou seja, houve utilização orçamentária de receitas do exercício

---

essa finalidade; VI – limpeza urbana e remoção de resíduos; VII – preservação e correção do meio ambiente, realizadas pelos órgãos de meio ambiente dos entes da Federação ou por entidades não governamentais; VIII – ações de assistência social; IX – obras de infraestrutura, ainda que realizadas para beneficiar direta ou indiretamente a rede de saúde; e X – ações e serviços públicos de saúde custeados com recursos distintos dos especificados na base de cálculo definida nesta Lei Complementar ou vinculados a fundos específicos distintos daqueles da saúde.

de 2015 para o pagamento de obrigações contraídas em 2014, as quais não foram computadas no limite da LRF, um exemplo claro da disfuncionalidade do orçamento estadual, que compromete densamente o cumprimento do índice e da efetividade no exercício seguinte.

Cumpre observar que a incorreção de 2014, em patente violação à Lei nº 4.320/1964, desde o exercício de 2010 vem se replicando. Basta observar, segundo a tabela a seguir, que o Fundo Municipal de Saúde do Estado do Tocantins vem contabilizando dívidas de exercícios anteriores no passivo permanente.

Tabela 8 – Fundo Municipal de Saúde do Estado do Tocantins/série histórica

Exercício	Registro no passivo permanente – balanço patrimonial – 31/12	Despesa de exercício anterior – (empenho-DEA) "92" – no ano seguinte	Diferença
2010	14.337.417,97	97.480.731,84	83.143.313,87
2011	262.055,97	67.975.947,27	67.713.891,30
2012	0,00	74.241.489,81	74.241.489,81
2013	48.915.625,23	156.597.895,83	107.682.270,60
2014	311.491.511,74	209.712.028,43	101.779.483,31
Total	**375.006.610,91**	**606.008.093,18**	**231.001.482,27**

Fonte: Balanço patrimonial – 2.036/2012 – 1.277/2013 – 1.471/2014 – 2013; 1.542/2015, extraído do Relatório de Análise das Contas de Governo, exercício 2015.

Releva explicitar que essas dívidas escrituradas na "rubrica de despesas de exercícios anteriores" derivam de execução de despesa sem o empenhamento prévio e/ou o cancelamento da despesa no exercício de competência, sem qualquer registro, diferentemente dos restos a pagar, que são despesas empenhadas e não pagas até o final do exercício, conforme artigo 37 da Lei nº 4.320/1964.

Segundo assevera Carvalho (2010), as despesas de exercícios anteriores são dívidas reconhecidas no exercício de referência resultantes de compromissos gerados em exercícios anteriores, para as quais o orçamento respectivo consignava crédito próprio, com saldo suficiente para atendê-las, mas que não foi processado na época devida. O mesmo autor destaca que são despesas que, por competência, pertencem a exercícios pretéritos, entretanto, estão sendo pagas no momento presente, à custa do orçamento em curso.

Relevante pontuar que a Lei nº 4.320/1964 autoriza a utilização dessas modalidades apenas em casos extraordinários, vez que a Carta Magna, no artigo 167, prediz que é vedada a realização de despesas ou a assunção de obrigações diretas que excedam os créditos orçamentários ou adicionais.

Mais ainda, as despesas registradas no passivo permanente na conta contábil "Outras Obrigações" não interferem no resultado fiscal do exercício em que ocorreu a despesa, fato que pode ensejar a apuração de superávit orçamentário e financeiro irreais, além de comprometer sobremaneira o orçamento do ano seguinte.

De tudo o que fora explicitado, é relevante compreender que os orçamentos dos anos seguintes das dívidas contraídas acabam suportando um dispêndio não contabilizado. A consequência é que o orçamento, quando planejado, não inclui previsão de recursos para as despesas de exercícios anteriores e restos a pagar, o que traz consequências nem percebidas pelos órgãos de controle sobre a ausência de recursos para promoção das políticas públicas.

Rezende e Cunha (2014), sobre as inscrições contábeis impróprias explicitadas, afirmam que despesas reconhecidas sem efetivo pagamento no mesmo exercício financeiro, além de rolar o orçamento e as dívidas para os exercícios seguintes, criando falsos superávits, prejudicam a transparência das contas públicas, impedem o controle efetivo dos seus resultados, distorcem a execução financeira, bem como inviabilizam a programação orçamentária e diminuem a qualidade do gasto público.

Com efeito, a execução de programas de orçamentos anteriores implica em violação do mandamento constitucional dos mínimos em saúde e educação, e causa prejuízos e crise de eficiência, efetividade e de eficácia, prejudicando a qualidade dos serviços públicos, consoante ensinam Feijó, Medeiros e Albuquerque (2008).

Desse modo, é relevante pontuar que a apuração da fiscalização – tribunais de contas e Ministério Público – deve se concentrar no mínimo constitucional aplicado nas ações de saúde, combatendo simulacros contábeis voltados à fiscalização de valores inscritos em restos a pagar e não contabilizados no exercício de referência com burla ao dever constitucional, com *status* de princípio constitucional sensível, como adiante se examinará.

Outrossim, um cuidado adicional implica em observar se a inscrição dos mencionados valores em restos a pagar não sofreu cancelamentos ulteriores, pois, se assim foi, devem ser descontados do cômputo constitucional. De certo modo, a redação do artigo 77, ao estabelecer que devem ser contabilizados valores empenhados, não os necessariamente pagos, redobra esse dever de vigilância.

Outrossim, é comum no plano federal – nos estados e municípios não é diverso – a inclusão de despesas que não deveriam compor o total de investimentos em saúde para a contabilização do mínimo nacional. É o caso, por exemplo, do Programa Bolsa Família (natureza assistencial), valores empregados em programas para a erradicação da pobreza que não representam ações típicas e ordinárias da saúde.

Em outro giro, a política pública de saúde, no orçamento público, deve ser observada, segundo Hernández, Crespo e Perulles (2004), em sua conceituação jurídica, ou seja, a prestação que pode ser oferecida a todo e qualquer cidadão. Confusões conceituais podem conferir caráter ainda mais amplo do que a própria Constituição já conferiu, o que acaba por inviabilizar a prestação coletivamente.

De acordo com ensinamentos de Schwartz (2001), a saúde é, senão o primeiro, um dos principais componentes da vida, seja como pressuposto indispensável para a sua existência, seja como elemento agregado à sua qualidade. Assim, a saúde se conecta ao direito à vida, pois ambos estão ligados à dignidade da pessoa humana e vinculados aos direitos fundamentais.

Pensar orçamentariamente em saúde implica em suportar, com os recursos que se pode dispor, para a coletividade, programas sociais e econômicos que redundem em uma efetiva melhoria da qualidade de vida das pessoas; além disso, o Estado deve dimensionar seus investimentos a fim de que possa manter uma rede regionalizada capaz de oferecer um atendimento universal, igualitário, de caráter preventivo e curativo.

Contudo, infelizmente, o planejamento, na maior parte das vezes, é deficiente, prevendo um volume absurdo de recursos para o custeio da folha de pagamento, reservando escassos recursos para os investimentos necessários para fazer frente ao crescimento populacional com suas demandas por cirurgias eletivas e medicamentos.

Como é de fácil percepção, não se trata de poucos recursos quando em questão a política de saúde. O princípio da universalidade, fundado no artigo 196 da CF, garante o acesso a qualquer cidadão, independentemente da sua origem, e sem que para isso se possa exigir qualquer contraprestação.

Desse modo, para que os objetivos constitucionais pudessem ser atendidos, o Legislador Constituinte, artigo 198, concebeu um sistema único. Somente assim poderia ser possível um regramento, especificações claras e hierarquia, requisitos necessários para que as diretrizes básicas de descentralização, vigor na prevenção e participação da comunidade, fossem alcançadas.

Reclama-se, nessa quadra, um planejamento orçamentário eficiente do Poder Executivo e uma fiscalização efetiva do Legislativo, que, para isso, deve necessariamente valer-se do apoio das cortes de contas, sem olvidar a Defensoria e o Ministério Público.

Weichert (2004) afirma que a vida acontece realmente nos municípios, inobstante, os atendimentos de maior complexidade estão aos cuidados dos estados e da União. Sendo assim, exige-se que a direção geral e única funcione a contento e que todos os demais participantes dessa prestação cumpram com fidelidade as normas gerais aplicáveis a essa política pública.

No entanto, há falhas no tocante à descentralização; por exemplo, mesmo cabendo à União a direção nacional do sistema de saúde, parece faltar uma visão geral do país, ocasionando disfunções orçamentárias. No arco com centro em Palmas/TO, verifica-se que muitos cidadãos naturais dos estados do Pará e Maranhão se servem da rede tocantinense devido à proximidade de suas residências.

Esse fenômeno acaba por desequilibrar o sistema fundado na distribuição de recursos segundo o contingente populacional de cada localidade, tornando insuficiente o orçamento estadual.

É certo que os entes estatais e municipais não podem negar assistência, sobretudo em saúde, mas a falta de controle na aplicação orçamentária, associada a uma deficiente gestão do SUS, incapaz de identificar e corrigir o sistema quando desintegrado e desarmônico, acaba por gerar desperdício de recursos e fragilidades na prestação da saúde nas áreas mais desfavorecidas.

Outro importante fator de desagregação orçamentária em matéria de saúde passa pelo Poder Judiciário, tema que será aprofundado no capítulo subsequente, mas é importante antecipar que o conceito de integralidade, contido na Lei nº 8.008, de 1990, artigo 7, inciso II, deve ser interpretado com cautela ante a real possibilidade de assistência disfuncionada para um número indeterminado de outros usuários e também para a coletividade.

Impõe-se esclarecer que o argumento não defende a impossibilidade de assistência, por ordem judicial, em tratamentos mais onerosos. Não se trata disso, mas não se pode desconsiderar a existência de um número infindável de medidas, tratamentos e medicamentos alternativos dentro do planejamento do SUS. Em sendo assim, a lógica das decisões judiciais não pode apartar-se do senso de razoabilidade em face da evidente escassez de recursos e da premente necessidade geral.

Antes de se adentrar nas particularidades da realidade tocantinense sobre os dispêndios derivados de decisões judiciais, cumpre examinar os dados consolidados do Ministério da Saúde nos últimos anos. Ao que se pode perceber, a fim de se antecipar a reflexão mais minudente que virá no segundo capítulo desta pesquisa, a intervenção nessa função tem tido viés meramente reativo ao problema – resolve caso a caso –, que, como foi apresentado, possui profundas raízes orçamentárias, campo onde praticamente inexiste fiscalização.

Gráfico 9 – Valores gastos pelo Ministério da Saúde para cumprir decisões judiciais, de 2008 a 2015

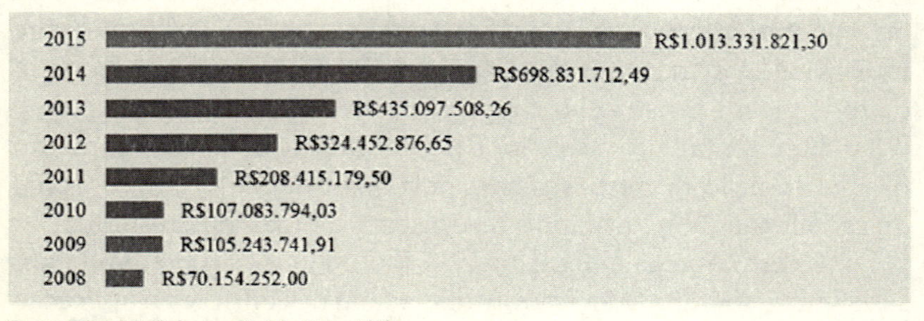

Fonte: DLOG/MS (peças 84, 91, 104 e 120).

Consoante dados do voto derivado de auditoria operacional realizada pelo TCU, Autos TC nº 009.253/2015-7 (p. 19), esses valores do gráfico acima se referem apenas aos gastos contabilizados pelo Ministério da Saúde atinentes ao cumprimento de decisões judiciais quando foi necessária a aquisição de medicamentos e insumos.

Nessa quadra, esses dados não abrangem, por exemplo, os casos em que o cumprimento da decisão ocorreu por meio de retirada de medicamento de programa já existente, em razão da sua pertinência à política de assistência farmacêutica, conforme peça 104 (p. 10) e entrevistas com gestores do Ministério da Saúde que compõem o mencionado feito.

Na quadra dos fármacos, o Ministério da Saúde publica uma lista[65] de medicamentos gratuitos para qualquer cidadão, ou seja, busca-se o atendimento da universalidade. Inobstante, quando a outorga da integralidade encontrar-se fora da mencionada lista, deverá haver muito rigor, somente podendo afastar-se o magistrado de sua observância em situações absolutamente excepcionais.

O primado da integralidade impõe que a decisão possa, em casos semelhantes, estender-se a todos. É relevante compreender que as limitações orçamentárias não são um problema apenas do gestor, são também do juiz. Não se pode conceber um direito individual ilimitado, ante a evidente incapacidade financeira do Estado. Outrossim, não se pode olvidar que outras políticas, *v.g.*, a educação, também possuem espaço constitucional e devem ser igualmente cumpridas.

Os parâmetros para a fiscalização devem estar intimamente ligados à lei. Ela oferecerá as balizas seguras para o desenvolvimento da atividade executiva e limites à atuação da fiscalização. Quando se trata dos limites constitucionais para aplicação em saúde e educação, a LCF nº 141 estabelece nos artigos 6º, 7º e 8º os parâmetros.

Para efeito do cálculo dos percentuais mínimos a serem designados à saúde, a lei veda o cômputo de algumas despesas, nos moldes do artigo 4º da Lei nº 141/2012, dentre elas gastos com merenda

---

[65] Ministério da Saúde. RENAME – Relação Nacional de Medicamentos Essenciais é a lista oficial instituída pela Portaria GM/MS nº 3.916, de 30 de outubro de 1998. Assim, o anexo, item 3.1, da referida portaria determina que "o Ministério da Saúde estabelecerá mecanismos que permitam a contínua atualização da Relação Nacional de Medicamentos Essenciais – RENAME, imprescindível instrumento de ação do SUS, na medida em que contempla um elenco de produtos necessários ao tratamento e controle da maioria das patologias prevalentes no País".

escolar, saneamento básico, limpeza urbana, planos de saúde para servidores públicos e preservação do meio ambiente e inativos.

Fundamental frisar que a lei, no artigo 2º, determina as diretrizes para fins de apuração da aplicação dos recursos mínimos; nesse sentido, orienta que serão consideradas como despesas com ações e serviços públicos de saúde aquelas voltadas para a promoção, proteção e recuperação da saúde que atendam, simultaneamente, aos princípios estatuídos no artigo 7° da Lei n° 8.080, de 19 de setembro de 1990, e aquelas voltadas às ações e serviços públicos de saúde de acesso universal, igualitário e gratuito, bem como as que estejam em conformidade com os objetivos e metas explicitados nos planos de saúde de cada ente da Federação e aquelas que sejam de responsabilidade específica do setor da saúde.

Ainda nessa direção, a Lei 141, no artigo 3º, assinala, pontualmente, o gasto próprio de saúde que deve compor a aplicação dos recursos mínimos. Outrossim, cumpre ressaltar o interesse da União na aplicação adequada dos recursos destinados à saúde ante a solidariedade decorrente do descumprimento das responsabilidades estaduais e municipais.

Nesse campo, revela-se que o próprio pacto federativo se vulnera quando leis nacionais ou a própria Constituição são inobservadas. Há na Constituição um sistema de controle de legitimidade, uma espécie de figurino que deve orientar os atos estaduais – são os princípios constitucionais sensíveis, artigo 34, VII c/c 36, III, da CF.

Diante desse contexto em discussão, concretiza-se o antecedente necessário de inobservância dos deveres constitucionais, nascendo, portanto, a possibilidade de ação de representação interventiva junto ao STF, conforme se demonstrará no último capítulo desta tese.

1.9.4 A função orçamentária saúde: o destino dos recursos

No plano estadual, para todos os exercícios, a aplicação nas ações e serviços de saúde será contemplada com 12%, no mínimo, da arrecadação dos impostos delineados no artigo 155, assim como das verbas derivadas do artigo 157, I, "a", e II, e do artigo 159, todos da Constituição Federal. Os recursos transferidos aos municípios, tal como explicado acima, devem ser deduzidos.

Nos municípios, o percentual a ser aplicado é de 15% dos impostos delineados no 156, bem como as receitas derivadas do artigo 158, inciso I, "b" do *caput* e, ainda, o §3º do artigo 159, todos do Texto Constitucional.

A fim de tornar concreta a exposição, cumpre examinar o julgado do Tribunal de Contas do Estado do Tocantins, constante dos Autos nº 3.597/2013, da prefeitura de Cachoerinha do Tocantins, contas consolidadas referentes ao exercício 2012.

O Parecer Prévio nº 85/2016/2ª Câmara, atinente à deliberação dos Autos nº 3.597/2013, foi no sentido de recomendar a rejeição das contas em razão da não aplicação do percentual mínimo de 15% nas ações e serviços públicos de saúde.

O relator do feito orienta o município a efetuar o adequado planejamento na elaboração da proposta da LOA, cujas disposições deverão refletir de forma mais adequada a realidade municipal, compatíveis com as perspectivas de arrecadação e aplicação de recursos públicos no exercício financeiro de sua respectiva execução.

No estado do Tocantins, existe um parâmetro mínimo de arrecadação no plano municipal fixado em 65% das receitas estimadas.[66] Entretanto, a realidade dos municípios acaba por compor esse percentual quase integralmente com as transferências recebidas. Praticamente, não há arrecadação de IPTU nem mesmo cadastro de dívida ativa e cobrança judicial; há, sem olvidar, que o mencionado tributo deve ser a principal fonte municipal, sobretudo porque essa é a espécie tributária capaz de alavancar as receitas próprias municipais.

A razão oficial apresentada para essa deficiência é a ausência de regularização imobiliária, ou seja, as pessoas têm a posse do bem, mas, como não têm a propriedade, não pagam o tributo, pois inexistente o fato gerador. Essa particularidade descrita é fundamental, sobretudo porque, ao se considerar a diminuição na receita corrente líquida, há importante implicação na base menor para a incidência do percentual constitucional.

---

[66] Instrução Normativa nº 02/2013/TCE/TO, com supedâneo no artigo 12 da LC nº 101/00 e no artigo 30 da Lei nº 4.320/64.

Em outro giro, insta consignar que tão grave quanto o dispêndio disfuncionado pela ausência de planejamento é a não arrecadação dos tributos que formam a base de cálculo para incidência dos percentuais constitucionais em saúde e educação.

Com efeito, a ausência de regularização imobiliária e a respectiva falta de inscrição na dívida ativa do município, para além da inaceitável dependência do município da transferência das receitas advindas do estado e da União, infringem o artigo 11 da Lei de Responsabilidade Fiscal e, nos termos do parágrafo único desse mesmo artigo, fica vedada a realização de transferências voluntárias para o ente que não arrecada seus tributos de competência constitucional. Tal conduta pode ensejar, inclusive, responsabilidade por improbidade administrativa, consoante artigo 10, X, da Lei nº 8.429/92.

A título de ilustração, cita-se a alínea "h" do Parecer Prévio nº 16/2018/2ª Câmara, Processo nº 4.728/2017, referente à Prestação de Contas Consolidadas 2016, da Prefeitura Municipal de Aragominas/TO.

Há, no referido processo, segundo decisão do Tribunal de Contas do Tocantins, a imposição administrativa de providências no sentido de dar efetividade à arrecadação, em especial dos impostos de competência do município, em consonância com o disposto nos artigos 11, 13 e 58 da LC nº 101/00, advertindo que a reincidência, caso seja apurada futuramente, poderá ensejar a suspensão das transferências voluntárias para o ente, tal qual estipula o parágrafo único do artigo 11 da Lei Complementar nº 101/2000 – Lei de Responsabilidade Fiscal –, tendo em vista que a arrecadação do IPTU e taxas ficou abaixo de 65%, conduta vedada segundo a IN nº 02/2013/TCE/TO, item 3.3, anexo I.

Ainda na quadra da arrecadação, cumpre o julgamento dos Autos nº 2.001/2011, atinente à Prestação de Contas de Ordenador de Despesas do exercício de 2010 da Prefeitura Municipal de Darcinópolis/TO, Acórdão nº 92/2015/2ª Câmara TCE/TO. No mencionado ente, as receitas tributárias atingiram 230,80% da prevista; contudo, não houve qualquer arrecadação da receita do Imposto Predial Territorial Urbano no período.

Essa conduta administrativa é absolutamente comum, ainda que em manifesta violação dos artigos 11, 13 e 58 da LC nº 101/00 e com reais possibilidades de ensejar a suspensão das transferências voluntárias para o ente, nos termos da Lei Complementar nº 101/2000 – Lei de Responsabilidade Fiscal.

Como se pode perceber, os valores mínimos para as políticas públicas de saúde dependerão da estimativa contida na Lei Orçamentária Anual, a qual poderá ser ajustada por créditos adicionais.[67] O artigo 23 da LCF nº 141, de 2012, serve ao propósito de corrigir distorções orçamentárias quadrimestralmente, sobretudo quando as receitas e despesas previstas na LOA não se concretizam na realização, impedindo a aplicação dos percentuais constitucionais mínimos obrigatórios.

Observa-se que a tarefa fiscalizatória atribuída ao Poder Legislativo e ao controle externo em sentido mais amplo – tribunais de contas, Ministério Público e Defensoria – não é simples, o que justifica, inclusive, a providência do Legislador Constituinte na criação de um órgão auxiliar capaz de tornar claras essas minúcias técnicas.

Necessário compreender que o orçamento não poderá ser aprovado sem que todas essas obrigações de fazer estatuídas em lei estejam contempladas, razão pela qual a presente pesquisa defende a participação compulsória, contudo auxiliar, das cortes de contas em apoio indispensável ao Legislativo por ocasião das deliberações sobre os projetos de leis orçamentárias.

No que atine ao conteúdo do percentual mínimo, cabe referenciar que somente poderão ser consideradas as despesas devidamente liquidadas e pagas no exercício, as que remanescerem como restos a pagar com a devida reserva de caixa, devidamente consolidadas no Fundo de Saúde.

Não desnecessário lembrar a dicção do artigo 36 da Lei Federal nº 4.320/64, o qual preceitua que restos a pagar são as despesas orçamentárias empenhadas no exercício e não pagas até 31 de dezembro do respectivo exercício financeiro, e que estas devem ser classificadas em restos a pagar processados quando as despesas já

---

[67] Artigo 40. São créditos adicionais, as autorizações de despesa não computadas ou insuficientemente dotadas na Lei de Orçamento. Artigo 41. Os créditos adicionais classificam-se em: I – suplementares, os destinados a reforço de dotação orçamentária; II – especiais, os destinados a despesas para as quais não haja dotação orçamentária específica; III – extraordinários, os destinados a despesas urgentes e imprevistas, em caso de guerra, comoção intestina ou calamidade pública (Lei nº 4.320/1964).

foram liquidadas, e em restos a pagar não processados, as despesas não liquidadas.

A legislação aplicável às ações e serviços de saúde é muito ampla. São muitas as disposições infraconstitucionais, tais como as leis orgânicas da saúde, Lei nº 8.080 e Lei nº 8.142, ambas de 1990, as quais dispõem sobre a organização, funcionamento e participação social na gestão do SUS, além das Normas Operacionais Básicas e as Normas Operacionais de Assistência à Saúde. Todos são instrumentos normativos de aplicação nos três planos da Federação e dizem respeito a método de gestão, definições de competência e financiamento do sistema.

Como é de se imaginar sem esforço, a aplicação de um sistema em um país de dimensões continentais como o Brasil, com notáveis desníveis regionais, sobretudo na saúde e na educação, exige um modelo rígido para que a descentralização dos recursos de fato se concretize em uma melhoria efetiva para a sociedade.

O desafio é tecer unidade na adesão aos princípios estatuídos, tais como a universalização, descentralização, integralidade, mas reconhecendo as diversidades operativas e o respeito às singularidades regionais. É nesse ambiente que as diretrizes para o sistema de financiamento devem abrigar-se, com estreita observância, nos critérios de alocação orçamentária equitativa dos recursos para saúde.

No entanto, a realidade da grande maioria dos municípios brasileiros impede que o gerenciamento da saúde local possa ser transferido. Os recursos para saúde são elevados, mas, ainda assim, se mostram insuficientes. Não existe ainda uma política legislativa que pondere a relação de custos e benefícios para aprovação de projetos de leis orçamentárias, o que acaba por se concretizar em superposições na distribuição de equipamentos e leitos e no desperdício dos recursos.

As informações sob a responsabilidade dos gestores locais escrituradas no Sistema de Informações Nacionais do SUS são imprecisas e, por vezes, incorretas. Nesse ambiente, é impossível aferir, com certeza, o grau de adequação na prestação da política pública, sobretudo na atenção básica. Em face disso é que a presente pesquisa não enxerga solução fora do ambiente do acoplamento institucional entre instâncias de controle.

Conforme se demonstra na leitura do conteúdo do voto condutor nos autos relativos à Prestação de Contas de Ordenador de Despesas, exercício 2015, Fundo Municipal de Saúde de Presidente Kennedy/TO, Processo nº 2828/2016, Acórdão nº 334/2018/TCE/TO/2ª Câmara, decidido em 5 de junho de 2018, a análise do Demonstrativo das Receitas e Despesas com Ações e Serviços Públicos de Saúde cruzada com os dados informados no Sistema de Informações sobre Orçamento Público em Saúde (SIOPS) aponta inconsistências nas informações contábeis alusivas aos recursos públicos destinados e aplicados na saúde.

Tabela 9 – Inconsistências Fundo Municipal de Saúde de Presidente Kennedy/TO

	Receitas e Despesas com Ações e Serviços Públicos de Saúde – SICAP	Sistema de Informações sobre Orçamento Público em Saúde – SIOPS	DIFERENÇA
Total de despesas com ações e serviços de saúde	R$1.164.253,28	R$1.136.032,35	R$28.220,93
Percentual de aplicação em ações e serviços públicos de saúde sobre a receita de impostos líquida e transferências constitucionais e legais	16,40%	16%	0,40%

Fonte: Processo nº 2828/2016, Acórdão nº 334/2018/TCE/TO/2ª Câmara.

No caso em exame, encontram-se receitas de "Transferência de Recursos do Sistema Único de Saúde" no Demonstrativo das Receitas e Despesas com Ações e Serviços Públicos de Saúde em dissonância com valores informados no Demonstrativo da Lei de Responsabilidade Fiscal, escriturados no SIOPS.

Há também valores registrados em fontes incorretas, o que compromete seriamente a verificação do histórico de depósitos em conta vinculada às ações e serviços de saúde. Em combate a essas impropriedades, o Tribunal de Contas busca aferir a classificação das fontes em observância à IN-TCE/TO nº 02/2007, que dispõe sobre a obrigatoriedade de utilização do plano de contas único e vinculação de recursos e finalidade por parte da administração direta e indireta municipal regida Lei Federal nº 4.320/64.

Desse modo, considerando que essas impropriedades acabam sempre por redundar em menores investimentos na função saúde, cumpre aos órgãos de controle, não somente aos tribunais de contas, ações conjuntas com vistas a verificar a aplicação dos recursos mínimos com serviços públicos de saúde e, inclusive, cruzando informações do SIOPS e SICAP através do Módulo Controle Externo, nos termos do artigo 25, parágrafo único c/c artigo 39, V, da Lei nº 141/2012.

O tópico que se seguirá almeja, após demonstrado um número representativo dos aspectos sintomáticos resultantes da ausência da fiscalização do controle externo sobre o orçamento, abrir espaço para o último tópico, o qual tratará da visão de controle segundo Alexy (2001). Contudo, antes de chegar a este ponto da pesquisa, cumpre realçar a importância constitucional das políticas públicas em saúde e educação, ambas protegidas por um princípio constitucional sensível.

1.9.5 Princípios constitucionais sensíveis: saúde e educação

Tal assertiva funda-se no fato de que todas as normas possuem como fundamento de validade o Texto Constitucional, pois, com efeito, o encadeamento que parte da Constituição se irradia para encontrar as demais normas, chegando às individuais, tais como as sentenças, negócios jurídicos, entre outras.

O ordenamento jurídico, na compreensão de Mendes (2012), deve ser observado como um todo unitário e sistemático e, examinando o artigo 34 da Constituição Federal, encontram-se princípios taxativamente enumerados que, uma vez violados, dão causa até mesmo à intervenção. Desnecessário realçar o alcance extremado de tal medida, mas que inequivocamente serve ao propósito da manutenção da integridade da base principiológica geradora da identidade jurídica da Federação, conforme Mendes e Branco (2012, p. 861).

Dentre tais princípios, encontram-se três que são especialmente ligados ao conteúdo da tese que ora se expõe. São os princípios constitucionais voltados à proteção dos direitos da pessoa humana, ao princípio da prestação de contas da Administração Pública e, por último, à aplicação do mínimo exigido da receita em saúde e educação.

Ao ensejo, verifica-se a estreita relação entre os tribunais de contas e os direitos fundamentais, consoante se pode observar no magistério de Mileski (2003),[68] em face de suas competências constitucionais representarem verdadeira proteção residual de tais direitos.

No tocante aos direitos da pessoa humana, cumpre realçar que entre estes estão também os direitos sociais (MORAES, 2008). Desse modo, o Estado Social de Direito deve promover melhorias na condição de vida das pessoas, com especial atenção aos hipossuficientes, para o atingimento da igualdade social.

Relevante perceber que as decisões judiciais envoltas na temática, *v.g.*, saúde, e resultantes de mandados de segurança individuais, em verdade, tencionam operar como proteção social contra eventuais prejuízos aos demais indivíduos. O Estado busca, por meio da solução judicante, antecipar ou corrigir disfunções (LEITE, 1972), ou seja, atendendo a necessidades individuais sociais do ser humano buscam-se efeitos irradiantes sobre toda a sociedade.

A Constituição Federal de 1988 aloca os direitos sociais no Capítulo II, do Título II, destinado aos Direitos e Garantias

---

[68] De igual modo posiciona-se Ricardo Lobo Torres, referindo-se que coube à doutrina germânica chamar a atenção para essa nova relação entre o Tribunal de Contas e os direitos fundamentais: "Ernst Rudolf Huber atribui inicialmente ao controle de contas (*Rechnungsprufung*) a característica de 'garantia institucional da Constituição', por se basear em três princípios jurídicos: a) legalidade, que vincula exclusivamente à lei; b) independência, que o separa do executivo; e c) ausência de lacuna, que proíbe espaços livres de controle". Logo a seguir, complementando a referência efetuada, o ilustre jurista menciona: "Posteriormente *os juristas alemães transferiram para o próprio Tribunal de Contas o atributo de garantia constitucional, ao observarem o crescimento de sua importância na função de defesa dos direitos fundamentais e no contexto dos poderes do Estado,* devido principalmente à independência de seus membros e à inexistência de vínculo de subordinação ao Legislativo e ao Executivo" (grifo nosso) (MILESKI, 2003).

Fundamentais. O artigo 6º determina como direitos sociais o direito a prestações em saúde, educação e outros. Por outro lado, o artigo 5º, §1º, assevera a aplicação imediata, pelo Estado, dos direitos fundamentais, ocasionando as demandas na justiça por estas obrigações de fazer.

Importa relembrar que a Declaração Universal dos Direitos Humanos, de 1948, e o Pacto Internacional sobre Direitos Econômicos, Sociais e Culturais, de 1966, já elevavam os direitos sociais ao nível de direitos humanos, com a devida vigência universal e com independência do reconhecimento nas constituições, visto que relacionados à pessoa humana.

No que atine aos direitos fundamentais, em comparação com os direitos humanos, como afirma Comparato (2003), o traço distintivo é, sobretudo, a previsão consagrada dos direitos fundamentais no Texto Constitucional. Trata-se da revelação da consciência jurídica nacional dentro de um contexto universal da mesma espécie, conforme descrito.

Em sendo assim, voltando aos princípios constitucionais sensíveis, não há como dissociar os direitos da pessoa humana do direito à vida, mais ainda, da aplicação do mínimo da receita resultante de impostos estaduais nas ações e serviços públicos de saúde, assim como na manutenção e desenvolvimento da educação (artigo 34, VII, "e", da CF).

Há evidente interdependência e indivisibilidade entre os direitos da pessoa humana e o exercício do controle externo, o que somente é garantido pela prestação de contas da Administração Pública, direta e indireta (artigo 34, VII, "d", da CF).

Ora, mas o artigo 71 da CF completa o raciocínio jurídico entre os princípios sensíveis na medida em que assegura à fiscalização, qualificada como contábil, financeira, operacional e patrimonial e com incidência na administração direta e indireta, sobretudo quanto à legalidade, legitimidade e economicidade.

Na quadra dos direitos fundamentais, é importante reafirmar que todos os órgãos estatais, seja por meio de poderes normativos, seja executando políticas públicas ou controlando tais políticas – administrativa ou judicialmente –, têm relevante incumbência na concretização de tais direitos.

Os direitos fundamentais, estreitamente interdependentes e vinculados aos princípios constitucionais sensíveis, tal como demostrado, são integrantes da identidade e da continuidade da Constituição (MENDES; BRANCO, 2012), considerando-se, por isso, ilegítimas até mesmo reformas constitucionais que tentem suprimi-los (artigo 60, §4º).

Uma vez demonstrado que os princípios constitucionais sensíveis geram a identidade jurídica da Federação – sugerindo um fechamento normativo, um único código lícito e ilícito – e que os direitos da pessoa humana, especialmente vinculados à saúde e educação, relacionam-se com a prestação de contas, igualmente princípio sensível, e, ainda, que tais princípios estão enraizados no sistema de controle externo, tecnicamente operacionalizado pelos tribunais de contas, cumpre ingressar no exame do orçamento público, autorizativo de todos os dispêndios aplicados nas prestações levadas a efeito pelo Estado, com destaque em saúde e educação.

1.10 O sistema de controle externo e as suas operações

Tal como referenciado no início deste capítulo, os sistemas organizam os seus espaços internos e buscam, com isso, configurações estáveis que possibilitarão as suas operações internas – é o que se convencionou chamar de "simbolicamente generalizados" (LUHMAN, 2002, p. 222). Com essa generalização, é mais seguro selecionar informações relevantes para o sistema e motivar suas reações diante delas, como, por exemplo, a discricionariedade administrativa orçamentária – poder político – e os comandos da Lei de Responsabilidade Fiscal.

Isso faz com que a complexidade do ambiente de planejamento e execução orçamentária seja menor do que a complexidade interna do sistema de controle externo levado a efeito pelos tribunais de contas. Neste sentido, já é possível sustentar que, quando a Administração Pública passa pelo crivo opinativo das cortes de contas, o fechamento operacional, tratado no início do capítulo, deve impedir que interferências externas contaminem politicamente o teor técnico do parecer prévio, objeto de estudo desta parte da pesquisa.

1.10.1 As contas consolidadas e o parecer prévio

O parecer prévio, elaborado pelos tribunais de contas, nos termos do que dispõe o artigo 71, inciso I, trata das contas dos mandatários do Executivo em todos os níveis da Federação, ou seja, do presidente da República ao prefeito da cidade mais remota. Deve haver simetria (artigo 75 da CF) na fiscalização incidente na União (plano federal), a cargo do TCU, e nos estados e municípios, TCEs ou TCMs.

As informações selecionadas para fiscalização do sistema de controle externo, para a elaboração do parecer prévio, são de natureza contábil, financeira, operacional e patrimonial e orçamentária (artigo 70 da CF). Cumpre relevar, que atine aos prefeitos, que a Constituição tratou da fiscalização destes entes no artigo 31, tema que será novamente abordado nesta tese no segundo capítulo, embora, para este momento, o mais relevante seja o §2º do mencionado artigo, por tratar da prevalência da opinião expedida pelos tribunais de contas por 2/3 do peso da opinião política no julgamento das contas dos prefeitos.

Celso Antônio Bandeira de Mello (2007) afirma tratar-se o parecer de manifestação opinativa de conteúdo técnico por um órgão consultivo. Contudo, os pareceres prévios possuem uma característica que os tornam especiais em face dos pareceres ordinários: é que, por ser prévio, reveste-se de uma carga de condição sem a qual o julgamento político feito pelo Legislativo não é possível – trata-se de análise técnica, *a priori*, indispensável.

A peça expedida pelo Tribunal de Contas é fonte de informação, originária de um órgão autônomo, em auxílio ao protagonista do controle externo, o Parlamento. Conforme se percebe, o sistema de controle é composto por dupla programação, ou seja, técnica e política.

As informações do ambiente de execução orçamentária notificam o sistema de controle por meio das informações encaminhadas pelo próprio Poder Executivo e pela validação feita por meio das auditorias e inspeções, que serão tratadas mais à frente. Com isso, o exame dos balanços, demonstrativos, e anexos previstos no artigo 101 da Lei nº 4.320/64, é possível o controle das ações governamentais.

Com efeito, o modelo de fiscalização consagrado na Constituição da República, de adoção obrigatória, termos do artigo 75 da CF, foi projeto para o fortalecimento da trama do tecido federativo, para preservação da isonomia entre os entes federados ante a própria Constituição e as leis nacionais, conforme será mais detidamente examinado ao final desta pesquisa.

Voltando à reflexão sobre o parecer prévio no plano municipal, o quórum para que o juízo político prevaleça sobre o juízo técnico, contido na peça opinativa, é de 2/3. Ora, a fração necessária para vencer a opinião técnica é superior à necessária, até mesmo para alterar uma norma constitucional, tamanho o peso atribuído pelo Constituinte nas suas ponderações.

Não se pode desconsiderar que, mesmo para rechaçar as compreensões contidas no parecer prévio, será necessário que a comissão estatuída pelo Parlamento municipal apresente motivos, justificações, para julgar em sentido contrário. Basta, para chegar a essa conclusão, observar o artigo 15 da legislação processual em vigor, o qual assevera que as suas disposições se aplicam na seara eleitoral ou administrativa, aplicando, assim, em qualquer das naturezas jurídicas, às decisões emanadas das câmaras de vereadores ao Parlamento Federal.

Desse modo, os julgamentos das contas consolidadas pelo Legislativo, nos termos do artigo 489 da legislação processual civil, devem conter seus fundamentos, aderindo ou afastando-se do parecer prévio encaminhado pelos TCs. Mas, para além disso, a decisão lavrada não poderá conter, como é comum, conceitos jurídicos indeterminados, desprezar argumentos deduzidos no processo, deixar de seguir precedentes firmados em decisões, ainda que políticas, em outras contas de gestão sob as mesmas circunstâncias essenciais, salvo com os devidos fundamentos.

Outrossim, as deliberações expressas no parecer prévio, sobretudo no campo municipal, em que pesem opinativas, possuem evidente caráter decisório. Veja-se, a natureza *sui generis* surge na forte parcela deliberativa, superior em 60%, considerando o próprio colégio natural de juízes, os vereadores. Dessa forma, resta superado o caráter meramente opinativo e ante a forte carga resolutiva.

Com efeito, ainda na fase de instrução, nos tribunais de contas, é amplamente conhecida a possibilidade de recursos administrativos dentro das próprias cortes de contas em face de pareceres prévios, o que, mais uma vez, revela um viés atípico na moldura do que se conhece ordinariamente como parecer, conceito já abordado acima pela doutrina.

Contudo, revelam-se, dentro do sistema de controle externo, cortes autorreferentes quanto à elaboração dos pareceres prévios. Tal comportamento somente é comum em sistemas não consolidados, desarranjados internamente, pois ainda não reuniram as habilidades necessárias para a organização das suas relações internas frente ao ambiente (LUHMAN, 2002).

A gravidade das disfunções no sistema de controle externo é que os sistemas não sobrevivem autonomamente, ou seja, se um sistema atua de forma desacertada, o ambiente dos outros sistemas também será afetado. Concretamente, se não existir uma generalização simbólica entre os tribunais de contas no contexto dos pareceres prévios, os processos comunicativos válidos do que é lícito ou ilícito passaram a atuar sem pressupostos, fazendo com que o sistema de justiça, por exemplo, não possa utilizar, ou utilize mal, as estruturas de funcionamento do controle externo.

Explicitando melhor, quando o mecanismo de acoplamento estrutural entre sistemas ocorre, um sistema utiliza os elementos do outro para operar os seus próprios processos comunicativos; assim, haverá relação intersistêmica quando a justiça eleitoral, ao julgar se um prefeito é ou não elegível, utilizar o parecer prévio para colocar o seu próprio processo comunicativo em funcionamento.

Toda a complexidade operacional ocorrida dentro do Tribunal de Contas, dentro do sistema de controle externo, será reproduzida dentro do sistema de justiça, ainda que mantidos o seu fechamento operacional e os seus processos cognitivos, o que é natural e desejável a fim de evitarmos o indevido sequestro de um sistema pelo outro.

Desse modo, a busca por padrões dentro dos sistemas é relevante, pois facilitam as interpretações na mesma medida em que possibilitam os acoplamentos estruturais.[69] Modelos universalizados de contabilidade pública, da mesma forma os precedentes administrativos e, até mesmo, a aplicação de sanções por violações a normas,[70] caso do julgamento dos ordenadores de despesas, facilitam a interconexão entre sistemas que partilham o mesmo ambiente de controle, como é o caso do sistema de justiça e de controle externo.

No que diz respeito ao conteúdo do parecer prévio, os achados na gestão podem ensejar uma recomendação pela rejeição ou aprovação das contas, conforme o índice de gravidade. O parâmetro de seleção e motivação dos mencionados achados, ou seja, capaz de representá-los como unidade, é a Lei de Responsabilidade Fiscal; nela estarão as regras e os valores básicos padronizados.

1.11 A gestão em sentido amplo

Conforme se observa, os aspectos orçamentários mais relevantes apreciados pelos tribunais de contas estão minudenciados nas contas anuais consolidadas.[71] Nesta prestação, o mandatário do

[69] Fala-se de acoplamentos estruturais quando um sistema supõe determinadas características de seu ambiente, nele confiando estruturalmente". [...] "As formas de acoplamento estrutural são, portanto, restritivas e assim facilitam a influência do ambiente sobre o sistema (LUHMANN, 2016). As transcrições servem para orientar a compreensão de que, se o ambiente modificado pelo parecer prévio não tiver sido transformado da forma adequada, o acoplamento estrutural será praticamente inutilizável como mecanismo para as tomada de decisão no sistema de justiça.

[70] No terceiro capítulo desta pesquisa, os precedentes administrativos e as sanções aplicadas nos tribunais de contas serão apresentados como importantes exemplos de canais de acoplamento estrutural. Cumpre esclarecer, outrossim, que as sanções administrativas referenciadas no texto estão fora do ambiente das contas consolidadas, no qual são expedidos os pareceres prévios.

[71] Trata-se da abordagem "[...] sistêmica da gestão de unidades que se relacionam em razão de hierarquia, função ou programa de governo, são organizados processos de contas consolidadas, que são os processos de contas ordinárias referente a tais conjuntos de unidades jurisdicionadas, submetidos ao Tribunal pelas unidades jurisdicionadas responsáveis pela coordenação hierárquica, supervisão funcional ou gerência de programa incluído no Plano Plurianual" (LIMA, 2018, p. 214).

Executivo,[72] em qualquer de seus níveis, apresenta o balanço geral do Estado, por gestão e poder, contempladas as demonstrações da Administração direita e indireta, relatórios gerenciais, os relatórios da LC nº 101/00, relatório da gestão orçamentária, financeira, patrimonial, fiscal, o relatório do órgão central de controle interno e outros.

Desde o início desta tese, buscou-se lograr o propósito demonstrativo do nível de abrangência dos exames realizados e sobre seus potenciais efeitos na consecução de políticas públicas essenciais, com especial destaque para saúde e educação.

A análise empreendida pela equipe multidisciplinar das cortes de contas parte dos documentos requisitados pelos conselheiros relatores e também do banco de dados do Sistema Integrado de Administração Financeira para Estados e Municípios (SIAFEM) e dos Portais da Transparência do Estado do Tocantins.

Cabe esclarecer que, além dos documentos requisitados e até mesmo das contas prestadas, outros critérios são utilizados. O Tribunal de Contas da União elabora um relatório preliminar que reflete as contas do governo da República. Nesse documento, procura-se examinar o produto interno bruto no país.[73]

O resultado primário[74] do setor público também é examinado sob o viés do comprometimento com o equilíbrio fiscal, com o equilíbrio das contas públicas refletido nos déficits ou superávits fiscais. Busca-se verificar se houve preocupação do governo com a estabilidade da razão entre a dívida pública e o PIB.

Para uma compreensão mais concreta da relevância dos dados macroeconômicos da economia brasileira levantados,[75] no ano de 2015 a dívida interna alcançou mais de 55% do PIB, o que torna o dado deveras preocupante ao considerar-se que, em 2013, era de

---

[72] Artigo 40. Compete privativamente ao Governador: VII – prestar, anualmente, à Assembleia, dentro de sessenta dias após a abertura da Sessão Legislativa, as contas referentes ao exercício anterior; [...]

[73] Uma definição sobre a finalidade de aferição do PIB.

[74] O resultado primário consiste no principal indicador de sustentabilidade da política fiscal do setor público, pois sua apuração permite avaliar se determinado governo tem a capacidade de gerar receitas em volume suficiente para pagar suas despesas correntes e de investimentos, sem recorrer a um aumento da dívida pública.

[75] TC-008.389-2016-0.

44% e, em 2016, já era de 56%, demonstrando uma ascendência vertiginosa da dívida.

Como é de amplo conhecimento, a queda do PIB implica em recessão, que, por sua vez, leva ao desemprego. Segundo dados do IBGE, a taxa média de desemprego no Brasil aumentou de 6,8% em 2014 para 8,5 em 2015 e, em 2018, em média, manteve-se em 12,4%, atingindo 13 milhões de pessoas.[76]

Necessário ressaltar que todos esses fatores, sucintamente referenciados, influenciarão com vigor nas contas públicas e implicarão em replanejamento orçamentário, no reescalonamento da priorização dos dispêndios públicos e nos critérios de fiscalização, segundo a Constituição Federal e demais leis parametrizadoras da atuação do controle externo.

O sistema orçamentário, previsto nos artigos 165 e 169 da Constituição Federal e composto do PPA, LDO e LOA, com finalidades já evidenciadas, impõe uma interligação capaz de garantir coerência na direção dos objetivos estratégicos governamentais.

Sem planejamento governamental, os recursos serão geridos com deficiência e não estarão compatibilizados com as ações e as disponibilidades de receitas necessárias ao bem-estar e aos interesses da sociedade.

Consoante será abordado no segundo capítulo, há decisões judiciais que desconsideram os parâmetros acima delineados, implicando nas mesmas consequências, em termos práticos. Desse modo, faz-se necessário o fechamento normativo – conforme se verá nos capítulos que seguem –, com uma codificação única de lícito e ilícito nas questões que envolvem gasto de recursos públicos.

Especificamente no que atine às políticas públicas na função saúde, cabe um exame revelador do alcance e concretude da atuação do Tribunal de Contas, segundo a codificação do sistema de controle externo, no que atine à fiscalização empreendida. Para isso, é relevante o exame de contas consolidadas do estado do Tocantins compiladas objetivamente nas tabelas que se seguem.

---

[76] Disponível em: https://agenciadenoticias.ibge.gov.br/agencia-sala-de-imprensa/2013-agencia-de noticias/releases/15274-pnad-continua-taxa-de-desocupacao-foi-de-9-0-no-quarto-trimestre-de-2015-e-media-do-ano-fecha-em-8-6.html e https://economia.uol.com.br/empregos-e-carreiras/noticias/redacao/2018/07/31/desemprego-pnad-ibge.htm. Acesso em: 21 ago. 2018.

Tabela 10 – Despesas com 19 hospitais – produtividade SAI e SIH[77]

Nº	Custeio (a)	Pessoal (b)	Total C = (a + b)	(d) Crescimento %	Produção apresentada SAI e SIH (quant. fis.) (e)	(f) Crescimento %	g = (d – f) diferença entre o percentual de crescimento das despesas com a produção
2010	189.196.521,15	242.297.265,18	431.493.786,33		2.401.055		
2011	146.414.710,27	328.452.517,52	474.867.227,79	10%	2.834.822	18,07%	-8,07
2012	265.335.542,22	408.813.461,69	674.149.003,91	42%	2.513.056	-11,35%	30,65
2013	301.531.068,95	644.279.475,58	945.810.544,53	40%	2.697.081	7,32%	32,68
2014	417.863.152,82	652.005.541,21	1.069.868.694,03	13%	3.099.864	14,93%	-1,93
2015	302.404.479,24	705.631.503,67	1.008.035.982,91	-6%	3.018.779	-2,62%	-3,38
Total	**1.622.745.474,55**	**2.981.479.764,85**	**4.604.225.239,50**		**16.564.657**		

Fonte: Valor executado (empenhado) x a produção ambulatorial e hospitalar nos 19 hospitais regionais – Secretaria Estadual de Saúde – SIAFEM – RELOC 2010-2015; DATASUS/MS – SAI E SIH produção apresentada – gasto X prod. hosp.

*Incluídas despesas com pessoal.

Da tabela, são possíveis algumas conclusões. A primeira diz respeito ao volume de investimento com pessoal (b). É clara a desproporcionalidade entre este investimento – pessoal – e o que se aplica em custeio (a).[78] Contudo, não é só. Ao observar-se a coluna (d), será possível perceber, com exceção de 2015, um aumento significativo dos aportes e que estes não corresponderão de forma regular, proporcional, ao aumento de produção de serviços.

Ora, o que se examina no ano de 2011, confrontado com os exercícios de 2012 e 2013, é que o crescimento do investimento de 10%, com o aumento de prestações em saúde de 18,07%, afasta-se muito, em matéria de efetividade, dos incrementos de aportes de 42% e 40%, com resultados em produção de -11,35% e 7,32%.

---

[77] Sistema de Informações Ambulatorial e Hospitalar do Sistema Único de Saúde – SUS (SAI e SIH).

[78] Conforme artigo 12, §1º, da Lei nº 4.320/1964, classificam-se como despesas de custeio as dotações para manutenção de serviços anteriormente criados, inclusive as destinadas a atender a obras de conservação e adaptação de bens imóveis. Acresce o artigo 2º, inciso II, da Portaria nº 448, de 13 de setembro de 2002, da Secretaria do Tesouro Nacional, do Ministério da Fazenda, que material de consumo é aquele que perde normalmente sua identidade física e/ou tem sua utilização limitada a dois anos. Vale lembrar que, pelo fato de a despesa com pessoal visar manter o funcionamento do serviço público e ser de duração continuada, ela está classificada como custeio, nos moldes da LRF, Lei nº 101/2000.

Os números revelam, no mínimo, um acentuado desnível de desempenho da gestão de um ano para o outro. Ainda na mesma quadra, cumpre um exame complementar. Verifique-se, na tabela abaixo, se o número de servidores é de fato fundamental para produtividade, sem olvidar a necessária ponderação com o volume de investimento.

Tabela 11 – Comparativo de despesas dos hospitais tocantinenses, produtividade e quantidade de servidores – 2015

Unidade hospitalar	Porte	Despesas	Produtividade	Quantidade de servidores
Hosp. Reg. Araguaçu	I	8.150.414,85	55.058	132
Hosp. Reg. Arapoema	I	9.953.541,01	37.549	112
Hosp. Reg. de Alvorada	I	4.513.010,36	55.783	68
Hosp. Reg. Arraias	I	12.157.578,48	86.553	176
Hosp. Geral de Pedro Afonso	I	13.490.642,81	103.517	156
Hosp. Reg. de Xambioá	I	11.897.241,30	23.804	150
Subtotal I		**60.162.428,81**	**362.264**	**794**
Hosp. Reg. de Augustinópolis	II	39.544.784,85	199.281	542
Hosp. Reg. Dianópolis	II	11.952.068,12	69.579	200
Hosp. Reg. Guaraí	II	20.008.398,99	116.536	240
Hosp. de Doenças Tropicais – HDT	II	20.267.072,55	125.568	272
Hosp. Mat. Inf. De Palmas	II	33.953.366,13	79.072	454
Hosp. Geral de Miracema	II	21.160.255,32	131.931	290
Hosp. Geral de Paraiso	II	35.890.635,88	162.698	473
Hosp. Reg. Porto Nacional	II	38.160.313,49	197.051	563
Hosp. Materno Inf. Tia Déde	II	20.252.979,37	95.369	306
Subtotal II		**241.189.874,70**	**1.177.085**	**3.340**
Hosp. Reg. de Araguaína	III	129.854.005,29	429.825	1.587
Hosp. Reg. Dona Regina	III	72.475.603,03	143.261	879
Hosp. Reg. Gurupi	III	63.686.436,72	178.552	854
Hosp. Geral Palmas	III	188.189.342,61	634.910	2.154
Subtotal III		**454.205.387,66**	**1.386.548**	**5.474**
Total Geral		**755.557.691,17**	**2.925.897**	**9.608**

Fonte: Secretaria Estadual de Saúde – gasto x prod. hosp. 2008-2015.

Conforme se pode observar, os hospitais estão segregados em blocos, descritos na coluna *porte*, segundo a complexidade dos atendimentos que realizam. Dentre os hospitais de porte,[79] cumpre eleger duas amostras, o Hospital Regional do Município de Arraias e o Hospital de Alvorada, os que dispõem de maior e menor efetivos.

A razão entre os 86.553 atendimentos pelo número de 176 servidores resulta em aproximadamente 492 atendimentos para cada servidor no município de Arraias. Já em Alvorada, a razão é de 820 atendimentos por servidor. No tocante ao montante investido, em Arraias o investimento foi de R$12.157.578,48; em Alvorada, de R$4.513.010,36.

No bloco de Porte II, as ponderações feitas se repetem, pois o Hospital de Paraíso do Tocantins teve uma despesa de R$35.890.635,88 (trinta e cinco milhões, oitocentos e noventa mil, seiscentos e trinta e cinco reais e oitenta e oito centavos), com uma produtividade de 131.931 procedimentos e 473 servidores, enquanto o Hospital de Guaraí, com 240 servidores, realizou 116.536 procedimentos, com uma despesa de R$20.008.398,99 (vinte milhões, oito mil, trezentos e noventa e oito reais e noventa e nove centavos).

Quanto aos hospitais de Porte III, constata-se uma diferença significativa entre o Hospital Regional de Gurupi, com gasto de R$63.686.436,72 (sessenta e três milhões, seiscentos e oitenta e seis mil, quatrocentos e trinta e seis reais e setenta e dois centavos), e o Hospital Dona Regina, com despesa de R$72.475.603,03 (setenta e dois milhões, quatrocentos e setenta e cinco mil, novecentos e três reais e três centavos), com produtividade e quantidade de servidores próximas.

É elementar perceber que o número de servidores ou o montante aplicado em hospitais que desenvolvem atendimentos

---

[79] Consoante Portaria nº 2.224, de 5 de dezembro de 2002, do Ministério da Saúde, artigo 1º, parágrafo único, artigo 3º e artigo 4º, a Classificação Hospitalar do Sistema Único de Saúde ordena-se em Hospital de Porte I (de 1 a 5 pontos), Hospital de Porte II (de 6 a 12 pontos), Hospital de Porte III (de 13 a 19 pontos) e Hospital de Porte IV (de 20 a 27 pontos). De acordo com suas características, os hospitais são agrupados em letras de "A" a "G" com tabela de pontuação por itens. Esses itens perpassam por total de leitos, quantitativo de leitos cadastrados em unidade(s) de terapias intensivas, tipos de UTI, quantitativo de serviços de alta complexidade existente, serviço de pronto atendimento nas 24 horas do dia com equipe presente, serviço de atendimento de gestão de alto risco cadastrado pelo Ministério da Saúde e quantitativo total de salas cirúrgicas existentes no hospital, de modo que o enquadramento no respectivo porte da classificação hospitalar é realizado pela Secretaria de Assistência à Saúde ao efetuar a efetiva análise da realidade da estrutura e dos serviços oferecidos em cada unidade do hospital, pois cada item tem pontuação própria, sendo que cada unidade pode atingir de 1 a 27 pontos totais.

com a mesma complexidade não é determinante, sendo razoável concluir que um padrão diferente de gestão dos recursos dever ser o elemento preponderante.

Para efetivar essa conclusão, cumpre o exame da tabela a seguir, na qual o fato preponderante é o valor do leito de cada hospital dividido em grupos de atuação por complexidade.

Mesmo com essas circunstâncias, que os diferenciam até mesmo dentro de um mesmo porte, apresenta-se o valor médio do custo de leitos em cada hospital.

Tabela 12 – Valor médio do custo de leitos em cada hospital

Unidade Hospitalar	Porte	Despesas	Qtd. leitos	Valor leito/ ano	Valor leito/ mês	Valor leito/ dia
Hosp. Reg. Araguaçu	I	8.150.414,85	26	313.477,49	26.123,12	870,77
Hosp. Reg. Arapoema	I	9.953.541,01	27	368.649,67	30.720,81	1.024,03
Hosp. Reg. de Alvorada	I	4.513.010,36	20	225.650,52	18.804,21	626,81
Hosp. Reg. Arraias	I	12.157.578,48	38	319.936,28	26.661,36	888,71
Hosp. Geral de Pedro Afonso	I	13.490.642,81	31	435.182,03	36.265,17	1.208,84
Hosp. Reg. de Xambioá	I	11.897.241,30	28	424.901,48	35.408,46	1.180,28
Subtotal I		**60.162.428,81**	**170**	**353.896,64**	**29.491,39**	**983,05**
Hosp. Reg. de Augustinópolis	II	39.544.784,85	93	425.212,74	35.434,40	1.181,15
Hosp. Reg. Dianópolis	II	11.952.068,12	39	306.463,29	25.538,61	851,29
Hosp. Reg. Guaraí	II	20.008.398,99	54	370.525,91	30.877,16	1.029,24
Hosp. de Doenças Tropicais – HDT	II	20.267.072,55	24	844.461,36	70.371,78	2.345,73
Hosp. Mat. Inf. De Palmas	II	33.953.366,13	32	1.061.042,69	88.420,22	2.947,34
Hosp. Geral de Miracema	II	21.160.255,32	68	311.180,23	25.931,69	864,39
Hosp. Geral de Paraíso	II	35.890.635,88	70	512.723,37	42.726,95	1.424,23
Hosp. Reg. Porto Nacional	II	38.160.313,49	76	502.109,39	41.842,45	1.394,75
Hosp. Materno Inf. Tia Dêde	II	20.252.979,37	50	405.059,59	33.754,97	1.125,17
Subtotal II		**241.189.874,70**	**506**	**476.659,83**	**39.721,65**	**1.324,06**
Hosp. Reg. de Araguaína	III	129.854.005,29	270	480.940,76	40.078,40	1.335,95
Hosp. Reg. Dona Regina	III	72.475.603,03	98	739.546,97	61.628,91	2.054,30
Hosp. Reg. Gurupi	III	63.686.436,72	93	684.800,39	57.066,70	1.902,22
Hosp. Geral Palmas	III	188.189.342,61	211	891.892,62	74.324,38	2.477,48
Sub total III		**454.205.387,66**	**672**	**675.900,87**	**56.325,07**	**1.877,50**
Total Geral		**755.557.691,17**	**1.348**	**560.502,74**	**46.708,56**	**1.556,95**

Fonte: Fundo Estadual de Saúde – custos hospitais – gastos 19 hops. 2015 SIAFEM.

De modo geral, o valor do leito/dia flutua entre R$2.947,34 (dois mil, novecentos e quarenta e sete reais e trinta e quatro centavos) e R$626,81 (seiscentos e vinte e um reais e oitenta e um centavo), considerando o porte hospitalar.

O custo médio dos hospitais de Porte I é de R$983,05 (novecentos e oitenta e três reais e cinco centavos); Porte II, de R$1.324,06 (um mil, trezentos e vinte e quatro reais e seis centavos); e Porte III, de R$1.556,95 (um mil, quinhentos e cinquenta e seis reais e noventa e cinco centavos).

Dentro da função saúde, destaque desta pesquisa, o que se verifica nas contas consolidadas do ano de 2015 é que mais de 64% dos recursos foram empregados em gastos com pessoal e encargos sociais. Apenas 34% contemplaram despesas com serviços médicos e medicamentos. Os investimentos ficaram com pouco mais de 1,2%.[80]

É razoável extrair dos dados que se faz necessária a instituição de um controle de custos mais eficiente nos hospitais sobre a qualidade do dispêndio. Dessa avaliação dos dados, conclui-se que as despesas nos hospitais, em face das diferenças entre os de mesmo porte, impõem uma avaliação conjunta do controle administrativo e judicial sobre a produção hospitalar.

É inegável que a solução na função saúde nem de longe poderá ser resolvida no contexto de demandas individuais. É necessário que os olhos se inclinem para os percentuais constitucionais nas políticas de saúde e educação.

Outrossim, não se desconsidera que diversas variáveis interferem nesses números, dentre eles a complexidade dos procedimentos realizados e a capacidade instalada de cada nosocômio; a qualificação da mão de obra existente em cada unidade; o acesso da população circunvizinha aos hospitais públicos estaduais; e a especialidade a que se destina um hospital referenciado, como é o caso do Hospital Dona Regina, que é referência maternoinfantil para todo o estado do Tocantins.

Todo o exame realizado até aqui fortalece a tese de que a crise de efetividade da gestão pública só pode representar também uma crise de efetividade da fiscalização.

---

80 Extraído dos autos de Prestação de Contas de Governo, ano 2015, Processo nº 4579/2016, Relatório Técnico. Fonte: www.transparencia.to.gov.br.

Parece bastante coerente que, se as aplicações evidenciadas fossem corrigidas nas alocações orçamentárias, autorizativas do dispêndio, haveria um inquestionável ganho de contentamento social. Mas se não é assim. Por qual razão as recomendações não assumem forma de correção nas leis orçamentárias de um exercício para o outro? A resposta parece estar na judicialização das decisões e medidas administrativas levadas a efeito pelas cortes de contas e revistas, sob outro código de lícito e ilícito no sistema Judiciário.

Conforme explicitado no início deste capítulo e com inspiração na teoria dos sistemas de Niklas Luhmann, o eixo central de normas parametrizantes do sistema de controle externo funda-se nos instrumentos de planejamento (PPA, LDO e LOA) e na Lei de Responsabilidade Fiscal, os quais trazem consigo inúmeros critérios que não poderão deixar de compor as razões que implicam em prestações públicas, sobretudo em saúde e educação, e a fiscalização externa correspondente.

Ao fim e ao cabo, decisões sem fundamento na LC nº 101, de 2002, que desconsideram o alicerce do planejamento da gestão fiscal, enfraquecerão os mecanismos de controle e de transparência, além de ampliarem impropriamente os limites para gastos públicos, desequilibrando as contas governamentais.

1.12 Instrumentos administrativos de controle externo e Judiciário

Conforme prenunciado, a atividade de planejamento para a execução das políticas públicas compartilhadas pelo Executivo e pelo Legislativo impõe minucioso exame da situação econômico-financeira do ente, além de uma fiscalização fundada em parâmetros financeiros, orçamentários, operacionais e patrimoniais convolados com os princípios da legalidade da economicidade e da eficiência.

Assim, é intuitivo afirmar que as leis orçamentárias representam os principais instrumentos de programação para todas as prestações estatais. Na Lei Orçamentária Anual, estão aglutinadas todas as receitas e despesas, e este é o instrumento autorizador de todo o dispêndio, em especial saúde e educação, políticas públicas que excepcionalmente gozam de percentuais reservados na receita corrente líquida[81] do ente.

Os tribunais de contas, na condição de meio técnico auxiliar na tarefa de fiscalização das políticas públicas, protagonizada constitucionalmente pelo Legislativo, devem opinar sobre a aceitação ou rejeição dos programas de governo convertidos em leis orçamentárias, sobre a autorização ou veto da implementação de novas receitas ou renúncias e, sobretudo, sobre a alocação de recursos em políticas públicas malsucedidas em exercícios anteriores e que foram alvo de recomendações no exame das contas consolidadas nos pareceres prévios emitidos pelos tribunais de contas.

Não se pode negar que o espectro de fiscalização do artigo 70 da CF, que atribui ao Legislativo a tarefa fiscalizadora da execução orçamentária e, especialmente, financeira, contábil e patrimonial, auxiliado pelas cortes de contas, tem impacto inegável sobre as políticas públicas em geral, com ênfase em saúde e educação, reitere-se.

Imperioso perceber que o controle é consectário lógico do regime democrático, considerando que o poder deve ser exercido única e exclusivamente em nome do povo. Assim, o papel das cortes de contas é garantir que os atos da administração, de fato, sejam praticados no fiel interesse da coletividade.

O deslinde coletivo das demandas na área dos direitos fundamentais é muito mais eficiente, visto que conferem macrojustiça e

---

[81] Lei nº 101/2000, de Responsabilidade Fiscal – "Artigo 2º Para os efeitos desta Lei Complementar, entende-se como: [...] IV – receita corrente líquida: somatório das receitas tributárias, de contribuições, patrimoniais, industriais, agropecuárias, de serviços, transferências correntes e outras receitas também correntes, deduzidos: a) na União, os valores transferidos aos Estados e Municípios por determinação constitucional ou legal, e as contribuições mencionadas na alínea a do inciso I e no inciso II do artigo 195, e no artigo 239 da Constituição; b) nos Estados, as parcelas entregues aos Municípios por determinação constitucional; c) na União, nos Estados e nos Municípios, a contribuição dos servidores para o custeio do seu sistema de previdência e assistência social e as receitas provenientes da compensação financeira citada no § 9º do artigo 201 da Constituição. § 1º Serão computados no cálculo da receita corrente líquida os valores pagos e recebidos em decorrência da Lei Complementar nº 87, de 13 de setembro de 1996, e do fundo previsto pelo artigo 60 do Ato das Disposições Constitucionais Transitórias.§ 2º Não serão considerados na receita corrente líquida do Distrito Federal e dos Estados do Amapá e de Roraima os recursos recebidos da União para atendimento das despesas de que trata o inciso V do § 1º do artigo 19.§ 3º A receita corrente líquida será apurada somando-se as receitas arrecadadas no mês em referência e nos onze anteriores, excluídas as duplicidades".

combate generalizado às violações dos direitos do homem, princípio constitucional sensível.

Estão sujeitos à jurisdição dos tribunais de contas desde a União até o mais longínquo município brasileiro. De maneira ainda mais abrangente, estão sujeitos ao controle todos os que guardam, arrecadam, gerenciam ou administram bens e valores públicos, de onde se pode inferir os desejáveis efeitos irradiantes de uma fiscalização efetiva.

Tudo isso contribui para a fiscalização da execução orçamentária, a qual se volta à proteção da regularidade fiscal e ao objetivo de manutenção das contas públicas devidamente equilibradas e capazes de atender ao interesse coletivo com prestações efetivas, eficientes e eficazes.

Associado aos argumentos postos, agrega-se à Lei de Responsabilidade Fiscal, depois da Constituição, o principal código de licitude do controle externo, revelando-se em verdadeiro manual de boas práticas de gestão, considerando que delimita o endividamento, regulamenta os gastos com pessoal, além de regras que mitigam a eventual ação irresponsável de gestores em fim de mandato.

Impõe-se observar que todas as atividades de ação estatal estarão submetidas ao controle administrativo, o qual é inicialmente investigativo, ou seja, acontece nas auditorias de regularidades, operacionais, contábeis e outras. Neste momento, os demonstrativos previstos na Lei de Responsabilidade Fiscal são cruzados e, desse exame, exsurge um relatório técnico sobre a legalidade, legitimidade e economicidade dos atos de gestão.

Na segunda fase, com fundamento dos resultados das auditorias referenciadas, as contas prestadas ou tomadas[82] podem ser

---

[82] Consoante a Lei Orgânica do Tribunal de Contas do Estado do Tocantins – Lei nº 1.284/2001, artigo 74, inciso II: "[...] tomada de contas (é), a ação desempenhada pelo órgão competente para apurar a responsabilidade de pessoa física, órgão ou entidade que deixarem de prestar contas e das que derem causa a perda, extravio ou outra irregularidade de que resulte, ou possa resultar, dano ao erário, devidamente quantificado". Em relação à Tomada de Contas, é mister destacar o artigo 189 do Regimento Interno do Tribunal de Contas da União, o qual estatui que "[...] as contas dos administradores e responsáveis a que se refere o artigo anterior serão submetidas a julgamento do Tribunal, sob forma de tomada ou prestação de contas, que poderão ser ordinárias, extraordinárias ou especiais". De igual modo, complementa o artigo 194 do mesmo normativo que "[...] os processos de tomada ou prestação de contas ordinária conterão os elementos e demonstrativos

classificadas como irregulares.[83] Instala-se, neste caso, um procedimento judicial e contencioso que pode culminar com responsabilização do jurisdicionado por meio de sanções pecuniárias ou da constituição em débito, gerando, desse modo, o dever de indenizar o ente lesado.

Relevante esclarecer nos juízos sobre a regularidade, regularidade com ressalvas ou pela irregularidade das contas, que qualquer decisão judicial que reforme esses acórdãos estará, em verdade, invadindo a faixa discricionária atribuída constitucionalmente aos tribunais de contas nas matérias orçamentária, financeira, operacional e contábil. Isso se dá pelos meios que somente as cortes de contas possuem, no aparelho de controle da República, para esse tipo de fiscalização.

Desse modo, a categorização das contas nas três espécies aludidas encontra-se inscrita na moldura de conveniência e oportunidade atribuída ao Colégio de Contas, sendo apta e suficiente em face da conjugação do princípio constitucional sensível da prestação de contas (artigo 34, inciso VII, alínea "d", da CF), com os dispositivos

especificados em ato normativo, que evidenciem a boa e regular aplicação dos recursos públicos e, ainda, a observância aos dispositivos legais e regulamentares aplicáveis".

[83] Quanto às espécies de decisões, vale destacar o que menciona o TCU em sua Lei Orgânica: "Artigo 10. A decisão em processo de tomada ou prestação de contas pode ser preliminar, definitiva ou terminativa. § 1º Preliminar é a decisão pela qual o Relator ou o Tribunal, antes de pronunciar-se quanto ao mérito das contas, resolve sobrestar o julgamento, ordenar a citação ou a audiência dos responsáveis ou, ainda, determinar outras diligências necessárias ao saneamento do processo. § 2º Definitiva é a decisão pela qual o Tribunal julga as contas regulares, regulares com ressalva, ou irregulares. § 3º Terminativa é a decisão pela qual o Tribunal ordena o trancamento das contas que forem consideradas iliquidáveis, nos termos dos artigos 20 e 21 desta Lei". O artigo 16 do mesmo normativo prevê que "[...] as contas serão julgadas: I – regulares, quando expressarem, de forma clara e objetiva, a exatidão dos demonstrativos contábeis, a legalidade, a legitimidade e a economicidade dos atos de gestão do responsável; II – regulares com ressalva, quando evidenciarem impropriedade ou qualquer outra falta de natureza formal de que não resulte dano ao Erário; III – irregulares, quando comprovada qualquer das seguintes ocorrências: a) omissão no dever de prestar contas; b) prática de ato de gestão ilegal, ilegítimo, antieconômico, ou infração à norma legal ou regulamentar de natureza contábil, financeira, orçamentária, operacional ou patrimonial; c) dano ao Erário decorrente de ato de gestão ilegítimo ao antieconômico; d) desfalque ou desvio de dinheiros, bens ou valores públicos. § 1º O Tribunal poderá julgar irregulares as contas no caso de reincidência no descumprimento de determinação de que o responsável tenha tido ciência, feita em processo de tomada ou prestarão de contas. § 2º Nas hipóteses do inciso III, alíneas c e d deste artigo, o Tribunal, ao julgar irregulares as contas, fixará a responsabilidade solidária: a) do agente público que praticou o ato irregular, e b) do terceiro que, como contratante ou parte interessada na prática do mesmo ato, de qualquer modo haja concorrido para o cometimento do dano apurado". De igual modo, o Tribunal de Contas do Estado do Tocantins prevê em sua Lei Orgânica (Lei nº 1.284/2001), no artigo 79 e respectivos parágrafos c/c artigo 85 e seguintes.

que fixam a atribuição dos tribunais de contas (artigo 70 e seguintes da CF), tal como já abordado.

Cumpre reiterar que a presente tese não se propõe, de forma alguma, a negar vigência ao princípio constitucional da inafastabilidade da tutela jurisdicional. Diversamente do que uma leitura apressada pode supor, o verdadeiro intento é a preservação do devido processo legal, seja na quadra administrativa ou judicial.

Nos casos em que a aplicação de sanções se impõe, em face das deliberações administrativas e das diligências reduzidas a termo no processo, é quase certo que, após o percurso administrativo, virá o judicial. Cintra e outros (2001) lecionam que o conjunto de garantias constitucionais deve, de um lado, assegurar o exercício das faculdades e poderes processuais, mas, do outro, não pode representar óbice ao exercício da jurisdição, o que com muita frequência ocorre em decisões judiciais, tal como se verá no segundo capítulo desta tese.

É certo que os dissensos entre a jurisdição administrativa e judicial não contemplam, via de regra, proteção judicante contra abusos no curso processual contra direitos e garantias.[84] Não se trata disso. É mais razoável hipotetizar que tal fenômeno ocorre em face do emprego de codificações de linguagem diversos, tema que será abordado no terceiro capítulo.

Contudo, é necessário, para a reforma judicial de feitos processados nas cortes de contas, que o *quantum* da sanção não esteja lastreado em um relevante administrativo comprovadamente existente e que se encontre desprovido de fundamentação para penalidade aplicada.

[84] Importa evidenciar o voto dos autos processados no STF atinente ao MS 24.268, Rel. Min. Ellen Gracie, red. p/ o ac. Min. Gilmar Mendes, P, j. 5-2- 2004, *DJ* de 17-9-2004, que salienta a incidência da garantia do contraditório e ampla defesa no processo administrativo. De igual forma merece notoriedade pela clareza o voto condutor do MS 27.422 AgR, voto do rel. min. Celso de Mello, 2ª T, j. 14-4-2015, *DJE* 86 de 11-5-2015 em que o relator enfatiza: "[...] tenho para mim, na linha de decisões que proferi nesta Suprema Corte, que se impõe reconhecer, mesmo em se tratando de procedimento administrativo, que ninguém pode ser privado de sua liberdade, de seus bens ou de seus direitos sem o devido processo legal, notadamente naqueles casos em que se estabelece uma relação de polaridade conflitante entre o Estado, de um lado, e o indivíduo, de outro. Cumpre ter presente, bem por isso, na linha dessa orientação, que o Estado, em tema de restrição à esfera jurídica de qualquer cidadão, não pode exercer a sua autoridade de maneira abusiva ou arbitrária, desconsiderando, no exercício de sua atividade, o postulado da plenitude de defesa, pois – cabe enfatizar – o reconhecimento da legitimidade ético-jurídica de qualquer medida imposta pelo Poder Público, de que resultem consequências gravosas no plano dos direitos e garantias individuais, exige a fiel observância do princípio do devido processo legal (CF, artigo 5º, LV) [...]".

Não se pode olvidar que o prestígio da jurisdição administrativa é também imprescindível em face da Constituição e da eficácia do título executivo extrajudicial, o qual é fundamento para a reparação de prejuízos sofridos pelos entes estatais. Na função saúde, são comuns as imputações de débito[85] resultantes de falhas em licitações, irregularidade em reforma predial, problemas em construção civil, aquisição antieconômica de medicamentos, descumprimento de preço máximo em vendas ao setor público, concessão irregular de diárias, contratação irregular e despesas realizadas sem cobertura contratual. Todos são exemplos de demandas que, somados os prejuízos, debilitam, profundamente, as prestações públicas em saúde.

Na quadra da educação, não é diferente.[86] Destacam-se como pontos ensejadores de débitos nessa área contratação irregular, problemas licitatórios, irregularidades em reformas prediais, problemas na construção civil, ilícitos licitatórios, pagamento irregular de diárias, realização de despesa sem prévio empenho, contratação irregular de transporte – com intermediação, superfaturamento – e favorecimento em merenda escolar e material escolar.

Cumpre aclarar que a imputação de débito se dá em processo autônomo denominado Tomada de Contas Especial.[87] Tal processo tem vez quando o jurisdicionado dá causa a prejuízos e tornam-se necessárias a liquidação de valores desviados e a identificação dos responsáveis.

A Tomada de Contas Especial reveste-se de caráter de urgência e serve ao propósito de apurar fatos, identificar os responsáveis e quantificar prejuízos – artigo 74, inciso III, da Lei Orgânica do Tribunal de Contas do Tocantins e artigo 8º correspondente à Lei Orgânica do TCU.

---

[85] Autos nº 2.086/2012 TCE/TO apenso 6.475/2011, referentes à prestação de contas e auditoria de regularidade do Fundo Municipal de Saúde de Gurupi, 2.386/2011 apenso 11.903/2011 – Acórdão 681/2015, relativos, respectivamente, à prestação de contas de ordenador e Auditoria do Fundo Municipal de Araguaína.

[86] Autos nº 1.040/2010 TCE/TO – Acórdãos nº 317/2015 e 1.526/2011 – Acórdão nº 1.403/2015 – julgados pela Corte de Contas do Estado do Tocantins. Ambos os feitos se referem à Prestação de Contas de Ordenador de Despesas da Secretaria da Educação, sendo, respectivamente, concernentes aos exercícios de 2009 e 2010.

[87] Cf. MS nº 25.880/STF, relator, min. Eros Grau, delimitou que, item 2 da ementa, "a tomada de contas especial não consubstancia procedimento administrativo disciplinar. Tem como escopo a defesa da coisa pública, buscado ressarcimento do dano causado ao erário. Precedente MS nº. 24.961, relator Ministro Carlos Veloso".

Oportunamente, a Instrução Normativa (TCU) nº 71, de 28 de novembro de 2012, detalha e mapeia a Tomada de Contas Especial (TCE) e, em seu artigo 2º, conceitua como sendo um processo administrativo formal, com rito próprio, para perquirir responsabilidade por ocorrência de dano à Administração Pública Federal, com apuração de fatos, quantificação do dano, identificação dos responsáveis, tudo com o objetivo de obter o respectivo ressarcimento do dano. No Tribunal de Contas do Estado do Tocantins, a matéria tem detalhamento na Instrução Normativa – TCE – TO nº 14, de 10 de dezembro de 2003.

Silva Filho (1999) explica que a instauração das tomadas de contas especiais depende da constatação de prejuízos ou, ao menos, de indícios de danos ao erário. Contudo, esse processo voltado à reparação civil em favor do ente também ocorre nos casos em que as contas são tomadas porque o gestor não as prestou voluntariamente.

Fernandes (2003) defende que o princípio reinante e específico nos TCEs é o de proteção ao erário. Ademais, nos moldes dos artigos 3º e 4º da IN nº 71/2012/TCU,[88] a TCE é medida de *ultima ratio*; logo, sua instauração só deve ocorrer depois de tomadas todas as medidas administrativas para sanar o dano e, ainda assim, não tiver sido suficiente elisão.

Em que pese a celeridade inerente ao meio processual apontado, o TCE não poderá deixar de conter o relatório de gestão e do tomador de contas, com a devida descrição da irregularidade constatada, a individualização das condutas lesivas, constatação ou não da boa-fé, valor atualizado do débito e a indicação das medidas saneadoras aptas a corrigir as falhas encontradas.

Cumpre acrescentar que o texto da Lei nº 13.655/2018, artigos 20 e 21, determina a avaliação das circunstâncias práticas da decisão sobre o prisma consequencial. Propõe-se que o juiz ou conselheiro encarregado do exame do feito se coloque no lugar de quem decidiu. Trata-se de uma avaliação das circunstâncias práticas da decisão tomada pelo gestor público, conforme ensina Lima (2016).

---

[88] IN nº 71/2012/TCU – Artigo 4º "Esgotadas as medidas administrativas de que trata o artigo 3º desta Instrução Normativa sem a elisão do dano, a autoridade competente deve providenciar a imediata instauração de tomada de contas especial, mediante a autuação de processo específico, observado o disposto nesta norma".

Como se pode perceber, trata-se de apuração complexa, envolvendo toda a estrutura investigativa e de análise de dados cruzados, o que impõe, para que tenha a devida precisão, a qualquer juízo de desconstituição judicial estrutura equivalente em especialização, meios e dados, dos quais não dispõe a justiça e nem deve dispor, visto que os estamentos de controle não encontram finalidade em sobreposições.

Os argumentos lineados até aqui são fortes na compreensão da independência de instâncias, mas pretendem reafirmar a necessidade de comunicabilidade para que fatos com repercussão na esfera criminal, cível e administrativa não sofram desconstruções desprovidas de juízos equivalentes. Ao revés, defende-se o compartilhamento de informações e de meios para decisões mais justas e consentâneas com o Estado de Direito.[89]

Com o fim específico de comprovar uma inclinação de autorreferência[90] no sistema judicial, um exemplo antagônico do que ora se defende é o artigo 21, inciso II, da Lei de Improbidade Administrativa. Cumpre observar que, a pretexto da independência das instâncias, o dispositivo assevera que a aplicação de sanções na moldura da Lei de Improbidade independe da aprovação ou rejeição das contas pelos tribunais de contas.

Ora, os juízos exarados pelas cortes de contas são técnicos e fundados em dados e análises especializadas, como pode ser possível desconsiderá-los sem impugnação técnica equivalente?

Na mesma linha, o Recurso Especial nº 1.032.732-CE assevera expressamente que "[...] a atividade do Tribunal de Contas da União, denominada de Controle Externo, que auxilia o Congresso Nacional

---

[89] "A comunicabilidade de instâncias ou interdependência dos juízos administrativo e penal é da mais alta importância, devendo, entretanto, entender-se em seus justos termos." Ainda adita o autor que "[...] o pronunciamento de autoridade do Estado, quer do Poder Executivo, quer do Poder Judiciário, deveria ser, de preferência, uniforme, para que a diversidade de decisões não concorresse para o desprestígio de um dos Poderes e, em última análise, do próprio Estado". Repercussão da sentença penal na esfera administrativa (CRETELLA JÚNIOR, [s.d.], p. 140).

[90] O conceito de autoreferência designa a unidade do sistema consigo mesmo (LUHMANN, N. Sistemas sociales: lineamentos para una teoría general. Rudí (Barcelona): Anthropos; México Universidade Iberoamericana: Santafé de Bogotá: CEJA, Pontificia Universidad Javeriana, 1998a, p. 55). Acresce o autor que "[...] os sistemas se constituem e se mantém mediante a criação e conservação da diferença com o entorno e utilizam seus limites para regular tal diferença. Sem diferença com relação ao entorno não haveria autorreferência" (1998a, p. 40).

na fiscalização contábil, financeira, orçamentária, operacional e patrimonial da União e das entidades da administração direta e indireta, quanto à legalidade, legitimidade, economicidade, aplicação das subvenções e renúncias de receitas, é revestida de caráter opinativo, razão pela qual não vincula a atuação do sujeito ativo da ação civil de improbidade administrativa".

Cabe reconhecer, na quadra do julgado transcrito, que as decisões dos tribunais de contas não vinculam o Judiciário em suas deliberações, o que é evidente. No entanto, qualquer decisão judicial reformadora dos julgados administrativos das Cortes de Contas não estará fundamentada se não desconstituir os achados de auditoria provados técnica e documentalmente. Haverá o encargo da fundamentação estabelecido no primeiro capítulo desta tese como requisito de controlabilidade, tema que será mais profundamente abordado no próximo capítulo.

Desse modo, sobretudo no contexto das ações de improbidade administrativa, o Ministério Público tem o dever de promover uma análise crítica das irregularidades apontadas ou ressalvadas, necessariamente abordando na ação de improbidade o ponto de vista da Corte de Contas com seus fundamentos, ainda que discorde. Trata-se do dever de lealdade processual insculpido no NCPC/15, artigo 5º.

A ausência de capacidade postulatória dos tribunais de contas receberia um impulso de valor inestimável se o Ministério Público ou as defensorias passassem a promover demandas de interesse coletivo com fundamento em dados orçamentários tratados nas cortes de contas.

Um exemplo importante é o das leis orçamentárias dissonantes entre si, como o caso das leis de diretrizes orçamentárias incongruentes com a leis orçamentárias anuais ou, ainda, nos casos mais graves, em que não há previsão da devida aplicação dos percentuais constitucionais mínimos para as funções de saúde e educação, sem olvidar os comandos expedidos em leis nacionais, já explorados no primeiro capítulo.

Em todos esses casos há descumprimento deliberado de obrigações de fazer estatuídas legalmente. Demandas judiciais ou ajustamentos de condutas voltados para correção dessas disfunções contribuem enormemente para a correção de políticas públicas essenciais, como saúde e educação.

As instâncias de controle, mesmo que independentes, devem se comunicar a fim de que, em cada área, *v.g.*, administrativa, civil e criminal, providências sejam tomadas em um fechamento operativo que garanta a manutenção da expectativa em torno da norma, garantindo efetividade nessas políticas públicas.

Isso, porém, somente é possível se houver o devido acatamento, a partir da Constituição, de que os tribunais de contas promovem julgamentos objetivos, *v.g.*, matéria orçamentária, fiscal e contábil, e que nesses casos haverá competência especializada das cortes de contas, com o devido reconhecimento do trânsito em julgado administrativo, sem embargo, reitere-se, da independência entre as instâncias de controle – Judiciário e tribunais de contas –, mas com a obrigatória consideração judicial das razões e dados técnicos fundantes das decisões administrativas.

A objetividade dos julgados anteriormente referidos é reflexo, para além das leis orçamentárias, as quais são autorizativas do dispêndio público, da devida regularidade dos atos de gestão, ou seja, da aferição de adequação dos atos praticados com a codificação legal voltada a cada prestação administrativa. Especificamente neste campo, que vai do orçamento ao dispêndio, o juízo das cortes de contas é constitucionalmente mais qualificado.

Neste tópico, restou comprovado que os juízos expedidos nos julgamentos das cortes de contas são objetivos e sustentados por uma estrutura dirigida a questões financeiras, operacionais, patrimoniais e orçamentárias.

Também se almejou prenunciar – tema do segundo capítulo – que juízos desenvolvidos em sede de mandado de segurança, via naturalmente estreita, em que não se admitem dilações probatórias, não são o mais consentâneo com desconstruções profundas dos levantamentos fundados tecnicamente, sobretudo quando em jogo título executivo extrajudicial previsto constitucionalmente para o ressarcimento ao erário.

CAPÍTULO 2

NECESSÁRIA INTERAÇÃO DAS FUNÇÕES DE ESTADO PARA INTERFERÊNCIA QUALIFICADA NAS POLÍTICAS PÚBLICAS

Cediço que hodiernamente é exagerado o número de demandas propostas perante a função judicante do Estado, cumpre perquirir as causas prováveis da falha no sistema, que deveria ser equilibrado. Nessa quadra, exsurge o exame do artigo 71 da CF, o qual estabelece que o protagonismo do controle externo das políticas públicas é da função legiferante.

No mesmo ambiente de ideias, também é assente, no seio da sociedade, a decepção moral com a representação política e, nesse espaço lacunoso de perspectivas, surge um terreno extremamente fértil para o radicalismo que traz a ruptura do tecido social.

Com estas considerações iniciais, cumpre enfatizar que é objeto de exame, nesta parte da pesquisa, a crescente interferência do Judiciário nas políticas públicas e a eventual usurpação de parcela decisória substancial de tarefas confiadas ao Executivo.

A insurgência tem como esteio o entendimento de que há violação do princípio que orienta a segregação das funções públicas, concebido por Montesquieu (2007) a fim de evitar a hipertrofia de um "poder" em face do outro, comprometendo a independência que pressupõe a não intromissão recíproca e, ao mesmo tempo, proporciona harmonia, interação e acoplamento sistêmico (LUHMANN, 2016).

É possível constatar, sem risco de compreensão equivocada da realidade, que é cada vez mais comum a busca pelo Judiciário na expectativa de um refúgio para o que se percebe como inaptidão para gerir os recursos públicos e os seus dispêndios. O senso comum reprova a gestão em todos os seus níveis. As pessoas percebem, no seu cotidiano, a necessidade, sobretudo no campo da saúde, de recorrer à função jurisdicional, pois preordenam a morte como certa se assim não o fizerem.

Então, cumpre perquirir, diante da eloquência do fato jurídico – interferência judicial –, sobre a razão que o leva a colidir, em certa medida, com o modelo constitucional pátrio. Sabe-se que, no Brasil, se conferiu a função de governo ao Executivo, o qual deve, de maneira fiel, por meio de seus decretos, instruções e regulamentos, cumprir as leis emanadas do Legislativo, as quais deveriam contentar, ao menos na porção do mínimo existencial (BARCELOS, 2002), os anseios do povo.

No entanto, mesmo cônscio de que remanesceu ao Judiciário uma porção residual na distribuição dos papéis constitucionais descritos, especificamente no controle das políticas públicas e na consecução dos direitos fundamentais, ou seja, de forma eventual, esporádica, de última barreira contra a violação desses direitos, não é o que se infere da realidade, ensejando uma oportuna reflexão sobre o funcionamento dos primeiros anteparos encarregados da contenção do desgoverno, o controle externo.

Com essas indagações em mente, inicia-se uma curta jornada buscando compreender o que são e como se formam as políticas públicas. Nesse intento, mostrar-se-á adequada uma abordagem geral e um breve sobrevoo sobre o caleidoscópio do exame orçamentário, com ênfase na Lei Orçamentária Anual, a mais concreta de todas.

Após, voltar-se-ão os olhos para os primeiros meios de contenção antes delineados, suas competências e as possíveis causas das disfunções ocasionadoras da torrente que faz desaguar no Judiciário um verdadeiro "mar de demandas", onde, em verdade, deveriam apenas "gotejar" questões pontuais de natureza específica.

É certo que, ante a multiplicidade dos questionamentos suscitados, será necessário, a fim de concatenar o raciocínio, colocar em evidência as aptidões das funções de governo e também das impeditivas do desgoverno,[91] o grau de interatividade entre essas

[91] Compreensão pedagógica exposta pelo Professor Carlos Ayres Britto em palestra proferida no centésimo aniversário do Tribunal de Contas da Bahia.

funções e a aptidão do sistema para geração dos efeitos ou realizações esperadas pela sociedade.

Com efeito, tais questionamentos possuem relevância na medida em que provocam reflexões voltadas à compreensão da dinâmica e da lógica na condução dos programas governamentais com seus inevitáveis reflexos na vida em sociedade e no que se convencionou chamar de dignidade da pessoa humana.

Para tanto, propõe-se a busca pelo equilíbrio entre valores e resultados, ou seja, na medida em que não se pode tolerar que o indivíduo fique desassistido, sem a resposta imediata que o Judiciário pode dar, também se deve colocar em marcha um esforço de correção para que o sistema de controle (interno e externo) consiga eliminar, no nascedouro, o maior volume possível de distorções de planejamento e de execução que acabam nas mãos dos juízes.

2.1 A judicialização do orçamento e a desmistificação de um dogma substancial

Parafraseando Dworkin (2010) e levando os direitos realmente a sério, é forçoso compreender que o poder, em qualquer de suas matizes, procura os vãos e sempre os preencherá ainda que não lhe seja reservado o mencionado espaço. Nacionalmente, as políticas públicas, na imensa maioria dos entes federados, são "construídas no caminho", ou seja, como reação aos problemas que vão ocorrendo. Para constatar a veracidade do argumento, basta lembrar dos índices de suplementação[92] autorizados nas leis orçamentárias dos diversos municípios brasileiros, que, em muitos casos, chegam a 100%.

Necessário sobrelevar, outrossim, que o presente estudo não pretende adotar postura refratária à ideia de complementariedade e de interdependência[93] entre as funções executiva e judicante, entre o

---

92 A Lei nº 4.320/64 permite que sejam abertas novas dotações para ajustar o orçamento e incluir autorização para despesas não computadas ou insuficientes dotadas na Lei Orçamentária Anual (FEIJÓ, Paulo Henrique. Entendendo a contabilidade orçamentária aplicada ao setor público. 1. ed. Brasília: Gestão Pública, 2015. p. 247).

93 Montesquieu condiciona a liberdade à separação entre as funções judicial, legislativa e executiva, criando a teoria da separação dos poderes e afirmando que a reunião de poderes permite o surgimento de leis tirânicas, igualmente exequíveis de forma tirânica (GRINOVER, Pellegrini, 2008).

sistema político e do direito, o que é natural nos Estados Nacionais (LUHMANN, 2002); ao revés, o que se busca é o necessário acoplamento das ações governamentais e o distanciamento do nocivo ativismo judicial.[94]

Cabe referenciar, no extremo oposto da realidade pátria, que a contraposição científica exige precisa identificação das necessidades sociais, além do exame minucioso das providências que se apresentam como saneadoras, bem como dos resultados práticos, é claro. Em termos diretos, a política pública eficaz não é reativa; é proativa, se antecipa e é planejada.

Como é de se inferir, as políticas públicas aplicadas em caráter não experimental exigem, para que sejam exequíveis e para que possam promover de maneira isonômica o "[...] desenvolvimento nacional [...]",[95] constante sopesamento dicotômico entre as necessidades e os meios disponíveis, o que se traduz em um ambiente de complexidade extremada, sobretudo considerando a tarefa de "[...] desenvolvimento nacional [...]",[96] que envolve as mais de 5.700 realidades municipais brasileiras.

Forçoso compreender e esperar que, ante o déficit de eficiência na consecução das ações de governo voltadas às necessidades básicas, as quais não são atendidas, sequer no nível mais elementar, ou seja, do mínimo existencial, impliquem nas judicializações das políticas públicas.

Cumpre sobrelevar que está no método, sede organizadora do raciocínio humano, a condução das ações de modo efetivo, sem desperdício de esforços ou de meios. Necessário se faz que instrumentos redutores de complexidades, como o orçamento público, sejam empregados em uma rígida sequência voltada ao atendimento das necessidades individuais e coletivas, como se estivessem tecendo uma trama forte apta a impedir o esgarçamento das estruturas sistêmicas e que, ao mesmo tempo, pudessem funcionar como repositório de ensinamentos para novas aplicações, classificadas por Luhmann (2002) como redundâncias.

---

[94] O exercício da jurisdição adjetivada como nociva é o que ignora a integração das políticas públicas consideradas de modo sistemático, não a integração da política ao direito, que é desejável e natural.

[95] CF, artigo 3º.

[96] CF, artigo 3º.

Tal instrumento apresenta-se como um modelo redutor de complexidades (LUHMANN, 2016) na medida em que amplia a sensibilidade à prevenção de erros e também realça os bons trabalhos já produzidos. Que não se olvide, nesse passo, a relevância que o método possui no ambiente massivo das demandas sociais, com um volume absurdo de informações entrelaçadas em uma trama na qual a redundância – reserva tratada de informações – mitigará a sobrecarga ao mesmo tempo em que trará o refinamento derivado, como dito, das distinções e definições redutoras de complexidade.

No que atine a tais instrumentos, é de se ressaltar que as leis orçamentárias exercem o papel dúplice de margem legal autorizativa e necessária para consecução das políticas públicas, além de representarem, por óbvio, inequívoco parâmetro para fiscalização a ser utilizado pelas estruturas de controle interno e externo. Em outros termos, as peças orçamentárias são aptas a reduzir complexidades desde que deixem de ser peças de *ficção*.

É certo que boa parte dos juízes não considera o exame orçamentário no arco das suas decisões sobre políticas públicas; inobstante, Ferraz Junior (1994) lembra que no:

> [...] Estado democrático de direito o Judiciário, como forma de expressão do poder estatal, deve estar alinhado com os escopos do próprio estado, não se podendo mais falar numa neutralização de sua atividade. Ao contrário, o Poder Judiciário encontra-se constitucionalmente vinculado à política estatal.

Para que não paire dúvida, Canela Junior (2011, p. 553) assevera que:

> Por política estatal – ou políticas públicas – entende-se o conjunto de atividades do Estado tendentes a seus fins, de acordo com metas a serem atingidas. Trata-se de um conjunto de normas (Poder Legislativo), atos (Poder Executivo) e decisões (poder Judiciário), que visam os fins primordiais do Estado.

No tocante ao controle exercido sobre as políticas públicas, é relevante a compreensão de Gonçalves Filho (1978) e outros de que a lesividade, por si, teria o condão de levar a anulabilidade do ato administrativo, ambiente que superava o vetusto entendimento de que a ilegalidade seria o único meio condutor para a anulação do ato. Tal compreensão, ainda que respaldada no artigo 5º, inciso LXXIII, da CF/88, talvez já não seja suficiente, pois é necessário que a fiscalização, tomando por base o planejamento acima delineado, considere, além da regularidade e da economicidade derivados dos atos administrativos, sobretudo, os resultados alcançados.

Não importa apenas saber, *v.g.*, se a licitação empreendida atendeu aos parâmetros legais e não foi antieconômica. É fundamental saber se a ação governamental foi realmente útil, se cada valor empregado em saúde concretamente tomou forma em contratações adjetivadas como satisfatórias, ou seja, com elevado índice de eficiência.[97]

Nessa quadra, é necessário reconhecer, desafortunadamente, que até mesmo as cortes de contas, em coro com o Judiciário e o Ministério Público, buscam mais a judicialização[98] da política pública (MACIEL; KOERNER, 2002 e CASTRO; PINTO, 2015), ou seja, a fiel observância do sentido jurídico com subordinação aos ditames codificados, do que a "judicialização da inefetividade", mais envolvida e voltada ao exame dos resultados para a sociedade.

É certo que um olhar mais concentrado nas causas do que nas consequências contraindicaria o senso geral, compartilhado até mesmo por expoentes como Dinamarco (2000, p. 434), de que a saída é abrir caminho para o escrutínio das políticas públicas pelo Poder Judiciário com a desmistificação do chamado "[...] dogma da substancial da incensurabilidade do ato administrativo [...]", redundando com isso no ingresso cada vez mais acentuado da função judicante no "exame do mérito administrativo".

No entanto, cumpre obtemperar que tal assertiva não é, e não será, a panaceia para os males causados pela ineficiência administrativa, pois, mesmo com a crescente enxurrada de demandas que inunda o Judiciário, o que se percebe é uma acentuada insatisfação social.

---

[97] Cabe referenciar que algumas cortes de contas, *v.g.*, TCE/RO, têm implementado índices de eficiência de gestão municipal e, dos 52 municípios do estado de Rondônia, houve adesão de 100%. Tal mecanismo visa permitir a sistematização de informações das municipalidades nas áreas de saúde, educação, planejamento, gestão fiscal e outras.

[98] Relevante observar que o tema em exame não se traduz na simples "[...] obrigação legal de que um determinado tema seja apreciado judicialmente" (MACIEL; KOERNER, 2002, p. 115).

Também não é raro encontrar mudanças de entendimento dentro do próprio Judiciário, ora indicando uma solução, ora caminhando na direção oposta (SOUZA, 2008), dando com isso sinais de que "definir atipicamente" políticas públicas pode comprometer todo o planejamento da função habitualmente executiva do Estado.

Não se pode desconsiderar, conforme assevera Marinoni (2010), que "[...] os procedimentos dirigidos a proteger direitos transindividuais exigem meios de execução diferenciados", como tais, não somente aptos a conferir efetividade ao direito fundamental, mas também a causar o menor prejuízo ou restrição possível ao Estado, réu nessas demandas.

Ainda na quadra das decisões judiciais em políticas públicas, é forçoso reconhecer que o juiz possui elevada carga de subjetividade, o que acaba por exigir, para que haja legitimidade na prestação jurisdicional, decisões controláveis (ALEXY, 2002), racionais (CHAYES, 1988), ou seja, é necessário demonstrar que esta seria a melhor a ser proferida diante da lei, da Constituição e das peculiaridades do caso concreto, tal como já visto.

Em outro giro, cumpre relevar que a metamorfose que veio do liberalismo, passou pelo Estado Social e chegou ao Estado Democrático (DALLARI, 2007) reclama para que os objetivos republicanos insculpidos no artigo 3º sejam atingidos, devidamente temperados com a prevalência dos direitos humanos (artigo 4º, inciso II, da CF), prestações indissociáveis da realidade social e das possibilidades orçamentárias representadas pelo que se convencionou chamar de reserva do possível.

Outrossim, não se pode olvidar que as constituições modernas já partem de ações positivadas, traduzidas em prestações do Estado[99] e que se contrapõem à mencionada reserva do possível, ou seja, a condição inicial que se designa como mínimo existencial, também tidas como condições mínimas de existência humana digna, devidamente posicionadas como direitos de segunda geração – econômicos, sociais e culturais –, que, por seu turno, devem

---

[99] Importante referenciar que uma das principais dificuldades na outorga de tais prestações é a determinação dos seus limites, ou seja, até onde a referida prestação é exigível.

concretizar prerrogativas que são individuais e a um só tempo coletivas, reclamando vultosos recursos públicos em um ambiente de aguda escassez.

Diante do que foi exposto, define-se o arco da crescente intervenção judicial nas políticas públicas como resultado do déficit de planejamento da função executiva e da fiscalização da função legislativa auxiliada pelas cortes de contas. Tal déficit passa e tem origem, inequivocamente, no insuficiente foco voltado à regularidade do dispêndio público em detrimento do exame da efetividade do emprego de tais recursos, ou seja, políticas públicas satisfatórias aos anseios sociais.

Outrossim, verifica-se que o orçamento público é completamente deixado de lado nas decisões judiciais, olvidando-se, com isso, o seu papel autorizativo e parametrizador do dispêndio público. Transmutar as leis orçamentárias da condição de "peças de ficção" para instrumentos reais de planejamento e execução de políticas públicas seria o real caminho para o combate da causa do problema em exame.

Como dito, a travessia da faixa nebulosa entre a reserva do possível e o mínimo existencial requer multidisciplinariedade técnica,[100] requer estreito acoplamento entre os organismos de controle e de execução de políticas públicas, requer, sobretudo, olhos voltados à efetividade. Sem isso, será ingenuidade inescusável (WAUTELET, 2000) representar que decisões judiciais conseguirão realizar as tão sonhadas e pródigas tutelas prometidas constitucionalmente, mesmo as que versem sobre direitos fundamentais.

Retomando a afirmação de que está no método a sede organizadora do raciocínio humano e considerando que as reduções de complexidades em políticas públicas dependem estreitamente do acoplamento estrutural entre os sistemas de justiça e de controle externo, tratado no primeiro capítulo desta tese, cumpre tratar de um recurso interpretativo da norma, de um recurso capaz de promover decodificações em contextos de concretude, como é o caso das leis orçamentárias, essencialmente leis de efeitos concretos. Trataremos da ciência legística.

---

[100] Cabe ao poder Judiciário investigar o fundamento de todos os atos estatais a partir dos objetivos fundamentais inseridos na Constituição (CANELA JÚNIOR, 2008, p. 17-19).

2.2 A unidade legística dos processos comunicativos[101]

A ciência jurídica, no esforço de aplicação dos regramentos aos casos concretos, há muito empenha os seus recursos no sentido da decodificação das normas por meio de recursos interpretativos. É relevante perceber que os estudos hermenêuticos se constituem em eficientes instrumentos de ação e de transformação política e social, revelando-se, assim, como o núcleo do problema jurídico na resolução de casos concretos.

O estudo da norma nasceu como uma alternativa capaz de oferecer métodos e técnicas para a concepção, avaliação, redação, sistematização e praticabilidade no exercício da governança (MORAIS, 2008). A ciência jurídica não poderia prescindir de mecanismos aptos a oferecer prognósticos consequenciais sobre atos legislativos a serem gerados, além de meios para a intensificação da sua qualidade, simplificação e eficiência, tendo em vista que se trata de uma ciência social aplicada à resolução de problemas comuns à comunidade, tal como proposto por Reale (2017) e Ferraz Junior (1994).

É relevante prenunciar que, após esta fase introdutória do tema "unidade legística orçamentária", a presente pesquisa concentrará o seu foco de análise em uma categoria legal específica, a que abriga as leis orçamentárias, pois tais espécies extravasam a moldura jurídica e atingem com bastante contundência as políticas públicas essenciais, reclamando assim o acoplamento estrutural[102] entre os sistemas de controle externo e de justiça.

Importa compreender que o sistema de controle externo, fundado na fiscalização contábil, financeira, orçamentária, operacional

---

[101] Luhmann propõe, no ambiente da teoria dos sistemas, que cada sistema desenvolve os seus próprios processos comunicativos internos; desse modo, o que vale dentro do sistema de controle externo não necessariamente valerá no sistema de justiça. Contudo, os sistemas são compostos de diversas áreas organizadas e, desse modo, com inspiração na mencionada teoria, compreende-se ser possível o desenvolvimento em áreas, dentro de cada um dos mencionados sistemas, de um meio simbolicamente generalizado fundado na legística.

[102] O acoplamento estrutural deve ser compreendido como a capacidade existente nos sistemas de utilizarem elementos existentes em outros sistemas a fim de que possam viabilizar suas próprias operações internas por meio de processos comunicativos, conforme se extrai da teoria dos sistemas sociais em Niklas Luhmann.

e patrimonial,[103] organiza-se segundo regras internas no esforço de ordenação e diminuição das complexidades existentes no ambiente das prestações públicas governamentais. Intenta-se, por meio de uma unidade legística aplicada ao orçamento público, abrir um canal estrutural com o sistema de justiça sem que isso represente deformações das suas identidades ou obstáculo ao desenvolvimento autônomo.

Pragmaticamente, a legística, como um dos eixos da ciência da legislação, pode oferecer técnicas eficientes na elaboração das leis orçamentárias. Isso deve se dar por meio da revisão das diretrizes orçamentárias na aplicação de recursos públicos, já detectados pelas aferições procedidas pelas cortes de contas, em prestações sem qualidade ou eficiência.

O objeto de estudo da legística, no plano consequencialista, não é limitado apenas à lei; abrange também todos os atos normativos com eficácia, sejam os produzidos pelo Poder Executivo para execução das leis, pelos tribunais de contas, em respostas às consultas formuladas, cingidos de efeito vinculante à Administração e, até mesmo, aos comandos expedidos pelo sistema de justiça, em substituição ao Executivo, com efeitos irradiantes nas políticas públicas de modo generalizado, causando a fragmentação orçamentária que corrói a efetividade orçamentária, uma vez que dispersa recursos escassos do erário.

Ainda nesta parte elucidativa sobre a aplicação da unidade legística ao orçamento público pelos sistemas de controle externo e de justiça, cabe esclarecer que o governo-legislador é, por excelência, o centro institucional indispensável para conversão dos projetos de leis orçamentárias em leis autorizativas de todo e qualquer dispêndio em políticas públicas para cada exercício.

Enfatize-se, nos termos do artigo 71 da CF, que o controle externo sobre as prestações públicas é protagonizado pelo Poder Legislativo, com o auxílio indeclinável dos tribunais de contas. Tal esclarecimento é relevante a fim de que reste claro que o sistema de controle externo é formado pela vontade política, radicada no Parlamento, mas que também possui um eixo diretor técnico,

---

[103] Artigo 70 da CF.

concretizado nas cortes de contas da União, dos estados e dos municípios, onde existem.

A ciência da legislação, da qual a legística é parte, é compartilhada por diversos campos do saber, como a própria ciência jurídica, a econômica, a política e a ciência política. Desse modo, o que se pode perceber é que as técnicas e métodos desse campo científico comportam a multidisciplinariedade que impregna a feitura do plano plurianual, da Lei de Diretrizes Orçamentária e da Lei Orçamentária Anual, além da própria fiscalização, que é de natureza contábil, financeira, patrimonial e orçamentária, conforme o artigo 70 do Texto Constitucional.

No campo formal, cumpre ao Parlamento, além da sua função tradicional de legislador, atuar como protagonista constitucional da fiscalização administrativa e, neste sentido, a adoção de normas orçamentárias capazes de acomodar os processos comunicativos simbolicamente generalizados nos sistemas de justiça e de controle externo, os quais necessitam se comunicar para que a fiscalização empreendida a partir de tais normas seja capaz de resultar em políticas públicas de melhor qualidade.

É relevante pontuar que as reflexões ora empreendidas não buscam subordinar o poder político de decisão sobre políticas públicas aos juristas e técnicos legislativos e orçamentários. Contudo, impõe-se admitir que o caráter multidisciplinar e heterogêneo necessário para projetar e fiscalizar tais leis reclama uma visão quase enciclopédica do legislador, o que milita contra a corrente de especialização reinante no mundo hodierno.

Paralelamente, dadas as competências constitucionais atribuídas aos tribunais de contas previstas nos artigos 70 e 71, I, da CF, muitas exteriores ao universo jurídico, no concernente às contas anuais consolidadas, é possível observar que, ao longo dos exercícios financeiros, foram sendo acumuladas informações em diversas áreas, que já permitem, imediatamente, ao menos um estudo de impacto retrospectivo sobre a repercussão das políticas públicas oferecidas à sociedade.

É possível avaliar os custos, vantagens e aplicabilidade de novos investimentos considerando o histórico de aplicação dos recursos públicos. Estes são fatores contribuintes para a tomada da decisão política com vistas à obtenção da qualidade e eficiência nas prestações públicas a partir de leis cientificamente formuladas.

A ciência da legislação, concebida na obra do suíço Peter Noll (1973), compreende a preparação e otimização do conteúdo legislativo a partir da técnica de sistematização e redação normativa voltada à qualidade e eficiência, cuja aplicação se direciona, na presente pesquisa, às leis orçamentárias.

Releva compreender a teorização com foco no estudo dos problemas impulsionantes da própria elaboração normativa orçamentária, adequando-se perfeitamente esse método à forma de planejamento focado em objetivos e na determinação de soluções que estarão, na fase de execução orçamentária, sujeitas a avaliações sucessivas pelo ângulo dinâmico das políticas públicas[104] de produção da própria norma.

A compreensão sobre a importância da legística na elaboração e execução orçamentária será corriqueiramente imprecisa caso não se parta da multidisciplinariedade necessária quando em questão o planejamento das despesas públicas. Isso porque o insucesso anglo-saxônico no emprego cindido da legística fez com que a avaliação econômica e financeira do impacto da lei fosse tratada em domínios estanques.

É parte do papel da legística ofertar respostas teóricas para problemas coletivos que podem ser resolvidos ou causados pela própria lei. A teoria geral da regulação (CANOTILHO, 1999) é orientada para práxis jurídica e direciona-se para a influência positiva na edição normativa, fazendo com que, por exemplo, o orçamento deixe de ser apenas uma peça com previsão de receitas e despesas para uma lei orientada para os planos governamentais e com os efetivos interesses da população (TROTABA, 1969).

O acompanhamento feito pelos tribunais de contas na apreciação das contas prestadas anualmente pelo presidente da República, pelo governador e prefeitos, concretizadas em um parecer prévio, passa pela avaliação do cumprimento das metas previstas no Plano Plurianual, nas diretrizes orçamentárias e no orçamento anual; além

---

[104] A política pública aqui referenciada é a que instrui a própria feitura de leis, ou seja, é uma política pública sobre elaboração normativa (CANOTILHO, 1999).

disso, acompanha a arrecadação das receitas mediante auditorias, inspeções ou de demonstrativos próprios.

Em uma visão pragmática e técnica da ciência da legislação, voltada como é ao impulsionamento das melhores condições para a produção de leis, é incontornável perceber que os dados colhidos nos tribunais de contas importam muito para a produção de leis orçamentárias eficazes e até mesmo mais claras quanto ao teor da própria lei, favorecendo com isso o estabelecimento de canais abertos cognitivamente com o próprio Judiciário nas oportunidades em que é chamado a decidir sobre políticas públicas.

As preocupações práticas geradas nos TCs pelo acompanhamento das políticas públicas ano após ano devem transferir-se em forma de análise empírica a ser convertida no processo legislativo; mas, para isso, é relevante perceber a legística não somente como uma técnica voltada ao propósito redacional de boas leis, embora isso também seja importante.

Outrossim, cabe acentuar que o déficit de eficiência nas políticas públicas possui nascedouro na incorreta alocação de recursos, desvelando-se, assim, a importância de leis orçamentárias dotadas de real eficácia e de aptidão para produção de efeitos na realidade social. Impõe-se a necessidade, sobretudo diante da escassez de recursos públicos, de planejamento orçamentário antecedido de construções científicas voltadas ao dispêndio público prioritário.

A produção legislativa e o controle dos tribunais de contas e do Judiciário devem observar as características dos órgãos da administração, seus métodos e procedimentos, para que haja adequação tática dentro das funções legislativa, de fiscalização e de execução. A efetividade das leis orçamentárias depende da problematização sobre os direitos fundamentais sob o crivo na razoabilidade e da adequação, *v.g.*, na avaliação do comprometimento das políticas públicas universais frente ao andamento das demandas individuais.

O presente excurso pretende apresentar a legística como uma ciência auxiliar, à disposição do Parlamento por meio do seu órgão de apoio técnico, o Tribunal de Contas. A relevância da proposta reside, sobretudo, no fato de que é quem melhor pode oferecer ao Parlamento análises cognitivas fundadas na realidade, como a utilização de critérios racionais de observação, hipotetização e comprovação de resultados em políticas públicas.

A teoria da argumentação em Robert Alexy assevera que somente será correto o que for discursivamente racional; há, portanto, identidade, segundo ensina, entre racionalidade e correção. A aludida teoria expõe que a racionalidade também será requisito para a universalização, ao passo que também rechaça a valoração incitada unicamente por convicções pessoais, sendo que esses parâmetros também podem ser utilizados tanto pela ciência do direito quanto pela legística, tendo em vista que esses critérios uniformizam os comandos jurídicos e explicitam a soberania popular expressa no processo legislativo.

O pesquisador da teoria da argumentação, citado acima, defende que somente pode ser objeto de justificação discursiva o que é racional, o que é concebido segundo regras de correção, ou seja, aquilo que é fundado segundo condições, critérios e regras claras para quem executa e fiscaliza. A legística encontra *locus* exatamente como técnica de racionalização dos padrões e até mesmo de elaboração desses instrumentos de planejamento essenciais para políticas públicas estruturantes, *v.g.*, saúde e educação.

É importante esclarecer que a legística não se apresenta como fonte de soluções únicas, mas como fonte de soluções racionais, objetivas e universalizáveis. O objetivo é que a tarefa legiferante exclua racionalmente a alocação de recursos em ações prestacionais malsucedidas em exercícios anteriores, descoladas, como se disse, da facticidade e, se não o fizer, que o controle possua parâmetros mais objetivos e seguros de atuação fiscalizatória e corretiva.

Acredita-se que a unidade legística deve ter emprego como instrumento útil à gestão pública como canal de acoplamento entre as funções de Estado, proporcionando intervenções mais qualificadas pelos sistemas de controle na função executiva.

Essa compreensão descrita no ambiente da retórica associada à legística possui muita relevância quando se trata de limitações orçamentárias. Acredita-se que decisões judiciais descoladas da realidade finita dos recursos públicos não são racionais, pois excessivamente ligadas a convicções morais pessoais e de universalização impraticável. Não é possível transportar todos os casos em que há urgência em UTIs aéreas, pois seria um comportamento administrativo insuportável do ponto de vista orçamentário.

A legística, assim como a argumentação jurídica, busca critérios de correção capazes de refutar fundamentações não racionais, aproximando-as de um ideal de facticidade. A fim de ir tornando mais concreto o que se pretende provar nesta fase da pesquisa, impõe-se observar que, em matéria orçamentária, a ampliação dos participantes do discurso é fundamental. Tem vez aqui o princípio da concreção explicitado por Habermas (1997).

Além da ampla participação, a racionalidade reclama predicados semelhantes para os mesmos objetos, ou seja, as parcelas do que compõe a receita corrente líquida, conceito jurídico relevante para as decisões administrativas de investimento, como saúde e educação, devem ser as mesmas. Trata-se de um método de integração do ordenamento que não pode se perder, dado o seu necessário caráter universalizante.

Também não se admite, no ambiente das decisões racionais, que existam contradições performativas, isto é, não podem subsistir, sob a ótica do discurso, assim como também para legística, assimetrias acentuadas entre os pontos de vista formal e material. Deve haver real pretensão de veracidade e inteligibilidade. Isso possibilitará aos juízes da fazenda pública a compreensão do significado das expressões quando estiver substituindo o Estado prestador em suas decisões sobre políticas públicas, sobretudo nas demandas de caráter individual.

Cabe acrescentar em reforço ao argumento que, mesmo provocado, em face da sua legitimidade, artigo 5º, §1º, da CF, o Judiciário não deve desconsiderar o planejamento orçamentário voltado ao atendimento dos problemas coletivos. A busca do controle, importando muito nesta quadra a unidade legística, deve ser pela alocação constitucionalmente adequada dos recursos públicos direcionada à promoção da responsabilidade fiscal como sustentáculo dos direitos fundamentais.

Nesse diapasão, a junção dos recortes dogmático, da teoria da argumentação jurídica,[105] e empírico, da legística material, proporciona,

---

[105] A teoria da argumentação afirma que o discurso jurídico se distingue, sobretudo, em face da sua submissão à lei, à dogmática e aos precedentes. No tocante aos precedentes administrativos, sobretudo os que se formam no ambiente das contas consolidadas nos tribunais de contas, a gestão encontra um ambiente menos aberto do que é discursivamente possível no âmbito das decisões adjetivadas como racionais, o que favorece a atuação dos sistemas de controle externo e de justiça.

com força instrumental e auxiliar, um encadeamento lógico-sistemático com efeitos ampliativos da compreensão do mosaico de aspectos nucleares que devem compor a formação da norma orçamentária (CANOTILHO, 1999, p. 426).

A norma orçamentária não é apenas positiva, mas é também objetiva, dado o seu elevado grau de concretude e tempo de vigência limitado. Mas, além do encadeamento lógico, que deve orientar as três leis orçamentárias (PPA, LDO e LOA), existem outras normas jurídicas presentes no ordenamento cuja integração se impõe nesse ambiente de tomada de decisões orçamentárias, *v.g.*, Lei de Responsabilidade Fiscal, a Lei nº 4.320/64, além das outras leis nacionais voltadas à saúde e à educação, instrumentos normativos da mais alta importância dentro do pacto federativo.

A ciência legística, voltada ao estudo conceptivo e produtivo, difere-se da ciência jurídica, embora refiram ao mesmo direito à aplicação de uma boa legislação, sobretudo em face da visão consequencialista que se ocupa dos efeitos da norma orçamentária, de forte caráter empírico e pluridisciplinar, na medida em que prioriza políticas públicas que vão da saúde à saia do aterro de uma rodovia que está para ser pavimentada.

Em outras palavras, a preocupação da legística é fundamentalmente com os problemas da vida coletiva e a influência das normas sobre ela, é sobre identificação de soluções que assegurem efetividade, validade e qualidade nas normas autorizativas dos gastos públicos.

2.2.1 A área de atuação da Legística na atualidade

A ciência da legislação compreende três ramos científicos: a teoria da lei, a teoria da decisão pública e a legística. Dentre estas, a legística assumira o núcleo central da investigação ora em desenvolvimento, embora com caráter instrumental em face das outras duas.

No que concerne à teoria da lei e da decisão, cumpre explicitar que a primeira representa um domínio do conhecimento com fortes notas do método dogmático e fortemente enraizado no direito constitucional e, por assim dizer, é ponto de partida no exame das políticas públicas. A ciência da decisão encontra fortes arrimos na ciência política e sociológica, importando reconhecer o enfoque de interesse nas condições subjetivas da decisão, é dizer, os perfis psicopolíticos do tomador de decisões.

A legística, no sentido consultivo, proposta em matéria orçamentária deve favorecer a interpenetração entre a escassez dos créditos orçamentários realizados e as necessidades públicas mais urgentes escalonadas de modo integrado e em ordem de prioridades. O que se busca alcançar é uma forma pragmática, simplificadora e semanticamente clara, ao mesmo tempo, ao sistema de justiça e de controle externo.

O pragmatismo acima mencionado deve ser compreendido nesta tese como um meio para a identificação das deformidades das normas orçamentárias a fim de que modelos e critérios possam ser engendrados para prevenção e eliminação de investimentos em políticas públicas malsucedidas ano após ano.

A legística material, a qual será minudenciada mais à frente, possui foco de interesse na realizabilidade, na efetividade da legislação. É dizer, funda-se, sobretudo, no processo de construção e escolha das políticas públicas por meio da formatação inteligível da legislação. Trata-se da regulamentação orçamentária projetada, fundada em índices de eficiência colhidos em exercícios anteriores diagnosticados pelos tribunais de contas, avaliados quanto aos seus impactos de contentamento social.

No que diz respeito à inteligibilidade que amplia o controle judicial ou externo, é importante a compreensão de Alexy quando traça o discrímen entre o discurso jurídico e o discurso prático geral, afirmando que o primeiro se submete à lei, à dogmática e aos precedentes, e o segundo confere acessibilidade aos textos legais. Essa delimitação é capaz de emoldurar os contornos da discricionariedade executiva e até mesmo legislativa diante do prevalente interesse público, tornando-se mais claro o que é discursivamente possível.

A unidade legística depende da institucionalização do discurso jurídico; para isso, o ordenamento jurídico necessita da organização de entendimentos que o estado de direito, sobretudo a Federação, pode conferir, inclusive no tocante à ampliação do círculo de interlocutores, do discurso, do objeto que se discute e sobre os aspectos espaciais/temporais, com máximo efeito considerando a vigência da Lei Orçamentária Anual.

Do ponto de vista prático, o objetivo final da lei é que o orçamento seja capaz, na perspectiva do emissor, do destinatário e do fiscal da execução da norma, de contentar, por meio de um processo científico, os anseios sociais mínimos em saúde e educação para a realização da dignidade da pessoa humana, recorte da presente tese.

Em outros termos, a partir da teorização das receitas e despesas, espera-se o afastamento dos voluntarismos incidentes, originários do Executivo, do Legislativo – caso das emendas de apropriação do primeiro capítulo – e do próprio controle judicial e externo quando extrapolam os limites decisórios necessários para o seu desencargo constitucional.

Importa destacar que a maior dificuldade na fiscalização empreendida pelo Judiciário, quando intervém em prestações públicas, até mesmo dos tribunais de contas, que, na estrutura da república, são especialistas na matéria, é a ausência da densificação normativa orçamentária. Explica-se: em boa parte, as alocações de recursos não restam justificadas, tornando o sistema normativo instável até mesmo do ponto de vista fiscal, ou seja, o equilíbrio entre receitas e despesas.

Nesse ambiente de incertezas e de insegurança jurídica para o emissor e para receptor da norma, existente na LOA, a qual autoriza concretamente todo o dispêndio público, é que atuam os tribunais de contas e o Poder Judiciário para assegurar as prestações de políticas públicas essenciais reclamadas pela sociedade.

É necessário que a produção legislativa orçamentária experimente uma nova metodologia propiciadora de planejamento estruturado nas recomendações[106] dos tribunais de contas, contidas no exame das contas consolidadas (artigo 71, inciso I, da CF) da gestão executiva e também nas decisões judiciais que dirimem coletivamente questões de relevância na matéria, sobretudo, da saúde pública.

Cabe referenciar, na quadra das recomendações expedidas pelos tribunais de contas, que, findo o exame da gestão orçamentária, financeira, fiscal e patrimonial do estado do Tocantins, relativo ao exercício de 2015, diversas dúvidas foram levantadas até mesmo

[106] As contas anuais consolidadas, prestadas pelos chefes do Executivo federal, estadual e municipal e encaminhadas aos tribunais de contas, apreciam sobretudo os aspectos financeiros, contábeis, patrimoniais, operacionais e orçamentários. Após, é expedido um parecer, denominado parecer prévio, no qual seguem as recomendações endereçadas ao Executivo e ao Parlamento para a devida correção dos achados administrativos e que serve como base para que as futuras peças orçamentárias corrijam os desvios contidos no diagnóstico.

sobre a consolidação de alguns órgãos e entidades do Executivo e os seus respectivos instrumentos de criação, o que é inadmissível em termos orçamentários, visto que seriam impossíveis os dispêndios no orçamento anual.

Divergências milionárias entre os valores fixados na LOA para reserva de contingência quando confrontados os números com os demonstrativos dos recursos por órgãos e fontes registrados no balanço orçamentário geral do Estado. Também foi alvo de recomendações do TCE para o exercício de 2015 a renúncia de receitas públicas não contabilizadas, nos termos que recomenda o Manual de Contabilidade Aplicada ao Setor Público; sobre isso, tampouco houve publicação no Portal da Transparência, em descumprimento ao artigo 37 da CF e artigos 11, 14 e 48-A da LRF.

Um acentuado valor em dívidas foi observado naquele exercício de 2015 sem que tenha havido a devida execução orçamentária. Os valores superaram R$1 bilhão, indicando evidente descompasso entre o que havia sido previsto nos instrumentos de planejamento e a efetiva necessidade na manutenção da estrutura administrativa, irradiando esses efeitos para o orçamento do exercício seguinte quanto ao alcance das metas.

No aspecto das políticas essenciais, ainda tratando sobre recomendações expedidas pelo órgão de controle no exercício de 2015, foram verificadas inclusões não permitidas na Lei Complementar nº 141/2012 no cálculo para a apuração do percentual mínimo de aplicação em ações e serviços públicos de saúde. Nesses cálculos, foram incluídos até mesmo restos a pagar inscritos sem disponibilidade financeira.

O déficit na concretização do direito à fundamentação das decisões, ainda que políticas, por exemplo, na função educação, fez com que não houvesse resposta para a não aplicação do percentual de 25% da receita dos impostos, compreendidas as provenientes de transferência na manutenção e desenvolvimento do ensino (artigo 212 da CF). No presente caso, já havia, até mesmo, recomendação do TCE, que alertava para a correta aplicação da Portaria MOG nº 42/1999 e determinava a devida correção.

No contexto da fiscalização levada a efeito pelo sistema de justiça em face do crescente número de demandas por prestações governamentais, a concepção das leis orçamentárias, sem os devidos critérios, gera profunda insegurança jurídica.

Ao decidir, os juízes da fazenda pública se deparam com efeitos incertos em todos os sentidos em que podem decidir, tornando a solução desse tipo de demanda social extremante cara e pouco exitosa em resultados, na medida em que, em não raras oportunidades, desarranja-se ainda mais o orçamento, que já possui um elevando déficit de planejamento, conforme ficou exemplificado acima.

É necessário que as decisões judiciais deixem de ser expressões da autoridade jurídica para obter ganho de acatamento, de eficiência e, acima de tudo, praticabilidade. Se as leis orçamentárias não forem bem elaboradas, não poderá haver coercitibilidade na sua aplicação, pois necessariamente uma coisa antecede a outra. Mas, para isso, se faz necessário o emprego unificado da legística pelos sistemas de controle a fim de que seja atingida a necessária qualidade normativa, o que somente será possível pela diagnose do quadro patológico no qual padecem as leis orçamentárias.

Na perspectiva de Alexy, o discurso jurídico possui duas formas de controle: a justificação interna e a externa. No campo da justificação interna, o exame concentra-se na relação que deve existir entre o que está posto na decisão, *v.g.*, de alocação de recursos públicos em determinada prestação de interesse público, e a sua correlação com os fundamentos do que fora decidido – é necessário que haja dedução lógica. Outrossim, impõe-se universalidade que somente pode ser obtida por meio do consenso fundado, via de regra, em experiências pretéritas, campo das recomendações feitas a cada exercício pelos tribunais de contas.

Nos casos em que o silogismo jurídico não ocorrer diretamente, fato cingido elementarmente na norma, haverá necessidade de ponderação do conteúdo valorativo das disposições jurídicas/orçamentárias. A justificação externa é justamente a correção das próprias premissas. É dizer, quando a argumentação social,[107] que se enquadra aqui como discurso prático geral, negar a subsunção do precisa do fato na norma, impõe-se uma robusta carga de razões, de fundamentos, para que aquela possa prosperar.

---

[107] Um tema nevrálgico para os tribunais de contas é o chamado controle social, que é exercido pela população de forma colaborativa e voluntária, privilegiando, dessa maneira, o próprio exercício da democracia e da cidadania.

A fiscalização exercida pelas cortes de contas, com suas auditorias, inspeções, tomadas de contas especiais, apreciação de contas consolidadas e julgamento das contas de ordenadores, possui forte argumentação empírica, necessária para a transposição da execução orçamentária com baixo índice de resultados sociais para dispêndios públicos prioritários e urgentes.

A metodologia empregada na justificação externa, ora proposta, é fundada nos cânones hermenêuticos de interpretação semântica, autêntica, teleológica, histórica, comparada e sistemática. Cumpre anotar que o discurso legal/orçamentário, por esse caminho, passa a possuir diversos pontos de ancoragem de controle externo e judicial, até então inexistentes, mas necessários para a justificação jurídica dos investimentos públicos contidos na LOA.

No primeiro capítulo desta tese, ficou evidenciada a curva ascendente das demandas judiciais, sobretudo na saúde. De exercício a exercício financeiro, crescem os bloqueios nas contas públicas para compra de medicamentos, para cirurgias eletivas, por transporte escolar, e a lista é infinita. Se não houver previsão orçamentária com base nesse histórico de decisões judiciais e administrativas dos tribunais de contas, a realidade não sofrerá alteração, já que todo o dispêndio público é empenhado no orçamento.

É relevante que as políticas públicas, nascidas que são das leis orçamentárias, estejam fundadas em modelos de solução testados historicamente em resultados de contentamento social medidos ano após ano, capazes de desonerar a carga de argumentação por meio da argumentação dogmática. Trata-se da aplicação objetiva do direito diante dos casos concretos semelhantes, das políticas públicas continuadas e dos resultados precedentes, capaz de universalizar a prestação e a fiscalização a um só tempo.

O Estado Democrático de Direito é fortemente favorecido pela consistência das decisões executivo-políticas na utilização do dinheiro público. A ampliação do campo do controle leva à legitimidade e legalidade. Importante ressaltar que não se trata de questionamento sobre a lei, mas da racionalidade da argumentação jurídica contida na norma orçamentária.

Embora seja verdadeira a assertiva de que as políticas públicas sofrem os efeitos do dinamismo das transformações sociais, o que seria um argumento forte na refutação de modelos sistematizados de controle por ausência de homologia factual, o argumento não se aplica ante a compreensão do verdadeiro objeto de estudo, a unidade legística alcançada por meio da interlocução argumentativa racional entre o Executivo, o Legislativo e os sistemas de controle judicial e externo.

O que se pode classificar como crise das leis orçamentárias produz um padrão protótipo de leis mal pensadas, com elevados riscos potenciais e efetivos quanto à praticabilidade administrativa que perde sistematicidade de planejamento. O desenvolvimento de uma política pública voltada à qualidade da lei é capaz de torná-la clara e precisa, extirpando as contradições que, em alguns casos, derivam até mesmo da fiscalização fragmentada dos sistemas de controle judicial e externo.

As leis orçamentárias, dentro das concepções do Legislativo, necessitam de cálculos antecipatórios sobre os efeitos que a norma eventualmente produzirá. Trata-se da produtividade e das consequências sociais esperadas com a sua entrada em vigor. A legislação, ainda que indevidamente produzida debaixo das pressões conjunturas por prestações públicas, deve ser concebida com base em um padrão mínimo de previsibilidade quanto aos seus efeitos positivos e negativos sob pena de descrédito por inexecuções absurdas, que somente podem ser obtidas através da adoção dos critérios indicados pela legística.

O que se busca é o combate ao caráter meramente simbólico da legislação orçamentária e a sua obtenção pelo posicionamento sistemático que a legística pode oferecer e que é bastante acomodável em países com tradição romano-franco-germânica (*civil law*). É oportuno anotar que não há confusão entre o se propõe e o que se tem por legística e dogmática.

Sabe-se que a legística não possui foco em aspectos normativos de validade e de conteúdo normativo. Volta-se mais à efetividade e à avaliação dos impactos, em que pese isso também desperte interesse indireto à dogmática jurídica, tal como demonstrado por Fabiana Soares (1997).

Reconhece-se, outrossim, que a racionalidade se encontra presente tanto na dogmática quanto na legística, embora com visões complementares. Enquanto a dogmática jurídica compreende a racionalidade com fundamento predominante na lógica, a legística importa-se com a racionalidade nos seus efeitos gerenciais, ou seja, na trama tecida entre os meios e os objetivos almejados.

Veja-se concretamente se há racionalidade no modelo de planejamento e execução orçamentária das iniciativas governamentais. No estado do Tocantins, no PPA 2012/2015, o programa "Saúde Direito do Cidadão" estava estruturado em 9 (nove) objetivos, que deveriam ter sido concretizados em 42 (quarenta e duas) iniciativas, as quais tomariam forma ano a ano nas leis orçamentárias.

Para o ano de 2015, segundo consta das metas financeiras para aquele exercício, a previsão era de aproximadamente R$1,5 bilhão, tendo sido efetivamente realizadas despesas no montante de R$1,2 bilhão, o que corresponde a uma execução de 87,61% do valor autorizado orçamentariamente.

Dentre as 42 (quarenta e duas) iniciativas, duas foram consideradas prioritárias. Tratava-se da ampliação do acesso ao atendimento com qualidade das necessidades de saúde da população aos serviços de atenção especializada, ou seja, média e alta complexidade ambulatorial e hospitalar.

A iniciativa governamental deveria resultar no fortalecimento, modernização e ampliação das ações e serviços de alta e média complexidade, o que se daria com a reestruturação de 9 (nove) postos de atenção à saúde e com a aquisição de 2.100 (dois mil e cem) equipamentos para essas unidades.

Contudo, o confronto do que fora previsto para o exercício de 2015 e que foi de fato realizado – a meta prevista para reestruturação da rede de assistência hospitalar, laboratorial e ambulatorial e o aparelhamento das redes de atendimento – foi de zero por cento no primeiro caso e de 41,6% no outro. Ressalte-se que se trata de políticas públicas classificadas como prioritárias.

É intuitivo preordenar que essas deficiências de planejamento e execução orçamentária se converteram ao longo dos anos em demandas judiciais evitáveis. O modelo de Estado Social de Direito brasileiro necessita com urgência da concretização da Constituição no que diz respeito ao atingimento das metas e objetivos tidos como fundamentais; no plano objetivo, isso representa justiça e segurança social.

A ciência legística funda-se, especialmente, na implantação de uma cultura de responsabilidade política pelos efeitos das normas a partir da operação de instrumentos que permitam preestabelecer a repercussão de cada uma das políticas públicas propostas com avaliação de custos e benefícios. Leis geradoras de elevado índice de litigiosidade, em face do seu caráter desequilibrado, incerto e obscuro, devem ser rechaçadas pela ação coordenada dos sistemas de controle judicial e externo.

A avaliação prévia de impacto da norma assiste a consolidação de protótipos legais orçamentários cada vez mais sofisticados e isentos de erros básicos de planejamento, como o exemplificado acima. A legística, em matéria orçamentária, poderá fornecer meios de sistematização de normas constitucionais e nacionais com previsão impositiva, tais como a devida aplicação dos mínimos constitucionais e a manutenção dos limites de gastos com pessoal, além das questões previdenciárias.

Cumpre sobrelevar que a categoria de leis em exame, as orçamentárias, possui elevado grau de concretude e especialização, o que impõe que o procedimento produtivo dessas normas reúna todos os pontos de vista necessários à formação do regime jurídico complexo que se impõe, espaço que deve ser preenchido pelos sistemas de controle externo e de justiça para melhoria não apenas das leis que regem o orçamento, mas do próprio objeto prescritivo, as políticas públicas.

Já a teoria da argumentação jurídica, ao tratar das limitações do que é discursivamente possível em matéria de decisão, seja de que espécie for, faz referências a dois tipos de justificativas, categorizadas como interna e externa. A justificação interna busca observar se o conteúdo da decisão, *v.g.*, um investimento em determinada política pública, pode ser deduzido logicamente dos fundamentos que orientaram aquela decisão.

Trata-se aqui do princípio da universalidade argumentativa, que sempre exigirá consensos fundados. Haverá ponderação de conteúdo valorativo entre as disposições jurídicas derivadas do ordenamento jurídico sistematizado a partir da própria Constituição e das leis de aplicação compulsória nos três planos da Federação. Deverá, ainda, haver considerações claras sobre os apontamentos que, embora sem caráter cogente, são provenientes do controle na justiça e nos tribunais de contas.

A justificação externa, acima mencionada, buscará fundamento nas próprias premissas; é dizer, nos argumentos empíricos das auditorias e inspeções levadas a efeito pela Corte de Contas, promovendo a transição do ambiente puramente legal para o que ocorre no mundo onde as políticas públicas realmente se desenvolvem. Neste ponto, as regras de interpretação contidas na teoria da argumentação se fundem com a legística formal, ao passar, como se verá adiante, pela interpretação semântica.

A recursividade argumentativa que se pode obter com o emprego dessa metodologia favorecerá a formação dogmática orçamentária que fortalecerá o controle externo das políticas públicas ao mesmo tempo em que permitirá a formação de modelos de solução que permitirão a descarga argumentativa.

Em resumo e sobre a justificação interna e externa, o produto será a consistência das decisões alocativas de recursos em matéria orçamentária; será, outrossim, o favorecimento da controlabilidade que é ínsita ao Estado Democrático de Direito.

2.2.2 A sistemática legística orçamentária

A legística, em razão do objeto, pode ser dividida em material e formal. No plano material, é integrada por um conjunto de métodos e técnicas que buscam fazer com que a lei alcance a qualidade e validade necessárias para o atingimento dos seus objetivos – no caso das leis orçamentárias, políticas públicas adequadas. Do ponto de vista formal, o foco é a melhoria da comunicação e da compreensão dos critérios legais.

É importante explicitar que a legística não é uma norma jurídica, mas, em sentido oposto, existe em razão das referidas normas operando para a melhoria da sua qualidade e para que os efeitos preordenados da norma sejam alcançados. No presente estudo, o que se busca é que a legística seja colocada a serviço da proteção dos direitos fundamentais custeados pelo orçamento público, corrigindo deformidades de planejamento na aplicação dos recursos pertencentes à coletividade.

Cumpre, então, à legística formal, como já antecipado, prevenir e corrigir obscuridades, defeitos sistemáticos e contradições que violem a segurança jurídica. A nossa Lei Fundamental, para que este intuito pudesse ser alcançado, já previu a existência de um órgão auxiliar do legislador (artigo 71 da CF), o qual poderá passar a atuar, sem caráter vinculante, junto ao Poder Legiferante no sentido da melhoria da redação e dos impactos das leis orçamentárias.

Pretende-se, por meio do caráter empírico da ciência legística, permear as leis orçamentárias com instrumentos de governança possibilitados pelo acoplamento interinstitucional entre os sistemas de controle externo e de justiça no fortalecimento de uma estrutura organizativa específica para o planejamento e execução orçamentária, capaz de apoiar o Executivo e o legislador tecnicamente no sentido da obtenção de leis com maior índice de qualidade.

Estar-se-ia, por meio de uma interação permanente dos sistemas de controle, estabelecendo-se uma nova opção institucional de caráter prévio e voltada ao estabelecimento opinativo de diretrizes voltadas à concepção, elaboração, simplificação e ao exame do impacto normativo nas políticas públicas, obtendo-se assim a sedimentação da cultura da qualidade dos diplomas orçamentários e diminuindo o domínio da imprevisibilidade que gera a insegurança jurídica, garantido a consistência das políticas públicas.

O princípio da separação dos poderes não representa embaraço à participação opinativa dos sistemas de controle externo e de justiça nos debates que possam vir a contribuir para a diminuição da emissão de legislação acelerada, improvisada, e cujo escrutínio já realizado em exercícios anteriores pelos tribunais de contas se mostrou como convite à litigiosidade das políticas públicas pelo mau funcionamento da administração, bem como também se cumpre a tendência atual de incluir, ao máximo possível, os agentes que serão atingidos; afinal, todos são interpretes legítimos da Constituição, tal como demonstrado por Hesse (2013).

A Constituição Federal, ao estabelecer (artigo 73, inciso III) como requisito de investidura nos tribunais de contas notórios conhecimentos jurídicos, contábeis, econômicos, financeiros ou de administração pública, estava recrutando peritos em vários domínios do conhecimento para assegurar que o interesse público alcançasse níveis de excelência no campo da promoção das políticas públicas; mais ainda, nesta fase, o controlador seria o que podemos categorizar como "amigável", dado o tipo de auxílio meramente opinativo que ofereceria.

Contudo, mesmo sem força deliberativa, acredita-se que a proximidade do controle é capaz de gerar mais coerência, sistematicidade e eficiência na implantação de políticas públicas a partir da feitura da própria legislação que autoriza os gastos públicos. Os vetores procedimentais, como estimativa de recursos, reformulação de estratégias e até mesmo correções simples sobre o que não deve ser considerado na aplicação orçamentária do mínimo constitucional em saúde, *v.g.*, pagamento de pensões e aposentadorias, merenda escolar, limpeza urbana, preservação e correção do meio ambiente, já representariam mais investimentos na assistência farmacêutica, na capacitação de recursos humanos do SUS e em outras ações que deveriam estar indexadas à receita corrente líquida.

2.2.3 A legística material orçamentária

Em seu viés material, os instrumentos técnicos da legística voltam-se ao propósito assecuratório da qualidade substancial das normas que promoverão toda e qualquer política pública. Para isso, deve atuar auxiliando as autoridades públicas nas fases de iniciativa das propostas de leis orçamentárias e no processo legislativo necessário para a convolação em leis.

Os sistemas de controle externo e de justiça devem operar em auxílio aos Poderes Executivo e Legislativo, sobretudo apresentando dados das avaliações sucessivas que os investimentos públicos tiveram por ocasião das demandas julgadas nas varas da fazenda pública e também nos exames realizados nas cortes administrativas nas contas anuais consolidadas, promovendo, assim, uma conexão material objetiva entre os projetos de leis, as avaliações prévias e sucessivas de impacto, no sentido da revisão, quando necessário, da legislação.

É certo que a presente proposta de atuação e aplicação da legística pelos sistemas, notadamente o de justiça, em uma fase anterior à entrada da lei em vigor, comportará críticas sérias daqueles que entendem que a inércia que orienta a atuação do Poder Judiciário em hipótese alguma poderia permitir esse comportamento dinâmico de controle *a priori* de políticas públicas.

Contudo, a percepção das causas dos problemas impulsionantes das demandas judiciais na formação das estratégias políticas de decisão em políticas públicas deve ser ponderada pelo quadrante da própria efetividade das decisões judiciais, constantemente desprovidas de lastro financeiro e até mesmo orçamentário para serem executadas.

É dizer, leis geradoras de elevados índices de litigiosidade, em face do seu caráter desequilibrado, pautam a ineficiência, retiram os benefícios e utilidades e impõem sacrifícios injustificados ao legítimo interesse público. Outrossim, a participação do sistema de justiça conjuntamente com o de controle externo para os debates orçamentários derivará, senão do interesse institucional, da Lei nº 10.257/01, a qual estabelece, no artigo 44, a necessidade de audiências e consultas públicas sobre as propostas do Plano Plurianual, da Lei de Diretrizes Orçamentárias e do Orçamento Anual.

2.2.4 Ferramentas de controle externo em legística material

A aferição da conformidade das normas de execução orçamentária, no contexto brasileiro, incide sobre a execução e a regularidade das despesas; contudo, os tribunais de contas, a partir de uma iniciativa do Tribunal de Contas de São Paulo, em 2015, passaram a medir os índices de efetividade na gestão municipal.

Tal mecanismo foi concebido para avaliar a correspondência das ações de governo e as demandas das comunidades em sete áreas de atuação – a saber, educação, saúde, planejamento, gestão fiscal, meio ambiente, proteção dos cidadãos, governança e tecnologia da informação –, com vista à evolução de eficiência e eficácia nessas funções públicas.

Os resultados obtidos ano após ano vêm sendo tratados para produção de informações úteis ao controle externo na descoberta dos pontos que reclamam maior vigilância e aprofundamento da fiscalização. Tais dados estão disponibilizados aos prefeitos e vereadores como forma de ferramenta de avaliação de políticas públicas, reavaliação de prioridades e consolidação do planejamento.

Os índices têm sua composição formada pela combinação dos dados governamentais devidamente validados, das auditorias, inspeções e outras fontes oficiais. Trata-se de uma metodologia concebida inicialmente para gestão municipal, mas que permite a quantificação do desempenho dos municípios ao longo dos exercícios financeiros.

Na função educação, como os índices foram gerados para municípios, o foco é a educação infantil e o ensino fundamental, com ênfase nos aspectos relacionados à infraestrutura escolar, merenda, transporte, uniforme e outros itens. Na quadra da saúde, o exame é mais profundo no que diz respeito à atenção básica, equipe saúde da família, doenças de caráter específico, como tuberculose, diabetes e hipertensão, e campanhas de vacinação.

Em todos os campos temáticos, o planejamento é medido pela diferença entre o que foi planejado e que foi efetivamente realizado, observando para isso a coerência entre as metas físicas alcançadas e os recursos empregados em uma visão geográfica de todos os municípios de cada ente federado, assim é possível medir a efetividade por regiões.

Voltando ao universo da legística, ao plano metódico e técnico, a tarefa se concretiza na viabilização de operações integradas ainda na fase de iniciativa legislativa que se traduza em leis impulsionadas tecnicamente, cientificamente. É necessário que as estratégias decisionais considerem os dados de avaliação prévia das políticas públicas que serão contempladas orçamentariamente.

É importante que a tarefa legiferante em leis orçamentárias seja concebida como elaboração normativa decorrente da preparação técnica do conteúdo do diploma, com as devidas justificativas que caracterizam cada iniciativa. Trata-se, em termos objetivos, do critério da necessidade da delimitação material e extensão do problema de cada prestação pública e da gradação da importância política dos fatores impulsionantes, fator inegável de pressão sobre os agentes de decisão.

No que atine aos limites das decisões do Executivo/Parlamento em matéria de orçamento público, é cabível a compreensão de que derivam do comportamento que o próprio direito elege como devido, sejam orientados por outras normas paramétricas que impõe o dever de legislar, como a Lei de Responsabilidade Fiscal, Plano Nacional de Educação, ou consultas de caráter vinculante expedidas pelos tribunais de contas sobre limites de gastos com pessoal e, por último, decisões judiciais coletivas sobre determinadas políticas públicas.

Sobretudo na quadra da inobservância das normas paramétricas de impulsão, as consequências podem ser graves até mesmo no que tange à manutenção do pacto federativo, estruturado em matéria de políticas públicas para a garantia dos objetivos fundamentais da República (artigo 3º da CF), *v.g.*, a construção de uma sociedade livre, justa e solidária, com desenvolvimento nacional e medidas concorrentes para a mitigação da pobreza.

Ainda na seara orçamentária, possui relevância a compreensão de que os direitos sociais estatuídos constitucionalmente (artigo 6º, CF), sobretudo nas funções saúde e educação, necessitam de planejamento, de recursos públicos, mas fundamentalmente necessitam de integração entre as estruturas de poder.

Embora cumpra ao Executivo a proposta e execução do orçamento, ao Legislativo a aprovação e a fiscalização, é necessário que o sistema de justiça, o qual julga conforme as leis, o Ministério Público, que fiscaliza a ordem jurídica, e os tribunais de contas, os quais fiscalizam o orçamento, atuem de maneira integrada.

O modelo compartimentado e hermético de distribuição de competências concebido já não consegue vencer o dinamismo e multiplicidade das operações sociais, fazendo-se necessário que acoplamentos estruturais sejam erigidos a fim de que uma linguagem legística unificada seja estabelecida formal e materialmente, permitindo aberturas cognitivas entre os sistemas, conforme orienta a teoria luhmanniana, no sentido da redução da complexidade do ambiente das políticas públicas.

Os sistemas que funcionam isoladamente padecem de anacronismo em relação ao ambiente; dessa assertiva deriva a necessidade de uma convivência adaptativa que permita a utilização de elementos de outros sistemas, a fim de que suas próprias operações evoluam por meio da autopoiese sem que seja perdida a sua identidade (LUHMANN, 2007).

No plano da legística material orçamentária, a programação ou planejamento deve partir de intenções articuladas entre os sistemas com interesse na produção legislativa, à luz do princípio da solidariedade institucional. Desse modo, é possível tomar conhecimento do que se encontra em desenvolvimento setorialmente, sem que tarefas sejam duplicadas com a instauração de conflitos institucionais de competências, desordenadoras da gestão racional. A fim de tornar concreto o argumento, veja-se a função educação nos municípios segundo um pensamento legístico material.

Os recursos serão de 25% da receita corrente líquida para contratar professores e pessoal de apoio, comprar material de consumo e construir e manter escolas. Para isso, o processo eficiente para a obtenção de bons resultados, segundo a análise de impactos e de resultados, buscará transportar com segurança os alunos para as escolas, ensinando-lhes diversas disciplinas, entregando-lhes merenda escolar e material didático especificados, com controle da presença e qualificação dos professores, trazendo como resultado uma sociedade alfabetizada e proficiente.

A participação dos diversos sistemas de controle motivada pela oportunidade e urgência no atendimento do interesse público é capaz de derrogar legitimamente a lógica da programação de atuação fundada no exame *a posteriori* de regularidade, ou seja, somente na fase de execução orçamentária, trazendo para o momento antecedente, em que as políticas públicas de execução continuadas estão sendo concebidas, possibilitando até mesmo a requalificação temática dos interesses coletivos.

A alteração proposta na presente pesquisa sobre a aplicação da ciência legística no planejamento e execução orçamentária, com a participação integrada entre os sistemas de justiça e de controle externo, propõe diminuir a autor-referencialidade do poder político no ambiente das coligações homogêneas, integradas unicamente por parceiros com afinidades políticas nas quais o ambiente técnico se impõe.

É necessário o estabelecimento de estratégias de decisões nas quais os fatores impulsionadores de descontentamento social com as políticas públicas sejam mitigados. Tais estratégias implicam no envolvimento interorgânico de múltiplos sistemas voltados à determinação de objetivos, identificação de recursos necessários e na formulação, em um estágio mais avançado, de guias de avaliação prévia de impactos normativos.

2.2.5 O planejamento governamental

As estratégias de decisão, presentes nos guias de avaliação prévia de impacto normativo para consecução de políticas públicas, devem, no plano material, abordar de forma integrada as dimensões gerais e específicas dos problemas, graduando de forma sistematizada as ações que reclamam maior atenção do poder político, tudo com fundamento em objetivos determinados, recursos orçamentários concretamente identificados e soluções normativas avaliadas antecipadamente.

Por consequência, haverá planejamento governamental se houver determinação de objetivos, escolha de meios adequados, ponderação e avaliação de opções baseadas no histórico de aplicações orçamentárias em exercícios pretéritos e testadas pelo controle. A Lei Complementar nº 101/00, Lei de Responsabilidade Fiscal (LRF) é, do ponto de vista legístico, uma norma parametrizadora na medida em que torna o planejamento alicerce para a gestão fiscal responsável em todas as esferas de governo, fortalecendo os mecanismos de controle social, a transparência e os limites para os gastos públicos com vista à manutenção do equilíbrio das contas governamentais.

No último capítulo desta tese, voltarão a ser reunidas as reflexões sobre unidade legística no contexto do pacto federativo e da necessidade de que as políticas públicas, pensadas a partir das leis orçamentárias, retirem o seu planejamento para o desenvolvimento nacional, não apenas de uma unidade federada, de normas categorizadas como parâmetro e da própria Constituição Federal.

Avançando, a LRF é, dentre as leis nacionais inseridas na moldura das normas-parâmetro no plano orçamentário, a mais relevante. Do seu cumprimento depende o aprimoramento dos instrumentos isonômicos de planejamento governamental e de tratamento dentro do condomínio federativo, com especial efeito, a introdução de novos elementos às Leis de Diretrizes Orçamentárias (LDO) e às Leis Orçamentárias Anuais (LOA), tributando fortes engenhos de coerência com os Planos Plurianuais (PPA).

Em face da importância que possuem as peças orçamentárias e também das nuances de controle externo que incidem sobre a execução orçamentária, é relevante compreender tecnicamente os fatores impulsionantes e contraimpulsionantes das boas políticas públicas a partir de conceitos e exames de questões com forte impacto após a conversão em lei dos projetos orçamentários, ao que se pode designar como avaliação sucessiva ao planejamento.

Metodicamente, a estratégia de decisão em políticas públicas parte do Plano Plurianual, sede da decisão do poder político sobre os problemas que serão objeto de atuação. Inicia-se neste momento a articulação dos meios necessários para viabilização e consecução das suas metas com vistas a aperfeiçoar os mecanismos de integração de políticas públicas, implementação, monitoramento, avaliação e revisão dos programas.

No contexto orçamentário do plano ou programa, o conceito ordinário de monitoramento é relevante e consiste na observação contínua de determinada realidade nos seus aspectos mais relevantes, no sentido da obtenção de informações fidedignas e tempestivas, sendo, outrossim, a avaliação uma investigação aprofundada de determinada intervenção governamental levada a efeito pelo controle externo.

Tanto o monitoramento quanto a avaliação, além de fornecerem informações para o aperfeiçoamento da ação governamental, são aliados essenciais para a articulação e acompanhamento de transversalidades e territorialidades das políticas públicas que se concretizarão em entregas de bens e serviços à população.

Os resultados alcançados com a utilização dos recursos orçamentários executados segundo o PPA possuem, entre os mecanismos de medição, o Relatório Gerencial das Contas do Governo, emitido pelo controle interno. Esse documento expõe uma análise circunstanciada dos orçamentos fiscal e da seguridade social executados no exercício, abrangendo os Poderes Executivo – incluída a Defensoria Pública –, Legislativo, Judiciário e o Ministério Público, mencionando os recursos e as fontes vinculadas.

O citado relatório especifica as execuções das gestões orçamentária, financeira e patrimonial, demonstrando-se a realização das despesas por categorias, grupos, funções, programas, ações e outros indicadores, a exemplo do índice de participação de cada função em relação à aplicação dos recursos arrecadados, bem como os orçamentos autorizados e o cumprimento das metas fiscais, responsáveis pela manutenção do equilíbrio das contas públicas, evidenciando, assim, os limites mínimos de investimentos legais e constitucionais, *v.g.*, saúde e educação.

No tocante à composição das contas examinadas pelos tribunais, o mesmo relatório, cruzado com outros dados, demonstrará o desempenho dos programas e ações realizados pelas unidades orçamentárias, bem como a aplicabilidade dos recursos, mensurando a efetividade, economicidade e eficácia dos seus resultados físicos e financeiros, tratando-se o relatório, portanto, do epicentro do controle estratégico com potencial de impulsão legislativa orçamentária nos exercícios subsequentes.

É relevante pontuar também que a Lei de Responsabilidade Fiscal trouxe inovações substanciais no avanço em conteúdo útil da

Lei de Diretrizes Orçamentárias, transformando-a em relevante instrumento de planejamento e controle à gestão pública responsável, transparente e equilibrada. Dentre os aspectos mais importantes contidos na Lei de Diretrizes Orçamentárias estão as orientações relativas à autorização de despesa com pessoal, apuração do resultado primário e o cumprimento das exigências do artigo 45 da LC nº 101/2000.

No que concerne à autorização de despesas com pessoal, encargos sociais e outros custeios, é imprescindível a verificação do acatamento na LDO do comando constitucional delineado nos termos do §1º do artigo 169 da Constituição Federal, cuidado indispensável para que, dentro da Federação, não tenhamos diversos regimes jurídicos de contratação de pessoal, subvertendo a isonomia entre os entes federados e gerando um enorme passivo a ser saldado indevidamente pelo Tesouro Nacional com recursos de todos os entes federados, consoante abordaremos no último capítulo deste estudo.

Exemplificativamente, nos exercícios de 2011, 2012, 2013 e 2014, as LDOs tocantinenses incluíram no capítulo que trata das despesas com pessoal e encargos sociais as diretrizes e medidas a serem adotadas pela Administração Estadual em face do eventual aumento desse tipo de despesa.

Contudo, mesmo em face das definições e procedimentos preordenados para elaboração de projetos de lei e medidas provisórias relacionadas ao aumento de despesas, não houve cuidado com as estimativas de impactos orçamentário-financeiros,[108] de modo que a simples previsão na LDO não foi capaz de conter a violação do §1º do artigo 169 da CF em face do descontrole que acabou ocorrendo por derivação do aumento desse tipo de despesa.

Impõe-se que as diretrizes de legística aplicáveis aos sistemas estaduais de controle, referenciadas em leis nacionais e na própria Constituição, em conjunto e por iniciativa própria, atuem em matérias qualificadas, como despesas com pessoal, providenciando avaliações prévias de impacto normativo, com natureza até mesmo preliminar a medidas judiciais de controle de constitucionalidade, como forma de aferir potenciais efeitos das opções decisórias, mas sem perder o caráter instrumental à função legiferante.

---

[108] Relatório Técnico nº 001/2016, exarado nas Contas de Governo do exercício de 2014, Processo nº 3.171/2015.

No plano nacional, a Lei de Diretrizes Orçamentárias da União para os exercícios de 2013, 2014 e 2015 apresentou uma série de direcionamentos e exigências referentes às despesas com pessoal a fim de possibilitar uma análise do impacto orçamentário-financeiro e do implemento das condições estabelecidas no artigo 169, §1º, da Constituição Federal, antecipadamente à aprovação das respectivas leis orçamentárias.

Citam-se como exemplo os artigos 70 a 83 da Lei Federal nº 12.708/2012 (LDO 2013), os artigos 75 a 83 da Lei Federal nº 12.919/2013 (LDO 2014) e artigos 88 a 105 da Lei Federal nº 13.080/2015 (LDO 2015), o que poderia ser tomado como parâmetro de controle pelos tribunais de contas estaduais (artigo 75 da CF), até mesmo como política pública de controle para melhoria dos projetos de leis das diretrizes orçamentárias nos estados, trazendo bons resultados e reforço da qualidade das projeções orçamentárias pertinentes à despesa com pessoal, principal escoadouro dos recursos públicos brasileiros.

Igualmente, merece destaque nas leis de diretrizes orçamentárias a necessária observância às metas fiscais, dentre as quais destaca-se a de resultado primário, conforme dispõe expressamente o artigo 4º, §1º, da LRF,[109] objetivando a busca e a manutenção do equilíbrio das contas por meio de previsões fundadas em análises comparativas com exercícios anteriores, diminuindo a incidência de previsões irreais e que visam somente garantir créditos adicionais fundados em receitas fictícias.

Como esclarecimento, não é inútil pontuar que o resultado primário consiste no principal indicador de sustentabilidade da política fiscal do setor público, pois sua apuração permite avaliar se determinado governo tem a capacidade de gerar receitas em volume suficiente para pagar suas despesas correntes e de investimentos, sem recorrer a um aumento da dívida pública.

---

[109] Artigo 4º A Lei de Diretrizes Orçamentárias atenderá o disposto no § 2º do artigo 165 da Constituição e:

[...]

§1º Integrará o projeto de lei de diretrizes orçamentárias o Anexo de Metas Fiscais, em que serão estabelecidas metas anuais, valores correntes e constantes, relativas a receitas, despesas, resultado nominal e primário e montante da dívida pública, para o exercício a que se referirem e para os dois seguintes.

O cálculo do resultado primário realiza-se mediante a apuração da diferença entre as receitas e despesas orçamentárias, deduzindo-se as receitas e despesas de natureza financeira. Consideram-se receitas financeiras as provenientes de recebimentos de juros e operações de créditos, e despesas financeiras, as decorrentes do pagamento de juros e amortização de dívidas.

A fim de dar concretude e relevância ao estudo do tema, com fortes implicações nos investimentos em políticas públicas, vale observar o histórico das metas de resultado primário fixadas, para o estado do Tocantins, no Anexo IV da LDO para 2015 (Metas Fiscais Atuais Comparadas com as Metas Fiscais Fixadas nos Três Exercícios Anteriores). Segundo se pode observar no documento de referência, o Executivo estadual preordena metas de resultados primários negativos de 2015 a 2017, o que sinaliza a necessidade de o Estado recorrer a financiamentos para implementação dos programas de governo estabelecidos nos instrumentos de planejamento.

A mencionada previsão, do ponto de vista legístico, deve ser tomada como um contraimpulso, que necessariamente implicará em medidas em sentido oposto. Ora, embora a fixação da meta deficitária não resulte, de imediato, em um cenário de crise financeira para o Tesouro, não deixa de ser um relevante indicativo de endividamento do Estado, podendo até mesmo dar ensejo à intervenção federal caso ultrapasse o limite máximo constitucional de 200% da receita corrente líquida.

Com efeito, a sucessiva fixação de metas de resultado primário deficitárias pode comprometer com brevidade a capacidade de administração da dívida pública estadual caso medidas de controle, acompanhamento e contenção dos gastos governamentais, em especial das despesas obrigatórias de natureza continuada e despesas correntes, não sejam tomadas no sentido de um esforço concreto visando ao crescimento real da receita tributária.

Os impulsos originários dos sistemas de controle de justiça ou externo (antídotos aos contraimpulsos), em face de inconstitucionalidades contidas nas leis orçamentárias levadas ao crivo judicial, ou do controle pelos TC das violações, nas peças orçamentárias, aos comandos da LRF, tendem a promover o vetor de forças orientado no sentido da evolução constante das soluções legislativas ainda na fase conceptiva dos diplomas, podendo orientar a redação preliminar dos anteprojetos orçamentários, por meio da expedição de notas explicativas técnicas ou pelas consultas respondidas pelo órgão auxiliar de controle.

Com especial efeito, cumpre o destaque do disposto no artigo 45 da LC nº 101/00 – LRF –, o qual exige o envio de informações pelo Executivo ao Legislativo. É possível interpretar que ao Tribunal de Contas também, já que é órgão auxiliar, acerca dos projetos em andamento, de forma que nas leis orçamentárias sejam incluídos novos projetos somente após aqueles em andamento terem sido atendidos.

No que toca à inefetividade das recomendações feitas pelos tribunais de contas no contexto da metodologia de fiscalização atual, ou seja, exercida apenas na fase de execução orçamentária e com foco limitado à mera aferição de subsunção dos atos e fatos administrativos à norma, cabe o exame das contas consolidadas prestadas pelo governador do Tocantins no exercício de 2015, em especial o relatório da própria Controladoria-Geral do Estado (CGE) (fls. 2.342/2.343).

Consoante se pode inferir dos expedientes,[110] os quais desvelam comunicações reiteradas sobre medidas urgentes a serem adotadas pelos órgãos e entidades do Poder Executivo, em observância às recomendações expedidas pelo Tribunal de Contas do Estado a diversos entes e órgãos envolvidos, até o fechamento daquele relatório não tinha havido qualquer manifestação quanto à implementação ou não das recomendações.

Importa sobrelevar que o objetivo principal de tais alertas, em cumprimento do comando inserto no artigo 45 da Lei de Responsabilidade Fiscal e levado a efeito pela fiscalização externa, é a garantia de recursos orçamentários para os projetos já em andamento, assim como para as despesas de conservação do patrimônio público, de modo que a ineficácia do dispositivo da lei nacional acaba por redundar em políticas públicas inacabadas e em demandas judiciais por prestações públicas, o que justifica a atuação do controle na fase anterior à conversão em lei dos projetos orçamentários.

No que atine à Lei Orçamentária Anual, que deve ser orientada pela Lei de Diretrizes Orçamentárias e compatibilizada com o Plano

---

[110] OFICIO/CGE/GABSEC nº 301/2015, de 08.04.2015; nº 624/2015, de 03.09.2015 e nº 049/2016, de 25.01.2016.

Plurianual, é de amplo conhecimento que deve conter a discriminação das receitas e despesas públicas a fim de que sejam, o mais precisamente possível, evidenciados a política econômico-financeira e o programa de trabalho do governo, obedecidos os princípios da unidade, universalidade e anualidade.

Nesse contexto, cabe esclarecer que a análise da movimentação de créditos orçamentários, pelo controle externo, objetiva apurar se esta ocorreu nos limites estabelecidos na legislação estadual e em conformidade com o disposto no artigo 167, incisos V e VI, da Constituição Federal.

Tais dispositivos constitucionais determinam que a abertura dos créditos adicionais (gênero), seja da espécie suplementar ou especial, e ainda a realização de transposição, remanejamento ou transferência de recursos de uma categoria de programação para outra ou de um órgão para outro somente ocorram se houver prévia autorização legislativa para tanto, entre outras exigências.

No que diz respeito à abertura de créditos adicionais suplementares, a Lei Orçamentária Anual tocantinense, para exercício de 2015, autorizou, em seu artigo 9º, III, alterações em investimentos públicos até o limite de até 40% do total da despesa inicialmente fixada.

É relevante perceber: embora o Parlamento possa autorizar e delegar em limites razoáveis tais alterações, por antecipação, ao Executivo (artigo 43 da Lei Federal nº 4.320/64), mediante a utilização da reserva de contingência, excesso de arrecadação, anulação de dotações, superávit financeiro apurado ou em decorrência de operações de crédito, não é possível deixar de notar que o percentual de 40% é excessivamente elevado para uma peça orçamentária que deveria ser cuidadosamente planejada e fundada em necessidades públicas programadas com a devida seriedade.

Mas não é só: além das transferências autorizadas em percentuais inconstitucionais[111] da tarefa de fiscalização e acompanhamento do orçamento, a LOA tocantinense para o ano 2015, não ficaram claras para a fiscalização externa as origens orçamentárias

---

[111] A inconstitucionalidade deriva da utilização indevida do instrumento dos créditos orçamentários na medida em que o Parlamento abre mão, em face do percentual equivalente a quase metade do orçamento, em favor do Poder Executivo, desviando o propósito originário de fracionamento das competências entre a gestão pública e a função legiferante.

das rubricas alteradas, vez que a Lei Orçamentária não trouxe as informações sobre os montantes que já estavam comprometidos com convênios, com transferências constitucionais aos municípios, gastos com pessoal e seus encargos e com a amortização da dívida e seus encargos, o que evidencia completo desprezo pela lei que autoriza, sem exceções, todos os dispêndios públicos.

A tabela abaixo demonstrará que o maior volume em movimentações de créditos orçamentários no exercício de 2015 no estado do Tocantins ocorreu no âmbito dos próprios órgãos, por meio de transposições e transferências, cujos conceitos abaixo evidenciados indicam que resultaram de repriorizações de programas de trabalho dentro do próprio órgão (transposição) ou de repriorizações de gastos na mesma ação/grupo de despesa (transferência), as quais totalizaram, em 2015, o valor de R$1.883.882.220,68 (um bilhão, oitocentos e oitenta e três milhões, oitocentos e oitenta e dois mil, duzentos e vinte reais e sessenta de oito centavos), evidenciando-se o absurdo montante flexibilizado orçamentariamente.

Tabela 13 – Movimentação de créditos orçamentários por meio de transposição, remanejamento e transferências

Movimentações	Conceitos, conforme a doutrina e o Manual Técnico de Orçamento (MTO) para 2014	R$
Transposições	Ocorrem sempre no âmbito da programação de trabalho, em razão de repriorizações, mediante a realocação dos remanescentes orçamentários para o programa de trabalho repriorizado. Conforme o MTO: são realocações no âmbito dos programas de trabalho, dentro do mesmo órgão.	794.567.907,00
Remanejamentos	Remanejamentos ocorrem sempre no âmbito da organização. Assim, se porventura uma reforma administrativa prevê a extinção de um órgão e a institucionalização de outro para a sua substituição, é evidente que só se deve realocar os remanescentes orçamentários do órgão extinto para o novo. Conforme o MTO: são realocações na organização de um ente público, com destinação de recursos de um órgão para outro. Podem ocorrer, por exemplo, em uma reforma administrativa.	713.031,00
Transferências	Transferências ocorrem no âmbito das categorias econômicas de despesas, também por repriorização de gastos. Conforme o MTO: são realocações de recursos dentro da mesma ação/grupo de despesa.	1.089.314.313,68
Valor das alterações feitas ao orçamento inicial, excetuando-se os créditos adicionais		**1.884.595.251,68**

O alto índice de alterações por meio de transposições e transferências desvela a ausência de controle endoprocedimental de qualidade, validade, regularidade e de mérito na eleição das políticas públicas desde a fase conceptiva das leis orçamentárias. Não há análise prévia de impacto normativo das propostas orçamentárias, sobretudo na quadra setorial, impactando, sem margem de dúvidas, no alcance das metas físicas a serem entregues à sociedade.

A autorização ampla e prévia concedida pelo Poder Legislativo, através da Lei de Diretrizes Orçamentárias, para a movimentação de créditos autorizados na Lei Orçamentária Anual é resultado em desvirtuamento dos instrumentos de planejamento, vez que as programações orçamentárias podem ser livremente repriorizadas pelo Poder Executivo no decorrer do exercício.

Cabe registrar, ainda, que as alterações orçamentárias, ao que pode perceber, sob a forma de autorização para transposições, remanejamentos e transferências de créditos orçamentários, *v.g.*, o 9º da Lei Orçamentária para 2015 e artigo 32 da Lei de Diretrizes Orçamentárias, ambas do Tocantins, contrariam o disposto no artigo 167, incisos VI e VII, da CF/88, em face da exigência de lei específica para essas modalidades de alteração orçamentária.

É dizer, não basta para as alterações orçamentárias descritas acima a mera previsão de percentuais previamente autorizados na própria LOA na medida em que, do comando do artigo 165, §8º, da CF, extrai-se que a Lei Orçamentária não conterá dispositivo estranho à previsão de receita e à fixação da despesa, excetuando-se somente a autorização para abertura de créditos suplementares e contração de operações de crédito, ainda que por antecipação de receita, nos termos da lei.

Dessa forma, reitere-se, considerando que a relação de exceções feitas pelo constituinte nesse dispositivo é taxativa, a LOA não pode dar autorização para o Executivo levar a efeito remanejamentos, transposições ou transferências de um órgão para outro ou de uma categoria de programação para outra. Trata-se, nesta quadra, de frontal afronta ao princípio da separação dos poderes.

Destaca-se, ainda, que o artigo 167, VII, da Carta Magna veda a concessão ou utilização de créditos ilimitados, como ocorreu no caso descrito em relação aos remanejamentos, transposições e transferências. Ressalte-se que, além de comprometer o planejamento, tal prática desvirtua o que foi autorizado pelo Poder Legislativo por meio da Lei Orçamentária, bem como o regime de gestão fiscal responsável preconizado pelo artigo 1º, §1º, da LRF.

Sobre a questão, pretende-se demonstrar, entre outros aspectos, que os tribunais de contas já procedem análises sucessivas (*ex post*) de impacto legístico material balizadas por diplomas normativos parametrizantes específicos e aparelhados com um complexo de técnicas, métodos e recursos humanos qualificados. Contudo, as intervenções de controle seriam mais efetivas se o sistema transmutasse cronologicamente a sua atuação para análises *ex ante* de impactos, permitindo ao Parlamento calcular a possibilidade de êxito nas suas atuações e medindo riscos.

A fim de tornar concreta a visão sobre a não efetividade do controle realizado somente na fase de execução orçamentária, ficaram sem respostas dúvidas da própria fiscalização externa, no caso concreto examinado acima, sobre a divergência entre o valor fixado na LOA para Reserva de Contingência, discriminado no Quadro II – Demonstrativo dos Recursos por Órgãos e Fontes de Recursos de Todas as Fontes, e o registrado no Balanço Orçamentário Geral do Estado.

Mais ainda: não houve resposta satisfatória sobre a insuficiência/incompatibilidade entre o valor destinado à Reserva de Contingência, R$46.562.313,00 (quarenta e seis milhões, quinhentos e sessenta e dois mil, trezentos e treze reais), e sua destinação na LOA, nos artigos 7º e 8º, qual seja: R$67.906.721,00 (sessenta e sete milhões, novecentos e seis mil e setecentos e vinte e um reais) para emendas parlamentares, mediante o cancelamento de dotações orçamentárias consignadas à unidade Reserva de Contingência; e R$38.655.585,00 (trinta e oito milhões, seiscentos e cinquenta e cinco mil e quinhentos e oitenta e cinco reais) para abertura de créditos suplementares em favor das Unidades Orçamentárias Assembleia Legislativa, Tribunal de Contas, Tribunal de Justiça, Procuradoria-Geral de Justiça e Defensoria Pública, também mediante o cancelamento de dotação.

De modo que, ao termo e ao cabo, somente restou à Corte de Contas recomendar à Secretaria do Planejamento e Orçamento, como órgão responsável pela elaboração, monitoramento, avaliação e revisão dos instrumentos orçamentários, que adotasse providências no sentido de que, na oportunidade da elaboração do projeto da Lei de Diretrizes Orçamentárias e da Lei Orçamentária Anual para os próximos exercícios, fosse observada a vedação estabelecida no artigo 167, incisos VI e VII, da Constituição Federal, indicando no instrumento adequado aos limites para abertura de créditos adicionais suplementares para as despesas e para os remanejamentos, transposições e transferências.

Antes de examinar os aspectos relacionados ao princípio da transparência como mandado de otimização ínsito ao direito fundamental de acesso às políticas públicas prestacionais e indispensáveis à dignidade humana, cumpre arrematar no tangente aos argumentos até aqui postos que a controlabilidade das decisões sobre alocações orçamentárias não pode prescindir de procedimentos racionais de justificação, sem os quais não há como afastar as arbitrariedades nascidas do decisionismo que pode se dar nos três poderes estatais.

2.2.6 Legística e transparência

Tal como já demonstrado, a legística formal tem como traço mais marcante a busca pela ampliação e otimização da moldura de comunicação legislativa, aprovisionando para isso princípios destinados ao ganho de intelegibilidade dos textos legais e garantia ao acesso do maior número possível de interlocutores as informações legislativas, o que pode ser obtido pela inclusão tecnológica e da melhoria da publicidade oficial.

A transparência revela a coerência ou a incoerência dos textos normativos, sobretudo aqueles de efeitos concretos, como é o caso das leis orçamentárias. Desse modo, merecem destaque aspectos relacionados às receitas públicas, com especial efeito às receitas tributárias, no que diz respeito às dificuldades de acesso às informações, até mesmo do controle externo.

Os dados da receita pública e das renúncias de receita e todos os demais gastos governamentais indiretos não são adequadamente contabilizados, sistematizados ou publicados nos portais da transparência, possibilitando a efetividade do controle, seja interno, externo, judicial e social. A título de exemplo, no estado do Tocantins, desde 2010, a SEFAZ-TO não demonstra ter ordenado os dados da receita tributária de modo acessível, claro e seguro a fim de que possam ser controlados, contabilizados e publicados a partir do momento da previsão, passando pelo lançamento tributário, pela arrecadação de cada tributo (título a título), até chegar à arrecadação.

Conforme se pode observar, o primado legístico formal de refutação à obscuridade e às ambiguidades acaba se concretizando na atribuição do caráter meramente simbólico, consoante aduz Chevalier, dos comandos insertos no artigo 37, *caput*, da Constituição Federal e dos arts. 11, 14 e 48-A da Lei de Responsabilidade Fiscal, além do Manual de Contabilidade Aplicada ao Setor Público (MCASP, 6. ed.) e dos princípios orientadores da contabilidade. Em termos mais diretos, equivale a afirmar que não há como afastar o risco de perdas financeiras em face do perecimento dos créditos tributários.

Concretamente, apurou-se em auditoria de regularidade (parametrizada no mencionado manual), realizada pelo Tribunal de Contas na Secretaria da Fazenda do Estado do Tocantins, Processo e-Contas nº 1.615/2016, delimitada no tempo a partir do exercício de 2015, a existência de inconsistências graves, tais como a inexistência de registros seguros das obrigações tributárias, assim como próprio crédito tributário desde a ocorrência do fato gerador até o efetivo recebimento.

Quanto à dívida ativa, apurou-se que é processada em autos físicos, pois o sistema informatizado não funciona adequadamente, podendo ser facilmente extraviado ou alterado, colocando em risco as receitas importantíssimas para realização de políticas públicas, não sendo diferente o tratamento dado aos benefícios fiscais e aos demais gastos tributários, padecendo o fisco de elevado déficit de organização e de sistematização.

De maneira concreta, as repercussões das disfunções relativas à arrecadação tributária estadual inegavelmente se irradiam para outro plano da Federação, o município. Com efeito, o descumprimento das normas constitucionais e de responsabilidade fiscal acaba por desembocar em repasses a menor, consoante se pode observar concretamente no Relatório de Auditoria nº 04/16, realizada pelo TCE/TO.

Nos levantamentos contábeis derivados da mencionada auditoria, constatou-se déficit na transferência de recursos pertencentes à municipalidade em face das suas cotas de ICMS, referente aos meses de janeiro a abril de 2016, no valor de R$755.824,65 (setecentos e cinquenta e cinco mil, oitocentos e vinte e quatro reais e sessenta e cinco centavos) e de IPVA, no mesmo período, no valor de R$1.287.394,84 (um milhão, duzentos e oitenta e sete mil, trezentos e noventa e quatro reais e oitenta e quatro centavos), representando forte prejuízo para a realidade orçamentária da municipalidade tocantinense.

No plano da dogmática, verifica-se a violação do artigo 58 da Lei de Responsabilidade Fiscal, constituindo ainda o achado em falta grave, nos termos do item 3.2 da Instrução Normativa TCE-TO nº 02, de 15 de maio de 2013. Contudo, a racionalidade lógica não resolve a necessária avaliação do impacto que tal disfunção causa na tessitura do pacto federativo. Outro tipo de racionalidade é necessário, o gerencial, o qual somente é fornecido pela legística.

Os tribunais de contas, com suas auditorias de regularidade presas a um critério de conformidade pura, não consequencial, não têm alcançado, conforme demonstrado, a efetividade da política pública de fiscalização incidente sobre as prestações governamentais essenciais.

Por outro lado, o sistema de justiça, também preso ao crivo dogmático e autorreferente das suas apreciações, com mais frequência nas demandas individuais por medicamentos, não consegue alcançar a avaliação político-administrativa que o desenvolvimento de uma metodologia de unidade legística entre o sistema de justiça e de controle externo poderia obter.

De regresso ao efeitos concretos dos argumentos, se não há registro contábil no ativo do Imposto das Operações Relativas à Circulação de Mercadorias e sobre Prestações de Serviços de Transporte Interestadual e Intermunicipal e de Comunicação (ICMS), do Imposto sobre a Propriedade de Veículos Automotores (IPVA) e do Imposto sobre a Transmissão *Causa Mortis* e Doação de Quaisquer Bens e Direitos (ITCMD), bem como dos créditos não tributários, o eixo dogmático terá sido violado, o exame de regularidade observará tal desvio, mas a análise consequencial antecedente e sucessiva da mencionada disfunção não resultará do funcionamento linear do controle, mas de uma visão sistematizada dos dados e integrada dos órgãos de controle.

A preocupação com os resultados dos achados de auditoria concentrará esforços para coibir a ausência da segregação dos contribuintes dos créditos adimplidos ou não, dos registros no passivo de provisão para repartição dos créditos pela parcela do recurso a transferir para os municípios, providenciará o registro contábil da dívida ativa oriunda do Imposto das Operações relativas à Circulação de

Mercadorias e sobre Prestações de Serviços de Transporte Interestadual e Intermunicipal e de Comunicação (ICMS), do Imposto sobre a Propriedade de Veículos Automotores (IPVA) e dos créditos não tributários, em desconformidade com os aspectos patrimoniais, ou seja, promoverá a conciliação do está na Constituição Federal e em leis nacionais com os meios e instrumentos formados em múltiplas cadeias de fontes para obtenção dos melhores resultados sociais.

2.2.7 A avaliação do impacto orçamentário dos gastos tributários para as políticas públicas

A avaliação do impacto regulatório orçamentário, sob a ótica dos métodos e técnicas de legística material, não consiste em exame meramente analítico de aplicação do PPA, da LDO e da LOA, mas é fundada em dados cientificamente colhidos pelos tribunais de contas, com o intuito de informar aos Poderes Executivo e Legislativo sobre os potenciais efeitos e custos das renúncias de receitas e demais benefícios fiscais, para as políticas públicas, sobretudo as indexadas em mínimos fundados na receita corrente líquida, como saúde e educação.

Do ponto de vista dogmático, as desonerações tributárias de toda ordem serão válidas se possuírem conformidade linear de aplicação com os termos da LRF e das leis orçamentárias; contudo, a preocupação com os resultados dessas ferramentas de política econômica do Estado também deve ser direcionada aos resultados práticos de tais concessões, em especial o incremento positivo da economia local com a geração de novos postos de trabalho.

É possível asseverar que a LRF, legislação regulatória superior às leis orçamentárias concessivas dos "gastos tributários", possui elevado índice de densificação normativa, o que deve – ou deveria – propiciar boas condições para a eficácia técnica na outorga de tais benefícios, limitados, como são, pela forte proteção ao princípio constitucional da indisponibilidade do interesse público, o que deve elevar o cuidado da fiscalização com os gastos tributários ao mesmo patamar dos dispêndios ordinários da Administração Pública.

Contudo, há margem de discricionariedade administrativa na concessão de tais desonerações, o que leva da quadra dogmática pura, fundada na conformidade, para o exame do impulso político para legislar concessivamente submetido a algumas condicionantes de racionalidade gerencial de controle. De algum modo, impõe-se que a abertura para dispensar recursos públicos, ainda que em conformidade com requisitos legais, não seja movida, na margem discricionária, por convicções excessivamente subjetivas.

Deve haver máxima objetivação a fim de que a decisão política possa passar pelo crivo da refutabilidade como medida de asserção ao primado da realidade, sob pena de as decisões políticas se tornarem dogmas, inquestionáveis, portanto. Desse modo, a confrontação preliminar deve ser sobre as eventuais vantagens e desvantagens dos gastos tributários para resolução do problema propulsor, a paralização econômica.

Contudo, o que se verificou nos exemplos oferecidos anteriormente é que a administração pública fiscal não está estruturada, ainda, sequer o suficiente para garantir a produção de dados confiáveis e auditáveis, na medida em que há deficiência da fonte de informação qualificada para demonstrar o quanto foi renunciada a título de benefícios fiscais em cada um dos impostos de competência do Estado.

Infere-se, desafortunadamente, que, se a Administração Estadual descumpre os aspectos dogmáticos correspondentes à obrigação de dar publicidade/transparência em meios acessíveis até mesmo ao TCE-TO, mais distante ainda está do controle social, acerca dos dados referentes à renúncia de receita e aos demais gastos tributários.

Isso não significa que o cumprimento dos comandos dogmáticos pela administração deve anteceder o emprego da ciência legística, mas que a fiscalização de conformidade deve caminhar na mesma cadência das exigências capazes de aferir comparativamente entre as soluções a com maior possibilidade de sucesso, as que trarão a melhor relação comparativa entre os níveis de eficiência da política fiscal sobre os custos, no sentido do atingimento dos fins operacionais pretendidos.

Representa antevisão de riscos potenciais, *v.g.*, a constatação, pela fiscalização externa, da inexistência de controle dos incentivos ou renúncia de receitas fiscais concedidos, assim como as divergências de valores declarados a título de renúncia de receitas.

É possível afirmar, em outros termos, que há insuficiência administrativa na execução da LRF, mas também haverá insuficiência fiscalizatória se o sistema de controle externo tiver ciência desse relevante administrativo e se o sistema de justiça não for provocado por meio fiscalização da ordem jurídica, indicando a inexistência dos necessários canais de acoplamento preordenados na teoria dos sistemas em Luhmann.

A fim de conferir a expressão real da gravidade das distorções na quadra orçamentária, cabe apontar a inexistência de medidas de compensação para a concessão de renúncia de receitas de R$1.041.023.534,00 (um bilhão, quarenta e um milhões, vinte e três mil e quinhentos e trinta e quatro reais), em patente descumprindo-se os artigos 5º, inciso II, e 14 da Lei de Responsabilidade Fiscal, reitere-se, lei nacional de observância compulsória nos três níveis da Federação.

Outrossim, a fiscalização externa também verificou a ausência de publicação dos termos de acordos de regimes especiais (TARES), que concedem incentivos fiscais, em violação ao artigo 40 da Lei Estadual nº 1.287/2001, assim como do artigo 37 da Constituição Federal no que atine ao princípio da publicidade.

2.2.8 Os gastos com pessoal

Em matéria orçamentária, a análise metodológica de avaliação das normas é, sobretudo, de natureza econômica e financeira. Nesta seara, os exames mais precisos não são os procedidos por juristas, dado o emprego de métodos matemáticos e cálculos de custos. Contudo, os aspectos analíticos incidentes sobre as normas e derivadas da LRF estão na quadra do direito.

Com efeito, a análise de custo-benefício como método de avaliação das normas orçamentárias é de extrema importância quando em questão os gastos com pessoal. Nesse sentido, o Anexo de Riscos Fiscais (ARF) e o Anexo de Metas Fiscais (AMF), que acompanham a Lei de Diretrizes Orçamentárias (LDO) e, periodicamente, o Relatório Resumido da Execução Orçamentária (RREO) e o Relatório de Gestão Fiscal (RGF), têm como propósito assegurar a transparência dos gastos públicos e a consecução das metas fiscais, com a permanente observância dos limites fixados pela lei.

A receita corrente líquida é parâmetro legal para o cálculo dos índices previstos pela LRF, com ênfase nos limites de gastos com pessoal e de endividamento. Para tornar concreto o argumento, cumpre o exame do caso do estado do Tocantins, cuja receita corrente líquida para o exercício de 2015 foi de R$6.304.771.944,72 (seis bilhões, trezentos e quatro milhões, setecentos e setenta e um mil, novecentos e quarenta e quatro reais e setenta e dois centavos).

A Lei de Responsabilidade Fiscal regulamenta o disposto no *caput* do artigo 169 da Constituição Federal, determinando os limites globais de despesas com pessoal para os entes da Federação, oportunidade em que fixa a alíquota máxima para a esfera estadual em 60% da sua receita corrente líquida, sendo 49% para o Poder Executivo, 3% para o Poder Legislativo (incluindo o Tribunal de Contas do Estado), 6% para o Poder Judiciário e 2% para o Ministério Público.

O Demonstrativo da Despesa com Pessoal[112] é parte integrante do Relatório de Gestão Fiscal (RGF) e visa dar transparência às despesas com pessoal de cada um dos poderes e órgãos com autonomia administrativo-orçamentário-financeira, notadamente quanto à adequação aos limites de que trata a Lei de Responsabilidade Fiscal (LRF).[113] Tal relatório deve ser elaborado pelos poderes e órgãos com poder de autogoverno, tais como o Poder Executivo, os órgãos dos Poderes Legislativo e Judiciário, além do Tribunal de Contas e do Ministério Público.[114]

Prescreve o artigo 18 da supracitada lei que compõe o total das despesas com pessoal o somatório dos gastos do ente da Federação, com os ativos, os inativos e os pensionistas, relativos a mandatos eletivos, cargos, funções ou empregos, civis, militares e de membros de Poder, com quaisquer espécies remuneratórias, tais como vencimentos e vantagens, fixas e variáveis, subsídios, proventos da aposentadoria, reformas e pensões, inclusive adicionais, gratificações, horas extras e vantagens pessoais de qualquer natureza, bem como encargos sociais e contribuições recolhidas pelo ente às entidades de previdência.

Contudo, a tabela a seguir, ao apresentar a evolução da despesa com pessoal em confronto com receita corrente líquida, evidencia um crescimento hipertrofiado da despesa total com pessoal, em 37,28%, enquanto a RCL cresceu 26,31%, tomando como referência os exercícios de 2012 e 2015.

---

[112] LRF, artigo 55, inciso I, alínea "a".

[113] LRF, artigo 20.

[114] LRF, artigo 54, combinado com os artigos 20 e 55, §1º. Acórdão nº 2.353/2007 do TCU – Plenário.

Tabela 14 – Variação da despesa com pessoal e receita corrente líquida

DTP	2012	2013	2014	2015	2012/2015
1.0 Executivo	2.435.386.849,86	2.751.517.862,64	3.092.427.098,25	3.296.248.868,83	35,35%
2.0 Legislativo	145.503.278,80	153.696.850,14	178.369.246,13	199.459.200,08	37,08%
2.1 Assembleia	87.543.937,79	89.717.649,52	103.895.659,98	116.024.602,46	32,53%
2.2 Tribunal de Contas	57.959.341,01	63.979.200,62	74.473.586,15	83.434.597,62	43,95%
3.0 Tribunal de Justiça	234.809.968,07	280.146.576,41	321.977.356,13	363.852.913,98	54,96%
4.0 Ministério Público	79.823.954,68	89.753.070,00	99.218.849,63	115.404.764,91	44,57%
Total	2.895.524.051,41	3.275.114.359,19	3.870.361.796,27	3.974.965.747,80	37,28%
RCL	4.991.475.367,76	5.323.440.128,75	6.071.450.294,61	6.304.771.944,72	26,31%

Fonte: RGF e RREO Expediente nº 838/2016, 503/2016, 496/2016 e 1.069/2016 do Processo 2.166/2016, Balanço Geral do Estado 2015 – Processo nº 4.579/2016.

Verifica-se que o crescimento da RCL não suportou a evolução da despesa com pessoal, no período de 2012/2015, com vista à manutenção do equilíbrio fiscal entre receitas e despesas. Conforme é possível observar, até mesmo órgãos de controle encontravam-se próximos do limite legal, conforme a clara dissonância entre a componente de crescimento da RCL e a de despesa com pessoal. Mais ainda, detalhando a despesa por órgão e poder, apura-se que as maiores variações dos valores da despesa com pessoal de 2012, em relação a 2015, ocorreram no Tribunal de Justiça, com 54,96% de aumento, seguido do Ministério Público, com 44,57%, e do Tribunal de Contas, 43,95%.

No concernente à Dívida Consolidada (DC) ou Fundada, que, por definição, corresponde ao montante total, apurado sem duplicidades, das obrigações financeiras do ente da Federação, assumidas em virtude de leis, contratos, convênios ou tratados, da realização de operações de crédito, para amortização em prazo superior a 12 (doze) meses, nos termos do artigo 29, inciso I, da Lei Complementar nº 101/2000 – Lei de Responsabilidade Fiscal (LRF) –, verifica-se um expressivo aumento da Dívida Consolidada Líquida, do exercício de 2014 para o exercício de

2015, na ordem de R$539.849.612,22 (quinhentos e trinta e nove milhões, oitocentos e quarenta e nove mil, seiscentos e doze reais e vinte e dois centavos). A seguir os dados planilhados:

Tabela 15 – Dívida Consolidada Líquida (DCL)

DÍVIDA CONSOLIDADA	Saldo do exercício interior	Saldo do exercício de 2015
1. DÍVIDA CONSOLIDADA (DC)		
1.1 Dívida contratual	**2.289.986.869,97**	**3.076.322.138,72**
1.1.1 Dívida interna	1.501.730.300,79	1.951.717.894,89
1.1.2 Dívida externa	788.256.569,97	1.124.604.243,83
1.2 Precatórios posteriores a 05.05.2000 (inclusive) – vencidos e não pagos	**189.765.965,44**	**193.828.097,96**
1.3 Outras dívidas	**0,00**	**0,00**
Total da Dívida Consolidada (I)	**2.479.752.835,41**	**3.270.150.236,68**
2. DEDUÇÕES		
2.1.1 Disponibilidade de caixa bruta	573.543.839,63	760.317.340,25
2.1.2 Demais haveres financeiros	38.351.960,48	85.284.534,83
2.2 (-) Restos a pagar processados (exceto precatórios)	(115.879.485,28)	(99.037.771,20)
Total das deduções (II)	**496.016.314,83**	**746.564.103,88**
DÍVIDA CONSOLIDADA LÍQUIDA (DCL) (III) = (I – II)	**1.983.736.520,58**	**2.523.586.132,80**
RECEITA CORRENTE LÍQUIDA – RCL	**6.071.450.294,61**	**6.304.771.944,72**
% da Dívida Consolidada sobre a RCL = (I/RCL)	**40,84**	**51,87**
% da Dívida Consolidada Líquida sobre a RCL = (III/RCL)	**32,67**	**40,03**
Limite definido por resolução do Senado Federal – 200%	**12.142.900.589,22**	**12.609.543.889,44**
Limite de alerta (inciso III do §1° do artigo 59 da LRF)	**10.928.610.530,30**	**11.348.589.500,50**

Fonte: RGF e RREO Expediente nº 838/2016, 503/2016, 496/2016 e 1.069/2016, Balanço Geral do Estado 2015 – Processo nº 4.579/2016.

O percentual do endividamento do Estado em relação à sua receita corrente líquida, em 31.12.2015, corresponde a 40,03% do limite permitido pelo artigo 3º, I, da Resolução nº 40/2001 do Senado Federal, que é de duas vezes a receita corrente líquida, atendendo ao disposto na citada resolução. Contudo, nota-se uma evolução crescente se comparados os cinco últimos exercícios, conforme se pode observar no gráfico a seguir.

Gráfico 10 – Evolução da Dívida Consolidada Líquida

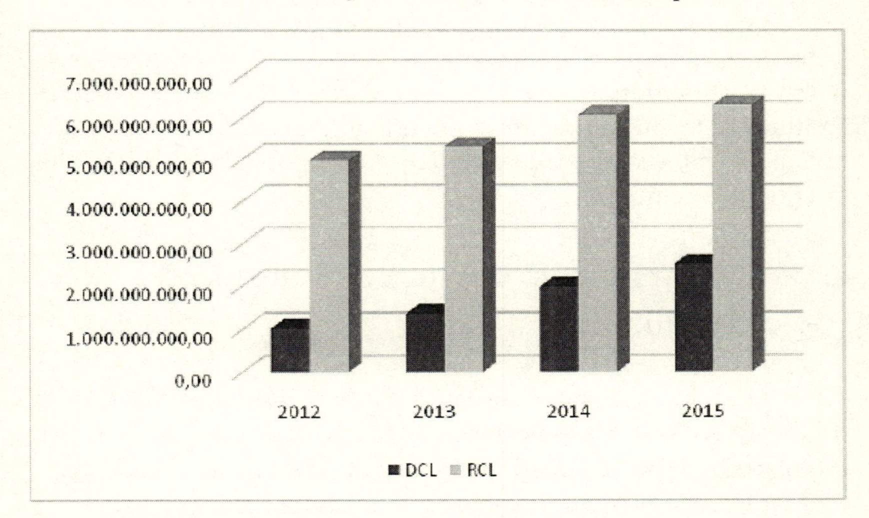

Fonte: RGF e RREO Expediente nº 838/2016, 503/2016, 496/2016 e 1.069/2016 do Processo 2.166/2016, Balanço Geral do Estado 2015 – Processo nº 4.579/2016.

É muito preocupante perceber que os demonstrativos da disponibilidade de caixa, restos a pagar e resultado primário constantes do processo de prestação de contas nas análises não contemplam as obrigações relativas a pessoal, encargos sociais, INSS, fornecedores e outros, despesas que sequer tiveram créditos empenhados à época dos seus fatos geradores, conforme pode ser observado no balancete geral do estado.

Por todas as razões apresentadas, é possível afirmar que o orçamento público tocantinense não se submete às regras de correção contidas na Constituição Federal e nas leis nacionais, em especial a LRF. Nesse diapasão, é elementar perceber que o conhecimento empírico do Tribunal de Conta não é devidamente considerado nos modelos de soluções oferecidos pelo Executivo para deliberações no Legislativo.

Espera-se que uma nova visão científica, legística, ofereça ao Parlamento e ao poder com iniciativa das leis orçamentárias uma nova compreensão da composição dos custos pelos benefícios, com ampla e, acima de tudo, clara divulgação à sociedade e ao sistema de justiça dos impactos das decisões sobre alocação de recursos e a sua execução orçamentária.

Trata-se da inserção de um juízo de prognose sobre as consequências a partir de quantificações contábeis, patrimoniais, econômicas e financeiras, tal como demonstrado nos exemplos acima, contudo de forma antecedente, ou seja, no momento da elaboração orçamentária, e com ampla participação opinativa, auxiliar, dos sistemas de controle.

2.2.9 O cumprimento dos limites e vinculações constitucionais

A Lei Fundamental brasileira não está imune às vicissitudes decorrentes das relações normativas de interação entre a União e os estados-membros. As repercussões negativas na qualidade do pacto federativo são percebidas nas práticas inadequadas orçamentárias, como tais, violadoras de diversos dispositivos da própria Constituição e da Lei de Responsabilidade Fiscal, conforme os inúmeros exemplos acima descritos.

Na quadra dos métodos e técnicas de legística dentro da Federação brasileira, resta ausente um sistema global de avaliação de impactos, o que permitiria uma análise sistemática e racional de leis orçamentárias estaduais, mas que são geradoras de riscos ao equilíbrio fiscal nacional, o que será abordado no último capítulo, quando o TCU é apontado, com fundamento no artigo 75 da CF, como órgão paradigma de controle e apoio às pretensões da União como ente representativo dos interesse de todos os entes federados.

Esta parte da pesquisa observará a apuração do limite constitucional aplicado em ações e serviços públicos de saúde. Tal análise pretende alcançar um exame legístico material dentro da perspectiva do Estado Social de Direito brasileiro, verificando, para tanto, o grau de concretização constitucional do conjunto de normas garantidoras de objetivos tidos como fundamentais, objetivos categorizados como de justiça social e responsáveis pelos maiores encargos do Estado – saúde e educação.

2.2.10 Composição do cálculo

A Emenda Constitucional nº 29, de 13 de setembro de 2000, acrescentou ao artigo 198 os §§2º e 3º, além do artigo 77, no Ato das Disposições Constitucionais Transitórias. Em razão desses preceitos, ficou estabelecido aos estados e municípios a aplicação mínima em Ações e Serviços Públicos de Saúde (ASPS) equivalente a 12% do produto da arrecadação de seus impostos.

Por sua vez, as normas de fiscalização, avaliação e controle das despesas com saúde nas esferas estadual, distrital e municipal foram fixadas pela Lei Complementar nº 141/2012. Nessa esteira, o artigo 3º[115] da precitada norma estabeleceu quais despesas podem

[115] Artigo 3º Observadas as disposições do artigo 200 da Constituição Federal, do artigo 6º da Lei nº 8.080, de 19 de setembro de 1990, e do artigo 2º desta Lei Complementar, para efeito da apuração da aplicação dos recursos mínimos aqui estabelecidos, serão consideradas despesas com ações e serviços públicos de saúde as referentes a:
I – vigilância em saúde, incluindo a epidemiológica e a sanitária;
II – atenção integral e universal à saúde em todos os níveis de complexidade, incluindo assistência terapêutica e recuperação de deficiências nutricionais;
III – capacitação do pessoal de saúde do Sistema Único de Saúde (SUS);
IV – desenvolvimento científico e tecnológico e controle de qualidade promovidos por instituições do SUS;
V – produção, aquisição e distribuição de insumos específicos dos serviços de saúde do SUS, tais como: imunobiológicos, sangue e hemoderivados, medicamentos e equipamentos médico-odontológicos;
VI – saneamento básico de domicílios ou de pequenas comunidades, desde que seja aprovado pelo Conselho de Saúde do ente da Federação financiador da ação e esteja de acordo com as diretrizes das demais determinações previstas nesta Lei Complementar;
VII – saneamento básico dos distritos sanitários especiais indígenas e de comunidades remanescentes de quilombos;
VIII – manejo ambiental vinculado diretamente ao controle de vetores de doenças;
IX – investimento na rede física do SUS, incluindo a execução de obras de recuperação, reforma, ampliação e construção de estabelecimentos públicos de saúde;
X – remuneração do pessoal ativo da área de saúde em atividade nas ações de que trata este artigo, incluindo os encargos sociais;
XI – ações de apoio administrativo realizadas pelas instituições públicas do SUS e imprescindíveis à execução das ações e serviços públicos de saúde; e

ser consideradas como ações e serviços públicos de saúde e, no artigo 4º[116] da mesma lei, foram enumeradas as atividades que não constituirão despesas para fins de apuração do percentual mínimo na função em exame.

No estado do Tocantins, o Tribunal de Contas apurou, no exercício de 2015, aplicações em Ações e Serviços Públicos de Saúde, o valor de R$987.309.396,57 (novecentos e oitenta e sete milhões, trezentos e nove mil, trezentos e noventa e seis reais e cinquenta e sete centavos), importe equivalente a 18,35% da receita líquida de impostos (base de cálculo) referente ao período, no montante de R$5.379.792.132,55 (cinco bilhões, trezentos e setenta e nove milhões, setecentos e noventa e dois mil, cento e trinta e dois reais e cinquenta e cinco centavos).

Na tabela abaixo, resta representado o montante de recursos financeiros aplicados em serviços públicos de saúde no estado do Tocantins para fins do cálculo do limite constitucional, os quais foram executados por meio do Fundo Estadual de Saúde, conforme preconiza o artigo 6º da LC nº 141/2012.

XII – gestão do sistema público de saúde e operação de unidades prestadoras de serviços públicos de saúde.

[116] Artigo 4º Não constituirão despesas com ações e serviços públicos de saúde, para fins de apuração dos percentuais mínimos de que trata esta Lei Complementar, aquelas decorrentes de: I – pagamento de aposentadorias e pensões, inclusive dos servidores da saúde; II – pessoal ativo da área de saúde quando em atividade alheia à referida área; III – assistência à saúde que não atenda ao princípio de acesso universal; IV – merenda escolar e outros programas de alimentação, ainda que executados em unidades do SUS, ressalvando-se o disposto no inciso II do artigo 3º; V – saneamento básico, inclusive quanto às ações financiadas e mantidas com recursos provenientes de taxas, tarifas ou preços públicos instituídos para essa finalidade; VI – limpeza urbana e remoção de resíduos; VII – preservação e correção do meio ambiente, realizadas pelos órgãos de meio ambiente dos entes da Federação ou por entidades não governamentais; VIII – ações de assistência social; IX – obras de infraestrutura, ainda que realizadas para beneficiar direta ou indiretamente a rede de saúde; e X – ações e serviços públicos de saúde custeados com recursos distintos dos especificados na base de cálculo definida nesta Lei Complementar ou vinculados a fundos específicos distintos daqueles da saúde.

Tabela 16 – Montante de recursos aplicados em serviços públicos de saúde no estado do TO

Descrição	Cálculo Estado	Cálculo TCE
Receita para apuração da aplicação em ações e serviços públicos em saúde	**5.379.792.132,55**	**5.379.792.132,55**
Despesas com saúde	**1.312.963.159,54**	**1.312.963.159,54**
(-) Despesas com inativos e pensionistas	0,00	0,00
(-) Despesas custeadas com outros recursos vinculados à saúde	281.877.957,61	281.877.957,61
(-) Restos a pagar cancelados – vinculados à saúde	0,00	0,00
(-) Restos a pagar inscritos sem disponibilidade financeira – fonte: 102 e 104	0,00	9.618.558,05
(-) Outras obrigações – consignações, etc. – sem disponibilidade financeira		5.410.006,95
(-) Despesas de contribuição parte patronal do Plansaúde com recursos do ASPS	0,00	28.114.322,02
(-) Despesas com parcelamento de dívida	0,00	632.918,34
Total das deduções	**281.877.957,61**	**325.653.762,97**
Total das despesas com ações e serviços públicos de saúde	**1.031.085.201,93**	**987.309.396,57**
Percentual de aplicação em ações e serviços públicos de saúde sobre a receitas de impostos líquida e transferências constitucionais e legais – limite %	**19,17%**	**18,35%**

A primeira constatação é a de que o cálculo efetuado pela Corte de Contas diverge da apresentada pelo Fundo Estadual de Saúde estadual, ainda que a metodologia de apuração utilizada pelo TCE já estivesse sedimentada desde as prestações de contas dos exercícios de 2012 e 2013. É relevante observar que a divergência de metodologias sobre a composição do cálculo se dá em razão de despesas de exercícios anteriores.

Na composição dos números, são muito expressivos aqueles que referem aos restos a pagar inscritos sem disponibilidade financeira. Chegaram ao montante de R$9.618.558,05 (nove milhões, seiscentos e dezoito mil, quinhentos e cinquenta e oito reais e cinco centavos). Observa-se que o Manual de Demonstrativos Fiscais (MDF), versão 19.05.2016, mesma metodologia utilizada em 2014, não foi observado a fim de que os percentuais constitucionais pudessem ser atingidos com mais facilidade; contudo, o prejuízo acaba por estender-se para o orçamento do exercício financeiro seguinte, dada a necessidade de compensações, gerando crise no planejamento e insegurança sobre a disponibilidade de recursos.

É certo que disfunções como esta desaguarão, sem margem de dúvidas, no estuário do excesso de judicialização na seara da saúde, como decorrência da ineficácia das políticas públicas. Alexy (2001) assevera que é uma necessidade primordial gozar de boa saúde, sem a qual estaria limitado para todos os demais direitos sociais constitucionais.

A administração, em verdade, procura descaracterizar as informações, ou seja, incluindo fontes de recursos com outras vinculações, a exemplo do SUS, para cobrir o déficit na fonte de dotação aplicável. Tal prática fere o princípio da transparência, além de descumprir os preceitos da Lei de Responsabilidade Fiscal, gerando, inclusive, solidariedade pela prestação em saúde com a União.

É necessário que o sistema de justiça conheça melhor os documentos aplicáveis à fiscalização das alocações orçamentárias, *v.g.*, o *Manual de Demonstrativos Fiscais*, 7. ed., aprovado pela Portaria nº 403/2016, que alterou a metodologia escritural de "Destinação de Recursos" para "Identificação dos Recursos". Esse nível de compreensão sobre as balizas fiscalizatórias do controle externo, por meio da melhor compreensão dos dados, tornaria mais transparentes as informações às despesas vinculadas às "receitas de impostos e de transferências para função saúde".

É importante destacar que, além dos restos a pagar sem disponibilidade financeira, foram incluídas outras obrigações, dentre elas consignações, também sem o devido lastro. Mais ainda, embora o governo do estado tenha empenhado valor suficiente no exercício, para cumprir o dispositivo constitucional, o valor das despesas, cuja competência não é o exercício de 2015, atingiu um patamar capaz de interferir diretamente tanto na apuração das despesas quanto na efetiva aplicação de recursos nas ações e serviços públicos em saúde.

Os sistemas de justiça e de controle externo devem atuar integrados para que a política pública de fiscalização seja efetiva.

Devem ainda apurar o montante dos investimentos constitucionais em cada exercício pelo valor das despesas efetivamente aplicadas em ações e serviços públicos de saúde, considerando, para fins de cálculo, apenas as despesas "efetivamente liquidadas" (nos termos do artigo 63 da Lei nº 4320/64) no exercício a que se refere o cálculo do limite, ou seja, as despesas cujo bem ou serviço foi recebido ou prestado no exercício a que se refere o cálculo, ou seja, o dispêndio por competência.

A curva ascendente de demandas na justiça por prestações públicas possui intrínseca relação com as violações das normas aplicáveis ao planejamento orçamentário e à sua consequente execução. Por outro lado, o fechamento operativo entre os sistemas de justiça e de controle externo tem dado provas concretas de que a autopoiese, executada unicamente com as próprias operações de cada um deles, não tem obtido êxito na redução das complexidades no ambiente do planejamento e da execução orçamentária.

A resposta na teoria dos sistemas para a interação mencionada acima é o acoplamento estrutural (LUHMANN, 2016), o que permite a manutenção de cada sistema, sem isomorfismos, mas ampliando exponencialmente a sensibilidade ao ambiente. Pode-se exemplificar por meio do Parecer Prévio nº 02/2015, expedido pelo Tribunal de Contas do Tocantins nos Autos nº 2.163/2014 – Prestação de Contas do Governador exercício de 2013 –, que as consequências dos descumprimentos das recomendações procedidas pelas cortes de contas sem a participação do sistema de justiça são muito próximas da inutilidade.

No mencionado documento, a fiscalização externa recomendou à Secretaria Estadual da Fazenda, Controladoria-Geral do Estado e Secretaria de Saúde a exclusão das despesas de exercícios anteriores dos índices da saúde, orientando, assim, o atendimento dos critérios para reconhecimento de despesas de exercícios anteriores estabelecidos no artigo 37 da Lei nº 4.320/64, os quais devem constituir-se como exceção à regra dos artigos 58 a 60 da referida lei.

Indicou-se, ainda, que os valores das despesas de exercícios anteriores não fossem considerados para fins de apuração dos limites constitucionais mínimos de 12% das receitas de impostos a serem aplicados em ações e serviços públicos de saúde, tendo em vista que os bens ou serviços objeto da despesa não foram efetivamente recebidos/prestados no exercício do registro da despesa orçamentária, conforme o comando contido no artigo 50, II, da LC nº 101/2000 e no artigo 24, I e II, da LC nº 141/2012 – itens 6.5.3 e 6.6.4 do relatório (ocorrências 37 e 38).

É visível que a inclusão das despesas de exercícios anteriores no índice obrigatório da saúde impacta diretamente no cidadão, frente à dificuldade financeira para o pagamento das dívidas de exercícios anteriores, como vivencia o estado do Tocantins, com problemas de grandes proporções na saúde, tais como a falta de alimentação aos pacientes, medicamentos, entre outros.

O que se pode perceber dos exemplos postos é que há forte redundância nas ações executivas e legislativas violadoras das normas parametrizantes (Constituição Federal e Lei de Responsabilidade Fiscal) do planejamento e da execução orçamentária, fazendo com que disfunções precedentes acabem se tornando fórmulas para as operações orçamentárias futuras, gerando o que se pode chamar nesta tese de "efeito protótipo".

No plano orçamentário, no qual muitas informações devem ser processadas, informações estas de múltiplos canais disciplinares, os sistemas de controle dependem de redundâncias positivas, formadas recursivamente pelas boas práticas, ou seja, práticas com avaliações sucessivas de bons resultados em políticas públicas.

Se os sistemas de controle passarem a agir de modo integrado, a partir de uma codificação unificada pela linguagem legística, não haverá perdas substanciais de informações, como as recomendações expedidas dos tribunais de contas, propiciando cada vez mais o refinamento das suas próprias operações internas e rechaçando inconsistências óbvias como as descritas.

A legística material, com seus métodos e técnicas, é aplicável desde a fase conceptiva das leis orçamentárias, assegurando validade e qualidade do seu conteúdo até a fase de execução da mesma, avaliando o desempenho da norma em vigor para a geração das redundâncias redutoras de complexidades no ambiente das políticas públicas.

As auditorias, inspeções e recomendações contidas nas contas consolidadas dos gestores são capazes de gerar eixos reitores das futuras propostas encaminhadas segundo a iniciativa do Executivo e que serão convertidas em leis pelo órgão legislativo. O que o vertente estudo propõe é que os sistemas de controle atuem em todas as fases como técnicos interessados na preparação das normas, com base nos instrumentos postos ao seu alcance para assegurar o atingimento, com qualidade, dos objetivos sociais pretendidos.

Cabe reprisar, consoante amplamente demonstrado, que os tribunais de contas já possuem uma metodologia de avaliação sucessiva de impactos orçamentários em políticas públicas, mas ainda não há tratamento legístico material conceptivo no PPA, na LDO e na LOA. A principal dificuldade para a implementação metodológica é a visão predominante de que, em face da separação dos poderes, o processo legislativo não se constitui em uma realidade de incidência mista de interesses executivo, legislativo e fiscalizatório.

À legística material orçamentária cumpre, sobretudo, perquirir sobre os pressupostos e efeitos. Busca-se potencializar resultados, a qualidade substancial da lei, passando necessariamente pelos dados colhidos empiricamente para que os agentes que decidem tenham uma visão concreta dos problemas impulsionantes, com especial efeito os que derivam do descumprimento de normas parametrizadoras da feitura das normas orçamentárias.

Desse modo, os tribunais de contas possuem capacidades institucionais provadas no dia a dia da fiscalização orçamentária para apresentar modelos de decisão baseados nas regras e princípios constitucionais e legais. Esse modelo também favoreceria a evolução da estabilidade entre as instituições pelo aumento da confiança e pelo respeito ao pressuposto normativo da separação dos poderes.

É relevante, ainda, a compreensão de que a percepção clara dos obstáculos para a consecução de boas políticas públicas depende da formação de uma estratégia de decisão voltada ao impulso legislativo certo para modificação da realidade insatisfatória a partir de dados fiáveis para a devida graduação da importância política.

2.3 Relevância do acoplamento institucional para uma intervenção qualificada nas políticas públicas

Relevando toda a argumentação posta, com ênfase nos efeitos deletérios do fechamento operativo, no qual as organizações executam suas tarefas desconsiderando as interações entre o sistema e o ambiente, é de se observar que haverá muito mais êxito no enfrentamento das obrigações legais se houver acoplamento organizacional de acordo com as aptidões e competências de cada ator.

É certo que, quando se trata do deslinde de políticas públicas, as ambiguidades de identificação dos problemas individuais serão constantes, de modo que mais uma vez a atuação acoplada tem como produto a exposição de uma rede recursiva que dará um tom de coletividade, muito importante para tomadas de decisão nesta quadra, a quadra das ações de governo.

Mas para que esse acoplamento seja possível, é necessário que o sistema tenha meios para perceber as características do seu ambiente e, assim, tenha possibilidade de nele confiar estruturalmente, ou seja, firme no mínimo que se necessita para decidir. Haverá, nesse passo, uma desejável facilitação da influência do ambiente sobre o sistema, promovendo redução de complexidades.

Luhmann (2016, p. 591), traçando elucidativa analogia com o organismo humano, assevera que:

> [...] os cérebros, com seus olhos e ouvidos, acoplam-se ao ambiente num espectro físico muito estreito; em todo caso não fazem por meio de suas próprias operações neurofisiológicas; mas, precisamente por isso, tornam o organismo incrivelmente sensível ao ambiente.

Fica claro, portanto, que o sistema deve interagir com o meio. A questão é desenvolver a sua sensibilidade, o que implica em indispensáveis meios de conexão com outros órgãos. Sem isso, "o direito, no sentido moderno do termo, permanece corrompido" (LUHMANN, 2016, p. 591).

Mais ainda, cientes das expectativas normativas atinentes aos direitos fundamentais e a fim de que não sejam reduzidos à condição de mera retórica vazia, é forçoso um olhar atento sobre o realizável. Tal olhar, tal conforme descrito na analogia sensorial, pode e deve ser promovido pelas cortes de contas, o que impõe um breve exame sobre os seus métodos, objetivos e resultados.

Como é de amplo conhecimento, no plano federal, a fiscalização contábil, financeira, orçamentária, operacional e patrimonial da União e das entidades da administração direita e indireta quanto à legalidade, legitimidade, economicidade, aplicação das subvenções e renúncias de receitas será exercida pelo Congresso Nacional, mediante controle externo, e pelo sistema de controle interno de cada poder (artigo 70 da CF).

Em outra quadra, mas ainda tratando do controle da Administração Pública, que deve contribuir para o impulso da política estatal, a Lei nº 4.320/64 estatui no artigo 75 que o controle da execução orçamentária (dispêndio público na consecução de políticas públicas) compreenderá o exame da legalidade dos atos de arrecadação ou realização de despesas e também do cumprimento dos programas de trabalho, os quais são expressos em termos monetários e de prestação de serviços públicos.

Ainda no campo do controle da Administração Pública, o Decreto-Lei nº 200/1967, ao dispor sobre a organização da administração (artigo 13, alínea "b"), assevera que a fiscalização deve incidir particularmente sobre o controle da aplicação dos dinheiros públicos, o que se dará no sistema de auditoria.

Diante dos apontamentos legais colocados em evidência, cabe indagar: como as auditorias promovidas nas cortes de contas poderiam subsidiar a atuação do Judiciário para que este pudesse decidir de modo qualificado sobre políticas públicas?

Preambularmente, é necessário esclarecer que a auditoria é um exame independente, objetivo e sistemático, que toma por base normas técnicas que servem de parâmetro de confrontação com a realidade. Trata-se de um critério controlável para a emissão de opinião. Dentre os objetivos da auditoria governamental estarão a execução dos planos, programas, projetos e atividades conduzidas pela Administração Pública e, como tal, voltados à execução de políticas públicas nas mais diversas áreas com recursos oriundos das leis orçamentárias.

As normas de auditoria INTOSAI[117] (ISSAI 100) parametrizam os tipos de exames, livres de distorções, em auditorias financeiras, de desempenho e de conformidade, sem embargo da mescla de todas, ou seja, combinadas. No campo do desempenho, o objetivo é verificar se os programas estão sendo operados com economicidade,

[117] Os manuais de auditoria dos tribunais de contas são fundados em documentos da Organização Internacional de Entidades Fiscalizadoras Superiores (INTOSAI) – ISSAI 100 (princípios fundamentais dos trabalhos de auditoria), ISSAI 200 (princípios de auditoria financeira), ISSAI 300 (auditorias de desempenho), ISSAI 400 (auditorias de conformidade).

eficiência e efetividade e, ainda, oferecer ao destinatário informações úteis ao aprimoramento das políticas públicas.

Relevante discernir o que se tem, em auditoria, por economicidade, eficiência e efetividade (ISSAI 300). Haverá acatamento à economicidade quando os custos forem minimizados, e os recursos estiverem disponíveis e em quantidade suficiente para que as políticas de estado possam ser executadas. Será eficiente a política pública que obtiver o máximo com os recursos disponíveis. Trata-se de uma estreita relação entre os recursos dispendidos e os produtos adquiridos. Será efetiva a ação de governo que tenha atingido seus objetivos, ou seja, alcançado os resultados pretendidos.

As normas de auditoria da INTOSAI (ISSAI 100) voltamse, ainda, para o campo da conformidade, no qual o objetivo é proporcionar aos organismos de controle, detentores de poderes jurisdicionais, informações seguras a fim de que estes profiram julgamentos e, eventualmente, apliquem sanções aos responsáveis pelos recursos públicos, estando aparelhados para atuar, inclusive, na seara do processo criminal. Esse tipo de auditoria é apto a trabalhar com requerimentos específicos, esclarecendo, portanto, dúvidas dos julgadores.

As auditorias de regularidade observam, com bastante ênfase, os registros orçamentários, financeiros e contábeis. Verifica-se, ainda, a adequação das decisões administrativas tomadas pelos órgãos e entidades da Administração Pública, bem como eventuais reincidências em falhas já apontadas em auditorias pretéritas.

No campo orçamentário, a auditoria operacional debruçase sobre as chamadas funções, subfunções, programas, ações (projetos, atividades) e ciclos operacionais e, ao final, emite um relatório técnico focado no desempenho dos órgãos e nos resultados alcançados nas políticas públicas com base na economicidade, eficiência, eficácia e efetividade. Cumpre sobrelevar que os resultados são colhidos de forma sistemática, ou seja, da interação entre os órgãos do Executivo.

Após a exposição da estrutura de fiscalização empreendida nos âmbito dos tribunais de contas, a fim de dar concretude à necessidade de interação entre as estruturas de controle externo no âmbito do exame das P.P. (Legislativo/Tribunais de Contas/Judiciário), faz-se necessária a referência à veiculação no jornal *Bom Dia Brasil* (COLLUCCI, 2017), o qual tratou de decisão[118] do STJ que mandou suspender processos cujo objeto fosse a outorga de remédios fora da lista do Sistema Único de Saúde.

A questão passa, sobretudo, pelo valor, ou seja, o que se pretende dirimir é o limite da obrigação do Poder Público na distribuição de remédios de alto custo na rede pública. As ações que ficaram sobrestadas em face da determinação giram em torno de 680. Tais ações deverão aguardar uma decisão do Superior Tribunal de Justiça sobre a forma pela qual serão tratadas no âmbito de cada estado, ou seja, o que se pretende é uma uniformização de entendimentos.

O Ministério da Saúde, na expectativa dessa decisão, alega que, de 2010 a 2016, ou seja, em sete anos, gastaram-se R$4,5 bilhões para atender a determinações judiciais e, até março de 2017, já houve destinação de R$236 milhões para atender demandas de medicamentos por ações na justiça. A pasta afirma, ainda, que os investimentos para ampliar a lista do SUS tiveram aumento de 129%, passando de R$6,9 bilhões em 2010 para R$15,9 bilhões em 2016.

Ora, consoante se pode inferir do breve relato jornalístico, os pontos de vista se antagonizam em dois polos, ou seja, de um lado, o Estado demonstra o seu inconformismo alegando que a assistência médica e farmacêutica integral assegurada na Constituição e na Lei nº 8.080/90 (Lei de Implantação do SUS) não significa dispensação de medicamento orientado pelo médico do paciente e fora dos protocolos clínicos incorporados pelo Ministério da Saúde e, no polo oposto, o cidadão. Seu argumento é concreto e tem como objeto um bem perecível e irrestituível: a vida.

O Judiciário, por seu turno, reconhece o caráter representativo da controvérsia posta, ou seja, obrigatoriedade de fornecimento de medicamentos não previstos na Portaria nº 2.577/2006 do Ministério da Saúde (MS) (Programa de Medicamentos Especiais) e afeta, com base no artigo 1.036 do NCPC, o mencionado recurso especial, levando em conta a multiplicidade de recursos com foco no tema.

---

[118] Recurso Especial nº 1.657.156-RJ 2017/0025629-7 (Rito dos Recursos Especiais Repetitivos. Fornecimento de medicamentos).

Promovendo o devido recorte, a questão passa pela política pública de fármacos, contida no programa de medicamentos especiais, pelo custo da manutenção dessa política pública, pela crescente interferência judicial, com gastos superiores a R$4 bilhões, e necessidade dos pacientes.

Em termos diretos, o que se pretende demonstrar é que tais matérias poderiam ser examinadas, em subsídio ao Poder Judiciário, nas auditorias descritas anteriormente, sobretudo no que atine aos resultados das políticas públicas (auditorias operacionais) e ao orçamento (auditorias de regularidade). Cabe sobrelevar que o intento é apontar a existência desse instrumental à disposição do juiz, que pode lhe oferecer uma visão de consequencialidade nas suas decisões, informando-lhe a fim de que o caos seja evitado.

Não se pode sublimar a realidade do impacto dessas decisões em termos sociais, econômicos e de governabilidade. Deve haver uma percepção orientada não só por parâmetros legais, mas, sobretudo, pelas consequências sociais derivadas do menoscabo ao preponderante viés orçamentário e financeiro. É necessário valorar que o direito à saúde, como direito fundamental, de aplicação imediata, portanto, não escapa do constrangimento fático da escassez de recursos.

O protagonismo do juiz como ator político, nesse passo muito mais que "boca da lei", tem origem no desenho institucional presidencialista e na amplitude dos direitos reconhecidos legalmente, e suas atribuições possuem os aludidos impactos sociais, econômicos e políticos.

Ora, mas se de um lado se contempla minguando a margem de discricionariedade do Executivo e do Legislativo, como fenômeno correlato é inevitável o aumento do grau de responsabilidade no exame das matérias atinentes à arena pública, sobretudo na tutela dos direitos difusos e coletivos, em que as possibilidades de democratização da justiça são mais amplas que na quadra individual. Em suma, a mentalidade deve ser no sentido da instrumentalização de uma justiça essencialmente distributiva.

É necessária uma visão biocular do problema. No campo dos casos individuais, em que as situações são dramáticas, vida ou morte, é natural que a tendência seja de garantir o direito, relativizando os aspectos materiais mencionados. No entanto, na porção macro, não se pode pensar a curto prazo, nem pontualmente. Nesse ambiente, a visão é de conjunto, ou seja, tem relevância entendimentos que considerem o perfil do paciente e a eficácia da terapia, a possibilidade de implementação de tratamentos reembolsáveis e, sobretudo, quais pacientes terão, sob esses critérios, acesso aos diferentes níveis de serviços de saúde.

Não se pode desconsiderar que êxito em qualquer área que envolva a participação direta do elemento humano exige planejamento firmado em experiências pretéritas, execução fiel do que planejado, constante monitoramento para correção de rumos e, ao final, a avaliação dos resultados alcançados nas ações de governo.

Não se trata da simples invocação do artigo 196 da Constituição. Não se trata simplesmente de considerar o direito a saúde como "[...] direito de todos e dever do Estado". É importante considerar que o Texto Constitucional também trata de políticas sociais e econômicas que tragam redução de riscos, ou seja, prevenção, sem embargo das ações voltadas à promoção e recuperação.

No entanto, as decisões concentradas unicamente na recuperação têm desorganizado ainda mais o planejamento e as finanças dos entes públicos, obrigando-os a redefinir de forma ainda mais precária do que ordinariamente já ocorre. Alterações na alocação de recursos que são desviados para o cumprimento das decisões judiciais em detrimento de um número muito maior de pessoas que poderiam ser beneficiadas, *v.g.*, por novos hospitais e unidades de pronto atendimento. É o privilégio de quem tem acesso à justiça em prejuízo da coletividade.

A função judicante, ao decidir questões envolvendo políticas públicas em diversos setores, não detém as competências que a estrutura administrativa, ainda que deficiente, possui. Com efeito, o presente estudo não se propõe a rechaçar eventuais intervenções do Poder Judiciário. O que se pretende é que o Judiciário, ao decidir, não ignore todos os aspectos que a função executiva considerou na eleição de suas prioridades.

Em outros termos, a substituição do Estado-Administração pelo Estado-Juiz exige, para ser qualificada, que se percorra toda a trajetória que mira a coletividade e deve chegar ao caso particular, sob pena de se estar diante de mero atalho e não de uma solução. Não são raras as oportunidades em que se ouve das bocas de gestores, após o cumprimento de decisões judiciais, a seguinte afirmação: "[...] se fosse para fazer assim, desconsiderando as limitações orçamentárias e financeiras, eu já teria feito".

Cumpre sobrelevar que, firme nos propósitos institucionais modelados na Constituição de 1988, ao Judiciário se outorgou inquestionável protagonismo. Nesse campo, cresce a exigência da evolução da noção de igualdade e até mesmo de uma fundada expectativa de avanço no desempenho do Judiciário. Trata-se, aqui, do exame da verdade efetiva das coisas, das coisas como são e não como se imagina que deveriam ser, não só na área da saúde, foco do presente tópico, mas em todas as áreas que envolvam políticas públicas, *v.g.*, educação, habitação e saneamento.

Não se pode olvidar que os direitos sociais têm seus fundamentos em um padrão mínimo de igualdade, ou seja, a decisão consequente leva em conta a necessidade de usufruto dos bens coletivos de maneira uniforme por todos, diminuindo e interferindo, com responsabilidade, nas desigualdades concretas, ainda que, para alcançar a justiça distributiva universal, com base em padrões científicos, exclusões sejam promovidas no seio da sociedade para que a igualdade formal assuma concretude.

Nessa toada de alargamento das responsabilidades do Judiciário, agora coparticipante de ações afirmativas de políticas públicas, exige-se um ator que vá além da aplicação e códigos e leis, mas um agente com capacidade para mensurar os impactos derivados do embate político e de participar, no limite de suas atribuições, não só da elaboração, mas da execução das políticas públicas.

Retomando os aspectos legísticos, é relevante afirmar que se trata de examinar o desempenho da norma, o que deve ser feito por meio de avaliações sucessivas às prestações públicas. Com efeito, a conexão material objetiva com a avaliação prévia constitui-se em um relevante fator impulsionador até mesmo de revisões legais orçamentárias.

Consoante se afirmou, a teoria dos sistemas estabelece que cada sistema social possui seu próprio processo comunicativo; contudo, entre as áreas organizadas e internas de cada sistema, é desejável, pelas vantagens já expostas, que a legística passe a ocupar a feição de meio de comunicação simbolicamente generalizado.

2.4 Acesso individual à justiça

Há, entre os sistemas de justiça e de controle externo, observações recíprocas. Inicialmente, a pesquisa parte da perspectiva de quem observa a crescente intervenção no orçamento em razão de decisões judiciais sobre políticas públicas, com especial efeito na função saúde. Trata-se da perspectiva de observação do controle externo sobre o sistema de justiça.

Na execução orçamentária, acompanhada pelos tribunais de contas, tem-se detectado uma forma recursiva de premissas orientadas fortemente para as demandas individuais em detrimento das coletivas. É certo que tais intervenções revelam de maneira clara um déficit de gestão que já foi objeto de exame neste estudo, mas, para além, os processos comunicativos têm gerado informações valiosas para as correções do orçamento, que não têm se convertido em capacidade de seleção entre as boas políticas públicas e as malsucedidas.

A recorrente interferência do Judiciário nas políticas públicas tem como exemplo as decisões que ordenam a concessão de fármacos não existentes na Política Nacional de Assistência Farmacêutica (PNFA). Com bastante frequência, verifica-se a outorga de fármacos experimentais, em alguns casos sem sequer possuírem registro na Agência Nacional de Vigilância Sanitária (ANVISA).

Um dado revelador da impropriedade do acesso individual é o crescente número de demandas. Hipotetiza-se que, se o método de correção judicial fosse eficiente, as funções executiva e legislativa reparariam as prestações públicas e, neste caso, o número de demandas tenderia à redução.[119]

Como se pode observar, há dados alarmantes que levam à reflexão sobre as possíveis causas. É inevitável considerar que o processo de democratização, atingido com a Constituição de 1988, é um desses fatores. Com essa importante e saudável alteração, passou o Poder Judiciário a ser verdadeiro curador da Constituição

---

[119] Colhe-se dos dados do Ministério da Saúde que, em 2005, havia 387 (trezentos e oitenta e sete) demandas judiciais, quantitativo esse que passou de 2.006 (dois mil e seis) em 2008. Para entender essa demanda, houve a disponibilização de R$2.500.000,00 (dois milhões e quinhentos mil reais) em 2005 e de R$67.600.000,00 (sessenta e sete milhões e seiscentos mil reais) em 2008, o que representa um aumento de gastos públicos com demandas judiciais de medicamentos na proporção de 30 (trinta) vezes em um triênio (NUNES, 2010, p. 145).

e das leis, possuindo força coativa até mesmo em face do Legislativo e do Executivo.

Especificamente, o direito à saúde passou a ser contemplado com bastante ênfase no Texto Constitucional, obtendo o *status* de direito social fundamental, amplamente detalhado em garantias que a própria Carta assegurou. Assim, é inevitável verificar que esse caráter compromissário assumido é fator estimulante das demandas propostas perante o Judiciário, em face do Estado, para a obtenção dos fármacos.

Importante confrontar, ainda detido no estudo das razões do aumento das ações ajuizadas, as distinções decorrentes da evolução do Estado Liberal para o Estado Democrático de Direito. No Estado Liberal, a norma tinha um papel intangível, etéreo e estático. Em outros termos, bastava ao Poder Público não interferir nos interesses da iniciativa privada.

Noutro polo, no Estado Democrático de Direito, em que a norma é um instrumento de transformação social, com esteios centrais na democracia e nos diretos fundamentais, exsurge, como decorrência, uma pesada carga de expectativas sobre o Poder Executivo.

No ambiente do Estado Social, o eixo exercerá sua resultante de força sobre um Executivo inadimplente em seus compromissos, primeiro em face de sua crônica ineficiência, corrupção e desorganização burocrática, depois pela real limitação dos recursos, insuficientes ante a descomunal demanda que se apresenta.

Nesse cenário, a expectativa tende a direcionar-se ao Judiciário, visto que se terá uma sociedade, em sua maioria de hipossuficiente, orbitando em torno de uma Constituição pródiga em garantias sem devido lastro orçamentário.

Cumpre mergulhar com mais vigor na seara dos medicamentos, objeto deste estudo. Na medida em que os fármacos passaram a ser um bem de consumo, com todas as caraterísticas que possuem, inclusive divulgação nas redes sociais de seus supostos potenciais curativos, passaram a ser, de certa forma, um bem a ser alcançado.

Em termos mais prosaicos, o homem médio não se sente atendido com um medicamento genérico, pois o outro medicamento, de marca conhecida e mais caro, em tese, é melhor, embora o princípio ativo seja o mesmo.

Como se pode inferir, essa maneira de pensar reduz sensivelmente as possibilidades, já combalidas do Estado de prover ações preventivas na saúde. Passou-se, então, a concentrar seus meios nas ações curativas, paliativas ou terapêuticas, descurando-se, na mesma proporção, das ações que interessam à coletividade na medida em que evitam a doença.

Não se pode desconsiderar, nessa análise, a força da indústria farmacêutica e sua atuação junto aos médicos, inclusive com o patrocínio de congressos e eventos dos profissionais de saúde. Sem olvidar, ainda, que essas empresas farmacêuticas interagem, também, com as associações de pacientes oferecendo medicamentos "milagrosos", os quais sequer dispõem de qualquer comprovação de eficácia que os tornem especiais em detrimento dos que estão no mercado.

Em verdade, o que tais empresas almejam é a inclusão de seus produtos na lista de medicamento do SUS, o que lhes garantirá um mercado certo e perene. Embora as cortes superiores já tenham abordado a questão da outorga de medicamentos fora da lista do SUS e, inclusive, determinando requisitos[120] para a concessão, na prática, nas diversas varas das fazendas públicas, as concessões se dão individualmente movidas por atos de comiseração judicial.

Com efeito, essa prescrição induzida de medicamentos nas receitas médicas, por vezes, sem registro na ANVISA,[121] acaba

[120] No Recurso Especial nº 1.657.156 a Primeira Seção do Superior Tribunal de Justiça (STJ) fixou a seguinte tese sobre a obrigatoriedade do Poder Público de fornecer medicamentos não incorporados em atos normativos do SUS (Tema 106): "A concessão dos medicamentos não incorporados em atos normativos do SUS exige a presença cumulativa dos seguintes requisitos: (i) Comprovação, por meio de laudo médico fundamentado e circunstanciado expedido por médico que assiste o paciente, da imprescindibilidade ou necessidade do medicamento, assim como da ineficácia, para o tratamento da moléstia, dos fármacos fornecidos pelo SUS; (ii) incapacidade financeira de arcar com o custo do medicamento prescrito; (iii) existência de registro na ANVISA do medicamento".

[121] Nota-se que, sobre a temática de obrigar ou não o Estado a fornecer medicamento sem registro na ANVISA, já foi reconhecida repercussão geral no STF, em 17 de novembro de 2011, conforme se verifica nos autos do Recurso Extraordinário nº 657.718 Minas Gerais, ministro Marco Aurélio, veja-se: "SAÚDE – MEDICAMENTO – FALTA DE REGISTRO NA AGÊNCIA NACIONAL DE VIGILÂNCIA SANITÁRIA – AUSÊNCIA DO DIREITO ASSENTADA NA ORIGEM – RECURSO EXTRAORDINÁRIO – REPERCUSSÃO GERAL – CONFIGURAÇÃO. Possui repercussão geral a controvérsia acerca da obrigatoriedade, ou não, de o Estado, ante o direito à saúde constitucionalmente garantido, de fornecer medicamento não registrado na Agência Nacional de Vigilância Sanitária – ANVISA". Não obstante, quando do julgamento de mérito, o medicamento

permeando os processos judiciais com um custo insustentável para o SUS e, na maioria das vezes, sem qualquer resultado curativo.

Nunes (2010, p. 145), Professor do Departamento de Medicina Social da Faculdade de Medicina da USP, relata que as novas tecnologias em saúde têm disseminado com maior rapidez informações sobre lançamentos de fármacos que não necessariamente trazem como efeito algo mais que a simples sensação de segurança, além de um enorme incremento na aquisição desses medicamentos, via de regra muito mais dispendiosos aos cofres públicos.

Registre-se que boa parte das demandas deduzidas perante o Judiciário tem sido patrocinada por advogados contratados, o que revela a classe econômica do cidadão que se serve da saída judicial. Pode-se inferir desse apontamento que essas decisões não são direcionadas aos mais necessitados, mas aos que dispõem de recursos para arcar com os onerosos custos de um processo judicial.

Deve-se ter em mente que outros aspectos periféricos serviram para aumentar a crescente demanda por medicamentos. Fala-se, aqui, do ingresso das mulheres no mercado de trabalho. É certo que esse fato, na mesma medida que conferiu a justa isonomia entre homens e mulheres, também acabou por expor essa parcela da sociedade, até então reclusa e menos vulnerável, a doenças.

Somado a isso, tem-se o deslocamento das populações para os grandes centros, o crescente número de acidentes automobilísticos[122] e o envelhecimento da população (NUNES, 2010), o que traz um acentuado incremento no número de doenças e doentes crônicos.

Necessário realçar que, em alguns casos, o desconhecimento por parte dos médicos dos Protocolos Clínicos de Diretrizes Terapêuticas (PCDT) também tem dado causa ao crescente número

---

já havia sido registrado na ANVISA, motivo pelo qual, em 08.08.2018, declarou-se extinto o processo sem julgamento de mérito e, por via de consequência, foi encaminhada cópia da decisão à presidência do Supremo para oficiar aos tribunais a remessa de recurso extraordinário a versar a matéria aludida, visando à análise da possível substituição do paradigma da repercussão geral, tendo em vista a matéria ser considerada controversa dentro das cortes superiores.

[122] CENTRO DE ESTUDOS AUTOMOBILÍSTICOS-CESVI BRASIL. Disponível em: www.cesvibrasil.com.br. Acesso em: 10 out. 15.

de demandas, considerando que, ao atuar fora das técnicas do protocolo, acabam prescrevendo medicamentos não incluídos nas políticas públicas de medicamentos, o que também tem dado causa ao ajuizamento de demandas.

Não é inútil reprisar o entendimento de que o atendimento integral, preconizado na Constituição e que será estudado profundamente nesta tese, não se confunde com o atendimento de todas as necessidades julgadas necessárias pelo paciente a partir do entendimento do médico particular, ou seja, os medicamentos como bem de consumo.

As ações coletivas devem contemplar a promoção e a proteção da saúde, bem como a recuperação, que deve ser entendida, tal como já explicitado, como as ações que vão desde o atendimento ambulatorial até os procedimentos cirúrgicos mais complexos, mas tudo segundo o protocolo do SUS.

Nessa senda, cumpre concluir que o Estado não tem possibilidade de fornecer medicamentos que não estejam contemplados na Política Nacional de Medicamentos e na Política de Assistência Farmacêutica.[123] Tal impossibilidade não deriva somente dos elevados custos, pela impossibilidade de regulação econômica e monitoramento dos valores dos medicamentos, mas, acima de tudo, da ausência de comprovação dos efeitos curativos e do caráter experimental.[124]

---

[123] Cabe ressaltar que "os medicamentos, dentre outros produtos, somente poderão ser industrializados, comercializados ou entregues a consumo com o registro pela ANVISA, nos termos das Leis 6.360, de 23 de setembro de 1976, e 9.782, de 26 de janeiro de 1999. O manejo de medicamentos não registrados é admitido apenas em casos definidos pela ANVISA na Resolução da Diretoria Colegiada (RDC) 38, de 12 de agosto de 2013, que dispõe sobre os programas de acesso expandido, uso compassivo e fornecimento de medicamento pós-estudo". Item 31, constante no Relatório do Voto de Auditoria Operacional realizado pelo TCU – TC 009.253/2015-7. Acórdão nº 1.787/2017 – TCU – Plenário.

[124] Nesse sentido, vale destacar a tese de repercussão geral afirmada no voto-vista do ministro Luís Roberto Barroso constante do RE nº 657.718/MG (medicamento não registrado na ANVISA): "O Estado não pode ser obrigado a fornecer medicamentos experimentais, sem eficácia e segurança comprovadas, em nenhuma hipótese. Já em relação a medicamentos não registrados na ANVISA, mas com comprovação de eficácia e segurança, o Estado somente pode ser obrigado a fornecê-los na hipótese de irrazoável mora da Agência em apreciar o pedido de registro (prazo superior a 365 dias), quando preenchidos três requisitos: (i) a existência de pedido de registro do medicamento no Brasil; (ii) a existência de registro do medicamento em renomadas agências de regulação no exterior; e (iii) a inexistência de substituto terapêutico com registro no Brasil. As ações que demandem fornecimento de medicamentos sem registro na ANVISA deverão necessariamente ser propostas em face da União".

As decisões judiciais, em primeiro grau, que se desvinculam desses parâmetros tendem a propiciar microjustiça,[125] ou seja, a justiça do caso concreto, justiça não sistêmica. É que as decisões devem ser prolatadas, como dito, sob o crivo da universalidade.[126]

Barcellos (2002, p. 305) demonstra que as impressões psicológicas e sociais do juiz são naturalmente inclinadas para um doente com "[...] rosto, identidade, presença física e história pessoal, solicitando ao juízo uma prestação de saúde". Desse modo, é intuitivo constatar que o mínimo existencial acabará por ter os seus limites ampliados.

Nesses casos, as limitações orçamentárias ficam empalidecidas, e o valor da causa se perde em uma compreensão equivocada de que o Estado deve ter possibilidades dentro de um ambiente de integralidade[127] absolutamente impraticável. Mais ainda, tudo

---

[125] As compreensões, com muita frequência adotadas pelas primeiras instanciais, distanciam-se do entendimento de que: "Não pode o Judiciário decidir como numa prova rasa de corrida, concedendo direito apenas àquele(s) que chegar(em) primeiro. Deve analisar se aquilo que está sendo concedido realmente é possível de ser concedido a todos aqueles que chegarem ao Judiciário com a mesma pretensão e que estejam em situação semelhante. As decisões judiciais, no que aqui se enfoca, não podem ser casuísticas (microjustiça), não sendo racional uma decisão que venha a conceder privilégios a alguns jurisdicionados em detrimento da maioria" (PEDRA, 2013, p. 98).

[126] O artigo 196 da Constituição Federal, na quadra da universalidade, afirma que: "[...] a saúde é direito de todos e dever do Estado, garantido mediante políticas sociais e econômicas que visem à redução do risco de doença e de outros agravos e ao acesso universal e igualitário às ações e serviços para sua promoção, proteção e recuperação". Vale ressaltar também que o artigo 198 da CF, de igual forma, preceitua sobre a integralidade na atenção à saúde. Veja-se: "[...] ações e serviços públicos de saúde integram uma rede regionalizada e hierarquizada e constituem um sistema único, organizado de acordo com as seguintes diretrizes: I – descentralização, com direção única em cada esfera de governo; II – atendimento integral, com prioridade para as atividades preventivas, sem prejuízo dos serviços assistenciais; [...]". Ainda o artigo 7º da Lei nº 8.080/1990 determina que: "[...] as ações e serviços públicos de saúde e os serviços privados contratados ou conveniados que integram o Sistema Único de Saúde (SUS), são desenvolvidos de acordo com as diretrizes previstas no artigo 198 da Constituição Federal, obedecendo ainda aos seguintes princípios: I – universalidade de acesso aos serviços de saúde em todos os níveis de assistência; II – integralidade de assistência, entendida como conjunto articulado e contínuo das ações e serviços preventivos e curativos, individuais e coletivos, exigidos para cada caso em todos os níveis de complexidade do sistema; III – preservação da autonomia das pessoas na defesa de sua integridade física e moral; IV – igualdade da assistência à saúde, sem preconceitos ou privilégios de qualquer espécie; [...]".

[127] Conforme se verifica no julgado do STJ – RESP nº 1.657.156-RJ, as cortes superiores adotaram o entendimento de integralidade trazido pelo artigo 19-M da Lei nº 8.080/1990 (incluído pela Lei nº 12.401, de 2011), que preceitua que: "[...] a assistência terapêutica integral a que se refere a alínea *d* do inciso I do artigo 6º consiste em: I – dispensação de medicamentos e produtos de interesse para a saúde, cuja prescrição esteja em conformidade com as diretrizes terapêuticas definidas em protocolo clínico para a doença ou o agravo à saúde

associado à desconfiança de que, se os recursos públicos não forem dispendidos no caso em julgamento, certamente não serão na saúde básica.

Nesse sentido, cresce a importância da utilidade da integração entre os sistemas de controle sobre a perspectiva de um único código de licitude e ilicitude, conforme se verá no último capítulo desta tese. É preciso fazer com que os dados produzidos no âmbito dos tribunais de contas, sobretudo os relativos ao orçamento, sejam compartilhados de modo a proporcionar ao magistrado, sobretudo os de primeiro grau, uma visão geral das finanças públicas.

Mas não somente sobre orçamento, os tribunais detêm informações sobre ações que devem ser empreendidas em todas as áreas pelo Executivo, bem como o índice de atingimento das metas concernentes ao grau de satisfação do interesse público.

Noutro vértice e em contrapartida, os tribunais de contas necessitam ter ciência do teor das ações ajuizadas no Judiciário. Muitas dessas demandas podem trazer informações valiosas para o controle externo. Assim, fica clara a urgência dessa simbiose entre o Judiciário, o Ministério Público, a Defensoria e a própria sociedade, tema sobre o qual se aprofundará nos tópicos que se seguem.

As causas de pedir das demandas propostas giram em torno do princípio da dignidade humana, o direito à vida e do mínimo existencial, tendo como ponto de arrimo a promessa constitucional de prestação universal[128] da saúde. No ato subsequente, a decisão cominatória compele o ente estatal ao fornecimento do fármaco.

a ser tratado ou, na falta do protocolo, em conformidade com o disposto no artigo 19-P; II – oferta de procedimentos terapêuticos, em regime domiciliar, ambulatorial e hospitalar, constantes de tabelas elaboradas pelo gestor federal do Sistema Único de Saúde – SUS, realizados no território nacional por serviço próprio, conveniado ou contratado".

[128] Nesse sentido, vale observar o item 4 da ementa constante dos Autos nº 639.620 PE 2016/0309967-0/RESP/STJ: "4. A Carta Constitucional de 1988 estatui, em seu artigo 196, que a saúde é direito de todos e dever do Estado, garantido mediante políticas sociais e econômicas que visem à redução do risco de doença e de outros agravos e ao acesso universal e igualitário às ações e serviços para sua promoção, proteção e recuperação. A prestação dos serviços inerentes à saúde, assim como o fornecimento de medicamentos àqueles que não têm condições de adquiri-los sem comprometimento da sua subsistência é obrigação do Estado, mediante cada um dos entes federativos. Portanto, nem os estados federados nem os municípios e a União podem se eximir de prestar, solidariamente, assistência médica àqueles que se mostram carentes de recursos e que recorrem ao Sistema Público de Saúde clamando por tratamento". Nessa mesma quadra, vem decidindo o STF: "[...] A saúde está expressamente prevista no artigo 196, caput, da CF, como direito de

Como resultante geral, se terá sérios impactos causadores de desorganização na Política Nacional de Medicamentos e de Assistência Farmacêutica, o que se dará em face da visão pontual, desarrazoada e emocional das decisões tomadas.

É certo que o descrédito na eficiência do Poder Público é o principal agente catalisador da interferência judicial nas políticas públicas de saúde. Inobstante, também, é certo que decisões judiciais casuísticas, desprovidas de visão sistêmica e sem o planejamento, ainda que roto, do Executivo, serão ainda mais danosas para a coletividade. Um sistema público de saúde necessita, antes de tudo, de ações planejadas e que visem ao interesse da maior parte da sociedade.

Cumpre alertar que o Judiciário deve exercer o controle, sobretudo na área da saúde, mas tal domínio reclama ferramentas que o instrumentalizem tecnicamente. Sem isso, ocorrerão distorções graves no sistema como um todo.

Cabe perscrutar, na seara do controle, se as prioridades estabelecidas pelo Poder Público, em ações de saúde, consideram, de maneira racional, a reserva de meios para o atendimento de toda a sociedade, com o devido estabelecimento de metas e prazos razoáveis para atingimento.

Sem olvidar que os parâmetros de análise já se encontram preordenados em leis. Aqui se fala das leis orçamentárias (PPA, LDO e LOA), as quais deveriam servir como critério de análise no que atine a programas, metas e orçamento para implementação, mas que quase nunca são observados por quem julga.

Com efeito, o próprio Judiciário deve ter como requisito para sua interferência a excepcionalidade, ou seja, agirá nos casos em que o planejamento de programas e ações, como dito, previstas em lei, não contemplou medidas concretizadoras das prestações na área da saúde.

Por outro lado, cumpre perceber que a questão vai muito além da dicotomia entre mínimo existencial e reserva do possível. É

todos e dever do Estado, garantida mediante políticas sociais e econômicas que visem à redução do risco de doença e de outros agravos, bem como através do acesso universal e igualitário às ações e serviços para sua promoção, proteção e recuperação, sendo uma responsabilidade comum da União, dos Estados, do DF e dos Municípios a concretização de tal direito [...]" (Recurso Extraordinário nº 814.927 Sergipe, Min. Teori Zavascki).

dizer, em outras palavras, que compete ao Executivo o cumprimento dos programas estabelecidos, das metas planejadas e, em caso de descumprimento, não se quedar a reduzir a questão à retórica vazia de que o *caso* extrapola a reserva do possível.

Como conduta saneadora, deve o Estado, diversamente do que sempre faz, enquadrar o caso, mesmo perante o Judiciário, em uma política planejada, preestabelecida e factível coletivamente.

Em outro vértice, cumprirá ao Estado-Juiz aferir se o mínimo existencial não se encontra contemplado no tratamento disponível ordinariamente, ou seja, que realmente, como exceção, o paciente se mostrou refratário em razão da peculiaridade do mal que lhe aflige.

É imperioso perceber que, ao fazer essa análise, o Judiciário não estará fazendo apenas microjustiça, mas estará evidenciando uma falha no sistema que afeta não apenas um caso, mas a coletividade. Em resumo, ter-se-á, alternativamente, uma decisão que atenderá à coletividade a partir de uma situação bastante representativa, como quando a política pública é de fato inexistente ou insuficiente, ou se terá suprida, de forma excepcional, uma necessidade também excepcional, devidamente comprovada.

Cumpre perceber que a coletivização dos processos, não só na área da saúde, mas também na educação, no meio ambiente, na moralidade administrativa e em outros, é uma medida imperativa que se impõe.

É necessário que o Judiciário e demais meios de controle passem a coordenar suas atividades em demandas de reflexo geral visando evitar distorções e, acima de tudo, a promoção, com urgência, das necessidades que são de interesse comum ou transindividuais, conforme se verá no tópico que segue.

O artigo 196 da Carta Constitucional assegura o acesso universal e igualitário às ações de saúde. Inobstante, o artigo 5º da CF também garante a igualdade e o tratamento impessoal, este último previsto no artigo 37 do mesmo diploma.

Barroso (2008, p. 328) traz importante apontamento acerca do princípio da impessoalidade. Segundo compreende, tal princípio não é de aplicação somente ao Executivo ou Legislativo, mas também deve ter efetividade na esfera judicante.

Relevante perceber, ainda na visão do autor, que, ao assumir o Poder Judiciário a posição de protagonista na implementação de políticas públicas em demandas individuais, estará outorgando a quem possui acesso qualificado à justiça, seja por conhecer melhor seus direitos ou pela condição econômica da qual dispõe, condições muito mais favoráveis e também de replicação impossível, ou seja, muito distante do contentamento coletivo.

Desse modo, sustenta-se que, primitivamente, o exame das consequências[129] orçamentárias na distribuição dos recursos pertence ao Executivo e ao Legislativo, mas, ao decidir sobre políticas públicas, o encargo se transfere ao Judiciário, sobretudo considerando que, em casos análogos, a decisão poderá ser replicada em números indetermináveis e com sérias consequências orçamentárias importantes, inclusive em funções com emprego vinculado de recursos, como a educação.

Ao ensejo da conclusão deste tópico, cumpre registrar, em suma, que são diversas as causas do crescente aumento das demandas, sobretudo na política pública de saúde. Inobstante, é necessário ponderar que a interferência do Poder Judiciário em demandas individuais na execução dessas políticas públicas não pode descurar-se das consequências gerais para todo o planejamento governamental, recomendando a saída coletiva como a mais segura dentro do sistema de justiça.

2.5 Acesso à justiça nas ações coletivas

É induvidoso que o acesso à justiça é direito inalienável no Estado Democrático de Direito, mas, quando o acesso à justiça tem como objetivo lograr diretos fundamentais do homem, como saúde e educação, o processo coletivo fundado nos limites orçamentários se mostra como o meio mais equânime para a concessão judicial de tais direitos, como se verá no curso deste tópico.

A compreensão dicotômica entre a reserva do possível e o mínimo existencial impõe uma urgente reformulação em nome do preponderante interesse público. Tal reformulação alcança também

---

[129] Artigo 20. Nas esferas administrativa, controladora e judicial, não se decidirá com base em valores jurídicos abstratos sem que sejam consideradas as consequências práticas da decisão. Em mesmo sentido segue o artigo 21, *caput*, parágrafo único do artigo 21, artigo 22, parágrafo único do artigo 22 e artigo 23, todos da Lei nº 13.655/2018, que alterou a LINDB.

os papéis das principais instâncias de controle, *v.g.*, o Ministério Público, o Poder Judiciário e os tribunais de contas. Antes, porém, cumpre um breve apanhado histórico do que tais princípios representam no campo da preservação dos direitos a prestações públicas essenciais.

Sarlet (2010, p. 340) ensina que a "reserva do possível" teve seu nascedouro em 1970, na Corte Constitucional Alemã. O objeto da demanda versava sobre o direito a vagas nas universidades públicas – Hamburgo e Munique – sob o argumento de que a Carta Magna Alemã, no artigo 12, albergava que "[...] todos os alemães têm direito a escolher livremente sua profissão, local de trabalho e seu centro de formação [...]", momento em que a corte amparou-se na teoria da reserva do possível.

Em verdade, a compreensão alemã inclinou-se na direção dos eixos da necessidade e da adequação da exigência de um indivíduo em face da sociedade e, ao final, concluiu que, mesmo ante a disponibilidade de recursos públicos, não haveria falar em outorgas prestacionais para além do que se pode considerar razoável.

Em outro polo, também se apresenta em oposição de forças a teoria do "mínimo existencial", surgida na Alemanha em meados do século XIX. Tratava-se da implementação dos direitos sociais no contexto da necessária imunidade tributária aos que não poderiam pagar impostos.

No desenvolvimento da teoria *supra*, a obrigação estatal de provisão de uma vida digna aos cidadãos entrou em questão para tender aos que detinham precárias condições físicas e mentais limitadoras de suas atividades sociais. Contudo, também ficou assentado que seria dever do Estado promover o acompanhamento dessas pessoas a fim de que a integração ao contexto natural da sociedade fosse recomposta.

É relevante esclarecer, preambularmente, que os argumentos que serão expendidos no presente tópico não têm a menor intenção de mitigar o princípio da inafastabilidade da tutela jurisdicional. Contudo, buscar-se-á demonstrar que o acesso coletivo na quadra das políticas públicas pode resultar em melhores resultados e contentamento social.

Conforme Silva (2007), a Constituição de 1988 de modo algum embaraça o acesso à justiça (artigo 5º, XXXV) na esfera individual; no entanto, é necessário que as demandas dessa natureza, promovidas pelo Ministério Público, sejam absolutamente excepcionais, sob pena de desequilíbrio orçamentário e do comprometimento coletivo das funções saúde e educação.

Ainda na quadra do acesso à justiça, cabem alguns esclarecimentos. O Texto Constitucional alberga o mencionado direito no Título II – "Dos direitos e garantias fundamentais"; contudo, não promove o discrímen do que se enquadra como direito ou garantia.

No entanto, é elucidativa a compreensão de Silva (2007) quando cinde as disposições constitucionais em declaratórias, voltadas ao reconhecimento legal de direitos, e as assecuratórias, as quais servem como verdadeiro escudo protetor, garantindo o direito.

Desse modo, o acesso ao Judiciário é instrumento assecuratório na obtenção de direitos, dentre os quais os direitos fundamentais à saúde e educação. Em outros termos, a compreensão é de que de nada vale tornar a aplicação dos mínimos constitucionais em saúde e educação princípios constitucionais sensíveis[130] se o acesso à função judicante, na busca desses direitos declarados, restar obstacularizado.

Contudo, é intuitiva a percepção que, dntre as formas de intervenção judicial preventiva – ameaça a direito – e repressiva – contenção de lesão a direito –, a melhor é, sem dúvida, a primeira.

As ações coletivas efetivam e ampliam o acesso à justiça de maneira preventiva e isonômica, vez que os bens jurídicos são concedidos, na prática, com maior comedimento ante a expressividade dos valores reclamados para concretização desses direitos e os evidentes riscos à coletividade pelo excesso.

Cumpre então, na quadra do acesso à justiça, traçar algumas reflexões sobre o processo coletivo transitando desde a evolução histórica às gerações dos direitos fundamentais, com destaque para o exame, no Brasil, da natureza jurídica dos direitos

---

[130] Artigo 34. A União não intervirá nos Estados nem no Distrito Federal, exceto para: [...] VII – assegurar a observância dos seguintes princípios constitucionais: a) forma republicana, sistema representativo e regime democrático; b) direitos da pessoa humana; c) autonomia municipal; d) prestação de contas da Administração Pública, direta e indireta. e) aplicação do mínimo exigido da receita resultante de impostos estaduais, compreendida a proveniente de transferências, na manutenção e desenvolvimento do ensino e nas ações e serviços públicos de saúde.

metaindividuais, passando pelos princípios do processo coletivo, até a coisa julgada.

2.6 Evolução histórica do processo coletivo

Antes de se ingressar no exame do direito à saúde como espécie do gênero direito coletivo, cumpre revisitar os primórdios do direito processual civil em suas fases. A primeira foi denominada de sincrética ou civilista, com origens no direito romano em 1868.

Naquele momento, ainda havia uma confusão metodológica entre o direito adjetivo e substantivo. Posteriormente, em 1868, foi classificado como autonomista ou conceitual. Merece realce o lançamento do clássico intitulado *Teoria das exceções e dos pressupostos processuais*, de Bülow (2003).

Na mesma cadência da compreensão sobre as distinções entre o processo e o direito material, veio o entendimento de que este último é de natureza bilateral, ou seja, regula situações jurídicas entre as partes. Inobstante, por seu turno, o direito processual contém dimensões tridimensionais, angularizando a relação processual por meio do vértice juiz.

A terceira fase, de 1950, denominada de instrumentalista,[131] é a vigente atualmente. A doutrina dessa escola entende o processo como um meio de acesso à justiça. Tal momento doutrinário prega o resgate do direito material, mas sem olvidar a autonomia conquistada pelo processo.

Em outro espectro de análise, pode-se classificar a evolução do processo em três ondas renovatórias. Na primeira dessas ondas, o sentido geral era a assistência aos pobres, condição indispensável para que houvesse genuíno acesso à justiça. A segunda onda veio para estabelecer a representação em juízo dos direitos metaindividuais, inaugurando, portanto, a gênese do processo coletivo. Consoante essa visão, o sistema somente garantiria efetivo acesso à justiça por meio de instrumentos que garantissem a tutela dos direitos difusos e coletivos.

---

[131] A fase do instrumentalismo teve como marco introdutório a obra denominada *Acesso à justiça*, de Mauro Cappeletti com colaboração de Bryant Garth, em 1950.

A terceira onda tem como alvo a efetividade do processo, denominado por alguns de Processo Civil de Resultados.[132] Pode-se dizer que a plenitude da instrumentalidade é antecedida dessas três ondas transformadoras.

De regresso à segunda onda renovatória de acesso à justiça, cumpre examinar os chamados direitos metaindividuais, em regra, de titularidade indeterminada. Tal espécie de direitos, *v.g.*, o direito ao meio ambiente e à moralidade administrativa, é amplamente titularizado e, nesse passo, acaba não sendo titularizado concretamente por ninguém.

Mister referenciar que a titularidade indeterminada pressupõe a defesa confiada a agentes determinados, como MP, Defensoria, tribunais de contas e a própria sociedade. Essa precaução tem como finalidade evitar um vácuo de representatividade.

Para tornar concreto o argumento, de acordo com Baumol (1952) cabe trazer à baila a expressão norte-americana *free riding*, ou efeito carona, a qual exprime a possibilidade de que, ante a existência de vários legitimados titulares do direito, tal prerrogativa acabe por não ser exercida em razão da inércia destes. Assim, o processo coletivo elide esse risco na medida em que determina diretamente ao MP, à Defensoria e a outros a tarefa da propositura da demanda, imobilizando o efeito carona.

A segunda razão que outorga importância à curatela dos direitos metaindividuais deve-se ao fato de que há casos em que é economicamente desinteressante a defesa de alguns desses direitos de forma isolada ou individual, isso considerando os elevados custos processuais, o que acaba ocasionando a ausência da devida proteção.

Explica-se. Se determinado titular de direito for lesado em porção diminuta, *v.g.*, simplesmente não conseguiu realizar determinado exame na rede pública, é certo que não promoverá qualquer ação inibidora do eventual abuso sofrido.

---

[132] Dinamarco (2003) comparou essa idealização do processo como o resultado do feito, ou seja, a efetiva tutela prestada do direito. Essa temática da efetividade do processo já era defendida por Chiovenda (1969) desde os primórdios do século XX quando alegava que "[...] deve dar a quem tem um direito, na medida do que for possível na prática, tudo aquilo e precisamente aquilo que ele tem o direito de obter".

A terceira razão para a defesa dos direitos metaindividuais deriva da utilidade para sistema de justiça. Isso significa, segundo o entendimento de Watanabe (1992, p. 15), molecularizar o processo, ou seja, devem-se reunir os diversos átomos idênticos e formar uma molécula que dará tratamento coletivo a todos os átomos.[133]

Com efeito, um processo decidido em um ambiente de demandas replicadas, como é o caso na saúde, resolverá centenas de demandas idênticas, desafogando e conferindo efetividade na prestação jurisdicional.

Relevante aclarar que o processo coletivo, por suas peculiaridades, reclama um rito próprio, de modo que o processo civil clássico não se aplica para a tutela de direitos metaindividuais.

Dentre essas razões, encontra-se o fato de que institutos clássicos do processo individual, como a legitimidade ordinária e coisa julgada intrapartes, são incompatíveis com o processo coletivo, em que o legitimado defende um direito que não lhe pertence, como é o caso do MP e da Defensoria Pública.

Tenha-se presente que a decisão individual decide um caso concreto, fato que é extremamente danoso, sobretudo quando essas decisões desconsideram o sistema. É de ser revelado que as concessões judiciais de medicamento de alto custo para determinados pacientes, com mais intensidade quando esses medicamentos não integram a lista do SUS, prejudicam as políticas coletivas, sobretudo as medidas de prevenção.

A fim de reforçar o argumento, cumpre fazer referência aos dados fornecidos pela Superintendência de Assuntos Jurídicos da Secretaria Estadual de Saúde do Tocantins no tocante às demandas coletivas. No ano de 2015, foram propostas apenas nove demandas coletivas por iniciativa do Ministério Público Estadual (MPE), Defensoria Pública Estadual (DPE) e Ordem dos Advogados do Brasil (OAB); no ano seguinte, o número subiu para 19; em 2017, as demandas propostas foram 20 e, no corrente ano, até 23 de junho, foram oito.

---

[133] O problema em relação aos direitos coletivos se coloca no confronto entre a posição de tratamento atomizado (tratar o conflito como se fosse um átomo), disposta no artigo 6º do CPC como "[...] técnica de fragmentação dos conflitos", e os textos integrados do Código de Defesa do Consumidor (CDC) e da Lei da Ação Civil Pública (LACP), que impõem um tratamento "molecular" aos conflitos coletivos *lato sensu*.

Para que se possa fazer o devido contraste com as demandas individuais, em 2016 foram 1.385; em 2017, foram 1.900 e, até o mês de julho deste exercício, foram 1.069 ações individuais propostas por instâncias de controle externo, ou seja, MP, Ministério Público Federal (MPF), Defensoria e OAB.

Pelo que se pode perceber, há uma preferência por resoluções individuais nas políticas públicas na quadra da saúde, quando, em verdade, as demandas coletivas, em números bem mais modestos, poderiam transformar de modo muito mais largo e organizado em termos de planejamento orçamentário.

É preciso insistir no fato de que o processo ordinário possui um caráter individualista, no qual a parte deduz tão somente seus interesses, enquanto o processo coletivo é essencialmente objetivo – o que se observa em sua índole sempre estará voltado ao bem comum.

2.7 Evolução do processo coletivo no Brasil

Inadequado seria esquecer que o processo coletivo no Brasil tem origem na ação popular, ou seja, desde as ordenações do Reino.[134] Inobstante o objeto da ação popular era por demais limitado, visto que, na origem, somente cabia contra atos do Poder Público, ou seja, se uma empresa causasse prejuízo ao meio ambiente, não se poderia defender por esse meio processual.

Alguns doutrinadores afirmam que o processo coletivo no Brasil teve origem efetiva com a ação civil pública, no artigo 14 da Lei nº 6.938, de 1981, e regulamentação pela Lei nº 7.347, de 1985. Há, outrossim, os que apontam as ações coletivas como resultado da forte influência dos processualistas italianos,[135] conforme ensina Didier (2008, p. 218).

---

[134] A ação popular que há muito faz parte do constitucionalismo brasileiro oficialmente constou, pela primeira vez, no artigo 157 da Constituição do Império, porém integrava a doutrina das ações no Regime das Ordenações (SILVA, 2007).

[135] No Brasil, as ações coletivas (re)surgiram por influência dos estudos dos processualistas italianos na década de setenta. Muito embora as ações coletivas não se tenham desenvolvido nos países europeus, os congressos, os artigos jurídicos e os livros publicados naquela época forneceram elementos teóricos para criação das ações coletivas brasileiras e até mesmo para identificação das ações coletivas já operantes no país (*v.g.*, a ação popular prevista na Lei nº 4.717, de 1965) (DIDIER JR.; ZANETTI JR., 2008, p. 218).

Relevante inferir, ainda, que a potencialização do processo coletivo no Brasil se deu, sobretudo, com base no artigo 129 da CF, bem como no Código de Defesa do Consumidor, Lei nº 8.078, de 1990. No que concerne à Constituição, é dispensável qualquer comentário sobre a importância de seus comandos no ordenamento jurídico.

No que diz respeito ao Código de Defesa do Consumidor, mais especificamente no artigo 81, verifica-se que a ação deixou de ser "uma" ou "una", passando a ter diversas eficácias voltadas à efetividade da tutela jurisdicional, o que possibilitou o exame dos direitos coletivos.

É sobremodo importante assinalar que, no Brasil, já ocorreram duas tentativas de criação de um código específico sobre processo coletivo. Tais iniciativas foram levadas a efeito pelos estudiosos da Universidade de São Paulo (USP) e do Instituto Brasileiro de Direito Público (IBDP), capitaneados por Grinover.[136]

A Universidade do Rio de Janeiro (UERJ), com a iniciativa do Desembargador Aluisio Mendes, também tentou, mas infelizmente não houve êxito em qualquer das oportunidades. Tem-se por presente que remanesce uma questão para a concretização do mencionado código coletivo.

Inobstante, cumpre perceber que, atualmente, os códigos vinculam princípios e visam harmonizar a legislação infraconstitucional com os objetivos visados na Constituição Federal, o que torna o exame da questão indispensável, sobretudo quando se está se referindo a direitos fundamentais.

O Código de Defesa do Consumidor (CDC)[137] tem servido a esse propósito harmonizador, na medida em que tem concatenado

---

[136] A Professora Ada Pellegrini Grinover atuou no projeto junto ao programa de pós-graduação da Faculdade de Direito de São Paulo, como primeiro anteprojeto do Código Brasileiro de Processos Coletivos. O Juiz Federal Aluisio Gonçalves de Castro Mendes atuou como docente responsável do programa de pós-graduação da Universidade do Rio de Janeiro (UERJ) e da Universidade Estácio de Sá (UNESA).

[137] Artigo 81. A defesa dos interesses e direitos dos consumidores e das vítimas poderá ser exercida em juízo individualmente, ou a título coletivo. § único. A defesa coletiva será exercida quando se tratar de: I – interesses ou direitos difusos, assim entendidos, para efeitos deste código, os transindividuais, de natureza indivisível, de que sejam titulares pessoas indeterminadas e ligadas por circunstâncias de fato; II – interesses ou direitos coletivos, assim entendidos, para efeitos deste código, os transindividuais, de natureza indivisível de que seja titular grupo, categoria ou classe de pessoas ligadas entre si ou com a parte contrária por uma relação jurídica base; III – interesses ou direitos individuais homogêneos, assim entendidos os decorrentes de origem comum.

importantes elementos instrumentais ao processo coletivo. Inobstante, o momento de evolução vivido hodiernamente reclama o estabelecimento de um microssistema caracterizador do processo coletivo, não como meio subsidiário, como ocorre com o CDC, mas concebido com esse fim, ou seja, voltado à otimização do processo coletivo.

Em suma, os microssistemas não possuem mais a incompatibilidade com o modelo oitocentista, no qual se visava exaurir, por meio da codificação, toda a matéria em determinado assunto. Os códigos hoje, como dito, veiculam princípios, são abertos e consolidam a legislação, de modo que não há incompatibilidade entre a codificação e o microssistema do processo coletivo.

Atualmente, cabe observar que, mesmo com forte inspiração italiana, a tutela coletiva no Brasil desenvolve inovações particulares, *v.g.*, a tutela dos direitos e interesses individuais homogêneos. Em apreço à verdade, cabe referenciar, outrossim, que nesta quadra houve forte influência americana com as suas *class actions*; contudo, é nacional o emprego como importante meio protetivo aos que têm direitos individuais violados com origem comum, ante a possibilidade do exame coletivo.

2.8 Processo coletivo e gerações dos direitos fundamentais segundo os estudiosos do direito constitucional

É oportuno infirmar que a primeira geração – ou dimensão – de direitos, compreendida no interregno entre os séculos XVII a XIX, preservava direitos como o voto, o patrimônio e outros voltados à liberdade. Em virtude dessas considerações, poder-se-ia designar esse momento como a Geração das Liberdades Negativas.

Em outros termos, era o direito à não intromissão do Estado. É sobremodo importante assinalar que isso deu causa a abusos concretizados na exploração do homem pelo homem, tendência histórica que marcou o liberalismo. Em face dos mencionados abusos, veio a segunda geração de direitos, vigente entre os séculos XIX e XX – eram os chamados direitos sociais e econômicos. Esse momento voltou-se ao reestabelecimento do mínimo existencial,[138] ou seja, a viabilização da igualdade mínima entre todos os cidadãos.

Surge o que os estudiosos designam como liberdades positivas, ou seja, a possibilidade de o Estado intervir para garantir, *v.g.*, um salário mínimo, os direitos trabalhistas, os direitos previdenciários e a saúde pública.

Nesse sentido, deve-se dizer que é somente na virada do século XX para o XXI que surge uma geração de direitos voltados à coletividade, em que o meio ambiente passou a ser objeto de preocupação, assim como a moralidade administrativa, o patrimônio público, a saúde e a educação.

Convém perceber que, embora o processo coletivo oportunize grandes evoluções no sentido dos desígnios da uniformidade das decisões, da celeridade e da economia processual, o que tornaria as demandas em políticas públicas cada vez menos individuais, menos atomizadas para tornar-se molecularizada (WATANABE, 1992), ainda há muita resistência do Ministério Público nas promoções de demandas coletivas.

Mais ainda, a estruturação da legislação processual é fundada em bases individualistas; desse modo, impõe-se uma visão mais prática e concreta da realidade; para isto, basta observar a concessão de medicamentos individualmente. É certo que a melhor decisão judicial para a sociedade seria a que promovesse reparos na própria política pública defeituosa, ou seja, na gestão eficiente dos recursos, com resultantes fortes na avaliação da razão entre os custos e os benefícios.

No estado do Tocantins, no campo dos procedimentos cirúrgicos de cardiopediatria, foram bloqueados, no exercício de 2016, aproximadamente um milhão de reais para o atendimento de 14 indivíduos; em 2017, aproximadamente três milhões para o atendimento de 35 pessoas. Como se pode observar, os valores aplicados

[138] Desde a Declaração Universal dos Direitos do Homem, 1948, artigo XXV, que se tem positivado, com reflexo internacional, o mínimo existencial dentro do contexto dos direitos humanos: "[...] toda pessoa tem direito a um nível de vida suficiente para assegurar sua saúde, o seu bem-estar e o de sua família, especialmente para a alimentação, o vestuário, a moradia, a assistência médica e para os serviços sociais necessários, e direito à segurança em caso de desemprego, doença, invalidez, viuvez, velhice ou outros casos de perda dos meios de subsistência em circunstâncias fora de seu controle".

para o atendimento de 49 crianças, uma vez discutidos no ambiente judicial coletivo, poderiam cobrir boa parte dos custos de treinamento dos médicos do próprio estado, tornando desnecessária a prestação do serviço sem economia de escala e fora do Tocantins.[139]

2.9 Objeto do processo coletivo em gêneros e espécies

Os direitos transindividuais dividem-se em naturalmente coletivos e acidentalmente coletivos. Os direitos naturalmente coletivos têm como característica principal a indivisibilidade do objeto e, nestes termos, ou toda a coletividade ganha, ou toda a coletividade perde. Pode-se tornar concreto o argumento com o exemplo da preservação de um rio, ou seja, estará preservado para todos ou não estará para ninguém.

Os direitos difusos integram o gênero dos naturalmente coletivos e possuem algumas características marcantes. A primeira dessas características refere-se aos sujeitos, os quais serão indeterminados e indetermináveis, ou seja, não se sabe quem são nem quem serão os destinatários.

Tais destinatários são ligados por circunstâncias de fato extremamente mutáveis, ou seja, não há uma relação jurídica entre eles. De regresso ao exemplo do rio, hoje um indivíduo pode morar perto e, nesses termos, ter um interesse direto com a preservação; amanhã, o interesse pode ser indireto ou reflexo.

É intrínseco aos direitos difusos a alta conflituosidade interna, ou seja, nem todos concordam com a abordagem do direito. Em outros termos, haverá quem defenda a imediata suspensão das atividades da fábrica que polui o rio, mas também haverá quem defenda sua continuidade em face dos empregos gerados. Por último, cumpre referenciar, como característica dos direitos naturalmente coletivos e difusos, a alta abstração, ou seja, são por excelência imateriais, não palpáveis.

Por seu turno, os direitos classificados como coletivos *strictu sensu* também possuem características peculiares. Não obstante

[139] Dados solicitados à Superintendência de Assuntos Jurídicos da Secretaria de Saúde do Estado.

serem indivisíveis quanto aos destinatários, característica que identifica essa classe de direitos com os direitos difusos, os sujeitos são imprecisos, ainda que determináveis por grupo, como se verá.

A demarcação dos sujeitos nasce da ligação por circunstâncias jurídicas estáveis, ou seja, determinados sujeitos reunidos, por interesses comuns, circunscritos em qualquer dos polos da demanda tornam o grupo definido. Com efeito, o mais relevante é a existência de ânimo comum de agregação. Para tornar concreto o argumento, basta lembrar o mencionado caso das associações de pacientes que necessitam de medicamento de alto custo.

Cabe referenciar, como fator de discrímen entre os direitos difusos e os coletivos *strictu sensu*, a existência de menor grau de conflituosidade interna, *v.g.*, não haverá membro da associação dos pacientes voltando-se contra a aquisição dos medicamentos de alto custo, como ocorreu no caso do rio poluído, o que acaba por conferir uma visão mais palpável do direito.

Outro exemplo deriva da Súmula nº 643 do STF, que afirma ser o Ministério Público legitimado para promover ação civil pública com fundamento em reajuste desarrazoado de mensalidades. Impende observar que os titulares são estudantes da mesma escola e, embora não haja relação entre eles, há interesse comum em face da escola. Como se depreende, é maior o grau de concretude do direito deduzido pelo MP, pertencente a diversos legitimados, entretanto, em face de um demandado comum.

O segundo gênero de direitos, com traço marcante na notória divisibilidade do objeto, são os acidentalmente coletivos. Em termos mais diretos, é possível afirmar que são aqueles em que parte da coletividade pode vencer determinada demanda, enquanto os demais podem sucumbir.

Em face da sorte diversa dos demandantes, no que tange ao resultado, há parcela da doutrina que diverge quanto à natureza dos direitos acidentalmente coletivos, chegando alguns a afirmar que não são meta, *supra* ou transindividuais, considerando que não transcendem os limites do indivíduo.

Cumpre asseverar que os direitos acidentalmente coletivos, com o devido rigor científico, são de natureza individual. Tal conclusão deriva, sobretudo, do fato de que cada indivíduo pode ajuizar, isoladamente, sua demanda.

Não obstante, recebem tratamento coletivo porque são numerosos os que têm o mesmo direito, é fato que o pleito está homogeneizado na sociedade. Cada indivíduo pode requerer perante o Judiciário, em face do Poder Público, determinada vacina, mas também é possível e desejável que essa demanda seja tratada coletivamente.

Cumpre uma rápida digressão neste ponto para afirmar, tal como prenunciado no tópico, que as demandas na área da saúde e da educação, tratadas isoladamente, conferem microjustiça. As demandas coletivas outorgam macrojustiça (POSNER, 2003; AMARAL, 2001; GALDINO, 2005) e, ainda que interfiram nas políticas públicas, não o fazem de modo casuístico, mas sistêmico, em face da amostra significativa do problema.

O sistema de justiça, quando exerce seu controle em casos concretos, o que se categoriza como microjustiça, desonera-se das responsabilidades sobre outras políticas públicas até mais relevantes e urgentes. Com efeito, a administração se dá como se os recursos fossem ilimitados, ou seja, não haverá qualquer responsabilidade fundada em prioridades de caráter geral, nem mesmo as de caráter constitucional ou legal.

Com efeito, não é demais reprisar que a própria Constituição estabeleceu percentuais mínimos de investimentos em saúde e educação (CF/88, artigos 198, §2º, e 212), além das vinculações para as contribuições sociais de custeio da seguridade social.

Mister elucidar que o sistema Judiciário possui algumas razões para o tratamento coletivo de pretensões sociais por políticas públicas. Impende observar que esse instrumento de resolução de demandas em massa permite, em uma única questão, com efeitos *erga omnes*, solucionar diversas demandas, o que confere agilidade e eficiência à tarefa judicante.

2.10 Políticas públicas sob o crivo das ações coletivas

Preambularmente, cumpre o exame de temas relevantes para a compreensão do papel do Poder Judiciário no ambiente das prestações públicas. Desse modo, insta adentrar na compreensão do Estado Democrático de Direito, *locus* no artigo 1º da Constituição, polarizado sobre as vertentes do constitucionalismo, que significa imposição de limites ao exercício do poder, e da democracia, que nos traz à lembrança a soberania popular e a segura compreensão do governo da maioria.

O Estado Constitucional encontra-se ancorado no princípio da dignidade humana e nos direitos fundamentais, os quais se identificam precipuamente com a igualdade, isto é, o direito de todos de serem tratados com a mesma dignidade, sem exclusões evitáveis, sem olvidar o acesso aos demais valores civilizatórios, dentre estes o acesso à educação e à saúde.

Em sendo assim, firmes na compreensão basilar de que o governo democrático, governo da maioria, opera-se, sobretudo, por meio do Executivo e do Legislativo, os quais elaborarão as leis, definirão a alocação dos recursos e a formulação das políticas públicas, o Poder Judiciário atuará com as limitações de quem é recrutado por critérios técnicos, e não eletivos.

Desse modo, cumprirá ao Poder Judiciário atuar para que os direitos previstos constitucionalmente, sobretudo os fundamentais, sejam ponderados com outros direitos da mesma espécie ou princípios constitucionais. Contudo, a garantia da maior extensão possível dos aludidos direitos sempre dependerá da ponderação de aspectos jurídicos e fáticos, parâmetros estes que, necessariamente, devem ter sido violados pelos demais poderes para intervenção judicial legítima.

É dizer que o controle jurisdicional, fundado na norma jurídica, fruto da deliberação democrática, sempre atuará nos casos de omissão do Poder Público, de ações que violem a Constituição ou do não atendimento do mínimo existencial, o qual rotineiramente é contraposto à "[...] reserva do possível" (TORRES, 2004, p. 255).

Cumpre observar que, modernamente, já se reconhece a prevalência da reserva do possível ou reserva orçamentária, o que se opera em face da fixação prévia no orçamento público feito indiretamente pela própria sociedade, por meio dos legisladores eleitos, para o julgamento das prioridades das pretensões da comunidade, com o devido resguardo ao equilíbrio financeiro.

Convém ao controle, seja judicial ou administrativo, não refazer as escolhas dos demais poderes fora das hipóteses aludidas. Cabe tão somente coibir abusos decorrentes de graves desvios de avaliação e com fiscalização parametrizada na lei e na Constituição. Desse modo, recomenda-se que as decisões voltadas à defesa de direitos transindividuais sejam resolvidas coletivamente e com efeitos *erga omnes*, sem olvidar os casos em que o controle de constitucionalidade apresenta-se como meio solucionador de invalidades nas alocações orçamentárias parametrizadas no próprio Texto Constitucional.

Cumpre referenciar que, no campo da saúde e educação, o processo coletivo se mostra como o meio mais adequado à tarefa de dirimir questões que versem sobre a eficiência na prestação do serviço pelo Poder Público. Com efeito, essa conclusão deflui das soluções mais uniformes, justas, efetivas e eficientes, considerando que o objetivo final dos direitos metaindividuais é a macrogestão[140] em detrimento do casuístico interesse individual.

No que concerne aos sujeitos processuais, o processo coletivo pode ser classificado em ação coletiva ativa ou processo coletivo ativo e em ação coletiva passiva e processo coletivo passivo. Conceitos que se passarão a examinar nas linhas que se seguem.

De maneira bem direta, pode-se afirmar que a ação coletiva ativa tem a coletividade como parte autora. A coletiva passiva, por seu turno, tem a coletividade como demandada. Cumpre perceber a sutileza de que, no último caso, a coletividade está no polo ativo e passivo.

Os estudiosos do direito não são unânimes quanto a esse tema, tanto que há duas posições antagônicas. A primeira defende que não existe ação coletiva passiva, pois, além de não haver previsão na lei (artigo 5 da Lei da Ação Civil Pública), a qual somente fala em legitimado ativo, também não haveria quem pudesse representar a coletividade na condição de ré (DIDIER JR.; ZANETTI JR., 2008).

A segunda posição é esposada pela Professora Ada Pellegrini, que defendia a ação coletiva passiva com inspiração no *defendant class actions*[141] norte-americano. A autora aduz que lacuna de previsão

---

[140] Macrogestão refere-se às ações de formulação de políticas públicas (GARCIA, G. G., 2001).

[141] A ação coletiva passiva insere-se no ordenamento jurídico, alargando o rol de direitos individuais que podem ser defendidos coletivamente. Com efeito, a ação contra a coletividade também permite a defesa de *direitos individuais homogeneamente lesionados* ou *homogeneamente ameaçados de lesão*, que nada mais são do que direitos essencialmente individuais lesionados ou ameaçados de lesão por uma coletividade organizada. Este e o principal ponto de diferenciação entre os dois tipos de ação coletiva – passiva e ativa (MAIA, 2009, p. 51).

legal não representa embargo ao reconhecimento do instituto, visto que a sua admissão decorre da interpretação de todo o sistema.

A grande dificuldade de se admitir a ação coletiva passiva está na identificação do responsável pela representação da coletividade ré. À guisa de exemplo, pode-se citar eventual ação promovida pelo MP cujo objeto será impedir greve da polícia ou de médicos. Veja que a ação será ativa, em face do interesse da coletividade, mas também será passiva, visto que será contra a coletividade dos servidores da polícia e dos médicos, cuja representação se dará pelo sindicato dos policiais.

Cumpre examinar que há uma segunda designação do processo coletivo, com enfoque no objeto, cindida em especial e comum. Tenha-se presente que o processo coletivo especial é dedicado ao controle abstrato da constitucionalidade das leis e dos atos normativos em geral, caso da ADI, Ação Direta de Constitucionalidade (ADC) e Arguição de Descumprimento de Preceito Fundamental (ADPF). Com efeito, essas ações também são processos metaindividuais ante a eficácia vinculante e a promoção abstrata do direito coletivo.

Por seu turno, o processo coletivo comum é composto por todas as ações para a tutela dos direitos difusos, coletivos e individuais homogêneos não relacionados ao controle abstrato de constitucionalidade. Tem como principal instrumento a LACP. Além dela, pode-se citar a ação popular, a de improbidade administrativa, o mandado de segurança coletivo e outras ações que tutelam os direitos metaindividuais.

Cumpre perceber que, tanto no controle abstrato de constitucionalidade quanto nas ações constitucionais, encontram-se meios para corrigir, no Judiciário, com macrojustiça, eventuais deficiências ou insuficiências na prestação, por parte do Executivo, do direito à saúde.

Com efeito, a macrojustiça mencionada deriva do tratamento coletivo e impessoal. Diversamente da justiça aplicada ao caso isolado, que não considera a finitude do orçamento para fazer frente à imensa demanda, sobretudo na vertente terapêutica, remanescem parcos recursos para a medicina preventiva.

Após tecidas todas as considerações voltadas ao objetivo de descrever as peculiaridades do processo coletivo, é possível concluir que os poderes públicos, ao decidirem sobre políticas públicas, fazem escolhas, que se presumem em obediência aos comandos constitucionais e legais (caso dos mínimos em saúde e educação); contudo, havendo crise de legalidade, eficácia, efetividade ou economicidade, estará franqueada a revisão no âmbito das ações coletivas, pois estas permitem um exame do contexto geral das ações de governo com base em elementos seguros construídos pelos tribunais de contas e empregados pelo Ministério Público.

2.11 Princípios de processo coletivo

Preambularmente, cabe reconhecer que o exame das disfunções do sistema de controle, partindo do Legislativo e agora chegando ao sistema de justiça, voltado à consecução de um método fiscalizatório que garanta efetividade nas políticas públicas de saúde e educação, possui muitas complexidades, sobretudo na quadra dos valores que se contrapõem, *v.g.*, direito à vida e à saúde como qualidade de vida.

Desse modo, na busca pela redução das aludidas complexidades na atuação do controle externo levado a efeito pelo Judiciário, busca-se a objetivação do tema por meio de critérios e parâmetros fundados nas leis nacionais e na Constituição. Trata-se da racionalização do problema, que se concretiza na interferência legítima do sistema de controle – Judiciário, Ministério Público e tribunais de contas – na condução das políticas públicas.

O dilema que se apresenta reside em limitar as ações a ponto de que o controle não seja omisso em sua tarefa fiscalizatória, mas também não seja ativo demais a ponto de desorganizar as ações orçamentariamente previstas pela administração. Nessa linha, propõe-se o deslinde coletivo de demandas sobre políticas públicas com potencial de massa, diminuindo a possibilidade de decisões judicias extravagantes e, muitas vezes, emocionais.

A teoria dos princípios, em boa parte desenvolvida por Dworkin (2010), vincula-se estreitamente à teoria dos direitos fundamentais e abriu, no Brasil, nas décadas de 1980 e 1990, o pensamento jurídico contemporâneo, que atribuiu aos princípios a condição de norma. O presente exame é fundamental, sobretudo em razão da Constituição de 1988 abrigar muitos princípios, gerando por vezes colisão entre os direitos fundamentais e outros princípios contidos na Lei Maior.

2.11.1 Princípio da indisponibilidade mitigada da ação coletiva

Cumpre assinalar que a previsão do artigo 5º, §3º, da Lei da Ação Civil Pública e do artigo 9º da Lei da Ação Popular classifica o epigrafado princípio como expresso. Tal princípio estabelece que seja vedado ao autor da ação coletiva dispor sobre o objeto da demanda, ou seja, não poderá desistir ou abandonar a ação. Impende esclarecer que eventual desistência do autor ou inércia implica em atribuição do *múnus* ao MP, reservadas as hipóteses em que a desistência for motivada, *v.g.*, perda do objeto da demanda.

O mencionado princípio fortalece o deslinde coletivo das demandas, pois, individualmente, não há garantia de que o defeito na política pública será levado até o fim, propiciando eventual correção em benefício da coletividade e da restauração da ordem. Ora, o desacato ao comando constitucional ou legal que faz nascer o direito de um pode ter origem na violação de conceitos do mínimo existencial e da fundamentalidade material dos direitos.

2.11.2 Princípio da indisponibilidade da execução coletiva

Tal princípio é expresso nos artigos 15 da Lei da ACP e 16 da Lei de Ação Popular e impõe, tanto ao MP quanto aos demais legitimados, a tarefa de ajuizamento na hipótese de inércia do demandante primitivo. Nesta quadra, as auditorias operacionais levadas a efeito pelos tribunais de contas, sobretudo nas funções saúde e educação, são indispensáveis na aferição do atingimento das metas estabelecidas no PPA e na LDO.[142]

Os parâmetros objetivos de verificação são existentes, *v.g.*, nas metas estabelecidas nos Planos Nacionais de Saúde e de Educação,

[142] Processo nº 12.091/2013 de Auditoria Operacional na área da Educação e Cultura do Estado do Tocantins. Resolução nº 110/2015.

bem como nos programas, ações e estratégias previstos nas leis orçamentárias.

Com efeito, a partir da comunicabilidade entre as instâncias de controle e, no âmbito do processo coletivo, os legitimados para propositura desse tipo de demanda podem materializar e expor, em juízo, as lacunas em prestações deixadas pelo Executivo. Sugere-se, aqui, uma ação coordenada entre os tribunais de contas, com suas auditorias operacionais, o MP e o Judiciário, voltada ao cumprimento dos direitos previstos na Constituição Federal e em leis nacionais sobre saúde e educação.

É possível inferir que, se tal providência fosse tomada, um número elevadíssimo de demandas poderia ser elidido, evitando a microjustiça, que dificulta sensivelmente as políticas públicas e afoga o Judiciário.

2.11.3 Princípio do interesse jurisdicional no conhecimento do mérito

O interesse jurisdicional no conhecimento do mérito busca uma maior flexibilização dos requisitos de admissibilidade das ações coletivas, no intuito de evitar a extinção dessa classe de processos sem julgamento do mérito.

Cabe pontuar que são inúmeros os processos administrativos em trâmite nas cortes de contas voltados, *v.g.*, à correção do transporte escolar rural deficiente e à merenda escolar inadequada.

Tais investigações, levadas a efeito pelos tribunais de contas, não podem servir apenas para o processo objetivo das contas de gestão ou para dar causa a sanções aplicadas no âmbito dos processos de fiscalização;[143] antes, por serem extremamente lesivos ao

---

[143] Processo nº 11.724/2015 – Acórdão nº 1.013/2017/TCE/TO/2ª Câmara – EMENTA – TOMADA DE CONTAS ESPECIAL. INSUFICIÊNCIA NO DETALHAMENTO DO OBJETO DE LICITAÇÃO. IRREGULARIDADE NAS COTAÇÕES DE PREÇOS. SUPERFATURAMENTO NA PRESTAÇÃO DE SERVIÇOS DE TRANSPORTE ESCOLAR. SUBCONTRATAÇÃO INTEGRAL DOS SERVIÇOS. AUSÊNCIA DA FISCALIZAÇÃO DA EXECUÇÃO DO CONTRATO. AUSÊNCIA DE RAZOÁVEL CERTEZA SOBRE O VALOR DO DÉBITO. CONTAS IRREGULARES. MULTA. Processo TC-034.420/2011-8 –

interesse público, devem ser entregues à capacidade postulatória do MP, da qual não dispõem os tribunais de contas.

2.11.4 Princípio da prioridade na tramitação

Por esse princípio, como a própria designação sugere, o juiz deve dar prioridade às ações de natureza coletiva, ainda que em detrimento das ações individuais, obviamente, respeitando o *Habeas Corpus* (HC), as ações de interesse dos idosos e outros com prioridade legal.

Cabe referenciar que esse regime de urgência é tudo o que se espera das demandas cujo direito tutelado é a vida, com efeito, as demandas na área da saúde.

2.11.5 Princípio do máximo benefício da tutela jurisdicional coletiva

Segundo o princípio do máximo benefício da tutela jurisdicional coletiva, com previsão no artigo 103, §§3º e 4º, do Código de Defesa do Consumidor, a coisa julgada coletiva, desde que benéfica, pode ser aproveitada pelos titulares das pretensões individuais decorrentes ou correspondentes.

Desse modo, se o objeto de uma ação civil pública for lograr a outorga da implantação de uma Unidade de Tratamento Intensivo (UTI) neonatal, se eventualmente o legitimado não obtiver êxito na demanda coletiva, não haverá embaraço à propositura de ações individuais.

Acórdão nº 2.699/2013 – TCU/PLENO – SUMÁRIO: TOMADA DE CONTAS ESPECIAL. PNATE. SUPERFATURAMENTO NA PRESTAÇÃO DE SERVIÇOS DE TRANSPORTE ESCOLAR. SUBCONTRATAÇÃO INTEGRAL DOS SERVIÇOS. TRANSPORTE REALIZADO COM USO DE CAMINHONETES. CITAÇÃO E AUDIÊNCIAS. AUSÊNCIA DE RAZOÁVEL CERTEZA SOBRE O VALOR DO DÉBITO. CONTRATAÇÃO ANTIECONÔMICA. CONTAS IRREGULARES. MULTA. Processo TC – 015.062/2017-1 – Acórdão nº 496/2018/TCU/Plenário – SUMÁRIO: RELATÓRIO DE CONSOLIDAÇÃO DE FOC REALIZADA NO PROGRAMA NACIONAL DE ALIMENTAÇÃO ESCOLAR-PNAE. IRREGULARIDADES E IMPROPRIEDADES IDENTIFICADAS NOS DIVERSOS ESTADOS DA FEDERAÇÃO AUDITADOS. DETERMINAÇÕES AO FNDE. DETERMINAÇÃO À SEGECEX DE ADOÇÃO ACOMPANHAMENTO, PARI PASSU, DAS MEDIDAS ADOTADAS, ATÉ A CONCLUSÃO E AVALIAÇÃO DOS RESULTADO DAS PROVIDÊNCIAS ADOTADAS PELO FNDE.

2.11.6 Princípio da máxima efetividade do processo coletivo ou do ativismo judicial

No âmbito do processo coletivo, o ativismo judicial tem uma feição benéfica, assim como a máxima efetividade. O juiz passa a ter mais poderes de decisão e de condução do processo. A inspiração norte-americana[144] oferece tais poderes extraordinários ao juiz em face do evidente interesse coletivo inserto nessas demandas, mas tudo no sentido de contentar o interesse público primário, isto é, os sociais, coletivos.

No que tange às decorrências práticas do princípio da máxima efetividade, encontram-se duas mais relevantes: a primeira relacionada ao maior poder de decisão, o que implica em um maior controle pelo Poder Judiciário das políticas públicas; a segunda refere-se ao acentuado poder de condução ou flexibilização procedimental. Especificamente, no que tange ao controle pelo Judiciário das políticas públicas, é por demais relevante pontuar o REsp nº 577.836 de SC,[145] cujo relator é o ministro Luiz Fux.

Consoante se pode inferir, tanto o STF quanto o STJ entendem que o Poder Judiciário pode determinar ao Executivo a

---

[144] Nos ensinamentos de Luís Roberto Barroso, o ativismo judicial bebe na fonte da jurisprudência norte-americana. Nesse sentido, adita o autor que: "A ideia de ativismo judicial está associada a uma participação mais ampla e intensa do Judiciário na concretização dos valores e fins constitucionais, com maior interferência no espaço de atuação dos outros dois Poderes. A postura ativista se manifesta por meio de diferentes condutas, que incluem: (i) a aplicação direta da Constituição a situações não expressamente contempladas em seu texto e independentemente de manifestação do legislador ordinário; (ii) a declaração de inconstitucionalidade de atos normativos emanados do legislador, com base em critérios menos rígidos que os de patente e ostensiva violação da Constituição; (iii) a imposição de condutas ou de abstenções ao Poder Público, notadamente em matéria de políticas públicas" (BARROSO, 2018).

[145] STJ – REsp: nº 577.836 SC 2003/0145439-2, Relator: Ministro LUIZ FUX, Data de Julgamento: 21.10.2004, T1 – PRIMEIRA TURMA, Data de Publicação: DJ 28.02.2005. DIREITO CONSTITUCIONAL À ABSOLUTA PRIORIDADE NA EFETIVAÇÃO DO DIREITO À SAÚDE DA CRIANÇA E DO ADOLESCENTE. NORMA CONSTITUCIONAL REPRODUZIDA NOS ARTIGOS 7º E 11 DO ESTATUTO DA CRIANÇA E DO ADOLESCENTE. NORMAS DEFINIDORAS DE DIREITOS NÃO PROGRAMÁTICAS. EXIGIBILIDADE EM JUÍZO. INTERESSE TRANSINDIVIDUAL ATINENTE ÀS CRIANÇAS SITUADAS NESSA FAIXA ETÁRIA. AÇÃO CIVIL PÚBLICA. CABIMENTO E PROCEDÊNCIA. 1. Ação civil pública de preceito cominatório de obrigação de fazer, ajuizada pelo Ministério Público do Estado de Santa Catarina tendo vista a violação do direito à saúde de mais de 6.000 (seis mil) crianças e adolescentes, sujeitas a tratamento médico-cirúrgico de forma irregular e deficiente em hospital infantil daquele Estado [...].

implementação de políticas públicas urgentes, como as voltadas à prestação da saúde. Tal entendimento autoriza, até mesmo, a realocação de verbas quando a omissão patológica da administração compromete o atendimento de uma promessa constitucional, *v.g.*, saúde, creche e segurança pública.

Cumpre antecipar que, nos exemplos mencionados, não haverá violação da separação dos poderes, sobretudo considerando que o Judiciário não estará fazendo mais do que determinar o cumprimento pela administração da Lei Maior. Máxime, ainda, ao verificar-se que a implementação de políticas públicas, garantidas pela CF, é atividade vinculada do administrador. Somente não poderá dizer o Estado-Juiz como fazer, mas poderá mandar executar imediatamente.[146]

2.11.7 Princípio da máxima amplitude, atipicidade e da não taxatividade

O mencionado princípio, previsto no artigo 83 do CDC, 212 do Estatuto da Criança e do Adolescente (ECA) e 82 do Estatuto do Idoso, preconiza que qualquer ação pode ser coletivizada. Esse aspecto é sobremodo relevante na medida em que possibilita soluções conjuntas para toda sorte de conflitos sociais, bastando, para que tal aconteça, que o interesse coletivo esteja presente.

[146] Conforme a Lei nº 13.655/2018 – LINDB, a deliberação, seja ela administrativa, controladora ou judicial, deve levar em conta as consequências práticas dos seus efeitos. Inclusive, no artigo 22, há previsão de que, na interpretação de normas sobre gestão pública, deve se atender para alguns indicadores, dentre eles os obstáculos e as dificuldades reais do gestor e as exigências das políticas públicas a seu cargo. Ainda nessa esteira vale destaque para o seguinte julgado: "ADMINISTRATIVO – CONTROLE JUDICIAL DE POLÍTICAS PÚBLICAS – POSSIBILIDADE EM CASOS EXCEPCIONAIS – DIREITO À SAÚDE – FORNECIMENTO DE MEDICAMENTOS – MANIFESTA NECESSIDADE – OBRIGAÇÃO DO PODER PÚBLICO – AUSÊNCIA DE VIOLAÇÃO DO PRINCÍPIO DA SEPARAÇÃO DOS PODERES – NÃO OPONIBILIDADE DA RESERVA DO POSSÍVEL AO MÍNIMO EXISTENCIAL. [...] 2. Tratando-se de direito fundamental, incluso no conceito de mínimo existencial, inexistirá empecilho jurídico para que o Judiciário estabeleça a inclusão de determinada política pública nos planos orçamentários do ente político, mormente quando não houver comprovação objetiva da incapacidade econômico-financeira da pessoa estatal" (STJ/REsp nº 771.537/RJ, Rel. Min. Eliana Calmon, Segunda Turma, DJ 3.10.2005). Ainda interessa abalizar o julgamento do Resp nº 429.570-GO/STF, em que a ministra Eliana Calmon assevera que na "atualidade, a Administração Pública está submetida ao império da lei, inclusive quanto à conveniência e oportunidade do ato administrativo".

2.11.8 Princípio da ampla divulgação da demanda coletiva

Com previsão no artigo 94 do Código de Defesa do Consumidor, tem como finalidade tornar público o processo coletivo em trâmite.

A finalidade é garantir que um maior número de pessoas tome conhecimento do processo coletivo que dirime interesses metaindividuais.

Outro consectário desse princípio é evitar a propositura de demandas individuais, considerando a promoção da ação coletiva.

2.11.9 Princípio da integratividade ou do microssistema processual coletivo

O processo coletivo possui amparo na Lei da Ação Civil Pública e no Código de Defesa do Consumidor. O conjunto das duas normas mencionadas forma um núcleo que recomenda a aplicação recíproca e complementar, ou seja, a Lei da ACP indica a aplicação de tudo que estiver contido no CDC sobre processo coletivo e o mesmo ocorre no CDC em face da Lei da ACP.

Ainda remanescem lacunas quanto ao disciplinamento do processo coletivo, o que acaba por reclamar a aplicação subsidiária da Lei do Mandado de Segurança Coletivo, da Lei da Ação Popular, da Lei da Improbidade Administrativa, do ECA, da Lei nº 7.853 de 1989 (Tutela do Deficiente), além de muitas outras. Em sendo assim, cumpre perceber a existência de um microssistema processual coletivo ou de um sistema integrado normativo cujas normas se interpenetram.

Cabe referenciar que a teoria geral do direito conceitua essa integração de normas como teoria do diálogo das fontes normativas,[147]

[147] O diálogo das fontes é um método de interpretação, de integração e de aplicação das normas, que contempla o desafio de assegurar a coerência e a efetividade do direito a partir do projeto constitucional e do sistema de valores que impõe. Além disso, consiste no método de coordenação e coerência sistemática das várias fontes do direito, assegurando a conformidade entre elas e a supremacia da Constituição e, mais ainda, dos seus valores e direitos fundamentais (BENJAMIN, 2012). Sobre o diálogo das fontes, vale recorte do julgado AgRg no REsp nº 1.483.780/PE 2014/0246478-3/ STJ, item 1.1: "O Direito deve

ou seja, as normas devem completar-se reciprocamente buscando o melhor resultado.

2.12 Últimos apontamentos sobre o acesso à justiça

Ora, se o acesso à justiça é, na visão de Bastos (1999, p. 213), um dos principais sustentáculos do Estado de Direito e, ainda, se após a apreciação do direito reclamado houver a substituição da vontade Executiva, é evidente que os meios necessários ao cumprimento da decisão devem ser observados sob o enfoque das limitações orçamentárias, sob pena do descrédito da própria justiça ante a impossibilidade fática do cumprimento dos seus comandos.

Os tribunais de contas têm como incumbência constitucional o acompanhamento das receitas e do dispêndio público em todas as prestações estatais. Watanabe (1982, p. 128) defende que o acesso à justiça ou à ordem jurídica justa não pode ser "[...] estudada nos acanhados limites do acesso aos órgãos judiciais já existentes [...]", mas busca ampliar as possibilidades válidas de resultado útil.

Em sendo assim, somente haverá efetividade na prestação jurisdicional, sobretudo quando se tratar de direitos fundamentais, quando todos puderem acessar a justiça e obtiverem, segundo suas razoáveis necessidades e reais possibilidades do Poder Público, a mesma resposta quanto ao direito pleiteado.

Cappelletti (1977, p. 130) já prenunciava algo que aumenta em proporções geométricas a "[...] sociedade de massa". Nesse ambiente, as violações, sobretudo em prestações essenciais, como saúde e educação, não possuem caráter individual. Na sociedade de massa, as violações também são em massa, as prestações

ser compreendido, em metáfora às ciências da natureza, como um sistema de vasos comunicantes, ou de diálogo das fontes (Erik Jayme), que permita a sua interpretação de forma holística. Deve-se buscar, sempre, evitar antinomias, ofensivas que são aos princípios da isonomia e da segurança jurídica, bem como ao próprio ideal humano de Justiça". No âmbito do STJ, esse entendimento veio a ser consolidado pela Primeira Seção, em sede de recurso especial repetitivo, nos autos RESP nº 1.184.765/PA, Rel. Min. Luiz Fux, DJe 3.12.2010. A título de exemplo, os seguintes julgados seguem em mesma direção: STJ – REsp nº 1.009.591/RS, Rel. Min. Nancy Andrighi, Terceira Turma, DJe 23.08.2010, STJ – AgRg nos EREsp nº 938.607/SP, Rel. Min. Herman Benjamin, Primeira Seção, DJe 06.03.2012, ST- REsp nº 1.710.155 / CE 2017/0294168-6, REsp nº 1.645.999/PE 2016/0333249-0 e RMS nº 49.370/MT Recurso Ordinário em Mandado de Segurança 2015/0240273-8, entre outros.

também devem ser massificadas, e os recursos, finitos como são, devem ser suficientes.

Em outro giro explicativo, pode-se afirmar que, nessa atmosfera intrincada de necessidades humanas e limitações econômicas, medidas exageradas ou movidas por compaixão humana do julgador podem conduzir ao prejuízo de um número indeterminado de pessoas, ante as limitações, reitero, orçamentárias.

É relevante observar que, entre os direitos ou interesses metaindividuais, insculpidos no artigo 81 do Código de Defesa do Consumidor, a Lei nº 8.078, de 1990, classificou como transindividuais, de natureza indivisível, os que têm como titulares pessoas indeterminadas e ligadas pela mesma situação de fato. Tais interesses são difusos.

A saúde é, então, um direito social e difuso, dimensionada como direito fundamental. Relevante, portanto, concluir que a defesa desse direito poderá se dar de maneira, individual, coletiva, dependendo das características de cada caso.

Mas, para que esse direito difuso seja concretizado, prestações do Poder Público, nas funções executiva, legislativa e judicial, direta ou indiretamente, são acionadas. Contudo, não se pode esquecer que as aludidas prestações redundam em dispêndios, e todos os dispêndios são autorizados orçamentariamente, ainda que decorrentes de ordens judiciais.

Desse modo, é cogente compreender que a prestação pública dentro da função saúde é dirigida a uma generalidade indeterminável de titulares, o que inevitavelmente leva a decisões fundadas nas possibilidades econômicas de cada ente.

Ora, a própria Constituição, quando estabelece os percentuais mínimos constitucionais, incidentes sobre a base da receita corrente líquida, já prenuncia diferentes níveis de prestações públicas baseadas nas diversas receitas dos entes estaduais e municipais.

Cavaliere Filho (2000, p. 92) faz uma relevante reflexão que se amolda perfeitamente ao dilema existente na realização dos direitos fundamentais, tais como saúde e educação, e à necessidade de dispêndios públicos elevados. Afirma o Professor que "[...] pior do que não ter leis é tê-las e não aplicá-las".

Com efeito, é evidente que o ordenamento jurídico somente tem utilidade se puder promover tutelas eficazes. Não bastará assegurar se não houver garantias de contentamento social fundado em uma justa expectativa.

Relevante pontuar, prefaciando a quadra prática da realização dos direitos fundamentais, que a incumbência constitucional de defesa da ordem jurídica é, obviamente, do Ministério Público. Cumpre, portanto, a defesa autônoma e independente dos interesses sociais, individuais indisponíveis e coletivos.

A ação civil pública, artigo 5º, inciso I, da Lei nº 7.347/85, se constitui em importante instrumento utilizado pelo Ministério Público para a tutela de direitos coletivos, podendo ser, inclusive, antecedida de inquérito civil, que possui natureza administrativa e volta-se à apuração de fatos (artigo 129 da CF).

Ainda que o inquérito civil não crie, modifique ou extinga direitos, não deixa de ser medida prévia à propositura da demanda coletiva que se seguirá. É terreno propício à produção probatória que impedirá, no processo judicial, lesão aos interesses metaindividuais (artigo 18 do CDC).

Nada obsta que o inquérito resolva questões administrativamente por meio do ajustamento de conduta voltado à adequação da conduta lesiva. É importante conjugar, ainda na moldura da ação civil pública, que esta será tão eficiente quanto esclarecedores forem os dados levantados.

Ora, mas se a missão dos tribunais de contas é buscar a satisfação das necessidades sociais, sobretudo com vistas à correta aplicação dos recursos públicos, garantindo transparência, eficiência, eficácia na gestão pública, fica evidente que a sua competência constitucional consultiva, inspecional e auditorial, com acesso a todas as informações disponíveis nos órgãos, é de irrenunciável aplicação no inquérito civil, também de natureza administrativa, embora inquisitorial.

O sistema de justiça, quando na quadra das políticas, não pode é ater-se com exclusividade ao exame jurídico, pois o contexto do interesse público é difuso e exige muito mais que isso.

Basta observar o conteúdo do artigo 73, §1º, inciso III, da Constituição Federal, o qual indica que às competências para a fiscalização das políticas públicas deve mesclar notórios conhecimentos jurídicos, contábeis, econômicos e financeiros, ou seja, várias áreas do conhecimento humano.

Nalini (1992, p. 61) afirma que "[...] o juiz, na contemporaneidade, há de ser um homem especial, provido de conhecimentos enciclopédicos para enfrentar a realidade emergente das lides metaindividuais [...]"; contudo, na realidade, tais fatos não se verificam sempre.

O Estado, com suas urgências, não pode depender de rara capacidade de um ou de outro; na verdade, o Estado deve fundar suas expectativas na estrutura de que dispõe. O sistema de justiça deve comunicar-se com o sistema de controle externo, e informações devem ser compartilhadas em nome do interesse maior, o público.

Até mesmo a efetividade do acesso à justiça depende desse acoplamento institucional e requer esforços conjugados entre o MP, tribunais de contas, defensorias e Judiciário, sobretudo nos processos coletivos, nos quais o orçamento é central.

Os polos contrapostos da reserva do possível e do mínimo existencial exigem construções objetivas e fundadas, sobretudo no orçamento público. No Recurso Especial nº 493.811-SP (2002/169619-5), a ministra Eliana Calmon asseverou que o Ministério Público possui legitimidade para exigir políticas públicas obrigatórias.

No mencionado julgado, no qual o recurso foi provido, abriu-se tutela específica para que determinada prestação estatal, aprovada em resolução do Conselho Municipal dos Direitos da Criança e do Adolescente, fosse incluída no orçamento seguinte.

A ação governamental, concretizadora das políticas públicas, deve ser delineada segundo os objetivos do Estado fundados na Constituição; em palavras mais diretas, as políticas, para que sejam de fato públicas, como ensina Canela Junior (2011, p. 58), não podem estar destacadas do bem comum.

Desse modo, depreende-se que políticas públicas adequadas são as que atendem às necessidades de todos os cidadãos, que o acesso à justiça é mais qualificado quando é promovido coletivamente, e que a intervenção judicial também representa, embora atipicamente, implementação de políticas públicas e, em sendo assim, deve preservar a eficácia e a integridade dos direitos individuais e coletivos dos que não estão em juízo.

Na Arguição de Preceito Fundamental nº 45, o ministro Celso de Melo[148] discorre sobre o caráter programático da Constituição

---

[148] MELLO, C. A. B. de. *Curso de direito administrativo*. 22. ed. São Paulo: Malheiros, 2007.

Federal de 1988 e do risco da frustração coletiva em face do não atendimento de suas justas expectativas.

Na evolução das suas compreensões, o ministro explica que a "[...] reserva do possível [...]" não pode ser arguida pelo Estado para buscar exonerar-se de suas obrigações constitucionais, sobretudo quando em jogo os direitos impregnados de fundamentalidade, como saúde e educação.

Contudo, o entendimento posto carrega consigo uma relevante ressalva. Diz o ministro que a exceção excludente da obrigação estatal se concretiza quando as limitações dos Estado forem "[...] objetivamente aferidas".

Mas como aferir objetivamente tais limitações estatais? Como aferir, no outro polo, violações ao que se tem por condições materiais mínimas de existência, o mínimo existencial?

Em uma quadra de numerosas incertezas, uma afirmação deve-se ter por certa: as prestações públicas devem buscar o atingimento dos elementos fundamentais da dignidade humana, e tais elementos devem ser prioritários nos dispêndios públicos orçamentários.

O orçamento deve ser o veículo principal para o contentamento do mínimo existencial. É de amplo conhecimento que todos os direitos de segunda geração têm implantação onerosa e estão no ambiente binário compreendido pela razoabilidade em face do Poder Público e da existência de disponibilidade financeira.

Sabe-se que o Judiciário não pode intervir substituindo as opções legislativas de organização e prestações se essas promoverem condições mínimas à vida digna, ainda que a função judicante compreenda que, por outra maneira, o resultado também poderia ser atingido.[149]

Desse modo, as intervenções judiciais são legítimas nos casos em que o Executivo ou o Legislativo violarem de maneira evidente e arbitrária os seus deveres e incumbências constitucionais e legais.

Voltando às indagações delineadas anteriormente, já se pode afirmar que o Judiciário deve intervir ante a configuração

---

[149] STF, ADPF nº 45, Min. Celso de Melo, j. 29-4-2004.

de abusividades governamentais, pode tutelar especificamente políticas públicas, pode até promover inclusões orçamentárias, mas, ao intervir na função executiva, não poderá deixar de se comportar com responsabilidade fiscal, tal como deve o Executivo, e também não poderá ultrapassar o mínimo para a dignidade humana, limite judicial de sua atuação.

Os tribunais de contas atuam, predominantemente, de maneira objetiva. Basta observar o conteúdo do artigo 70 da CF, no qual a fiscalização é adjetivada como contábil, financeira, orçamentária, operacional e patrimonial. É intuitivo pensar que os dados obtidos nessas fiscalizações serão úteis na intervenção judicial coletiva, caso das ações civis públicas.

A reserva do possível é medida orçamentariamente e nasce da conjugação das receitas previstas em face das despesas prioritárias. A tarefa será definir, objetivamente, quais despesas são prioritárias. Sabe-se que tais despesas são emolduradas naquilo que é imprescindível à dignidade humana, mas como encontrar parâmetros objetivos do que imprescindível?

A Constituição oferece sinais. O Estado brasileiro possui objetivos (artigo 6º da CF), e Canela Junior (2011, p. 102) afirma que orçamento é o instrumento para tais realizações. A educação, a saúde, a alimentação, a moradia, o lazer, a segurança e os outros direitos sociais devem ser assegurados, mas até que limite o Estado é obrigado a gastar?

A Professora Grinover (2010, p. 18) oferece como parâmetro a razoabilidade e a proporcionalidade nas decisões interventivas da justiça sobre políticas públicas. Canela Junior (2011, p. 136) afirma que políticas públicas não podem ser instrumentos aptos à resistência contra a implementação dos direitos fundamentais.

Inobstante todas as considerações doutrinárias ou jurisprudenciais sobre as intervenções judiciais nas políticas públicas, ainda restam ausentes reflexões objetivas sobre o alcance orçamentário dessas concessões.

O artigo 34, VII, "e", da CF determina a aplicação do mínimo exigido da receita dos impostos estaduais na manutenção e desenvolvimento do ensino e nas ações e serviços públicos de saúde. No caso da educação, o percentual mínimo a ser aplicado pela União é de 18%; os estados e municípios, 25%, da receita resultante dos impostos.

Os artigos 70 e 71 da CF estabelecem todos os gastos que poderão ou não ser considerados para consecução dos objetivos constitucionais. Além desses dispositivos, as Leis Federais nº 9.394/1996 e 10.845/2004, além de decretos e outros atos normativos, regulam e direcionam os gastos mínimos na política pública.

Na função saúde, com a Emenda Constitucional nº 29, de 2000, a Lei Complementar nº 141 passou a determinar o percentual mínimo, bem como determinou as parcelas que poderiam integrar as despesas com fonte de custeio nesse percentual.

Cumpre observar o artigo 3º da mencionada lei complementar. Tal dispositivo categoriza todas as despesas que devem ser consideradas para dispêndio com o mínimo constitucional, alocado como princípio constitucional sensível. Ao artigo 4º da mesma lei, cumpriu fundar as vedações, ou seja, os gastos que não poderão ser contabilizados para a formação do mínimo constitucional.

Ao que se percebe, o mínimo existencial, no que é ordinário, é delimitado no ordenamento jurídico brasileiro. Correspondentemente, o Legislador constituinte originário e derivado ocupou-se das fontes de custeio que deveriam estar presentes no orçamento público para fazer frente a todos os dispêndios necessários.

O controle externo, a partir dos mencionados parâmetros constitucionais, passou a verificar todos os atos e fatos da administração, a formar juízo de legalidade e de mérito, considerando os princípios constitucionais da legitimidade, economicidade, razoabilidade e moralidade.

Os tópicos que se seguem promovem um giro diametral no que fora realizado até aqui, ou seja, a observação do sistema de controle externo sobre o sistema de justiça, ressalte-se, sem a devida validação pelo sistema observado.

A validação é relevante porque todo observador representa um sistema autopoiético; desse modo, produz os seus sentidos internamente, é dizer, as descrições sofrem elevada influência do código de validade do próprio observador. Não há possibilidade de observação segundo o repertório inserto no sistema descrito.

Contudo, quando o sistema de controle externo promove sua auto-observação, buscando diferenciar os seus próprios elementos do ambiente, não pode deixar de perceber a atmosfera externa.

Não é que esta pesquisa esteja procurando demonstrar desorganizações internas ao sistema de justiça. Não se trata disso. Trata-se de evidenciar as operações que trazem prejuízo às operações do sistema de controle externo, sobre o que se observa.

2.13 O julgamento de contas públicas efetuado pelas câmaras de vereadores: um exame consequencial do RE nº 848.826/DF

O recurso extraordinário acima epigrafado é um marco para o controle externo pátrio, pois determina as bases de uma nova forma de fiscalização sobre os 5.570 municípios brasileiros.[150] Trata-se, pois, objetivamente, da decisão que retira dos tribunais de contas a competência para o julgamento das contas de prefeitos ordenadores de despesas e a remete para as câmaras de vereadores.

Preambularmente, cumpre observar que a presente pesquisa não intenta perscrutar todas as nuances argumentativas desenvolvidas pelo STF para a fixação da tese no RE nº 848.826/DF, sobretudo considerando que a demanda, originariamente, possui forte viés eleitoral, e o enfoque central do presente artigo inclina-se para a fiscalização das contas de gestão dos prefeitos ordenadores de despesa, ou seja, trata-se de uma abordagem de jaez administrativo e voltada ao controle e manejo dos recursos públicos.

Com especial efeito, o problema central resultante da aludida transferência de competência – dos tribunais de contas para câmaras de vereadores – está fundado no receio de que isto acabe por representar grave risco para a fiscalização dos gastos públicos e, até mesmo, para a constituição do título executivo reparador dos prejuízos causados ao erário, cuja expedição, prevista no artigo 71, §3º, da Constituição Federal, após o julgamento técnico, compete às cortes de contas.

Almeja-se clarificar que a transferência do julgamento das mencionadas contas de gestão não encontra respaldo em

[150] IBGE – Instituto Brasileiro de Geografia e Estatística. Disponível em: https://cidades.ibge.gov.br/brasil/panorama. Acesso em: 10 jan. 2019.

expectativas reais ou fáticas de decisões mais qualificadas e céleres no Parlamento. Para tal intento, os argumentos dissuasivos estarão alicerçados na baixa suficiência técnica das câmaras de vereadores no trato, até mesmo, das contas consolidadas, cujo conteúdo é eminentemente político, o que não encoraja boas expectativas no julgamento de contas de gestão, voltadas exclusivamente a aspectos técnicos de alta complexidade.

A pesquisa buscará delinear e examinar o ângulo pelo qual o Poder Judiciário observa o mandamento constitucional que atribui aos tribunais de contas a tarefa de "auxílio" ao Parlamento nacional, sobretudo no plano da fiscalização municipal. Tal reflexão é de substancial relevância, pois representa o esteio central do recurso extraordinário em questão e também possui reflexos sobre a autoridade e efetividade das decisões exaradas nas cortes de contas.

Para isso, além da exegese do alcance da expressão "auxílio", insculpida no artigo 71 do Texto Constitucional, haverá também uma abordagem sobre o elevado nível metodológico da fiscalização empreendida pelas cortes de contas, as quais não podem submeter-se, sem prejuízo ao interesse público, aos juízos meramente políticos e, como tal, desprovidos de fundamentos técnicos capazes de afastar os elevados danos ao erário liquidados em títulos certos, determinados e exigíveis. Sem olvidar as sanções aplicáveis em face da violação das normas nacionais de regência administrativa.

Far-se-á, outrossim, um exame histórico de decisões do STF até o RE acima apontado, buscando linear os argumentos mais contundentes dos juízes daquela corte até a precitada decisão. Nesta quadra, haverá uma abordagem sobre a tomada de contas especial, instrumento de ressarcimento de danos ao erário ainda remanescente ao controle externo depois do aludido acórdão.

Ao final, esta parte da pesquisa traz números reveladores do tempo que se leva para julgamento nas diversas câmaras de vereadores tocantinenses e do montante dos prejuízos gerados diretamente por prefeitos ordenadores de despesa, com o fito de demonstrar o quanto essa decisão coloca em risco as políticas públicas levadas a efeito pela administração dos entes municipais.

2.13.1 A competência fiscalizatória constitucional e legal dos tribunais de contas sobre as despesas ordenadas

Preambularmente, observa-se a suposta relação de continência entre as cortes de contas e o Parlamento. O artigo 44[151] da CF afirma que o Congresso Nacional compõe-se "da Câmara dos Deputados e do Senado Federal". Ao que se pode verificar, os tribunais de contas não integram o Poder Legislativo e, por força do princípio da simetria,[152] não se encontram na estrutura do Poder Legislativo em qualquer dos planos da Federação.

Progredindo um pouco mais, constata-se que o artigo 49, inciso X, do Texto Base da República atribui competência exclusiva[153] ao Congresso Nacional, o que se estende aos estados e municípios, para "julgar anualmente as contas prestadas pelo Presidente da República[154] e apreciar os relatórios sobre a execução dos planos de governo".

Intuitivamente, é possível inferir que o assinalado julgamento projetado pelo constituinte possui forte carga política e parte de juízos impregnados de conveniência e oportunidade no exame dos fatos em julgamento e dos atos praticados pelos agentes políticos responsáveis. Mas, mesmo assim, o parecer prévio,[155] no qual esse

---

[151] O Poder Legislativo é exercido pelo Congresso Nacional, que se compõe da Câmara dos Deputados e do Senado Federal (BRASIL. Constituição (1988). *Constituição da República Federativa do Brasil*: promulgada em 5 de outubro de 1988. Disponível em: http://www.planalto.gov.br/ccivil_03/Constituicao/ConstituicaoCompilado.htm. Acesso em: 07 jan. 2019.

[152] O princípio da simetria impõe aos membros da aliança federativa o dever de observância às normas constitucionais, com especial efeito as que se revestem de caráter nacional, aplicando-se, portanto, à União, aos estados e aos municípios (FONTELES, Samuel Sales, 2015 *online*).

[153] É da competência exclusiva do Congresso Nacional: "X- fiscalizar e controlar, diretamente, ou por qualquer de suas Casas os atos do Poder Executivo, incluídos os da administração indireta". Contudo, tal dispositivo deve ser convolado com o artigo 71, também da Constituição Federal, o qual assevera que "o controle externo, a cargo do Congresso Nacional, será exercido com o *auxílio* do Tribunal de Contas da União (...)". É intuitivo perceber que a função de fiscalização atribuída ao Parlamento depende imprescindivelmente do apoio técnico das cortes de contas.

[154] As contas prestadas anualmente pelo presidente da República, governadores e prefeitos são as de desempenho, comumente conhecidas como contas consolidadas. Tal espécie de conta prestada recebe, conforme o caso, parecer prévio de conteúdo opinativo do TCU, TCEs ou TCMs (onde houver).

[155] Relevante pontuar que, mesmo sendo opinativo o parecer prévio, o Constituinte preocupou-se em fazer a prevalecer a opinião técnica exarada pelas cortes de contas por 2/3 do quórum

juízo discricionário se fundará, deriva, sem subordinação recíproca, do "auxílio"[156] compulsório[157] das cortes de contas.

Outrossim, sobrepõe-se a importância de considerar que as cortes de contas são autossuficientes em diversas tarefas constitucionais, *v.g.*, o julgamento das contas dos ordenadores de despesas. Na aludida tarefa, não há qualquer ingerência do Parlamento, o que não se dá também no exame das tomadas de contas especiais, conforme se verificará a seguir.

Essencial ponderar que essa autonomia não retira do Parlamento, em qualquer dos planos, obviamente, a possibilidade de, valendo-se das cortes de contas, sindicar, orientar previamente, corrigir posteriormente, atos e decisões que envolvam direta ou incidentalmente as regras e princípios constitucionais.

Em outra quadra estão os julgamentos a cargo dos tribunais de contas, os quais se submetem a parâmetros rígidos constitucionais e legais, constituídos em preceitos técnico-jurídicos, fora do espectro discricionário político. Tanto é assim que o artigo 73 da Constituição Federal, ao tratar das atribuições do TCU, remete, com a expressão "no que couber", ao artigo 96, ou seja, dentro do Capítulo III da Constituição Federal, onde possui *locus* o Poder Judiciário.

É certo que os constituintes reconheceram, com a expressão entre aspas, as diferenças institucionais entre o sistema de justiça e dos tribunais de contas, inobstante não seja possível olvidar que somente há espaço para comparação na psique humana quando também existem traços semelhantes, o que justifica o "no que couber".

Tal meditação traz à superfície a compreensão de que os juízos exarados nas cortes de contas são genuinamente julgamentos, no

---

do Legislativo Municipal. É dizer que há clara predileção pelo posicionamento técnico em detrimento do meramente político.

[156] O ex-ministro do STF Carlos Ayres Britto defende no seu artigo *O regime constitucional dos tribunais de contas*" que o Tribunal de Contas da União não é instituição subalterna ao Congresso Nacional. Assevera que a expressão "auxílio" estampada no Texto Constitucional não se traduz em submissão, assemelhando-se mais a relação entre o Ministério Público e o Judiciário, consoante se extrai do artigo 128, incisos I e II, da CF.

[157] A expressão "compulsório" deve-se ao fato de que o parecer representa ao cabo e ao termo condição técnica sem a qual o juízo político não pode subsistir em uma moldura controlável segundo parâmetros previamente determinados na Constituição Federal e nas leis nacionais, com especial efeito a de Responsabilidade Fiscal.

sentido estrito da palavra, e que isso em nada embarga a possibilidade revisional estabelecida com reserva ao Poder Judiciário.[158] Ao cabo e ao termo, o que há é o reconhecimento constitucional das cortes administrativas em equivalência às cortes judiciárias, não obstante a evidente diversidade de atribuições constitucionais.

Contudo, a principal compreensão no tocante às competências constitucionais dos tribunais de contas é que estes devem atuar em concerto, conquanto em total autonomia e independência, perante o Poder Legislativo. Carlos Ayres defende o posicionamento de que há distinção marcante entre função e competência:[159] a primeira se refere ao controle externo, comum ao Legislativo e aos tribunais de contas; contudo, as competências são distribuídas no Texto Constitucional.

As competências do Congresso Nacional encontram posto nos incisos IX e X do artigo 49 da Constituição; já as do TCU são distribuídas no artigo 71 do Diploma Maior, com ênfase no fato de que nem todas essas competências dirigidas aos tribunais de contas são levadas a efeito em auxílio do Legislativo, campo onde a atuação das cortes de contas é praticada singularmente.

Em sendo assim, dada a demonstração de que não se superpõem as competências do Legislativo e dos tribunais de contas, supor que a expressão "auxílio" acima referenciada estaria a dar suporte à transposição das cortes de contas para o Parlamento do julgamento daqueles que eventualmente tenham dado causa por omissão ou irregularidade nas contas prestadas ou, ainda, por dano causado ao erário é frustrar a competência estatuída no artigo 71, inciso II, da Constituição Federal.

Do ponto de vista legal, cumpre o exame da Lei nº 8.443/92, a qual dispõe sobre a Lei Orgânica do Tribunal de Contas da União e

---

[158] O princípio da inafastabilidade da tutela jurisdicional impede qualquer óbice ao exame judicial; contudo, tal assertiva não permite duplicidades de atribuições constitucionais, ou seja, onde há decisão dentro do espectro de atribuições dos tribunais de contas, não poderá haver interferência no exame meritório.

[159] O ex-ministro assevera que a função reveste-se de individualidade, já as competências, de multiplicidade. Na reflexão em tela, a função será a de controle externo, e as competências, as que estão distribuídas no Texto Constitucional. Referencia ainda que as atribuições também têm espaço sob a forma de prerrogativas, o que se infere do artigo 73, quando a Constituição equipara o Tribunal de Contas e o Poder Judiciário por meio da expressão "no que couber". Ao que pode perceber, não só à Corte de Contas foram outorgadas prerrogativas, mas até mesmo os seus julgadores receberam as mesmas das quais dispõem os membros do Poder Judiciário (*online*).

que, por força do artigo 75 da CF, acaba por representar parâmetro "à organização, composição e fiscalização dos Tribunais de contas dos Estados e do Distrito Federal bem como dos Tribunais e Conselhos de Contas dos Municípios".

É relevante pontuar que, logo no pórtico da lei, artigo 5º e incisos, há o delineamento de um extenso rol de jurisdicionados cujo vetor atrativo central de competência repousa nas expressões, *v.g.*, "qualquer pessoa [...] que utilize dinheiros, bens ou valores", "aqueles que derem causa [...] dano ao erário", "responsáveis pela aplicação de quaisquer recursos", entre outras.

É simples conceber a indefinição dos sujeitos ativos sob jurisdição administrativa, assim como também é óbvia a percepção de que a proteção ao erário é o aspecto nuclear da definição de competência. Mas não é só. O próprio inciso II do artigo 71 da CF também atribui aos tribunais de contas competência para julgamento dos "responsáveis por dinheiros, bens e valores públicos [...] as contas dos que derem causa a perda, extravio ou outra irregularidade de que resulte prejuízo ao erário".

Depreende-se, do que fora demonstrado, que o Constituinte e a própria lei contam com a fiscalização administrativa para a coibição de danos ao erário e também para a produção do título executivo que se converterá em ressarcimento pelos valores subtraídos. Com especial efeito, o §3º do artigo 71,[160] ao atribuir às decisões dos tribunais de contas que resultem imputação de débito ou multa à eficácia de título executivo, também corrobora com a compreensão, aqui defendida, de que há independência até mesmo do conhecimento judicial para que esse ressarcimento seja efetivo, na medida em que o título, categorizado como líquido, certo e exigível, segue diretamente para a execução.[161]

---

[160] As decisões do tribunal de que resulte imputação de débito ou cominação de multa terão eficácia de título executivo.

[161] Rodrigo Melo do Nascimento (2012) defende que as decisões proferidas pelos tribunais de contas devem ser inscritas na dívida ativa a fim de que possam gozar do rito da Lei de Execuções Fiscais e imponha ao condenado administrativamente a obrigação, para o embargo à execução, da oferta de garantia ao juízo pela dívida ativa não tributária. Contudo, cumpre objetar, já que a premissa básica da inscrição é a obtenção da garantia de certeza e liquidez, artigo 2º, §3º, que a adoção desse modo de execução acabaria por submeter as decisões dos tribunais de contas a um crivo administrativo do Poder Executivo absolutamente impróprio, dada a prerrogativa outorgada no próprio texto da Constituição de

2.13.2 Aspectos relevantes sobre o controle externo e a fiscalização dos atos de gestão dos prefeitos ordenadores de despesas segundo o Recurso Extraordinário nº 848.826/DF

As competências constitucionais dos tribunais de contas desde muito são questionadas judicialmente, *v.g.*, a competência para o julgamento das contas da Mesa da Assembleia Legislativa do Mato Grosso. Na ADI nº 849-8, de 1993, com decisão final no ano de 1990, o STF posicionou-se no sentido de que o artigo 75 da CF não atribuía poderes de regulamentação aos estados-membros capazes de oferecer contornos diversos ao artigo 71, inciso II, do mesmo diploma, o qual atribui ao Tribunal de Contas a competência para o julgamento das contas prestadas pelo próprio Legislativo.

Naquela oportunidade, já havia uma discussão jurídica avançada sobre o real sentido dos incisos I e II do artigo 71 da Constituição Federal. Tratava-se, pois, de definir a distinção entre a apreciação de contas com emissão de parecer prévio para envio ao Legislativo e o efetivo julgamento dos administradores e responsáveis por recursos públicos, este realizado no âmbito dos tribunais de contas.

Não houve dúvida, no aludido julgamento, que a competência do Poder Legislativo para julgamento estava adstrita às chamadas contas gerais ou anuais consolidadas,[162] de responsabilidade do mandatário do Poder Executivo. Contudo, é relevante esclarecer que, ao prestar tais contas, não o faz apenas como chefe de governo, dado que se incluem também as dos Poderes Legislativo e Judiciário. Em verdade, o prefeito, governador ou o presidente assume a condição, dentro de um sistema especial, de responsável pela execução orçamentária.[163]

título executivo, de modo que, embora sem a garantia aludida, a melhor execução é a que se dá por quantia certa (*online*).

[162] Nas contas anuais, o parecer prévio exarado pelo Tribunal de Contas tem conteúdo técnico, embora sem viés deliberativo. Tal parecer destina-se a subsidiar a decisão que será tomada pelo Parlamento no âmbito de sua tarefa constitucional fiscalizadora, em qualquer dos níveis da Federação.

[163] Na ADI nº 2.238, ao responder sobre a constitucionalidade dos artigos 56 e 57 da LRF, o STF esclareceu que a "conta" mencionada no artigo 56, alvo de exame pelas cortes de contas para

No estado do Tocantins, na Ação Direta de Inconstitucionalidade nº 3.715/TO, novamente a competência do Tribunal de Contas foi colocada na arena dos debates conforme decisão publicada em 2014. Dessa vez, em questão a possibilidade de recurso endereçado ao Poder Legislativo, com efeito suspensivo, sobre decisões emanadas em contas de ordenadores julgadas pelo TCE/TO.

O aludido julgado tem importância não só pelo debate das competências das cortes de contas perante o Poder Judiciário, mas também em face de algumas reflexões que derivaram do exame. Em primeiro plano, cumpre pontuar que o dispositivo sujeito à apuração foi o §5º do artigo 33 da Constituição Estadual, o qual atribuía à Assembleia Legislativa do Tocantins a competência, não apenas para sustar atos e contratos, mas também licitações e outros atos administrativos.

O parâmetro de constitucionalidade empregado para o deslinde da questão foi o artigo 75 da CF,[164] que estabelece que o modelo federal é o paradigma de observância compulsória pelas constituições dos estados-membros, de modo que tal inovação não poderia ser bem-sucedida em face da ausência de previsão constitucional.

Mais, o STF novamente reafirmou que, ao Legislativo, é dada a competência para o julgamento apenas das contas consolidadas, devidamente acompanhadas de parecer prévio, fixando-se clara distinção entre as competências albergadas nos incisos I e II do artigo 71 da CF, sendo que, na última hipótese – inciso II –, a que atine aos juízos das cortes de contas, não há qualquer menção a crivo posterior do Poder Legislativo para que os acórdãos produzam os seus efeitos.

É interessante sublinhar que, à época, se entendeu que essa transformação de competência poderia, inclusive, esvaziar o §3º do artigo 71 ante o caráter de provisoriedade que as decisões emanadas

---

emissão de parecer prévio, não eximiria de julgamento pela mesma corte dos responsáveis diretos pela gestão das inúmeras contas específicas das unidades orçamentárias. Restou delineado, àquela oportunidade, que os valores apresentados pelo chefe do Poder Executivo são uma consolidação das contas das unidades orçamentárias, levada ao "julgamento político pelo Legislativo, amparada em parecer prévio do Tribunal de Contas".

[164] As normas estabelecidas nesta seção aplicam-se, no que couber, à organização, composição e fiscalização dos tribunais de contas dos estados e do Distrito Federal, bem como dos tribunais e conselhos de contas dos municípios.

das cortes de contas passariam a ter. Com efeito, a própria eficácia do título extrajudicial perderia o seu vigor, já que a definitividade das compreensões passaria da esfera técnica/legal para a esfera política, em face da possível reforma em sede recursal.

Revela-se essencial ver com clareza, antes de ingressar no exame do RE nº 848.826/DF, que as competências para julgamento no âmbito do controle externo dividem-se, segundo os incisos I e II do artigo 71, entre o Parlamento e o Tribunal de Contas. No inciso I, apresenta-se o caso das contas anualmente prestadas pelo chefe do Poder Executivo e, no inciso II, "as contas dos administradores e demais responsáveis por dinheiros, bens e valores públicos". Em ambos os dispositivos, haverá julgamento dentro da função controle externo, mas as competências bipartem-se em duas: a primeira, do Parlamento; e a segunda, dos tribunais de contas.

No primeiro caso, julgamento das contas anuais do presidente da República, governadores e prefeitos, o exame será político, as bases da formação do juízo são macroeconômicas[165] e derivam das políticas públicas prestadas. Os parâmetros de medição serão os atingimentos das metas e programas governamentais. Busca-se estreitar os laços de interdependência e harmonia entre as diversas funções de Estado.

Cumpre referenciar que os planos de governo, critério para o julgamento desse tipo de conta prestada – contas consolidadas –, acabam por discernir por mais uma vertente a análise e julgamento das que são levadas a efeito pelos tribunais de contas em sede de julgamento das contas de ordenadores de despesa.

A própria Lei de Responsabilidade Fiscal,[166] na seção V, "Das Prestações de Contas", especificamente no artigo 58, revela o conteúdo do exame das contas consolidadas. Para esta constatação, basta observar que o núcleo do exame se volta ao exame no

---

[165] As contas consolidadas têm como conteúdo o desempenho econômico, planejamento, orçamento e a gestão fiscal, além das ações setoriais do governo, *v.g.*, programa de aceleração do crescimento, programas sociais, a governança pública segundo seus indicadores, aperfeiçoamento da gestão pública e as recomendações do Tribunal de Contas (Relatório e Parecer Prévio sobre as Contas do Governo da República/Tribunal de Contas da União, 2007).

[166] BRASIL. *Lei Federal nº 101, de 04 de maio de 2000.* Estabelece normas de finanças públicas voltadas para a responsabilidade na gestão fiscal e dá outras providências. Brasília, DF, maio 2000. Disponível em: http://www.planalto.gov.br/ccivil_03/LEIS/LCP/Lcp101.htm. Acesso em: 09 jan. 2019.

desempenho na arrecadação tomando por base a previsão, as providências no combate à sonegação e demais medidas para o incremento da arrecadação. Não há nada que denote o exame de atos administrativos ordinários, desses que são praticados na rotina da Administração e fora do âmbito de interferência dos mandatários dos entes federativos.

No tocante ao recurso extraordinário em discussão, sob a relatoria do ministro Luiz Roberto Barroso, algumas questões merecem destaque. A primeira reside na cisão das espécies de contas a serem prestadas pelo chefe do Executivo Municipal, segundo o conteúdo, em contas de gestão e de governo.

O conteúdo de tais contas e o cargo de quem as presta (prefeito ou não prefeito) representam o centro de gravidade, em toda a discussão do RE, para a definição da competência, é dizer, Câmara de Vereadores ou tribunais de contas.

Nesta análise, sobreleva-se discernir a atuação do prefeito municipal como chefe político, voltado ao cumprimento do orçamento, planos e programas de governo, da que se ocupa pelo manejo de atos administrativos individualizados que compõem a gestão contábil, financeira, orçamentária, patrimonial do ente, na qual a fiscalização é forte nos crivos da legalidade, legitimidade e economicidade.

Conforme se verá ao final, a tese firmada pelo Supremo teve como propósito dirimir questão originária na quadra eleitoral. Em síntese, o Tribunal Regional Eleitoral do Estado do Ceará compreendeu que estavam presentes no julgamento da impugnação de candidatura todos os requisitos para a inelegibilidade, dentre os quais, as contas de gestão do prefeito municipal, rejeitadas pelo Tribunal de Contas local, decisão irrecorrível neste órgão, tido como competente para o mencionado julgamento administrativo, e a existência de irregularidade insanável configuradora de ato doloso de improbidade administrativa, atraindo, portanto, a incidência da alínea "g", inciso I, artigo 1º, da Lei Complementar nº 135/2010.

Houve recurso ordinário para o TSE com fundamento na incompetência do Tribunal de Contas para o julgamento das contas de gestão. O Ministério Público Eleitoral, por sua vez, exarou parecer pelo desprovimento do recurso ordinário. No julgamento, formou-se o entendimento unânime no sentido de que o órgão competente para o exame das contas do prefeito ordenador de despesas é de fato o Tribunal de Contas, e não a Câmara dos Vereadores.

Como já prenunciado, a questão chega ao STF, por meio do recurso extraordinário intitulado, para a definição do "órgão competente"[167] para o julgamento dos prefeitos ordenadores de despesas, se a Câmara ou o Tribunal de Contas. Em outros termos, definir o alcance e significado da base constitucional fundada nos artigos 31, §2º, 71, I e II, e 75. Tal definição possui elevada importância em face da Lei das Inelegibilidades e os seus efeitos sobre os agentes públicos.

A jurisprudência sobre o tema vem padecendo de mutações ao longo do tempo. No Recurso Especial Eleitoral nº 8.974/SE, de 1990, a decisão fora no sentido de que o chefe do Executivo, na condição de ordenador de despesas, tem como órgão julgador os tribunais de contas, com decisões definitivas.[168]

No ano de 1998, no Recurso Especial Eleitoral nº 29.535/PB,[169] a compreensão alterou-se no sentido de que o prefeito ordenador de despesas deveria ser julgado pela Câmara de Vereadores. Interessante pontuar que, em 2010, mesmo após a alteração trazida pela Lei Complementar nº 135/2010, o TSE prosseguiu no entendimento de que caberia às câmaras de vereadores a competência para julgar os prefeitos ordenadores de despesas, consoante se infere do RO nº 75.179/TO.[170]

---

[167] "Órgão competente" é a expressão cunhada na alínea "g", inciso I do artigo 1º da Lei Complementar nº 135/2010 64/90, alterada pela Lei Complementar nº 135, de junho de 2010, e que provoca a dúvida entre as cortes de contas e as câmaras de vereadores para o julgamento das contas de gestão dos prefeitos ordenadores de despesas.

[168] Os limites da definitividade perante o Poder Judiciário, que ora se descreve, encontra em Roberto Mateus (2009, p. 37) explicação. Assevera o autor que "o Poder Judiciário não pode reavaliar o mérito de matéria de competência exclusiva dos Tribunais de Contas, alterando, por exemplo, o juízo emitido sobre a gestão orçamentário-financeira do Administrador Público. Não pode o juiz dizer se as contas são regulares ou irregulares, ou substituir o parecer emitido, agora para dizê-lo favorável ou desfavorável à sua aprovação pela Câmara. O foco da reavaliação judicial somente seria afeto a eventuais falhas de cunho formal na condução do processo, pela inobservância ao devido processo legal e aos princípios processuais a ele inerentes, tais como ampla defesa e contraditório".

[169] TSE – RESPE nº 29.535 Catingueira/PB 215312008, Relator: Min. Marcelo Henriques Ribeiro de Oliveira, data de julgamento: 16.12.2008, Data de Publicação: DJE – Diário de Justiça Eletrônico – 02.02.2009.

[170] TSE – RO nº 75.179 Palmas/TO, Relator Min. Arnaldo Versiani, data de julgamento: 08.09.2010, Dada de Publicação: PSESS – Publicado em Sessão, Data 08.09.2010.

Contudo, em 2014, no Recurso Ordinário nº 40.137/CE, novamente alterou-se a tese, compreendendo-se que se aplica aos prefeitos ordenadores de despesas o preceito estatuído no artigo 71, inciso II, da CF. Tal giro de compreensão foi atribuído ao efeito vinculante sobre outras instâncias resultante do julgamento da ADI nº 4.578 e das ADC nº 29 e 30, nas quais o próprio Supremo Tribunal Federal entendeu constitucional a alteração trazida na Lei Complementar nº 135, de 2010.

É importante consignar que a alínea "g",[171] inciso I, da Lei Complementar nº 135, além de tratar da decisão irrecorrível por "órgão competente", afirma que não há "exclusão de mandatários", indicando que o inciso II do artigo 71 poderia ser aplicado para garantir o julgamento, pelas cortes de contas, dos prefeitos ordenadores de despesa, na condição de administrador ou responsável por recursos públicos.

O ministro Luiz Roberto, no entanto, atenua a assertiva de que este tema teria sido tratado com profundidade na ADI e ADC(s) acima mencionadas, de modo que, no RE nº 848.826/DF, retoma o exame do tema começando por uma abordagem sobre o regime constitucional dos tribunais de contas.

Acerca do tema, o ministro ressalta que, em alguns modelos de controle, as decisões exaradas pelas cortes de contas derivam de um poder judicante, é dizer, há de fato competência para julgar, punir e determinar, com compulsoriedade, aos que se encontram sob jurisdição.

Contudo, o modelo de controladorias-gerais é distinto (LIMA, 2011). Há somente a emissão de relatórios de auditorias, os quais serão encaminhados ao Parlamento, onde se dará o julgamento. Há também os países que adotam um modelo híbrido, no qual as duas competências se desenvolvem concomitantemente nos tribunais de contas (BROWN, 2002).

---

[171] Lei Complementar nº 135, I, "g": "Os que tiverem suas contas relativas ao exercício de cargos ou funções públicas rejeitadas por irregularidade insanável que configure ato doloso de improbidade administrativa, e por decisão irrecorrível do órgão competente, salvo se esta houver sido suspensa ou anulada pelo Poder Judiciário, para as eleições que se realizarem nos 8 (oito) anos seguintes, contados a partir da data da decisão, aplicando-se o disposto no inciso II do artigo 71 da Constituição Federal, a todos os ordenadores de despesa, sem exclusão de mandatários que houverem agido nessa condição;".

O voto do relator traçou esse paralelo para afirmar que, nacionalmente, a Constituição destinou diretamente aos tribunais de contas tarefas fiscalizatórias desvinculadas das distribuídas ao Poder Legislativo. Neste plexo de atribuições fiscalizatórias privativas estão as de natureza contábil, financeira e orçamentária. É crucial alcançar que a vinculação administrativa ao órgão legislativo não significa submissão hierárquica e muito menos pertencimento ao aludido poder.

Pedagogicamente, o ministro Luiz Roberto Barroso elucida que o artigo 71 da CF discrimina as competências funcionais bipartidas em auxiliadoras e autônomas. Tais funções estruturam-se em eixos distintos que levam em conta os objetivos e os meios empregados em cada caso. Indiscutivelmente, também serão diversos os resultados e as estratégias de atuação em cada eixo.

A competência autônoma aludida tem como instrumentos as auditorias, inspeções, levantamentos, acompanhamentos e monitoramentos; é dizer, trata-se do desenvolvimento de ações, pressupõe movimento. De outra parte, a função auxiliadora é dependente da prestação das contas e funda-se no artigo 71, inciso I, da CF.

Percebe-se que há dicotomia entre as espécies, mas, segundo a natureza de cada uma das contas, não em razão de quem as presta, ter-se-á apreciação ou julgamento. No primeiro caso, contas prestadas pelo chefe do Executivo em qualquer dos planos da Federação, a periodicidade é anual; já no segundo caso não há tempo certo para exame, basta que os instrumentos acima delineados detectem infrações à norma ou prejuízo ao erário para que ecloda a fiscalização.

Cabe ressaltar que a gestão política será medida nas contas de governo, eis que, se volta ao exame do cumprimento do orçamento, dos programas governamentais, traduzem o cenário financeiro dos entes federados, sobretudo em áreas sensíveis, como saúde e educação. Outrossim, no plano municipal, a avaliação prévia – parecer prévio – prevalece por 2/3 dos membros do Parlamento municipal (SANTOS, 2006).

O parecer prévio tem tarefa instrutória, na demonstração se houve consonância dos programas com as leis orçamentárias, bem como o cumprimento dos mesmos no tocante à legalidade, legitimidade e economicidade. Ele evidencia a observância ou não do equilíbrio financeiro e orçamentário e, ciente dessas informações, possibilita ao Legislativo decidir se o Executivo cumpriu os comandos da Lei de Responsabilidade Fiscal (SANTANA JÚNIOR, 2008).

Tratam as contas de governo, portanto, da aferição da gestão política voltada ao planejamento, organização, direção e controle das políticas públicas. No exame, há prevalência acerca da eficácia, eficiência e efetividade sobre qualquer aspecto meramente formal. O que de fato importam são os resultados globais.

Embora não se possa desconsiderar, inclusive por parâmetros constitucionais, na apuração das contas de desempenho, o devido processo legal, ampla defesa, contraditório, pluralidade e a motivação das decisões,[172] o chefe do Executivo protagoniza no papel institucional de agente político, dessa forma inevitavelmente seu julgamento deve ser também político.

No polo oposto estão as contas de gestão. Nesta quadra, a atuação é de administrador, é de ordenador de despesas. Como ordenador de despesas (artigo 81 do Decreto-Lei nº 200/67), os atos serão de emissão de empenho, autorização de pagamento, suprimento ou dispêndio de recursos. Com efeito, a observação do comando do artigo 71, inciso II, da CF também remete ao tipo de atividade descrito no aludido decreto, oportunidade em que os tribunais de contas julgam, e não apenas expedem parecer, caso do inciso I do mesmo artigo constitucional.

Retomando a compreensão do ministro Luiz Roberto Barroso em seu voto, destacam-se três espécies de contas: as de gestão, ordinárias, cujo teor versa sobre aspectos contábeis e financeiros dos ordenadores; as especiais, voltadas à apuração, liquidação e ressarcimento dos danos causados aos entes públicos; e as extraordinárias, com emprego em razão de liquidações, dissoluções, transformações e em processos desestatizantes.

Cumpre perceber e discernir que, no âmbito das contas de gestão, tudo se volta para administração e gerência do patrimônio público – licitações, fluxo financeiro, dispensas e inexigibilidade – sem exclusão das contas até mesmo dos poderes que somam ao Executivo na tríade das funções de Estado.

---

172 BRASIL. Supremo Tribunal Federal. RE nº 235.593, Rel. Min. Celso de Mello, j. 31.03.2004, DJ 22.04.2004.

Com especial efeito, a fiscalização possui interesse na adequação às normas legais de gastos com pessoal, na gestão do patrimônio, sobretudo no que se refere às eventuais alienações de patrimônio pertencente ao Poder Público. Para todo esse conjunto de rotinas da administração, não previu o legislador constituinte qualquer interferência do Poder Legislativo. O crivo constitucional será, nesta quadra, inteiramente técnico.

O aparelhamento dos tribunais de contas previu até mesmo um Ministério Público[173] próprio (artigo 130 da CF), de atuação especializada na punição de gestores irresponsáveis por meio de multas proporcionais aos danos causados ou por violações de normas cogentes à Administração Pública.

Tanto é assim que se ocupou a Constituição Federal de atribuir a condição de título executivo extrajudicial[174] (artigo 71, §3º) às decisões emanadas de julgamentos de gestores da coisa pública. Observa-se que não se busca nesse tipo de conta a medição de desempenho, mas a reparação de danos causados ao patrimônio estatal.

No que atine à atuação dos gestores municipais, aduz-se na decisão que a função política, voltada às diretrizes governamentais, não se confunde com a função estritamente administrativa, bipartindo-se dessa forma em funções de governo e gestão. Tais funções são comumente aglutinadas em pequenos municípios, cuja dimensão da complexidade administrativa difere muito das grandes cidades, em especial capitais como São Paulo, Rio de Janeiro e outras em que isso não é possível, merecendo por essa razão tratamentos distintos.

Argumenta-se ainda que as câmaras de vereadores não possuam competência para aplicar multa ou mesmo imputar débito aos

---

[173] O Ministério Público de Contas é especializado nas matérias de competência dos tribunais a que pertencem. O artigo 73, §2º, da Constituição Federal, ao tratar da composição do TCU, reserva uma vaga entre os ministros para o *parquet* de contas. Constitucionalmente, o MPC encontra-se alocado (artigo 130) entre as funções essenciais à justiça. Trata-se de carreira autônoma que exerce com exclusividade – cláusula de garantia – a fiscalização da ordem jurídica no âmbito das cortes de contas, consoante ADI nº 328/SC, sob a relatoria do ministro Ricardo Lewandowski.

[174] Ostentam os títulos expedidos pelas cortes de contas natureza jurídica de título executivo extrajudicial dotados, portanto, de atributos de liquidez, certeza e exigibilidade. Contudo, cumprirá ao Poder Judiciário a apreciação dos aspectos legais do rito adotado nos tribunais de contas, sobretudo quanto a vícios correspondentes a cerceamento de defesa. O título deve ser claro quanto a quem deve e quanto deve, não sendo possível o ingresso judicial nessas questões meritórias (TRF-5 – Apelação Cível AC 08006121820154058401 RN).

administradores, dado que seu julgamento, com amparo no artigo 71 da CF, é de jaez político, não técnico, portanto. Desse modo, não haveria como se buscarem a restituição e a responsabilização por atos dilapidadores do patrimônio público.

Ressalta o relator, com muita propriedade, que seria contraditório admitir o julgamento de prefeitos pelo TCU em face de desvios em convênios da União com entidades municipais, na quadra das tomadas de contas especiais, e deixar os tribunais de contas estaduais manietados para a fiscalização e julgamento de todo o dispêndio público derivado do orçamento municipal.

Toda a distinção traçada entre as contas de gestão e de governo serviu ao propósito maior de provar que a determinação da competência para julgamento das contas não deriva do cargo de quem as presta, mas da natureza e do conteúdo das contas prestadas. O exame dos tribunais de contas, com base no inciso II da Constituição Federal de 1988, é de natureza técnica (FERRAZ, 1999), não política, o que até certo ponto facilita o escrutínio judicial em seu poder revisional, consectário do princípio da inafastabilidade da tutela jurisdicional. Há que se considerar, outrossim, que dificilmente os parâmetros políticos de julgamento, em face da ausência de precisão técnica, poderão ser examinados e sanados pelo Judiciário.

O ministro Ricardo Lewandowski abriu a divergência aos apontamentos acima delineados no voto do relator, ministro Luiz Roberto. Fixa, inicialmente, que o objeto de exame é a reforma do acordão do TSE, o qual entendeu ser possível negar registro em face de rejeição de contas pela Corte de Contas, com fundamento na alínea "g" do inciso I do artigo 1º da Lei Complementar nº 64/1990.

Prossegue em sua explanação emoldurando a questão na elucidação do órgão competente para o exame das contas dos prefeitos ordenadores de despesas, se a Câmara de Vereadores ou o Tribunal de Contas estadual. Neste sentido, faz referência ao REsp nº 29.681/MG,[175] afirmando que a competência se dirige ao Poder Legislativo municipal.

---

[175] TSE – RESPE nº 29.681 Nova Porteirinha/MG, Relator: Min. Ricardo Lewandowski, data de julgamento: 16.10.2008. Disponível em: http://www.tse.jus.br/hotsites/catalogo-publicacoes/pdf/revista_jurisprudencia/ RJTSE19_4.pdf. Acesso em: 07 jan. 2019.

Alude ainda ao entendimento da ministra Laurita Vaz, relatora do REsp nº 65.985 AgR/RN, o qual somente excepciona o exame das contas de prefeitos ordenadores ao crivo do Tribunal de Contas da União nos casos de convênios celebrados com a União, no mais cabendo apenas a expedição de parecer prévio.

Cumpre destacar que a questão foi abordada pelo ministro Luiz Roberto Barroso com argumentos não rechaçados pela divergência, quando menciona a blindagem da fiscalização dos tribunais de contas contra todos os dispêndios orçamentários promovidos pelos prefeitos que ordenam despesas, mas, inexplicavelmente, preserva a competência de fiscalização ao TCU de recursos provenientes do erário federal em convênios com municípios.

O argumento central da divergência firma-se na representação da soberania popular do órgão legislativo que, segundo aduz a divergência, privilegia a soberania popular. Argumento albergado constitucionalmente no artigo 1º da CF, quando afirma que "todo o Poder emana do povo".

Afirma, ainda, que o artigo 31, §1º, conduz a compreensão de que cabe ao Parlamento Municipal, com o auxílio do Tribunal de Contas, o controle das contas municipais. Conjuga tal assertiva ao artigo 71, também contido na CF, no qual mais uma vez se outorga papel coadjuvante aos tribunais de contas. Defende que a expressão "auxílio" remete à mera assistência pelo órgão técnico. Trata-se, como diz, de "parecer qualificado", visto que prepondera por 2/3 dos integrantes da Câmara.

O voto divergente não distingue as contas por seu conteúdo. Detém-se ao cargo do prefeito para a fixação da competência e, na mesma linha de compreensão, argumenta que não deve preponderar a natureza das contas prestadas,[176] mas a condição do chefe do Executivo Municipal. Cumpre sobrelevar que não houve qualquer exercício de fundamentação apto a justificar a necessidade da existência das duas espécies de contas previstas nos incisos I e II do artigo 71 da CF.

---

[176] A competência do órgão legislativo para julgamento não é determinada pela natureza das contas, se de gestão ou de governo, mas pelo cargo de quem as presta, no caso o prefeito municipal (página 7 do voto do ministro Ricardo Lewandowski no RE nº 848.826).

Interessante ressaltar que a divergência aponta o voto do ministro Gilmar Mendes, na ADI nº 3.715/TO,[177] como fundamento para a sua linha de compreensão. No aludido julgado, estava em questão a Emenda nº 16/2006, que abriria a possibilidade do manejo de recursos com efeito suspensivo ao Parlamento Estadual contra decisões do Tribunal de Contas.

Na oportunidade, a linha adotada foi a de que o STF já havia traçado uma clara distinção entre a competência para a apreciação e emissão de parecer prévio sobre contas anualmente prestadas pelo chefe do Executivo (artigo 71, I, da CF/88) e os julgamentos albergados no artigo 71, II, da Constituição Federal. À época, concluiu-se, para além da distinção entre as contas, que a submissão dos julgados das cortes de contas ao Legislativo implicaria em inconstitucional mitigação de competências.

O voto divergente prossegue invocando a redação da alínea "g", inciso I, do artigo 1º da LC 64/1990, dada pela LC nº 135/10, a qual faz referência a "órgão competente" para julgamento que, segundo entende, é do Parlamento Municipal. Contudo, a última parte do dispositivo, o qual determina a aplicação do inciso II do artigo 71 da CF – julgamento pelo Tribunal de Contas das contas de gestão –, "sem exclusão de mandatários", fica a reclamar justificativa na fundamentação do voto para a exclusão do chefe do Executivo Municipal da jurisdição da Corte de Contas.

Afirma-se que não há prejuízo do exame técnico no julgamento pelo Parlamento em razão do parecer prévio expedido pela Corte de Contas. Declara-se que a dicotomia traçada a partir de duas espécies de contas é inútil, já que bastaria aos prefeitos delegarem as competências de ordenança para que se livrassem da fiscalização dos tribunais de contas.

Contudo, cabe respeitosamente apresentar objeção no sentido de que o objetivo constitucional não se direciona à outorga de competência para julgamento pelas cortes de contas deste ou daquele

[177] 4. No âmbito das competências institucionais do Tribunal de Contas, o Supremo Tribunal Federal tem reconhecido a clara distinção entre:1) a competência para apreciar e emitir parecer prévio sobre as contas dos demais administradores e responsáveis, definidas no artigo 71, inciso II, da CF. na segunda hipótese o exercício da competência de julgamento pelo Tribunal de Contas não fica subordinado ao crivo posterior do Poder Legislativo (página 8 do voto do ministro Ricardo Lewandowski no RE nº 848.826).

gestor, mas fixa-se no exame dos atos de ordenança de despesas que podem ser praticados, inclusive, pelo prefeito.

Relevante ressaltar, de outro lado, que, na maior parte dos pequenos municípios, as despesas são ordenadas pelos prefeitos, sobretudo nas funções saúde e educação, nas quais os recursos orçamentários são mais abundantes. Com efeito, o afastamento da fiscalização técnica trará reflexos graves, consoante se verá na sequência deste exame.

Aos debates, foi agregada mais uma reflexão contundente na quadra da constitucionalidade da LC nº 135/10, na medida em que não houve declaração de inconstitucionalidade[178] da expressão acima aludida – "sem exclusão de mandatários" –, o que reforça a universalidade dos que estão sob o crivo dos tribunais de contas em atos de gestão isoladamente considerados, tal como afirmou em seu voto o ministro relator.

Dentre os argumentos que acompanharam a divergência está a compreensão de que o "órgão competente" para julgamento das contas dos prefeitos ordenadores, previsto na lei das inelegibilidades, é o Parlamento Municipal. Contudo, o ministro Teori Zavascki, trouxe uma ponderação que afasta a aludida compreensão.

É que as decisões dos tribunais de contas possuem eficácia de título executivo extrajudicial, e as sanções atribuíveis aos responsáveis por violações de normas ou prejuízos causados ao erário, consoante o artigo 70, inciso VIII, da CF, podem ser aplicadas desde logo e de modo independente de ulterior aprovação do Poder Legislativo. Desse modo, infere-se que não se trata de simples parecer prévio, mas de julgamento em sentido estrito, o que conduz ao exame dos atos de gestão praticados, "sem exclusão de mandatários".

Além disso, é incontornável que o artigo 71 da Constituição Federal estatuiu duas espécies distintas de contas e, conforme se evidencia no inciso I, a tipologia das contas de governo é prestada anualmente e instruída com parecer prévio, nos termos dos §§2º e 3º do artigo 31 e inciso IX do artigo 49, o que leva à conclusão de que

---

[178] O artigo 24 da Lei nº 9.868/99 disciplina que, uma vez "proclamada a constitucionalidade, julgar-se-á improcedente a ação direta ou procedente eventual ação declaratória; e, proclamada a inconstitucionalidade, julgar-se-á procedente a ação direta ou improcedente eventual ação declaratória.

há coerência constitucional na distinção entre as contas de gestão e as consolidadas.

A dedução lógica é de que, embora não se possa negar ao Legislativo o protagonismo no controle externo, também é evidente que a Constituição discriminou competências autônomas, atribuindo aos julgamentos, fundados no artigo 71, inciso II, eficácia de título executivo, consoante se pode extrair do §3º do mesmo dispositivo.

Compreender em sentido contrário implicaria no reconhecimento de uma prerrogativa de foro em razão do cargo[179] de prefeito municipal condicionada ao exercício da atividade de gestão de ordenanças de despesas públicas, o que não faz sentido.

Em outros termos, se o prefeito administrar, não será, em razão do cargo, alvo de fiscalização técnica, algo inteiramente contrário aos princípios constitucionais[180] aplicáveis à boa administração, em especial da probidade e eficiência.

No mesmo sentido do voto do relator, aglutinaram-se opiniões no julgamento asseverando que as contas consolidadas tratam "aspectos gerais ligados à execução do orçamento", com fundamento especial na LRF, o que também explica a fiscalização anual, emoldurada no exercício financeiro.[181] Com efeito, as contas de governo

---

[179] O Código de Processo Penal, artigo 69, inciso VII, e arts. 84 a 87, estabelece a competência originária em *racione personae*. Trata-se de uma prerrogativa que deriva do cargo ocupado em benefício da sociedade e, nestes termos, não fere, em tese, o princípio da igualdade (artigo 5º, *caput*, da CF). Contudo, é certo que, ao estabelecer uma medida restritiva ao poder de julgar dos tribunais de contas e dirigindo o juízo ao escrutínio meramente político, em detrimento de disposição expressa na Lei da Inelegibilidades, com especial efeito à expressão "sem exclusão de mandatários" – declarada constitucional –, já referenciada no texto, cria-se uma competência sem previsão legal, derivada de uma interpretação da mais alta corte do país, que se choca com o seu mais recente entendimento sobre a restrição do foro, AP nº 937, relatoria do ministro Luiz Roberto Barroso, originária do Rio de Janeiro.

[180] À luz da Constituição Federal, são princípios especialmente aplicáveis, embora não os únicos, à Administração Pública da União, dos estados e dos municípios, os contidos no artigo 37. Neste sentido, cumpre o exame do princípio da impessoalidade, desdobramento do princípio da igualdade, artigo 5º, I, da CF, segundo o qual a Administração Pública somente será impessoal na medida em que o interesse público é privilegiado, como é o caso do artigo 37, inciso XXI, da CF, o qual busca assegurar licitações adequadas à legislação de vigência. Por outro lado, o princípio da eficiência reclama providências que proporcionem o maior número de efeitos positivos ao administrado, dotando os atos da maior eficácia possível. Em sendo assim, não parece razoável a transmissão do julgamento de atos de gestão individualizados dos prefeitos ordenadores de despesas ao juízo meramente político, com fortes prejuízos a constituição dos títulos executivos eventualmente reparadores dos prejuízos gerados por atos de tais gestores.

[181] O exercício financeiro tem duração de 12 meses e coincide com o ano civil, conforme o estatuído no artigo 34 da Lei Federal nº 4.320/64. A definição desse período visa segregar

buscam espelhar a situação financeira das entidades fiscalizadas, sobretudo no que atine às aplicações mínimas em saúde e educação, ou seja, não haverá aqui indicativo de irregularidades.[182]

No segundo caso, contas de gestão, o objeto é completamente distinto. O exame circunscreve-se e direciona-se aos administradores de verbas públicas[183] e às eventuais lesões ao erário. Intuitivamente, é possível inferir que o exame se dará em atos isolados, não haverá resultados parametrizados no exercício; por essa razão, não são necessariamente anuais, caso das tomadas de contas especiais que serão examinadas adiante.

É fácil perceber, em todas as posições dos ministros da mais alta corte do país, que o conteúdo das contas sempre esteve presente nas compreensões, ainda que para refutar a sua importância da distinção a partir deste ponto. É que os dois incisos do artigo 71 (incisos I e II) polarizam as ponderações deste modo, impondo uma argumentação sobre o seu conteúdo.

No que atine à categorização dos tribunais de contas como órgãos auxiliares do Parlamento Municipal, o desenho institucional delineado pelo constituinte prescreve tarefas autônomas às cortes de contas, as quais independem de trâmite homologatório no Legislativo. Basta lembrar que o título executivo extrajudicial independe processualmente, até mesmo, de uma fase de conhecimento pelo Poder Judiciário para que possa ser executado.

Não se pode olvidar que, ao decidir por ordenar pagamentos e praticar atos de gestão administrativa, optou o prefeito por se submeter ao crivo de controle que funciona sem "exclusão de mandatários". Deixa, nessa situação em que se colocou, de atuar como agente político e passa a atuar tecnicamente,

---

os registros de arrecadação de receitas e execução de despesas e dos atos da administração financeira, patrimonial da administração pública.

[182] No que atine ao conteúdo e a cada exercício financeiro, o que se busca é o exame da execução do orçamento, ou seja, das receitas previstas que foram realizadas, na movimentação dos créditos, na situação patrimonial; isto explica o caráter político da análise. Trata-se da aferição do cumprimento dos planos e programas.

[183] Esses administradores são aqueles a quem a Lei das Inelegibilidades fez questão de reforçar que seriam alcançados pela fiscalização sem qualquer exclusão de mandatários (Lei Complementar nº 64, artigo 1º, inciso I, alínea "g", alterada pela Lei nº 135). Cumpre esclarecer que não se trata de interpretar a Constituição a partir de uma lei, mas de compreender a Constituição a partir do sentido interpretativo mais recente dado pelo Legislador.

administrando despesas, e condutas técnicas exigem crivos técnicos de julgamento.

Em prol da compreensão do relator, um importante argumento, fundado na técnica categorizada como programa normativo de Friedrich Muller (2007),[184] estabelece, a partir do desenho legislativo constitucional (inciso I do artigo 71 e artigo 49, IX), que o julgamento anual das contas do gestor máximo se funda nos relatórios de gestão e nos planos de governo, facilitando assim um exame de conteúdo mais político do que técnico jurídico.

Contudo, no plano municipal, o artigo 31, §2º, da CF assegura que o parecer prévio do Tribunal de Contas, o qual incide sobre as contas consolidadas anualmente prestadas, deve prevalecer em até 2/3 da vontade do Parlamento Municipal, ou seja, o legislador constituinte precaveu-se ponderando os juízos político e técnico, atribuindo ao segundo maior peso na média ponderada.

Não se pode desconsiderar que essa integração entre o direito e a realidade não é tarefa elementar, já que se propõe a reduzir a discrepância entre esta e aquele, sobretudo quando em questão a interação entre o texto e a realidade constitucional,[185] ambos em constante processo de evolução e concretização social.

No campo das políticas públicas essenciais, como saúde e educação, a regulamentação constitucional estabelece diretamente a aplicação de investimentos indexados à receita corrente líquida.[186] Contudo, a fiscalização incidente sobre cada ato de gestão voltado ao cumprimento do comando da Constituição dependerá do crivo confrontador entre o ser e o dever-ser, mas sem desconsiderar que a norma influencia a realidade com a mesma intensidade que recebe influência dela.

---

[184] Muller (2007, p. 103) ensina que a realidade (contida nos relatórios de gestão) deve integrar a estrutura da própria norma e que esta é tão jurídica quanto o que remanesce da estrutura norma da própria norma. Tal linha de pensamento, ao mesmo tempo em que reconhece a realidade como grandeza extrajurídica, foge da segregação obtusa entre o ser e dever-ser.

[185] O que se pode ler nos códigos (e nas constituições) são somente os textos das normas – dito de outro modo, textos que ainda devem, pela concretização, ser transformados em normas jurídicas (MULLER, 2007, p. 274).

[186] Receita corrente líquida é o somatório das receitas tributárias de um governo referentes a contribuições, patrimoniais, industriais, agropecuárias e de serviços, deduzidos os valores das transferências constitucionais, conforme informativo da Câmara dos Deputados. Disponível em: http://www2.camara.leg.br/camaranoticias/noticias/53635.html. Acesso em: 02 jan. 2019.

O julgamento das contas de gestão dos prefeitos ordenadores de despesas pelas câmaras municipais – julgamento político, portanto – não assegura a melhor concretização do direito, sobretudo no que tange à proteção dos direitos constitucionais a políticas públicas essenciais. Até mesmo a compreensão das prescrições jurídicas, devido às particularidades linguísticas e insuficiente formação técnica dos vereadores brasileiros nos pequenos municípios, representará óbice à melhor interpretação e aplicação do direito, tal como já lecionou Adeodato (2012).[187]

Voltando-se aos fundamentos adotados pelo relator, com efeito ao argumento pragmático-consequencialista,[188] a decisão mais adequada deverá ser sempre a que, respeitados os limites semânticos, promova o necessário e adequado desenvolvimento das instituições democráticas. Em outras palavras, importará sempre a repercussão dos impactos sociais das decisões tomadas.

Nesse sentido, cumpre a reflexão: seria consentâneo com o desiderato constitucional a interpretação que entrega ao crivo político o julgamento das ordenações pelos prefeitos das despesas das municipalidades? O pensamento pragmático jurídico de Richard Posner induz a uma resposta negativa, sobretudo considerando a realidade social dos 5.570[189] municípios brasileiros.

No juízo meramente político, haveria um incremento positivo no receio de que, do descumprimento das diretrizes normativas, pudessem derivar sanções mais rígidas? Não parece razoável pensar que a atitude dos gestores, até o RE em exame, submetidos a um juízo técnico que já era deficiente, passasse a ter, com um crivo mais frouxo de fiscalização política, um padrão desejável de conduta administrativa. Ao menos não há razão aparente para que se possa conjecturar nessa direção.

---

[187] Distinção entre interpretação e aplicação do direito e a concretização do mesmo, segundo João Maurício Adeodato (2012, p. 240): "O procedimento genérico através do qual se procura adequar normas e fatos e decidir, tradicionalmente conhecido por 'interpretação' ou 'interpretação e aplicação do direito', Muller denomina 'concretização da norma', procurando afastar-se da hermenêutica tradicional e determinar mais precisamente seus conceitos e procedimentos. Nessa tarefa insiste que concretização não significa silogismo, subsunção, efetivação, aplicação ou individualização concreta do direito a partir da norma geral".

[188] Posner (2010, p. 2) assevera que o pragmatismo não deve ser confundido com desdém pela legalidade; ao revés, deve ser compreendido – o pragmatismo jurídico – como uma relação direta entre fatos e consequências.

[189] IBGE – Instituto Brasileiro de Geografia e Estatística. Disponível em: https://cidades.ibge.gov.br/brasil/panorama. Acesso em: 10 jan. 2019.

É fato evidente que existem sérias limitações cognitivas nos exames políticos realizados pelas câmaras de vereadores, até mesmo sobre questões de índole legiferante, e com muito mais razão haverá nos meandros técnicos de elevada especificidade. Há, incontestavelmente, mais *know-how* nos quadros das cortes de contas.

Reforça o ministro Luiz Fux que os próprios requisitos de investidura dos membros, *v.g.*, idade acima dos 35 anos, reputação ilibada, conhecimento notório em contabilidade, economia, finanças e administração pública, além de experiência de mais de 10 anos de atividade profissional no desenvolvimento das competências delineadas, em contraposição às exigências para que um cidadão se torne vereador, induzem a compreensão de que, na quadra técnica (inciso II do artigo 71 da CF), os tribunais de contas estão mais aparelhados para a resposta esperada pela sociedade.

O julgamento técnico sobre as ações individualizadas, é dizer, licitações, celebração de contratos, execução da despesa pública, sobretudo na folha de pagamento, não se coaduna com visões preponderantemente políticas. Exige-se juízo técnico e objetivo, ou seja, deve preponderar o argumento das capacidades institucionais para a execução das tarefas – somente assim haverá segurança jurídica.

O argumento trazido pelo ministro Marco Aurélio é de jaez hermenêutico. Assevera que os incisos I e II do artigo 71 devem ser interpretados segundo a orientação contida na cabeça do dispositivo, a qual indica que o protagonismo do controle externo pertence ao Parlamento, por simetria, em todos os estamentos da República.

Avança indagando e respondendo retoricamente que tal interpretação também pode ser extraída da impossibilidade da inclusão do senhor presidente da República no rol de administradores. Outrossim, não se mostra convencido sobre a possibilidade dos tribunais de contas aplicarem penalidades a particulares estranhos à Administração Pública. Ao cabo estende seu posicionamento à interpretação do artigo 31, §§1º e 2º, para afirmar que o controle deve ser exercido pela Câmara dos Vereadores no plano municipal.

Ao final, a tese firmada, em sentido contrário ao voto do relator, foi de que, "para fins do artigo 1º, inciso I, alínea "g", da Lei Complementar 64/90, a apreciação das contas dos prefeitos, tanto as de governo quanto as de gestão, será feita pelas câmaras municipais com o auxílio dos Tribunais de Contas competentes, cujo parecer prévio somente deixará de prevalecer por 2/3 dos vereadores".

2.13.3 Aspectos concretos concernentes às contas de prefeitos ordenadores de despesas[190]

Foram objeto de pesquisa 500 contas consolidadas de entes municipais do estado do Tocantins entre os exercícios financeiros de 2012 e 2015. Procurou-se, neste exame, verificar a tramitação dessas contas cujo conteúdo já foi explicitado anteriormente, mas que, não custa rememorar, versam sobre o desempenho na consecução macro das políticas públicas. É dizer, não tratam de atos isolados, como licitações e contratos, de jaez mais técnico, ou seja, o crivo é eminentemente político, segundo o artigo 71, inciso I, da CF, e compete ao Parlamento Municipal.

Após solicitação do Tribunal de Contas do Estado do Tocantins, por intermédio da 5ª Relatoria, para o exercício de 2012, apenas 23% dispunham de documentos comprobatórios das sessões de julgamento, pelas câmaras, das contas consolidadas. Em 2013, esse número sobe para 25%; em 2014, 19%; e em 2015, desce para 7%.

Quanto à solicitação das atas de julgamento das mencionadas contas, o resultado aponta que, em 2012, apenas 18% das câmaras seriam capazes de apontar o resultado do desempenho dos respectivos Executivos Municipais. Em 2013, o percentual subiu para 19%; em 2014, 17%; e em 2015, somente 6% dos municípios tocantinenses tinham contas consolidadas com decisão final.

No tocante à existência ou não, em cada câmara, da Comissão de Orçamento e Finanças, ou mesmo equivalente, contatou-se que apenas 29% do Parlamento Municipal tocantinense, no mesmo quadriênio, está aparelhado com essa estrutura prevista na Lei de Responsabilidade Fiscal e indispensável para o exame do parecer prévio enviado pelo Tribunal de Contas.

---

[190] Dados obtidos a partir do Sistema Eletrônico de Processos (e-Contas), Sistema Integrado de Controle e Administração Pública (SICAP/Módulo Contábil) e Painel de Gestão de Informações (PGI), sistemas de controle do Tribunal de Contas do Estado do Tocantins.

Mesmo nas câmaras com Comissão de Orçamento e Finanças, em 2012, apenas 18% haviam produzido pareceres sobre as contas consolidadas examinadas em pareceres prévios. Em 2013, o percentual se manteve inalterado; em 2014, 17%; e em 2015, caiu acentuadamente o exame dos pareceres prévios enviados: apenas 7% receberam o parecer da Comissão de Orçamento e Finanças das respectivas câmaras.

Em um exame de 3.688 contas consolidadas autuadas no TCE/TO, das que já passaram por análise, aproximadamente 56% tiveram parecer prévio recomendando a aprovação das contas. Mas o interessante é que apenas 27% foram julgadas pelas câmaras de vereadores e, dentre estas, em aproximadamente 35% dos casos houve divergência de entendimento com o parecer prévio expedido pela Corte de Contas.

No tocante à velocidade de julgamento pela Câmara de Vereadores dos pareceres prévios emitidos pelo Tribunal de Contas do Estado do Tocantins, importa esclarecer que, no ano de 2013, de um universo de 139 municípios, apenas 26 pareceres prévios foram julgados pelo Parlamento local. No ano de 2014, o número desceu para 18 municípios com contas consolidadas julgadas; no ano de 2015, foram seis contas julgadas; em 2016, nenhuma conta foi julgada; e em 2017, também não houve julgamento.

Esses dados são relevantes para a compreensão de que se, no exame das contas consolidadas, os julgamentos nas câmaras municipais ocorrem conforme a descrição acima, nas contas de gestão certamente não será diferente. Desse modo, há receio fundado de que danos levados a efeito por prefeitos ordenadores de despesas jamais sejam ressarcidos.

Em outro giro, cabe relembrar que as contas de gestão, ou seja, as contas referentes ao manejo dos recursos públicos pelos diversos administradores, representam atos administrativos postos isoladamente, *v.g.*, licitações, contratos, convênios e outros congêneres.

Outros dados obtidos a partir das contas tramitadas na Corte de Contas Tocantinense, entre 2011 e 2015, buscaram evidenciar valores e percentuais resultantes de sanções aplicadas em face da violação do regramento administrativo de regência, dos prejuízos gerados ao erário e suas respectivas sanções, estas indexadas em percentual dos prejuízos, como uma particularidade, com olhos voltados a um administrador em especial, os prefeitos ordenadores de despesa.

No ano de 2011, de todas as multas aplicadas pelo Tribunal de Contas do Tocantins e nas imputações de débitos gerados nos acórdãos, 36,9% resultaram de atos de gestão praticados pelo próprio prefeito enquanto ordenador de despesas; no ano de 2012, o percentual caiu para 33,45%; em 2013, subiu acentuadamente para 46,18%; em 2014, o percentual desceu para 15,19%; e em 2015, subiu drasticamente para 85,63%. A média dos anos apurados foi de 43,47%.

Os dados lineados têm como propósito demonstrar, em primeiro plano, que o Parlamento Municipal ainda não tem se mostrado apto para o julgamento das contas consolidadas, contas estas revestidas de caráter eminentemente político, e não há razão aparente que nos leve à conclusão de que, nas contas de gestão, de viés acentuadamente técnico, haverá tratamento distinto pelo Legislativo Municipal.

Outrossim, cumpre referenciar que as multas aplicadas e os débitos gerados por prejuízos causados ao erário representam receitas públicas que, mantendo-se a compreensão constitucional interpretativa do Supremo Tribunal Federal, podem causar embaraços à constituição do título executivo extrajudicial, previsto no artigo 71, §3º, da CF.

2.13.4 A posição jurídica firmada no STF e as tomadas de contas especiais

A importância do exame das tomadas de contas especiais tem relevância a partir da compreensão de que, dada a sua natureza autônoma e não coincidente em seu conteúdo com o das contas consolidadas e as contas de gestão, não restaram abrangidas pelo arco da decisão do STF segundo o enunciado da tese firmada.[191]

[191] Para fins do artigo 1º, inciso I, alínea "g", da Lei Complementar 64/90, a apreciação das contas dos prefeitos, tanto as de governo quanto as de gestão, será feita pelas câmaras municipais com o auxílio dos tribunais de contas competentes, cujo parecer prévio somente deixará de prevalecer por 2/3 dos vereadores.

Embora o Texto Constitucional não tenha dedicado *locus* para o processo de autônomo de tomada de contas espacial, após tratar no artigo 71, inciso I, da CF das chamadas contas consolidadas, aborda, no inciso II, a competência das cortes de contas para apuração de "perdas, extravios ou outra irregularidade de que resulte prejuízo ao erário público".

A tomada de contas especial visa apurar a culpabilidade do agente no cometimento dos aludidos danos ou na omissão do dever de prestar contas pelos recursos geridos sob sua responsabilidade. Buscar-se-á a quantificação do prejuízo com um intuito ressarcitório. Nessa espécie de procedimento, há, nos termos do dispositivo constitucional citado – inciso II do artigo 71 da CF –, julgamento em sentido formal e também material.

Os tribunais de contas expedirão juízos de valor – não se trata aqui de parecer prévio – sobre as condutas dos agentes implicados, que somente poderão ser reformados em face de manifestação ulterior do Poder Judiciário, mas ainda assim com limites nas balizas constitucionais de preservação das competências institucionais.

É intuitivo perceber que esse instrumento de controle, a tomada de conta especial, foi concebido a fim de que o título executivo extrajudicial, previsto no §3º do artigo 71 da CF, pudesse ser constituído com maior celeridade, implicando até mesmo na desoneração das pautas do Poder Judiciário da fase de conhecimento nesse tipo de demanda, ante a constituição administrativa do título.

Trata-se, portanto, a tomada de contas especial, na visão de Jorge Ulisses Jacoby (2012, p. 38), de "um processo excepcional de natureza administrativa que visa apurar responsabilidade por omissão ou irregularidade no dever de prestar contas ou por dano causado ao erário".

O conteúdo distintivo dessa espécie de procedimento – tomada de contas especiais – das contas prestadas ordinariamente pelos diversos gestores, inclusive o prefeito, nas oportunidades em que ordena despesas, é de extrema relevância para determinação do limite de abrangência na decisão do STF no recurso extraordinário em epígrafe. Em termos mais prosaicos, importa saber se cumprirá também às câmaras de vereadores o julgamento das tomadas de contas especiais, aspecto ausente na tese firmada e discutida apenas tangencialmente no aludido julgamento.

Ao que parece, a própria Constituição segregou a natureza das contas segundo o seu conteúdo. Observa-se que, no inciso II do artigo 71,[192] haverá julgamento em duas circunstâncias que não se confundem. Na primeira, relacionada às contas de gestão, importará a condição de ordenador de despesa e a sua consequente responsabilidade por dinheiros, bens e valores públicos da administração em qualquer de suas formas.

Contudo, a segunda circunstância do aludido dispositivo, as tomadas de contas especiais consideram algo mais. Importará a perda, extravio ou outras irregularidades de que resultem prejuízo ao tesouro público, não sendo relevante, como no primeiro caso, a condição de ordenador de despesas, o que induz a conclusão de que se tratam de contas de natureza distintas e com finalidades diversas, até porque, no primeiro caso, é possível encontrar tão somente violação à norma e, no segundo caso, o núcleo central é constituído do prejuízo e do intuito reparador.

A própria lei orgânica do TCU, Lei nº 8.443/92, insculpiu no artigo 1º, inciso I, ao descrever a abrangência da sua jurisdição, dois tipos de jurisdicionados: na primeira parte, os que exercem a gestão da coisa pública e, na segunda, aqueles que derem causa a prejuízos, reforçando, portanto, as naturezas distintas do julgamento das prestações de contas de gestão – julgadas pelo STF – e da tomada de contas especial.

Os objetos, em face da assunção de formas distintas, recebem a atribuição de nomes diversos em razão da sua peculiar natureza. Na prestação de contas, *v.g.*, serão examinados todos os recursos, orçamentários e extraorçamentários, não importando se geridos ou não pela unidade ou entidade. Esse tipo de procedimento se revela aos sentidos cingido de uma forma generalista, sem um foco determinado.

É possível conceituar a prestação de contas ordinárias, ou de gestão, consoante fixado na tese derivada do RE nº 848.826/DF, como

[192] Artigo 71. O controle externo, a cargo do Congresso Nacional, será exercido com o auxílio do Tribunal de Contas da União, ao qual compete: [...] II – julgar as contas dos administradores e demais responsáveis por dinheiros, bens e valores públicos da administração direta e indireta, incluídas as fundações e sociedades instituídas e mantidas pelo Poder Público federal, e as contas daqueles que derem causa a perda, extravio ou outra irregularidade de que resulte prejuízo ao erário público;

um procedimento através do qual o Tribunal de Contas examinara os aspectos relacionados à legalidade, legitimidade e economicidade, além da fidelidade funcional dos programas de trabalho.

Contudo, a tomada de contas especial, a qual pode ser determinada por autoridade competente ao controle interno ou pelo Tribunal de Contas, reveste-se de caráter de urgência presumida objetivamente e em razão da própria lei, voltada à apuração de fatos concretos, identificação dos responsáveis e quantificação do dano. É intuitivo perceber que, neste caso, não há indeterminação de objetivos.

A tomada de contas possui duas fases categorizadas como interna e externa. Na fase interna, que se configura como declaratória, ainda não estarão instaurados a ampla defesa e o contraditório, não há sequer citação, esta etapa é genuinamente procedimental, investigativa. Na fase externa é que se revelará, conforme o caso, a pretensão punitiva e ressarcitória dirigida a agentes especificados segundo o concurso para o dano quantificado.

Desse modo, repristinando o conteúdo da tese firmada, a qual estatui que, "para fins do artigo 1º, inciso I, alínea 'g', da Lei Complementar 64/90, a apreciação das contas dos prefeitos, tanto as de governo quanto as de gestão, será feita pelas câmaras municipais com o auxílio dos Tribunais de Contas competentes, cujo parecer prévio somente deixará de prevalecer por 2/3 dos vereadores", não resta abarcada a tomada de contas especial, dado que, por sua natureza, encontra-se fora do arco decisório.

2.13.5 O julgamento dos prefeitos ordenadores de despesas e o controle externo: consequências do RE nº 848.826/DF

A presente pesquisa demonstrou que a transferência da competência constitucional estatuída no artigo 71, inciso II, correspondente ao julgamento das contas de gestão dos prefeitos ordenadores dos tribunais de contas para as câmaras de vereadores. Nos termos da tese fixada no RE nº 848.826/DF, representará em um curtíssimo prazo enorme prejuízo ao interesse público existente na proteção do erário e no acompanhamento tempestivo dos dispêndios da administração, sobretudo nas políticas essenciais, como saúde e educação.

Preliminarmente procurou-se esclarecer que o múnus público das cortes de contas de "auxílio" ao Parlamento não representa subalternidade nem submissão técnica. Com efeito, a interpretação equivocada da aludida expressão poderia levar à compreensão distorcida de que, dada a subordinação, o controle externo protagonizado pelo Congresso Nacional não discerniria o conteúdo dos incisos I e II do artigo 71 da CF, atraindo o julgamento indistinto das contas consolidadas e de gestão, desconsiderando o conteúdo de cada uma delas.

A fim de demonstrar a autonomia dos tribunais de contas, procurou-se demonstrar, por meio da redação do artigo 41 da CF, que estes não integram o Poder Legislativo e que possuem competências autônomas dentro da função de controle externo, exercida de modo ambivalente pelo Congresso Nacional e pelos tribunais de contas, destacando-se entre essas competências autônomas o julgamento estatuído no inciso II do artigo 71, ou seja, o julgamento das contas de gestão, sem qualquer exclusão de mandatários.

A presente pesquisa, a partir de um exame histórico das decisões do STF sobre as competências constitucionais das cortes de contas, principia demonstrando que as compreensões não foram pacíficas ao longo do tempo e que o entendimento atual, fundado em questão originariamente de jaez eleitoral, é de que o Parlamento Municipal deve julgar indistintamente contas consolidadas e de gestão.

Contudo, procura-se esclarecer que o conteúdo das aludidas contas é completamente diverso. Nas contas consolidadas, o julgamento tem conteúdo essencialmente político na medida em que busca medir o grau de atingimento das metas e dos programas governamentais. As bases se fundam sobre aspectos macroeconômicos do desempenho da gestão e de contentamento social.

Diversamente, nas contas de gestão a fiscalização incide sobre atos de gestão individualizados, com crivos centrados na legalidade, legitimidade e economicidade. O foco voltar-se-á às licitações fraudadas, ao excesso de gasto com pessoal em violação da Lei de Responsabilidade Fiscal e outros aspectos pontuais da rotina de todos os administradores públicos, inclusive o prefeito, quando resolve ordenar despesas.

Expõe-se que o voto vencido do relator aclarou com muita intensidade que o cargo ocupado pelo prefeito não pode lhe conferir uma blindagem de fiscalização técnica nos casos em que voluntariamente ordena despesas, ou seja, nas situações em que se distancia da condução centralmente política da gestão do ente municipal.

O presente exame demonstra, a partir da argumentação do voto divergente vencedor, que a tese firmada no recurso extraordinário tinha como principal objetivo impossibilitar a negativa de registros de candidaturas com base em decisões procedentes dos tribunais de contas. Contudo, as consequências foram muito mais além, atingindo a eficácia da fiscalização em todos os municípios brasileiros.

Com especial peso, preponderou a assertiva de que, ao destinar às câmaras de vereadores os julgamentos dos prefeitos, estar-se-ia a reconhecer a força do artigo 1º da CF, o qual assevera que todo poder emana do povo. No entanto, restou sem explicação a razão pela qual o parecer prévio prepondera sobre 2/3 da vontade do povo representada pelos vereadores, o que aparentemente representa uma contradição argumentativa.

Cumpre rememorar, nesta breve síntese do que fora exposto, que, segundo a ótica pragmática de Posner, representa grave equívoco desconsiderar a estreita relação entre os fatos, a lei e as consequências decorrentes das decisões. Nesta mesma toada, ficou claro no voto do relator vencido que as melhores possibilidades institucionais para o exame das contas de gestão obviamente repousam sobre os que possuem mais idade, reputação ilibada e notórios conhecimentos em contabilidade, economia, finanças e administração pública, requisitos exigíveis constitucionalmente dos julgadores das cortes de contas.

A fim de tornar concretos os argumentos sobre as capacidades institucionais, a pesquisa trouxe números que demonstram que, até mesmo sobre o julgamento das contas consolidadas, o Parlamento Municipal possui deficiências que foram demonstradas, entre outros aspectos, pela baixa velocidade de julgamento das contas consolidadas instruídas com parecer prévio pelas cortes de contas e pelo elevado percentual de prejuízos gerados por prefeitos ordenadores de despesas.

Por último, como medida alternativa à manutenção do entendimento do STF sobre o julgamento das contas de gestão, procurou-se demonstrar que as tomadas de contas especiais, procedimento autônomo cuja finalidade é o ressarcimento ao erário por prejuízos sofridos, não foram atingidas pela moldura da tese firmada no RE nº 848.826.

Tal reflexão possui importância na medida em que, ao menos, a reparação de danos causada por prefeitos ordenadores de despesas poderia ser alcançada na constituição do título executivo previsto no artigo 71, inciso II, §3º, da Constituição Federal.

CAPÍTULO 3

OS SISTEMAS ORGANIZACIONAIS DE JUSTIÇA E DE CONTROLE EXTERNO ACOPLADOS POR MEIOS TECNOLÓGICOS

Ao longo desta pesquisa e em apertada síntese, foram descritas as particularidades da atuação do controle externo brasileiro e a sua inequívoca importância para as políticas públicas. Nesta linha, também foram expostas as vulnerabilidades decorrentes da visão política sobre aspectos técnicos orçamentários, com especial efeito as disfunções causadas pela própria Comissão Mista de Orçamento, no plano federal.

As peças orçamentárias foram tratadas individualmente a fim de que fosse possível observar que as violações aos comandos constitucionais e às diversas leis nacionais são frequentes e prejudiciais às prestações públicas estruturantes dos direitos fundamentais assegurados constitucionalmente. Nesta linha, argumentou-se que a separação dos poderes não poderia representar escudo protetor capaz de blindar a atuação fiscalizatória dos sistemas organizacionais de justiça e de controle externo sobre o orçamento público, ainda que na fase processual legislativa.

Concluiu-se que o mencionado ambiente orçamentário é dotado de elevada complexidade, exigindo-se, portanto, que o acoplamento estrutural entre os sistemas organizacionais de justiça e de controle externo seja parte das próprias operações dos mencionados sistemas. Nesta linha, propôs-se que os processos comunicativos, entre os sistemas organizacionais, partilhassem um código especial fundado na legística.

Com efeito, o emprego da legística foi apresentado como método capaz de aproximar os processos comunicativos sem que isso pudesse representar uma proposta de isomorfismo entre os sistemas organizacionais de referência. Na oportunidade em que a pesquisa tratou do tema, a legística fora exposta como uma área organizada na intimidade de cada um dos sistemas e como um meio simbolicamente generalizado de aplicação ao orçamento público.

Cumpre agora esclarecer que o ambiente onde incide a fiscalização das políticas públicas impõe que os sistemas organizacionais trabalhem com múltiplos processos comunicativos *tecnológicos* (COUTINHO, 2013, p. 22); para isto, basta examinar a pluridisciplinariedade estabelecida no artigo 70 da CF, que impõe a fiscalização contábil, financeira, operacional, patrimonial e orçamentária. Isso porque os sistemas organizacionais não conseguem, isoladamente, preencher todo o potencial funcional do que pode influenciar direta ou indireta, a partir do orçamento, nas prestações públicas governamentais.

Desse modo, neste capítulo, a pesquisa se propõe a examinar as formas pelas quais os processos comunicativos pertencentes a cada sistema podem funcionar como ferramentas *tecnológicas* auxiliares para as operações de controle desde o processo orçamentário até a execução das prestações públicas.

Tentar-se-á demonstrar que apenas as complexidades operacionais da organização Tribunal de Contas necessitam ser reproduzidas no sistema organizacional de justiça, não os processos de cognição. Trata-se de transferência de estruturas necessárias para a execução das próprias tarefas do destinatário, ou seja, é dispensável ao sistema de justiça conhecer a organização interna de uma Corte de Contas para que possa utilizar suas estruturas.

Cumpre esclarecer que o vertente enfoque se justifica porquanto imprescindível a busca da adequada estruturação dos sistemas acoplados, a fim de que as informações trocadas não se apresentem desorganizadas, sobretudo porque tais informações são compartilhadas entre os sistemas em face do ambiente comum de atuação, as políticas públicas. Em face dessa necessidade, os precedentes e o modelo sancionatório dos tribunais de contas serão apresentados como processos comunicativos com significado para os dois sistemas organizacionais de referência.

Também é relevante compreender, anteriormente ao exame deste capítulo, que não há negação ao processo de elaboração das leis orçamentárias dentro do contexto da independência para deliberar e decidir do poder político. Contudo, esse processo encontra-se vinculado a parâmetros cogentes, como a Constituição e as leis nacionais, os quais, além de terem passado também por um processo político, possuem efeitos vinculantes e permitem questionamentos dos sistemas organizacionais de justiça e controle externo.

3.1 As tecnologias contábil, financeira, orçamentária, operacional e patrimonial[193] como meios de acoplamento entre os sistemas organizacionais de justiça e de controle externo

Conforme afirma Bucci (2013, p. 13), "as tecnologias de informação e comunicação não são apenas ferramentas a serviço da maior celeridade administrativa". É necessário que o modelo de fiscalização orçamentária ofereça, para além das providências de cunho sancionatório, uma cultura de racionalidade no planejamento orçamentário das políticas públicas.

No campo das políticas públicas com fontes de receitas vinculadas em percentuais da receita corrente líquida dos entes, não é razoável a pouca transparência do montante disponível, dos recursos tributários que formam a base e, muito menos, a distribuição nas alocações orçamentárias, por exemplo, em saúde e educação.

A mencionada autora se refere a um governo da informação, propiciador de uma repactuação política fundada em uma tecnologia jurídica governamental voltada à consecução eficiente e racional das políticas públicas. Haveria possibilidade, no cenário representado, de replicações de padrões bem-sucedidos e com elevados índices de efetividade em investimentos públicos, tal como abordado no primeiro capítulo.

---

[193] Artigo 70 da CF.

Os processos comunicativos, em sistemas consolidados, como são os sistemas organizacionais de justiça e de controle externo, já possuem um repertório formado a partir de informações colhidas na atividade de controle rotineira; é dizer, os processos de seleção de dados úteis sobre o que de fato representa um déficit de cobertura, por exemplo, na entrega de medicamentos à sociedade, o que é um transporte escolar eficiente, quais gastos tributários foram concedidos ilegalmente e diminuíram a base de cálculo dos mínimos constitucionais em saúde e educação, enfim, todos esses dados já compõem o repertório dos participantes do controle, mas por que tais informações não se convertem em peças orçamentárias eficientes? A resposta passa pela ausência de uma tecnologia jurídica organizacional capaz de acoplar os sistemas organizacionais relevantes para a diminuição das complexidades no ambiente das políticas públicas.

O presente estudo abordou, ao tratar da legística, um modelo teórico capaz de promover avaliações, inclusive, de impacto normativo; ou seja, por meio desse instrumento técnico e metodológico, as políticas públicas seriam observadas segundo os seus efeitos reais, produzidos a partir das leis orçamentárias, com especial efeito a Lei Orçamentária Anual.

Tal tecnologia jurídico-institucional teria a possibilidade de apurar a conveniência e a necessidade de continuidade de investimentos públicos segundo a indicação dos resultados apresentados. Por outro lado, mostraram-se possíveis, também por meio da legística, exercícios de prognose de planificações avançadas.

Neste momento, faz-se necessário demonstrar que as políticas públicas estruturantes dos direitos fundamentais devem empregar meios científicos e tecnológicos capazes de organizar as hipóteses de investimentos públicos na mesma medida em que os processos imanentes pudessem ser agilizados pelas tecnologias de cruzamento dos dados disponíveis. Trata-se de aplicar a fiscalização por meio de tecnologias não apenas jurídicas, mas também contábil, financeira, operacional, patrimonial e, sobretudo, orçamentária, nos termos do artigo 70 da Constituição Federal.

É muito esclarecedora a compreensão de Diogo Coutinho (2013, p. 193-194) ao afirmar que o direito é um elemento estruturante e funcional. Veja-se, no que atine à formalização de fins, o direito traja-se como objetivo, o que se vislumbra com muita clareza nas leis orçamentárias. Quanto à seleção de meios, em que o direito aparece como ferramenta, mais uma vez à memória a composição das receitas necessárias com as suas correspondentes despesas voltadas ao atingimento das políticas públicas planejadas.

No que atine à definição de atribuições, neste caso é o direito como arranjo institucional, o artigo 70 e seguintes da Constituição delimitam o escopo de atuação do sistema organizacional de controle externo voltado à fiscalização dos gastos públicos e à aferição da qualidade das políticas públicas, visões que fortalecem a presente pesquisa no sentido da construção de canais de participação acoplada não somente entre as instâncias de controle, mas também com a participação social, conforme apresentado no segundo capítulo.

As políticas públicas, inegavelmente, dependem, acima de tudo, de boas decisões, mas, para isto, de modo antecedente, o histórico de implementação de tais políticas, com os seus resultados aferidos, deve notificar, não somente os sistemas de controle, mas principalmente os sistemas Executivo e Legislativo, sobre informações selecionadas anteriormente e suas implicações para o futuro, ou seja, é possível sugerir redistribuições de recursos nas rubricas orçamentárias, obviamente respeitados os limites de discricionariedade política e de escassez financeira.

Trata-se aqui da "participação", que, segundo a teoria dos sistemas em Luhmann, compõe os processos comunicativos, que também podem ser vistos como "tecnológicos", na medida em que forem capazes de auxiliar no desenvolvimento das prestações públicas com ganhos de eficiência sem, contudo, subtrair as competências decisórias fracionadas constitucionalmente.

Cabe lembrar, a propósito do acoplamento estrutural, que também pode ser visto como parte de uma tecnologia de arranjos institucionais progressivos, abordada no início do segundo capítulo, que sistemas altamente complexos podem relacionar-se com outros oferecendo reciprocamente, ou não, suas estruturas mais avançadas, como é o caso dos tribunais de conta em matéria de fiscalização orçamentária e de efetividade em políticas públicas, para que outros sistemas as utilizem, sem que para isto se veja obrigado a reconstruir cognitivamente as suas complexidades.

Diogo Coutinho (2013, p. 22) argumenta que há juízes que entendem fazer parte das suas tarefas institucionais "a possibilidade de alterar, remodelar, interromper ou mesmo criar políticas públicas". Afirma, ainda, que essa conduta, além de não ter base constitucional, foge dos objetivos da lei e da Constituição. Contudo, essa visão é parcialmente correta, pois somente há abuso quando as medidas judiciais contrariam os limites das escolhas discricionárias de gestão, mais ainda, escolhas qualificadas como razoáveis.

No entanto, é possível que violações a comandos constitucionais de previsão de aplicação de recursos mínimos, por exemplo, em saúde e educação, sejam corrigidas judicialmente. Delimitando o campo argumentativo ao planejamento e execução do orçamento público, se o poder político alinhado com o Executivo, pretendem compor no planejamento orçamentário os mínimos constitucionais em violação às leis nacionais que descrevem o que não pode ser contabilizado, deve o Judiciário atuar a fim de que tais disfunções não se concretizem em prejuízos ao interesse público.

É intuitivo perceber que o princípio constitucional da separação dos poderes não almeja albergar nem proteger condutas violadoras do seu próprio texto. Não há blindagem à intervenção judicial quando a própria Constituição é violada, quando leis nacionais, estruturantes da construção do pacto federativo e protetivas da isonomia entre os estados-membros, padecem de desprezo nas peças orçamentárias, como, por exemplo, despesas com folha de pagamento acima dos limites da Lei de Responsabilidade Fiscal. Tal conduta conduz a ruína financeira do ente federado, fazendo com que, em muitos casos, conforme se verá, o Tesouro Nacional seja obrigado a vir em socorro, mas também em prejuízo dos interesses centrais do país.

A pesquisa pretende ser *antidogmática*, sem que isso signifique, conforme ensina Suxberger, oposição a um pensamento dogmático "como o prefixo da expressão pode facilmente levar a crer; mas, verdadeiramente, significa reconhecer as limitações do pensamento dogmático como uma roupagem discursiva relevante, mas em si insuficiente para resolver as complexas tramas sociais de que resultam a efetividade dos direitos reconhecidos dogmaticamente" (SUXBERGER, 2018, p. 112).

Concretamente, a metodologia do sistema organizacional de controle externo funda-se na regularidade/conformidade, ou não, dos atos de gestão em face da codificação normativa. Trata-se de um dogma e ainda não há um foco operacional na expressão – a primeira iniciativa foi do Tribunal de Contas de São Paulo, com o IEGM e o IEGE –, ou seja, a fiscalização não busca enfrentar as disfunções nas políticas públicas quanto à efetividade, quanto ao contentamento social e, desde o seu nascedouro, ao orçamento.

Cabe ressaltar que a regularidade não está sendo posta de lado como algo de menor importância; ao contrário, a regularidade orçamentária, segundo os parâmetros constitucionais e da legislação nacional, é indispensável, conforme evidenciado acima, contudo não é o único parâmetro.

A crítica que aqui se faz ao controle externo não representa contradição performativa com o argumento da necessidade de acoplamento estrutural com o sistema organizacional de justiça; ao contrário, na verdade o que se busca pelo arranjo institucional proposto é justamente o aperfeiçoamento dos elementos de comunicação simbolicamente generalizados internos ao ambiente complexo de cada um dos sistemas.

O controle das decisões, políticas ou administrativas, sobre políticas públicas a partir da dogmática puramente jurídica é insuficiente, pois são lineares, não trazem consigo contornos propositivos claros, como a legística pode trazer, e padecem de *isolacionismo da realidade social* (SUXBERGER, 2018, p. 114).

Cabe reforçar que, entre a legística e a dogmática, não há nada capaz de tornar incompatível a aplicação conjunta; na verdade, a legística auxilia na compreensão do direito aplicado às políticas públicas, ponto em que há complementariedade entre as duas categorias apresentadas, ou seja, são capazes pelo emprego conjunto de mitigar o malogro dos preceitos normativos de garantias fundamentais.

A doutrina (SUXBERGER, 2018, p. 116) afirma que "a frustração de preceitos normativos, não raro, deriva da frustração dos arranjos institucionais incumbidos de sua materialização". De fato, os preceitos que versam sobre prestações governamentais deitam as suas raízes no orçamento público. Esta é a fonte que permite tais empreendimentos, sobretudo nas funções saúde e educação, fortemente reguladas na própria Constituição e em leis nacionais.

Contudo, as distribuições de competências constitucionais fiscalizatórias fazem com que ilegalidades em face da Lei de

Responsabilidade Fiscal, por exemplo, redundem em bases de cálculos de investimentos desidratadas, seja pelos gastos tributários em desconformidade com os requisitos da lei, redutores da receita corrente líquida, seja pelos gastos com pessoal acima dos limites legais.

O último ponto em exame será propositivo na medida em que oferecerá um arranjo institucional acoplado contra violações de princípios constitucionais sensíveis, atentatórios contra o pacto federativo, contra a tessitura isonômica, a partir de comandos constitucionais, que deve ser reforçada pela União como representante dos interesses dos estados-membros reunidos.

Este capítulo apresentará meios para o reforço da uniformidade das respostas fiscalizatórias do sistema organizacional de controle externo, redutores, portanto, de práticas excessivamente díspares em um sistema que deveria ser previsível,[194] sobretudo em razão do seu caráter pedagógico e orientador em face da gestão pública. Como exemplos, utilizar-se-ão precedentes administrativos e das sanções aplicadas nas cortes de contas.

Cortes como o Tribunal de Contas da União, no plano federativo, devem exercer um papel revisor, no plano dogmático, da aplicação das normas nacionais. Tal afirmação justifica-se pela tutela dos interesses da própria Federação, pois gestões estaduais descompassadas no dever de manutenção de equilíbrio entre receitas e despesas fazem surgir o real interesse da União no reestabelecimento da regularidade fiscal em face do fundado receio do comprometimento futuro dos recursos do Tesouro Nacional, como é comum nos empréstimos internacionais, nos quais a União é avalista.

O acoplamento estrutural, fundado na teoria de Luhmann, visa mitigar os efeitos do insulamento institucional, resultante do fechamento operacional hermético, ou seja, que vai muito além do necessário para o reconhecimento das suas próprias operações em face das existentes no ambiente caótico. No campo do controle externo, onde a fiscalização é contábil, patrimonial, operacional, financeira e orçamentária, não

---

[194] A apreciação dos tribunais de contas em matérias essenciais, como as que tratam do que deve ou não compor as parcelas dos gastos com pessoal, ainda não é linear sobre temas de baixa complexidade. Trata-se aqui de interpretações sobre os comandos da Lei de Responsabilidade Fiscal que ampliam demasiadamente as possibilidades de investimentos com folha de pagamento, fazendo minguar as aplicações públicas necessárias, como a construção de novos hospitais e até mesmo a compra de medicamentos.

pode haver isolamento científico. Neste ambiente, não só a dogmática jurídica, mas a própria legística, em suas feições formal e material, deve atuar delimitando sentido do que pode ser discutido.

O TCU, na quadra do exame do cumprimento da Constituição e das leis nacionais pelos entes federados, no que possui implicações em políticas públicas, ainda que reflexas, deve atuar no campo dogmático. Cumpre uma análise lógica dos conceitos jurídicos; no caso da Lei de Responsabilidade Fiscal, tais conceitos são restritivos de gastos e ampliativos de receitas. A partir dessa premissa, poderá haver a compilação dos resultados e a aplicação nas suas próprias decisões, como paradigmas, e nas decisões de outras cortes de contas, com fundamento no artigo 75 da CF.

Entre a Lei de Responsabilidade Fiscal e as leis orçamentárias, não pode deixar de haver um *inter-relacionamento mútuo e coerente* (SUXBERGER, 2018, p. 120). Tal compreensão exercerá um papel estabilizador na medida em que ampliativa das discussões jurídicas da cientificidade dogmática, em benéfica oposição à autorreferencialidade das cortes de contas em suas decisões fundadas em normas nacionais.

O controle exercido pelos sistemas organizacionais de justiça e de controle externo necessita de uma problematização que considere a necessidade de acoplamento estrutural ainda na fase de planejamento orçamentário. Os arranjos institucionais, a partir das competências constitucionais atribuídas, propostos ao longo desta tese passam pelo desenvolvimento de uma tecnologia multidisciplinar, e não apenas jurídica, como propõe Calsamiglia (1992).

A ação estatal fiscalizatória, efetiva, passa pela conformação das políticas públicas desde o planejamento orçamentário. O combate às disfunções somente na execução orçamentária é fora do tempo certo, é meramente reativo, não corrige e implica em reiteração de comportamentos indesejados, como aplicações reiteradas de recursos públicos e políticas públicas malsucedidas. Ora, a reiteração de demandas por prestações públicas nas varas das fazendas públicas, por si, já revela um déficit de cobertura gerencial que deve ser corrido no orçamento, a fim de que não se reitere de exercício em exercício.

Para isto, é necessário rever as regras de competência e do momento da fiscalização. Embora o mérito administrativo nas propostas orçamentárias seja indiscutível, assim como a discrição política nas decisões sobre as prestações públicas, descumprimentos, no plano orçamentário, de regras e princípios estatuídos na própria Constituição e em leis nacionais, como, por exemplo, o que deve compor o mínimo de aplicação constitucional em saúde e educação, não estão blindados à intervenção corretiva dos sistemas de controle.

A tecnologia, não apenas jurídica, mas contábil, financeira, orçamentária e patrimonial, forte nos crivos de legalidade, legitimidade e economicidade (artigo 70 da CF), deve atuar para garantir *sistematicidade e interação com a realidade social, além de eficácia e racionalidade gerencial* (SUXBERGER, 2018, p. 122), tudo voltado à concretização dos direitos fundamentais.

Dentre as tecnologias jurídicas acopladoras dos sistemas organizacionais de justiça e de controle externo, a adoção subsidiária do Código de Processo Civil, nas trinta e quatro cortes de contas distribuídas em todo o território nacional, pode representar um importante meio disciplinador da marcha processual administrativa se tiver a adesão do Tribunal de Contas da União, sobretudo no processamento de questões atinentes à correta aplicação das leis nacionais nos campos orçamentários com forte repercussão em políticas públicas estruturantes – caso da LRF. A este propósito, ainda neste capítulo serão examinadas as soluções consensuais, os precedentes e também as sanções administrativas.

3.2 Pontos de acoplamento entre instâncias de controle

É certo que qualquer forma de expressão do direito sem coerção será impotente. A efetividade do controle externo sobre as políticas públicas é indissociável do cumprimento de suas orientações, decisões sobre os atos de gestão e observância de suas opiniões técnicas exaradas nos pareceres prévios e inclinadas à macrogestão, seja no plano federal, estadual ou municipal.

Na quadra das políticas públicas dirigidas às funções de saúde e educação, com ainda mais vigor, já que haverá a responsabilidade de fiscalização com o encargo da proteção da efetividade dos comandos constitucionais considerados princípios legítimos sensíveis, tal como abordado.

Não se pode esquecer que a lei descumprida representa um atentado contra a soberania do direito e contribui para o seu descrédito e enfraquecimento. A atuação do controle externo incidente sobre o planejamento e execução orçamentária, relevante para a consecução de ganhos de qualidade em saúde e educação, somente logrará êxito se puder resistir ao olhar enviesado dos que aspiram desconstituir as decisões dos tribunais de contas no estuário da justiça.

É certo que a aplicação do direito não suporta visões compartilhadas, juízos expressados com precariedade, dependentes de outras visões. Não é sustentável que a esfera de controle administrativo, com muita frequência, veja seus juízos reformados na esfera judicante, sobretudo quando isso se dá por mera incompreensão resultante de códigos diversos de linguagem entre o Poder Judiciário e os tribunais de contas.

A presente pesquisa tem entre os seus objetivos provar que a ação do controle externo nas fases de planejamento e execução orçamentária é apta a trazer ganhos importantes de efetividade nas políticas públicas, sobretudo quando o método sancionatório é compreendido pelo Poder Judiciário, conferindo, portanto, grau de certeza apto a desestimular violações constitucionais, legais ou regulamentares.

Desse modo, duas análises devem ser empreendidas pelos tribunais de contas. A primeira examina a gestão de modo amplo: são as contas consolidadas. O exame é fundado no balanço geral do ente e também no relatório do sistema de controle interno sobre a execução do orçamento, sobretudo no que atine às matérias econômica, financeira e administrativa. Nessa quadra, como já examinado, o tribunal expedirá parecer que será submetido ao juízo do Parlamento, sobressaindo-se por dois terços, em consonância com o disposto no artigo 31, §2º, da CF, sobre as deliberações políticas, no plano municipal.

Cumpre relembrar, consoante exposto no segundo capítulo desta tese, que, além da competência para o exame das contas consolidadas[195]

[195] O artigo 42 do Regimento Interno do Tribunal de Contas do Estado do Tocantins indica que "[...] as prestações de contas dos ordenadores de despesas dos órgãos da administração direta, entidades autárquicas, fundacionais e de fundos especiais consistirão em demonstrativos que evidenciem, relativamente ao período da prestação, os atos de gestão

municipais, nos RE nº 848.826[196] e 729.744, o STF interpretou a CF atribuindo também a competência para o julgamento dos prefeitos ordenadores de despesa.

É certo que, em grandes cidades, não é comum que o chefe do Executivo ordene despesas, mas, nos pequenos municípios, essa prática, além de comum, é extremamente lesiva,[197] eis que uma fração considerável das despesas municipais é executada no gabinete do prefeito e sob a sua ordenança.

Buscar-se-á, na primeira análise, uma descrição sobre as atividades dos órgãos e entidades empenhados na gestão da prestação das políticas públicas. Os regulamentos internos[198] classificam como gravíssima, *v.g.*, achados sobre aplicação no desenvolvimento e ensino, menores que 25% das receitas dos impostos, compreendidas as transferências.[199]

Ainda no campo da política pública educacional, em sede de contas consolidadas ou de governo, busca-se aferir se a remuneração dos profissionais do magistério da educação básica chegou ao percentual mínimo de 60% das receitas do FUNDEB.[200]

---

orçamentária, financeira e patrimonial, segundo o Plano Plurianual, Lei das Diretrizes Orçamentárias e Lei Orçamentária Anual". Concernente às contas consolidadas, o RI/TCE/TO preceitua em passagem lapidar no artigo 25 que "[...] o Tribunal apreciará as contas prestadas anualmente pelo Prefeito, às quais serão incluídas as do Poder Legislativo, mediante parecer prévio, separadamente".

[196] No julgamento do RE nº 848.826/STF o relator, ministro Luís Roberto Barroso, destacou que, quanto às contas de governo (consolidadas), "a Constituição Federal reserva à Casa Legislativa correspondente a competência para julgá-las em definitivo, mediante parecer prévio do tribunal conforme determina o artigo 71, inciso I" e, quanto às contas de gestão (ordenador de despesas), "a competência para julgá-las em definitivo é do Tribunal de Contas, portanto sem participação do Legislativo, conforme determina o artigo 71, II, da Constituição Federal". Importa consignar, contudo, que, no presente RE, ficou decidido que é exclusiva da Câmara de Vereadores a competência para julgar as contas de governo (consolidadas) e de gestão (ordenadores) dos prefeitos, cabendo ao Tribunal de Contas auxiliar o Poder Legislativo municipal, emitindo parecer prévio e opinativo, que somente poderá ser derrubado por decisão de dois terços dos vereadores.

[197] A presente pesquisa aponta, nos municípios tocantinenses, o montante dos prejuízos causados por prefeitos ordenadores e tempo médio para julgamento das referidas contas nas câmaras de vereadores. Relevante pontuar que, até o aludido julgamento, não haverá título de crédito apto à execução judicial reparadora dos prejuízos sofridos pelos entes públicos.

[198] Instrução Normativa/TCE/TO nº 2, de 15 de maio de 2013, anexo I, item 1.1.

[199] Artigo 212, *caput*, da CF, artigo 60 do Ato das Disposições Constitucionais Transitórias e artigo 22 da Lei nº 11.494/2007.

[200] Artigo 22 da Lei nº 11.494/2007: "Pelo menos 60% (sessenta por cento) dos recursos anuais totais dos Fundos serão destinados ao pagamento da remuneração dos profissionais do magistério da educação básica em efetivo exercício na rede pública".

Além dos dois percentuais delineados, observa-se a aplicação do percentual de 12% da arrecadação de impostos no âmbito da União e de 25% nos municípios, estados e Distrito Federal.[201]

Fora dos contornos constitucionais, no plano legal, portanto, observam-se restrições consideradas gravíssimas, incidentes sobre o orçamento. Dentre as mais destacadas, encontram-se os déficits de execução orçamentária, a não contabilização ou incorreções de registros ou fatos contábeis relevantes.

Há também achados na LDO, dentre os quais a sua apresentação sem o anexo de metas fiscais, insuficiência de arrecadação tributária, orçamentos superestimados e outros aspectos. Com efeito, tudo o que fora evidenciado, dentro de um espaço amostral muito maior, importa na realização de políticas públicas mais ou menos eficientes, a depender do exercício da fiscalização.

Como se pode perceber facilmente, a atribuição máxima de gravidade pelas irregularidades atinentes ao orçamento tem profunda ligação com o tema da pesquisa em desenvolvimento. Os déficits orçamentários ocasionarão comprometimento das ações planejadas com base na expectativa da lei orçamentária.[202]

A insuficiência financeira, derivada do aludido déficit, resultará em despesas que certamente serão incluídas em restos a pagar, muitas vezes sem reserva de caixa. Mais ainda, contabilizadas indevidamente em dois exercícios financeiros e consideradas em duplicidade para o atingimento dos percentuais mínimos constitucionais.[203]

Nos dois casos acima delineados, a reprovação e sanções aplicadas administrativamente devem ser compatíveis com as consequências para as políticas públicas medidas segundo índices fixados em graus de efetividade das prestações estatais, tal como examinado no primeiro capítulo desta tese.

---

201 Constituição Federal, artigo 212: "A União aplicará, anualmente, nunca menos de dezoito, e os Estados, o Distrito Federal e os Municípios vinte e cinco por cento, no mínimo, da receita resultante de impostos, compreendida a proveniente de transferências, na manutenção e desenvolvimento do ensino".

202 Processo e-Contas nº 3.057/2016 referente ao Fundo Municipal de Saúde de Palmeirante/TO, Prestação de Contas de Ordenador do exercício de 2015, Acórdão nº 416/2018 – 2ª Câmara – Relator Conselheiro André de Matos Gonçalves.

203 Prestação de Contas de Governo, exercício 2013 – Processo nº 2.163/2014, voto condutor do Parecer Prévio nº 2/2015/TCE/TO.

As ações de controle, tanto administrativas quanto judiciais, aplicadas em razão de disfunções no orçamento incumbem fundar-se em parâmetros legais de regularidade e em índices de efetividade[204] contidos nas próprias leis orçamentárias e em outras atinentes à saúde e à educação,[205] oferecendo, dessa forma, os elementos objetivos para a fiscalização da boa gestão.

Com efeito, cumpre esclarecer que o presente tópico não pretende tornar o controle externo levado a efeito pelos tribunais de contas um centro de autorreferência. Sabe-se que o poder circunscrito, fechado em um círculo vicioso, é restrito e tem estrangulados os seus meios de troca, impedindo o seu revigoramento.

Em arremate, já é possível asseverar que o modelo de controle que ora se propõe sobre o orçamento público, visando ao ganho de efetividade em políticas públicas, busca fixar dois crivos universais de fiscalização aplicados à quadra administrativa e judicial.

No primeiro crivo, são reinantes a lei e a Constituição Federal, com seus comandos sobre as prestações nas funções saúde e educação. No segundo, buscar-se-á efetividade nas políticas públicas por meio da fiscalização conforme as metas das próprias leis orçamentárias e leis nacionais, que também fixam metas e prioridades no dispêndio público nas mencionadas áreas.

Assim, é necessário que o processamento e apenamento por violações constitucionais, legais e regulamentares guardem um código de linguagem inteligível aos demais estamentos de controle, sobretudo com o Judiciário.

Como resultado da comunicação clara entre as instâncias de controle, os resultados serão juízos informados sobre questões nucleares no que diz respeito às políticas públicas, como efeito saúde e educação, decisões administrativas com estabilidade

---

[204] Os índices de efetividade referem-se às metas e indicadores constantes do PPA, bem como as metas físicas e financeiras estabelecidas na LDO comparativamente à execução efetiva pretendida nas ações da LOA. Deve haver congruência entre esses instrumentos, de maneira que, se não houver sintonia entre eles, compromete sobremaneira a efetividade das peças orçamentárias.

[205] Lei nº 9.394, de 20 de dezembro de 1996, que estabelece as diretrizes e bases da educação nacional, Lei nº 13.005, de 25 de junho de 2014, que aprova o Plano Nacional de Educação (PNE) e dá outras providências e Lei Complementar nº 141, de 13 de janeiro de 2012, que dispõe sobre os valores mínimos a serem aplicados na saúde, na União, Estado, Distrito federal e município.

fundada na compreensão clara das matérias pelos órgãos jurisdicionais, além de um incremento significativo das ações coletivas, em detrimento das individuais, tal como analisado no segundo capítulo.

O próximo tópico tratará das sanções administrativas aplicadas pelos tribunais de contas. O exame desse tema é relevante para a obtenção de parâmetros de semelhança que podem aproximar os sistemas de justiça e de controle externo das cortes de contas. Tenciona-se identificar as causas das distorções do código lícito/ilícito que levam às reformas judiciais das compreensões dos tribunais de contas.

3.3 Os sistemas organizacionais de justiça e de controle externo e o ambiente complexo das políticas públicas

Há quem defenda, minoritariamente, que as decisões dos tribunais de contas têm natureza jurisdicional. Essa compreensão encontra sentido na redação constitucional (artigo 71, inciso II, da CF) quando se refere ao julgamento das contas. Na mesma linha, o raciocínio defende tais julgamentos como exceção à inafastabilidade da tutela[206] jurisdicional, como ocorre nos crimes de responsabilidade, julgados pelo Senado da República (artigo 49, X, da CF).

O entendimento de Fernandes (2005) quanto à natureza jurídica das decisões dos tribunais de contas, ao interpretar o dispositivo constitucional (artigo 71, II, da CF), também se inclina na direção do reconhecimento da força judicante. Entretanto, cumpre consignar, a ampla maioria da doutrina entende ser de natureza administrativa as referidas decisões sob o pálio do argumento de que, no Brasil, a jurisdição é una, e o seu monopólio é judicial.

A importância dessa dicotomia interpretativa para a pesquisa deriva do fato de que, admitindo-se a jurisdição como de natureza

[206] Conforme mandamento Constitucional artigo 5º, XXXV, "[...] a lei não excluirá da apreciação do Poder Judiciário lesão ou ameaça a direito". Nesse sentido "o direto de acesso à justiça conduz ao entendimento de que nada afastará a intervenção do Poder Judiciário quando houver lesão ou simples ameaça a direito" (CUNHA JÚNIOR, 2010, p. 700).

"[...] meramente administrativa [...]", as decisões dos tribunais de contas não terão carga de definitividade ou estabilidade, expondo-se a constantes reformas e à crise de autoridade no seu múnus fiscalizatório.

Necessário reconhecer que o escrutínio judicial é desejável como consectário do princípio da inafastabilidade,[207] isto não se discute. O núcleo do problema está na desconstituição judicial desprovida do enfretamento dos fundamentos técnicos especializados presentes na decisão administrativa.

Parcialmente comunga da mesma compreensão do professor Jacoby Di Pietro (2007), ao afirmar que a "[...] decisão do Tribunal de Contas, se não se iguala à decisão judicial, porque também sujeita ao controle pelo Poder Judiciário, também não se identifica com a função puramente administrativa".

A professora se coloca a meio caminho, reconhecendo a natureza administrativa, mas alocando, por suas caraterísticas, as decisões das cortes administrativas acima das ordinariamente tomadas na função executiva.

Consoante se pode observar no posicionamento doutrinário acima expendido, quanto à natureza das decisões dos tribunais de contas, há jurisdição na medida em que é cogente reconhecer que todas as funções de Estado articulam o direito; inobstante, cumpre o discernimento com a atividade jurisdicional, exclusiva do Judiciário, como ensina Mileski (2003), citando Hely Lopes Meireles.

---

[207] Desde 1215, na Carta do Rei João Sem Terra da Inglaterra, a qual influenciou sobremodo o devido processo legal de hoje, que já se falava da inafastabilidade da tutela jurisdicional, com o seguinte texto: "[...] nenhum homem livre será detido ou preso, nem privado de seus bens, banido ou exilado ou, de algum modo, prejudicado, nem agiremos ou mandaremos agir contra ele, senão mediante um juízo legal de seus pares ou segundo a lei da terra". Destaque há de ser dado para a asserção de Celso Antônio Bandeira de Mello: "[...] no direito brasileiro, ao contrário do que ocorre na maioria dos países europeus continentais, há unidade de jurisdição. Isto é, nenhuma contenda sobre direitos pode ser excluída da apreciação do Poder Judiciário, conforme o artigo 5.º, XXXV, da Constituição. Assim, não há órgãos jurisdicionais estranhos ao Poder Judiciário para decidir, com esta força específica, sobre as contendas entre Administração e administrados. É ao Poder Judiciário e só a ele que cabe resolver definitivamente sobre quaisquer litígios de direito. Detém, pois, a universalidade da jurisdição, quer no que respeita à legalidade ou à consonância das condutas públicas com atos normativos infralegais, quer no que atina à constitucionalidade delas. Neste mister, tanto anulará atos inválidos, como imporá à Administração os comportamentos a que esteja de direito obrigada, como proferirá e imporá as condenações pecuniárias cabíveis" (MELLO, 2002, p. 102). Cf. concessão de liminar em Mandado de Segurança – MS nº 28.745/STF que suspende decisão do TCU.

Em verdade, o que faz especial o controle externo protagonizado pelo Poder Legislativo, com o irrenunciável[208] apoio dos tribunais de contas, é o destaque centralmente constitucional das atribuições e, em outro plano, a relevância das matérias fundamentais para a consecução dos princípios constitucionais sensíveis, consoante está posto com elevada clareza nos artigos 70 e 71 da Constituição Federal.[209]

---

[208] Carlos Ayres Britto, ex-ministro do Supremo Tribunal Federal, esclarece que o Tribunal de Contas não é órgão do Legislativo, e não é possível enquadrá-lo como tal somente pelo fato da Constituição tê-lo previsto no capítulo do Poder Legislativo, de maneira que o artigo 44, *caput*, da CF claramente anuncia que os órgãos do Poder Legislativo da União são a Câmara dos Deputados e o Senado Federal. Isso se aplica, por simetria, aos estados e aos municípios, sobretudo, porque o Poder Legislativo tem natureza política em sua atuação e os tribunais de contas pautam-se, em suas deliberações, em parâmetros objetivos, com natureza técnico-jurídica, de modo que, sem subordinação, o Tribunal de Contas auxilia o Poder Legislativo, como condição *sine qua non* para atuação deste. Veja-se que "como certo que está a falar de 'auxílio' do mesmo modo como a Constituição fala do Ministério Público perante o Poder Judiciário. Quero dizer: não se pode exercer a jurisdição senão com a participação do Ministério Público. Senão com a obrigatória participação ou o compulsório auxílio do Ministério Público. Uma só função (a jurisdicional), com dois diferenciados órgãos a servi-la. Sem que se possa falar de superioridade de um perante o outro". Artigo: Carlos Ayres Britto. *O Regime Constitucional dos Tribunais de Contas*. Disponível em: http://www.editoraforum.com.br/noticias/o-regime-constitucional-dos-tribunais-de-contas-ayres-britto/. Acesso em: 02 ago. 2018.

[209] Artigo 70. A fiscalização contábil, financeira, orçamentária, operacional e patrimonial da União e das entidades da administração direta e indireta, quanto à legalidade, legitimidade, economicidade, aplicação das subvenções e renúncia de receitas, será exercida pelo Congresso Nacional, mediante controle externo, e pelo sistema de controle interno de cada Poder. § único. Prestará contas qualquer pessoa física ou jurídica, pública ou privada, que utilize, arrecade, guarde, gerencie ou administre dinheiros, bens e valores públicos ou pelos quais a União responda, ou que, em nome desta, assuma obrigações de natureza pecuniária. Artigo 71. O controle externo, a cargo do Congresso Nacional, será exercido com o auxílio do Tribunal de Contas da União, ao qual compete: I – apreciar as contas prestadas anualmente pelo Presidente da República, mediante parecer prévio que deverá ser elaborado em sessenta dias a contar de seu recebimento; II – julgar as contas dos administradores e demais responsáveis por dinheiros, bens e valores públicos da administração direta e indireta, incluídas as fundações e sociedades instituídas e mantidas pelo Poder Público federal, e as contas daqueles que derem causa a perda, extravio ou outra irregularidade de que resulte prejuízo ao erário público; III – apreciar, para fins de registro, a legalidade dos atos de admissão de pessoal, a qualquer título, na administração direta e indireta, incluídas as fundações instituídas e mantidas pelo Poder Público, excetuadas as nomeações para cargo de provimento em comissão, bem como a das concessões de aposentadorias, reformas e pensões, ressalvadas as melhorias posteriores que não alterem o fundamento legal do ato concessório; IV – realizar, por iniciativa própria, da Câmara dos Deputados, do Senado Federal, de Comissão técnica ou de inquérito, inspeções e auditorias de natureza contábil, financeira, orçamentária, operacional e patrimonial, nas unidades administrativas dos Poderes Legislativo, Executivo e Judiciário, e demais entidades referidas no inciso II; V – fiscalizar as contas nacionais das empresas supranacionais de cujo capital social a União participe, de forma direta ou indireta, nos termos do tratado constitutivo; VI – fiscalizar a aplicação de quaisquer recursos repassados pela União mediante convênio, acordo, ajuste

Mas não é só, as decisões administrativas emanadas do controle externo são fundadas em contas prestadas e têm base em dados obtidos em razão de competência exclusiva, em levantamentos técnicos especiais e produzidos pelos próprios tribunais de contas.

No tocante a isto, cabe uma breve, porém indispensável, abordagem sobre a metodologia e alcance da fiscalização empregada pelas cortes de contas. Com isso, pretende-se, ao final, demonstrar a importância do trabalho coordenado entre as estruturas de controle, tribunais de contas e Judiciário.

Cumpre iniciar tal análise pelo controle exercido na fiscalização contábil. Consoante a Lei nº 4.320, de 1964, todos os atos da atividade financeira do Estado devem ser devidamente contabilizados em ordem cronológica, o que é fundamental para o real entendimento dos atos do Poder Público dentro de uma sequência lógica.

Convém entender, outrossim, que a administração, em sua atividade escritural, possui sistemas de contas independentes e segregados segundo agrupamentos que se dividem em sistema financeiro, sistema patrimonial, orçamentário e de compensação.

Os registros ocorrem nesse sistema cindido nas formas analítica e sintética. Na escrituração analítica, se poderá ter acesso às informações de receitas orçamentárias, despesas previstas, empenhadas e realizadas. Pode-se verificar, até mesmo, o movimento extraorçamentário, movimento bancário e diário de caixa.

---

ou outros instrumentos congêneres, a Estado, ao Distrito Federal ou a Município; VII – prestar as informações solicitadas pelo Congresso Nacional, por qualquer de suas Casas, ou por qualquer das respectivas Comissões, sobre a fiscalização contábil, financeira, orçamentária, operacional e patrimonial e sobre resultados de auditorias e inspeções realizadas; VIII – aplicar aos responsáveis, em caso de ilegalidade de despesa ou irregularidade de contas, as sanções previstas em lei, que estabelecerá, entre outras cominações, multa proporcional ao dano causado ao erário; IX – assinar prazo para que o órgão ou entidade adote as providências necessárias ao exato cumprimento da lei, se verificada ilegalidade; X – sustar, se não atendido, a execução do ato impugnado, comunicando a decisão à Câmara dos Deputados e ao Senado Federal; XI – representar ao Poder competente sobre irregularidades ou abusos apurados. § 1º No caso de contrato, o ato de sustação será adotado diretamente pelo Congresso Nacional, que solicitará, de imediato, ao Poder Executivo as medidas cabíveis. § 2º Se o Congresso Nacional ou o Poder Executivo, no prazo de noventa dias, não efetivar as medidas previstas no § anterior, o Tribunal decidirá a respeito. § 3º As decisões do Tribunal de que resulte imputação de débito ou multa terão eficácia de título executivo. § 4º O Tribunal encaminhará ao Congresso Nacional, trimestral e anualmente, relatório de suas atividades.

Na escrituração sintética, pode-se observar o Diário Geral e Razão Geral, de onde se podem extrair os balancetes de verificação e, no fim do exercício financeiro, os balanços de cada sistema.

Relevante esclarecer, em complemento ao segundo capítulo desta tese, que o acesso a esta escrituração, analisada minunciosamente pelas cortes de contas, propicia a real compreensão da situação econômica e financeira do ente, oferecendo segurança neste ambiente saturado de informações cruzadas para o deslinde de questões envolvendo a reserva do possível e do mínimo existencial,[210] sobretudo em saúde e educação, temas recorrentes nas varas da fazenda pública.

A fiscalização financeira volta-se ao controle da arrecadação da receita e da realização de despesas, observando, ainda, a legalidade e a regularidade de todas as operações. Verifica-se, ainda, se os procedimentos de execução da despesa estão adequados, se os ativos financeiros foram registrados e os procedimentos de execução da despesa, como autorização, empenho e liquidação, pagamento e registro, foram devidamente escriturados. Demonstra-se, ao final, se as contas de fato refletem a situação financeira da administração.

A fiscalização orçamentária é especialmente importante, pois se volta, sobretudo, ao exame de programas, projetos e atividades previstas na lei orçamentária. A análise compreende todo o ciclo orçamentário, partindo dos planos de governo e estendendo-se até a Lei de Diretrizes Orçamentárias e ao orçamento anual.

É intuitivo perceber que a posse desses dados poderia viabilizar medidas judiciais, promovidas principalmente pelo Ministério Público, para a devida correção das leis orçamentárias violadoras

[210] Ana Carolina Lopes Olsen (2008, p. 201) preceitua que "[...] a reserva do possível corresponde a um dado de realidade, um elemento do mundo dos fatos que influencia na aplicação do direito. O direito é um fenômeno prescritivo, ou seja, as normas jurídicas têm por fundamento uma determinada realidade fática, a partir da qual prescrevem condutas. Dentro dessa concepção, é certo que o Direito não pode prescrever o impossível – e é neste sentido, em um primeiro momento, que se pode abordar a temática da reserva do possível, embora trazendo a discussão para o campo dos direitos fundamentais sociais a prestações" (OLSEN, 2008). O mínimo existencial refere-se à parcela de prestação material capaz de fazer com que o ser humano tenha uma vida minimamente digna; nesse sentido, Canotilho (2003, p. 481) alerta que "[...] os direitos sociais só existem quando e enquanto existir dinheiro nos cofres públicos. Para atenuar essa desoladora conclusão adianta-se, por vezes, que a única vinculação razoável e possível do Estado em sede de direitos sociais, se reconduz à garantia do mínimo existencial".

da obrigação de alocação dos mínimos constitucionais[211] em saúde e educação, ou mesmo das obrigações previstas em lei, tal como delineado no primeiro capítulo desta tese.

Com efeito, por meio da fiscalização orçamentária, pode-se proceder a uma profunda análise sobre a coerência da aplicação dos recursos e as finalidades planejadas. É possível até mesmo verificar a legalidade dos atos em consonância com os programas de trabalho expressos em termos monetários, bem como a realização das obras e de serviços prestados.

Tais elementos são fundamentais, notadamente, no âmbito das ações coletivas. É necessário qualificar o Poder Judiciário, por meio de informações técnicas precisas, para as naturais intervenções nas políticas públicas.

Cumpre realçar que o orçamento público, autorizador de todo e qualquer dispêndio, é finito, e isto impõe a urgente formação da consciência de que numerosas decisões individuais, desprendidas dos aspectos orçamentários, financeiros, operacionais e patrimoniais, podem contribuir para o agravamento do colapso nas funções saúde e educação.

A fiscalização operacional,[212] por seu turno, é voltada à mensuração do grau de cumprimento dos objetivos e metas

[211] Quanto à educação, preceitua o artigo 212 da Constituição Federal/1988 que a "[...] União aplicará, anualmente, nunca menos de dezoito, e os Estados, o Distrito Federal e os Municípios vinte e cinco por cento, no mínimo, da receita resultante de impostos, compreendida a proveniente de transferências, na manutenção e desenvolvimento do ensino". No tangente à saúde, prevê a CF/88, no artigo 198, sobre os limites mínimos a serem aplicados No caso da União, a receita corrente líquida do respectivo exercício financeiro não pode ser inferior a 15% (quinze por cento), conforme artigo 198, inciso III, §2º, inciso I. A ADCT, artigo 77, inciso III, detalhou melhor a matéria, e, oportunamente, veio a Lei nº 141, de 13 de janeiro de 2012, que regulamentou a matéria, nos seguintes termos: artigo 6º – "os Estados e o Distrito Federal aplicarão, anualmente, em ações e serviços públicos de saúde, no mínimo, 12% (doze por cento) da arrecadação dos impostos a que se refere o artigo 155 e dos recursos de que tratam o artigo 157, a alínea 'a' do inciso I e o inciso II do caput do artigo 159, todos da Constituição Federal, deduzidas as parcelas que forem transferidas aos respectivos Municípios". Veja-se que, nos termos do artigo 7º, "os Municípios e o Distrito Federal aplicarão anualmente em ações e serviços públicos de saúde, no mínimo, 15% (quinze por cento) da arrecadação dos impostos a que se refere o artigo 156 e dos recursos de que tratam o artigo 158 e a alínea 'b' do inciso I do caput e o § 3º do artigo 159, todos da Constituição Federal". O artigo 8º determina que "o Distrito Federal aplicará, anualmente, em ações e serviços públicos de saúde, no mínimo, 12% (doze por cento) do produto da arrecadação direta dos impostos que não possam ser segregados em base estadual e em base municipal".

[212] A fiscalização operacional tem como escopo "[...] avaliar o desempenho de um conjunto de operações administrativas sob o parâmetro da economicidade, eficiência e efetividade/

designados nas leis orçamentárias. Por meio desse instrumento, é possível medir eficiência – termo relacionado a rendimento – e eficácia – que representa o controle da administração sobre os recursos humanos, materiais e financeiros, com a devida identificação das áreas críticas.

Relevante perceber que o juízo de razoabilidade e de proporcionalidade, devidamente instruído com esses dados técnicos, possibilitará ao Judiciário, sobretudo nas ações coletivas, entendimento mais consistente e fundamentado, o que tornará ainda mais legítima a intervenção nas políticas públicas.

Cumpre asseverar que a fiscalização operacional é o que há de mais moderno na evolução da fiscalização do Poder Público em suas atividades financeiras. Com esse instrumento, pode-se alcançar, como resultado, o aperfeiçoamento das instituições administrativas, a melhoria da produtividade por meio da exploração dos aspectos da eficiência, eficácia e economicidade.

A fiscalização patrimonial[213] é voltada para preservação dos bens e patrimônios do Estado, sejam bens móveis ou imóveis, no que diz respeito à movimentação, conservação e segurança.

Tal fiscalização é instrumentalizada com inventários completos e incidentes sobre saldos de estoques nos almoxarifados e depósitos, além dos equipamentos e materiais permanentes nos órgãos da Administração.

Dentro do escopo da fiscalização, busca-se, ainda, o levantamento da regularidade dos registros e da utilização dos bens

---

EEE. Importante ressaltar essa distinção: na fiscalização operacional, a análise recai sobre um conjunto de decisões realizadas, enquanto na fiscalização de conformidade os atos e condutas são aferidos isoladamente" (SUNDFELD, 2013, p. 187). A INTOSAI conceitua a fiscalização operacional como sendo "[...] o exame independente, objetivo e confiável que analisa se os empreendimentos, sistemas, operações, programas, atividades ou organizações do governo estão funcionando de acordo com os princípios da economicidade, eficiência e efetividade e se há espaço para o aperfeiçoamento" (Organização Internacional de Entidades Fiscalizadoras Superiores – INTOSAI. ISSAI 300, aprovado em 2013, traduzido pelo TCU em 2016. p. 2).

[213] Por fiscalização patrimonial, compreende-se não apenas a verificação quanto à guarda e à administração dos bens móveis e imóveis da União, mas também em relação à gestão do patrimônio cultural, histórico, artístico, paisagístico e ambiental (MOURA, Adriana Maria Magalhães de (Org.). *Governança ambiental no Brasil*: instituições, atores e políticas públicas. Brasília: IPEA, 2016. Cap. 2. Luiz Henrique Lima, Atuação do Tribunal de Contas da União no Controle Externo da Gestão Ambiental. p. 48).

públicos, com os responsáveis pelo uso e guarda, o que evita, sensivelmente, a possibilidade de desvios e emprego inadequado.

É importante perceber como essas informações são relevantes para a instrução das ações coletivas, sobretudo as que tratam de medicamentos e análises em geral. Seria realmente elucidativo saber quais medicamentos têm seu prazo de validade vencido sem utilização, e os equipamentos que ficam armazenados sem instalação enquanto filas de exames se formam.

Realmente, se os autos das ações civis públicas fossem municiados com esses dados, o Judiciário poderia intervir com muito mais propriedade, não somente para outorgar ao que entra individualmente com a demanda, o tratamento ou o exame, mas para corrigir o desperdício que ocorre em quaisquer dos exemplos relatados.

Em todo o sistema de fiscalização, o objetivo sempre será, nos termos do artigo 70 da CF, uma vigorosa ação de controle que consiga abranger toda a organização estatal, desde o planejamento até a devida concretização de seus objetivos, tudo cercado de parâmetros técnicos que garantiriam decisões firmes e efetivas em toda a estrutura de controle.

Se as estruturas de controle passarem a agir de modo coordenado, se terá como resultado uma permanente sindicância sobre utilização e administração de bens e dinheiros públicos utilizados para atendimento das necessidades coletivas.

O parâmetro de legalidade deve ser o norte orientador da fiscalização orçamentária, financeira, contábil, patrimonial e operacional, visto que é justamente esse princípio o responsável por toda a dinâmica de atuação da Administração.

O plano de governo, tornado concreto na lei orçamentária, também deve passar pelo crivo da perfeita adequação do ato à lei e aos princípios constitucionais. Obtém-se, como produto final, a segurança jurídica, importante elemento na formação dos direitos fundamentais.

No concernente ao controle da constitucionalidade, a Professora Carmem Lúcia Antunes Rocha argumenta que tal controle pode e deve ser exercido extrajudicialmente, ou seja, pelas cortes de contas. Como lastro desse argumento, menciona a Súmula nº 347 do STF, a qual afirma que o "[...] Tribunal de Contas, no exercício de suas atribuições, pode apreciar a constitucionalidade das leis e dos atos do Poder Público".

Inobstante, é certo que a apreciação da constitucionalidade pelas cortes de contas não tem o condão de retirar do ordenamento jurídico leis e atos analisados, mas tão somente opera o efeito de obstar a executoriedade do texto, embargando, desse modo, prejuízos de natureza jurídica, econômica e financeira.

Com efeito, a tarefa iniciada nas cortes de contas poderia ser complementada no Judiciário no âmbito das ações coletivas, por meio do controle difuso de constitucionalidade, pois o processo iniciado no Tribunal de Contas pode instruir completamente essas ações.

O controle da legitimidade, por sua vez, estrutura-se em aspectos que vão além das formalidades. Tem fundamento nos princípios orçamentários, financeiros e constitucionais. Em outros termos, o sentido é buscar pelo combate aos desvios de finalidade dos atos de gestão.

A economicidade é outro parâmetro de análise que se volta ao exame dos custos inerentes aos objetivos fixados pelo Poder Público. Na verdade, a aferição volta-se à relação de custo-benefício, tendo em vista que a Administração tem o dever de ser eficiente na realização do interesse público e buscar proporcionar o melhor atendimento à maior parcela da coletividade.

O aludido parâmetro estabelece seus objetivos além do controle dos gastos. Com efeito, volta-se também ao controle das entradas orçamentárias. Nesse sentido, é necessário compreender que a reserva do possível será profundamente diminuída se a Administração compra mal e não cumpre sua tarefa arrecadadora.

O Judiciário, ao promover a intervenção nas políticas públicas, necessita dessa análise realizada no âmbito das cortes de contas. Só assim a intervenção outorgará a macrojustiça, que se distingue da justiça do caso concreto, a qual abstrai completamente o planejamento previsto nas leis orçamentárias para a consecução das políticas públicas nas funções saúde e educação.

Não é nada extraordinário acompanhar-se nos noticiários prioridades subvertidas como pontes inconclusas; estradas feitas em desacordo com as normas técnicas; obras em hospitais abandonados, enquanto outros são construídos; medicamentos vencidos e muitos outros prejuízos que necessitam formar o convencimento de quem decide com definitividade, ou seja, o Judiciário.

Os levantamentos levados a efeito pelas cortes de contas ocorrem por meio das auditorias e das inspeções. O artigo 71, IV, da Constituição Federal assevera que, por iniciativa própria da Câmara dos Deputados, do Senado Federal, das comissões técnicas ou de inquérito, as referidas diligências serão executadas pelos tribunais de contas, por simetria de assembleias e câmaras de vereadores.

É de se perceber que o Ministério Público, a Defensoria ou o próprio Judiciário não podem requerer, compulsoriamente, os relatórios dessas auditorias. Inobstante, não vemos embargo de que sejam realizadas voluntariamente, ante a demonstrada concorrência de interesses, dentro de um modelo novo de controle acoplado.

Cumpre esclarecer que a auditoria[214] é uma técnica oriunda do setor privado que tem como essência o exame documental. Por força da Lei nº 4.320, de 1964, os tribunais de contas procedem naturalmente às auditorias financeiras e orçamentárias, cujo conteúdo já foi deduzido neste tópico.

Com base na Lei Orçamentária Anual, dos orçamentos de investimentos, da abertura dos créditos adicionais e, ainda, pela via dos atos relativos à programação financeira de desembolso, dos balancetes de receitas e despesas, devidamente instruído com o rol dos responsáveis, não remanescerá qualquer vácuo de informações capaz de obstar o completo delineamento da reserva do possível.

Cabe consignar que esse incremento de eficiência nas decisões do Judiciário não implicará, absolutamente, qualquer gasto. As estruturas já estão montadas e em funcionamento; então, somente precisam se comunicar e cooperar reciprocamente.

Sobre as inspeções,[215] cabe explicitar que é espécie do gênero auditoria. Ocorre que a inspeção acontece *in loco*; buscará a informação

---

[214] Conforme as Normas de Auditoria Governamental – NAG 1000, "[...] item 1102 – auditoria é o exame independente, objetivo e sistemático de dada matéria, baseado em normas técnicas e profissionais, no qual se confronta uma condição com determinado critério com o fim de emitir uma opinião ou comentários" (Instituto Rui Barbosa. Normas de Auditoria Governamental (NAGS). Instituto Rui Barbosa. Tocantins: IRB, 2011, p. 11).

[215] Nos termos da NAG nº 4400, item 4402.2.6 – Inspeção física: é o ato físico de verificação, atento e minucioso do objeto (ex. bens móveis e imóveis) sob exame, dentro ou fora

verídica, direta da fonte. Evidenciará a forma como a gestão está processando seus atos de fato.

Após todas as considerações postas, pode-se afirmar que os tribunais de contas possuem acesso à intimidade do Estado, à execução orçamentária em tempo real, aos êxitos e insucessos das políticas públicas em exercícios passados, e tudo isso em razão das competências insculpidas no próprio Texto Constitucional.

Por último, resta consignar que os parâmetros gerais de fiscalização administrativa serão sempre voltados ao atendimento do interesse público coletivo, bem como do fiel acatamento dos princípios constitucionais e da boa, regular e eficiente aplicação dos recursos públicos.

Como consequência, o melhor aproveitamento da interação que ora se propõe – controle administrativo e judicante – é precisamente no controle judicial do orçamento. Isto em face de violações constitucionais e legais de obrigações de fazer com amplo interesse social. Com efeito, em saúde e educação, visto que são políticas públicas com estreita faixa de discricionariedade, tanto para Executivo quanto para o Legislativo.

Cumpre reconhecer, outrossim, que os dados obtidos nas cortes administrativas são produzidos por quem detém as mesmas garantias e obrigações dos que decidem no Judiciário, de modo que seus juízos são plenamente confiáveis, visto que blindados, pelo Texto Constitucional, do alcance funcional dos poderes do Estado fiscalizados e eventualmente descontentes.

Trata-se, pois, a presente linha de argumentação, da proteção das decisões administrativas perante as instâncias judiciais. Defende-se que os exames possuem elevada acuidade técnica e são levados a efeito por quem possui atribuições fixadas diretamente na Constituição.

Desse modo, a ampla cognição judicial deve cercar-se, no mínimo, de argumentos técnicos de igual jaez técnico aos expendidos administrativamente, sob pena de violação do interesse público.

---

das instalações do ente auditado, observando-o no seu aspecto estrutural, com o objetivo precípuo de constatar a sua existência, características ou condições físicas (Instituto Rui Barbosa. Normas de Auditoria Governamental (NAGS). Instituto Rui Barbosa. Tocantins: IRB, 2011, p. 63).

Essa compreensão, combinada com os artigos 198 e 212 da CF, exemplifica bem a importância do contentamento das expectativas normativas no controle do planejamento e execução orçamentária para o ganho de efetividade nas políticas públicas em saúde e educação.

Com efeito, além do fechamento normativo, faz-se necessária a compreensão de que as decisões emanadas dos tribunais de contas não possuem a mesma natureza jurídica atribuída às decisões administrativas tomadas, *v.g.*, na função executiva, voltadas ao exercício típico da gestão pública. O controle externo atua no âmbito da fiscalização com atribuições essenciais ao funcionamento do Estado, conforme demonstrado.

É dever reconhecer que o Judiciário detém o monopólio da definitividade em sua prestação, sem que se cogitem quaisquer exceções à inafastabilidade da tutela jurisdicional ou da força da coisa julgada. Por outro lado, a qualificação frequente dos julgamentos dos tribunais de contas como "meramente administrativos" representa o outro extremo do exagero na medida em que desqualifica a fiscalização externa.

O ministro Luiz Fux, no RE nº 103.2732/CE,[216] exprime bem essa equivocada linha de pensamento judicial. Assevera o juiz que os tribunais de contas são órgãos de controle auxiliares do Parlamento e, nesse ambiente descrito, o qual margeia a subalternidade, segundo o ministro, suas decisões são "meramente técnico-administrativas" e não trazem em si a força de coisa julgada.

Cabe esclarecer, contudo, que o "auxílio" esculpido no artigo 71 da Constituição representa condição para o exercício do controle político pelo Legislativo e em nada se confunde com a subordinação hierárquica.

A autonomia da qual desfrutam as cortes de contas lhes assegura total independência técnica em seus juízos. Tanto é assim

---

[216] EMENTA. PROCESSUAL CIVIL E ADMINISTRATIVO. AÇÃO DE IMPROBIDADE. RECEBIMENTO INICIAL. AGRAVO DE INSTRUMENTO. APROVAÇÃO DAS CONTAS PELO TRIBUNAL DE CONTAS DA UNIÃO [...] 1. O Controle exercido pelo Tribunal de Contas, não é jurisdicional, por isso que não há qualquer vinculação da decisão proferida pelo órgão de controle e a possibilidade de ser o ato impugnado em sede de ação de improbidade administrativa, sujeita ao controle do Poder Judiciário, consoante expressa previsão do artigo 21, inc. II, da Lei nº 8.492/92 [...].

que suas decisões se convolam em títulos executivos extrajudiciais suficientes em si para a sua execução (artigo 71, §3º, da CF).

No entanto, os julgamentos dos prefeitos ordenadores de despesa transferidos do crivo técnico dos tribunais de contas para o Parlamento Municipal (RE nº 848.826) e o recente impedimento do controle difuso pelas cortes de contas (MS nº 35.410), há muito autorizado pela Súmula nº 347 do STF, deixam claro, conforme exposto no segundo capítulo desta tese, que a marcha segue no sentido do atrofiamento do controle externo em seus poderes de fiscalização para o ativismo "judicial"[217] desaparelhado para o enfrentamento das questões acima postas.

Desse modo, fez-se necessário que esta pesquisa se detivesse no exame da natureza jurídica das decisões dos tribunais de contas, demonstrando que as conclusões contribuem ou enfraquecem a fiscalização externa, com evidentes consequências para as políticas públicas de saúde e educação.

3.4 Inadequada comunicação entre instâncias de controle

A teoria sistêmica de Luhmann (2002) procura revelar o direito a partir do conceito de norma, das expectativas normativas e cognitivas, bem como o código lícito e ilícito. O direito é um sistema cuja função é a manutenção das expectativas encerradas nas normas jurídicas, proporcionando estabilidade mesmo diante de eventuais violações.

A comunicação, para o direito, é o elemento-base na tarefa da evidenciação do código lícito e ilícito, e tal código não pode ser questionado. Desse modo, quando as controvérsias vierem, a normatividade decidirá quem tem razão segundo o código da licitude.

Mas, para que o mencionado código alcance êxito, deverá contar com os programas e critérios, os quais encontraram *locus* no

[217] Por ativismo judicial deve-se entender o exercício da função jurisdicional para além dos limites impostos pelo próprio ordenamento que incumbe, institucionalmente, ao Poder Judiciário fazer atuar, resolvendo litígios de feições subjetivas (conflitos de interesse) e controvérsias jurídicas de natureza objetiva (conflitos normativos) (RAMOS, 2010, p. 129).

Texto Constitucional, nas leis e na jurisprudência. Os programas são tripartidos em três estamentos categorizados como condicionais, ou seja, para a ocorrência de determinados eventos as consequências são predeterminadas.

Os tribunais de contas possuem uma programação, com atribuições centralmente constitucionais na quadra dos aspectos contábil, financeiro, orçamentário, operacional e patrimonial.[218] Na moldura dessas matérias, atua com especialidade técnica e toma contas de qualquer pessoa física ou jurídica, pública ou privada que maneje dinheiros, bens e valores públicos, consoante artigo 70 da CF, aplicando, quando for o caso, as devidas sanções.

Todas as vezes em que o controle externo atua definindo o código de licitude, passa a contentar expectativas normativas de modo generalizado. A partir dessa definição, advém o efeito dúplice, ou seja, também desencoraja expectativas não esperadas, compreendidas no código da ilicitude.

O sistema descrito atuará no meio ambiente jurídico detendo a chave do código da licitude e da ilicitude e obtendo um fechamento normativo.[219] Mas não é só, no campo do controle externo e, sobretudo, no que atine ao planejamento e execução orçamentária, em razão das suas atribuições constitucionais, os tribunais de contas estão aparelhados com especialidade para o tratamento dos dados que obtém na sua tarefa fiscalizadora.

Em sendo assim, além do fechamento normativo resultante da detenção do código, há também uma abertura cognitiva drenada diretamente dos atos e fatos resultantes da atuação governamental.

---

[218] Todos esses campos de controle não deixam dúvidas de que: "Cuida-se aqui, essencialmente, de verificações de conformidade e legalidade com respeito aos lançamentos e escrituração contábil, execução orçamentária, gerência financeira e guarda e administração patrimonial, inclusive os aspectos relacionados a licitações e contratos administrativos, planejamento e execução de obras públicas, arrecadação das receitas e execução das despesas entre outros" (LIMA, 2018, p. 30).

[219] O fechamento normativo refere-se originariamente à atribuição da norma a texto (s) ou enunciado(s) normativo(s) da própria ordem. A questão da abertura normativa refere-se originariamente à comunidade do caso-problema a resolver em uma sociedade mundial policêntrica (NEVES, 2016, p. 127). "É o direito que diz o que é o direito; em outras palavras, que fixa os critérios de validade do direito: nada fora deste sistema pode 'valer' como direito. Contudo, o fechamento normativo do sistema não impede sua abertura cognitiva, ou seja, a comunicabilidade desse sistema com seu ambiente ou até com outros subsistemas sociais, a política, a moral ou a economia" (BILLIER, 2005, p. 443).

É de se considerar que, do fechamento normativo, virá a facilitação da alteridade, fazendo com que o sistema responda melhor às expectativas sociais.

Há uma necessidade de que a norma seja considerada válida, que seja reconhecida por seus destinatários, mas quem detiver o código do lícito e do ilícito, ainda que disfuncionadamente, poderá alcançar o fechamento operativo, ainda que não possua atribuição constitucional especializada na aludida quadra temática.

De fato, as incongruências dentro do sistema jurídico são tão naturais quanto indesejáveis; no entanto, a identificação do sentido lícito traz a generalização das condutas e a segurança jurídica. É necessário que o controle exercido nos tribunais de contas ou no Judiciário busque o ajustamento da codificação para que as expectativas de sanção não sejam frustradas, retirando a validade da norma e da efetividade da fiscalização.

O consenso revelado entre as instâncias de controle promove a institucionalização em sua dimensão social, instala o consenso e promove o ajuste do código lícito, o que é fundamental para o sistema, pois estabelece a singularidade na pluralidade de significados.

A ineficácia do controle pode ser muito facilmente causada pela constante frustração de expectativas de resultados esperados em razão da violação do código de licitude. Essa confusão apaga, em primeiro plano, o consenso sobre o código e, depois, pode retirar a própria vigência da norma.

Os tribunais de contas e o Judiciário devem buscar o seu acoplamento[220] estrutural na Constituição Federal (NEVES, 1996). Só assim o sistema obterá a verdadeira relevância para o direito, na medida em que permanecerá atento ao Texto Legal, mas também sensível às limitações orçamentárias, conflito rotineiramente travado nas varas das fazendas públicas nas

[220] Para Luhmann, o acoplamento estrutural funciona como uma ponte de ligação entre suas próprias estruturas para realizar a *autopoiesis*, com predominância da vontade do sistema ao revés à do ambiente. "Ou seja, o sistema continuamente se sustenta com suas próprias estruturas." Para o autor, "[...] os sistemas autopoiéticos são aqueles que por si mesmos produzem não só suas estruturas, mas também os elementos dos que estão constituídos, no interior destes mesmos elementos. Os elementos sobre os que se alcançam os sistemas autopoiéticos não têm existência independente e nem são isolados, são partes do todo" (LUHMANN; DE GEORGI, 2007, p. 44).

demandas envolvendo as prestações na área da saúde, consoante já explorado no capítulo anterior.

Ora, se controlar significa averiguar a correspondência do ato ou comportamento com a norma, é natural concluir pela uniformidade relacionada aos parâmetros de juízo entre as dimensões administrativa e judicial de controle.

Ocorre que, na prática, o controle levado a efeito pelos tribunais de contas, ordinariamente voltado ao exame dos atos e ações originárias da administração, é constantemente escrutinado pelo Poder Judiciário em sede de mandados de segurança, sobretudo na função saúde.

Até mesmo os pareceres prévios exarados nas contas anuais consolidadas, quase sem exceção, deságuam no Judiciário, dessa vez por iniciativa dos gestores, como meio para o afastamento dos desdobramentos eleitorais de inelegibilidade.

Mas, em sede de mandado de segurança, os casos mais representativos são aqueles em que sanções são aplicadas aos administradores públicos que deram causa às perdas, extravios ou mesmo outra irregularidade da qual resulte prejuízo à Administração Pública.

Em síntese, segundo ficou evidenciado no segundo capítulo desta tese, as decisões em mandados de segurança, seja em busca de prestações publicas individuais – saúde e educação – ou para desconstituir condenações administrativas de gestores, revelam a evidente existência de dois códigos (lícito/ilícito) onde deveria haver apenas um.

As sanções, previstas em lei e aplicadas pelo controle administrativo – sem qualquer embargo da revisão judicial sob o mesmo código –, devem estabelecer as devidas cominações proporcionais ao aludido dano ou violação de normas, considerando que tais matérias se encontram na sua moldura de atribuições constitucionais.

Mas, além da aplicação das sanções, cumpre aos tribunais de contas, com esteio no teor da Súmula nº 347 do STF, o exercício do controle difuso de constitucionalidade, que, por óbvio, se dará no estrito exercício de suas atribuições de fiscalização.

A previsão legal das sanções ainda será abordada neste capítulo, mas é necessário prenunciar que há deficiência normativa no sistema de controle externo quanto às penas aplicadas em cada relevante administrativo, sobretudo quanto aos parâmetros de dosagem das sanções, conforme se verá.

Há importância nessa abordagem, sobretudo porque as duplicidades de fechamentos operativos podem ter como causa métodos muito distantes, não só no que se diz respeito à interpretação judicial das razões de decidir, muito particulares às competências e meios estruturais dos tribunais de contas, mas também à obscuridade dos parâmetros decisórios administrativos.

Em termos diretos, cumpre reconhecer que a parte dispositiva de uma decisão sancionatória administrativa não se assemelha à resposta judicial penal, o que gera, em face dessas discrepâncias, reiteradas reformas que, por sua vez, retiram a autoridade das decisões das cortes de contas e promovem acréscimo de inefetividade à fiscalização externa e também contribuem para a piora nas prestações nas funções saúde e educação, na medida em que o código de licitude é violado sem resposta.

De regresso ao controle difuso de constitucionalidade, com fundamento na Súmula nº 347 do STF, consoante já examinado no capítulo anterior, a tendência judicial de mitigação, inconsequente, dos poderes necessários às atividades das cortes de contas acaba por suprimir um relevante meio de correção de atos administrativos lesivos ao erário, praticados, sobretudo, em pequenos municípios e levados a efeito com base em leis chapadamente inconstitucionais, *v.g.*, o aumento de subsídios de vereadores destacados da vinculação constitucional.

É consectário lógico da exposição que vem sendo delineada que, se as sanções aplicadas administrativamente, com especialidade atribuída constitucionalmente, forem a todo instante reformadas, as consequências descritas ocorrerão, contribuindo para um acentuado déficit de autoridade do controle externo e até mesmo do Texto Constitucional.

Relevante explicar que, em boa fração das contas julgadas irregulares, há também prejuízo causado ao erário, o que reveste de elevada importância os títulos gerados pelos tribunais de contas, os quais possuem força de título executivo, nos termos do artigo 71, §3º, da CF, os quais se constituem em meio para o ressarcimento dos cofres públicos.

Abordando o tema por outro ângulo, é dizer que de nada adianta o extenso rol de competências atribuídas na Constituição se a compreensão das cortes superiores sobre tais competências, sobretudo o Supremo Tribunal Federal, for restritiva e mitigadora.

Os que detêm a tarefa de conter desvios, desfalques ao erário, tarefa específica, finalística dos tribunais de contas, não podem deixar de dispor de poderes para garantir a efetividade de suas decisões. É nesse contexto que o poder cautelar (MS nº 24.510/DF)[221] exercido pelas cortes de contas deve, em todos os casos, emergir, representando substancial parte da esfera de prerrogativas institucionais.

Ademais, a partir da teoria dos poderes implícitos, aos tribunais de contas devem ser assegurados, pelo próprio sistema de justiça, todos os instrumentos necessários ao integral cumprimento das atribuições outorgadas constitucionalmente. Trata-se da garantia da própria utilidade do sistema de controle externo representado pelos 34 tribunais de contas brasileiros.

Ao fim deste tópico, espera-se ter demonstrado, por meio das revisões judiciais – tidas como impróprias – sobre as decisões das cortes de contas, que a atuação efetiva desses tribunais está visceralmente ligada à urgente promoção de um fechamento normativo que garanta a autoridade dos julgados administrativos.

Como já delineado, a gestão pública possui expectativas a partir da codificação de licitude que paira sobre matérias financeiras, operacionais, contábeis e, sobretudo, orçamentárias. O rompimento desse código constituído administrativamente leva ao colapso das políticas públicas pelo descrédito da fiscalização especializada.

---

[221] PROCEDIMENTO LICITATÓRIO. IMPUGNAÇÃO. COMPETÊNCIA DO TCU. CAUTELARES. CONTRADITÓRIO. AUSÊNCIA DE INSTRUÇÃO. 1 – Os participantes de licitação têm direito à fiel observância do procedimento estabelecido na lei e podem impugná-lo administrativa ou judicialmente. Preliminar de ilegitimidade ativa rejeitada. 2 – Inexistência de direito líquido e certo. O Tribunal de Contas da União tem competência para fiscalizar procedimentos de licitação, determinar suspensão cautelar (artigos 4º e 113, §§1º e 2º da Lei nº 8.666/93), examinar editais de licitação publicados e, nos termos do artigo 276 do seu Regimento Interno, possui legitimidade para a expedição de medidas cautelares para prevenir lesão ao erário e garantir a efetividade de suas decisões. 3 – A decisão encontra-se fundamentada nos documentos acostados aos autos da Representação e na legislação aplicável. 4 – Violação ao contraditório e falta de instrução não caracterizada. Denegada a ordem.

O próximo tópico procura explicitar uma questão que há muito representa um problema aos tribunais de contas: a ausência de uma codificação processual nacional. Contudo, a tese aborda a codificação adjetiva civil de 2015 como um importante meio de acoplamento entre as instâncias judicial e administrativa de controle.

3.5 Impacto do Código de Processo Civil de 2015 na modelagem procedimental dos tribunais de contas

Buscou-se demonstrar até aqui que os sistemas de controle são desafortunadamente estanques, que o controle orçamentário na fase de processamento – antecedente ao dispêndio, portanto – se impõe pelas disfunções do próprio Poder Legislativo e até mesmo do Judiciário, quando este atua reparando políticas públicas em demandas individuais.

Por outro lado, também se demonstrou que a metodologia de controle exercida pelos tribunais de contas tem elevada amplitude, pois se dedica à fiscalização orçamentária, financeira, patrimonial e operacional, ou seja, há concreta possibilidade de emprego desses dados na correção do orçamento,[222] sobretudo em saúde e educação, a partir dos percentuais objetivamente postos na Constituição Federal e em leis nacionais sobre as aludidas funções.

Contudo, a pesquisa empenha-se em buscar meios para a interação entre os aludidos sistemas, pois, atuando de modo desarmônico, o que remanesce é a mitigação, pelo poder judicante, dos poderes outorgados constitucionalmente aos tribunais de contas para o exercício de suas tarefas constitucionais. A tese pressupõe que a utilização de um meio processual comum pode contribuir para a aproximação da codificação de linguagem entre as instâncias de controle administrativo e judicial.

Há muito os tribunais de contas ressentem-se da ausência de uma codificação processual e material voltada especificamente

---

[222] A tese defende a atuação objetiva do sistema de controle administrativo e judicial, de modo coordenado, na garantia dos direitos fundamentais nas funções saúde e educação por meio de demandas pelo adimplemento de obrigações de fazer constitucionais (aplicação dos mínimos indexados em percentuais constitucionais sobre a receita líquida do ente) e legais, e está fundada em comandos contidos em normas nacionais de observância compulsória.

à jurisdição administrativa. Contudo, o exame da aplicabilidade do novo Código de Processo Civil no âmbito do controle externo, ainda que não específico à codificação de linguagem peculiar dessas cortes, pode oferecer uma saída extraordinária para aproximação das instâncias de controle.

Os processos comunicativos, que também podem ser compreendidos como elementos constituintes dos sistemas, organizam-se, segundo Luhmann, em fases voltadas a operações de seleções, escolhas. Tais escolhas são realizadas sendo o repertório à disposição do próprio sistema. Desse modo, quanto mais consolidado vai se tornando o sistema, mais generalizado passa a ser o seu repertório e mais eficiente, na mesma medida, será o seu processo comunicativo.

Mais ainda, o sistema passa a ter uma participação ainda maior no ambiente, passa também a ser notificado por um volume maior de informações percebidas pelo sistema, ampliando o seu repertório e participando mais, em um circuito virtuoso.

Os tribunais de contas, multidisciplinares como são, possuem uma carga acentuada de estruturas jurídicas, as quais padecem, como foi demonstrado nos casos do recurso extraordinário sobre os prefeitos ordenadores de despesa ou até mesmo do baixo índice nos resultados das execuções judiciais promovidas a partir dos títulos produzidos nas cortes de contas, de falta de legitimidade.

As estruturas jurídicas, imanentes dos tribunais de contas, necessitam de um ambiente de prontidão generalizada para a aceitação, com alta probabilidade, das suas decisões, a fim de que, no campo das políticas públicas fiscalizadas, haja uma real redução da insegurança por meio da organização e dos preceitos processuais.

Contudo, as decisões dos tribunais de contas necessitam exibir racionalidade, dependendo assim da organização do processo, segundo Luhmann (1997) assevera. O CPC/15 é apresentado nesta pesquisa como um meio apto a conferir forma e organização às decisões sobre as contas dos ordenadores de despesas e também nos pareceres prévios expedidos para o julgamento pelo Parlamento em todos os níveis da Federação.

Na medida em que as aludidas decisões administrativas forem ganhando a partir da legitimidade obtida pelos procedimentos, acredita-se que essas cortes administrativas deixaram de ser portadoras isoladas das informações sobre o orçamento e as suas implicações sobre as políticas públicas.

Cabe esclarecer que a Constituição Federal e diversas leis nacionais, com acatamento compulsório na elaboração orçamentária, elevam a complexidade do sistema organizacional de controle externo na mesma medida em que reduzem a complexidade do ambiente das políticas públicas, de forma que as normas procedimentais e materiais são essenciais para a estabilidade do sistema que suporta, por meio da fiscalização, as políticas públicas.

Com efeito, a fiscalização sobre o juízo político, para além do que fora demonstrado no primeiro capítulo desta tese, é fundamental em razão da influência que as eleições periódicas têm sobre as decisões administrativas, as quais deveriam ser dimensionadas a longo prazo e não são. Para tornar concreto o argumento, cumpre relembrar os dados demonstrativos esboçados sobre o grau de comprometimento que os gastos com pessoal têm sobre o orçamento, deixando de lado investimentos essenciais em saúde, como a construção de hospitais ou até mesmo a manutenção dos estoques de medicamentos.

Desacoplados como são os sistemas organizacionais de justiça e de controle externo, estão sempre decidindo com informações incompletas, o grau de certeza é sempre parcial. Desse modo, a transferência racional de informações por meio da adoção, no que couber, do CPC/15 é capaz de orientar decisões consistentes, ainda que em ambientes de elevada complexidade, por meio da legitimação pelo procedimento e da integração regrada ou em cooperação, tornando as rupturas entre os sistemas organizacionais de justiça e de controle externo menos prováveis (SCHWARTZ, 1955).

Dentre os temas impactantes do CPC/15 e que podem transformar a visão procedimental nos tribunais de contas, tais como autocomposição,[223] resultado útil e efetividade processual, temas cuja aplicação comum às esferas administrativa e judicial são indiscutíveis.

[223] Os termos de ajuste de gestão, resultantes da autocomposição difundida no CPC/15, podem diminuir sensivelmente o tempo de tramitação dos processos nos tribunais de contas, reduzindo o impacto dos prejuízos às políticas públicas essenciais, já que o poder de coerção da instância administrativa é reduzido.

Outrossim, disciplina dos precedentes igualmente se mostra relevante na medida em que representa fonte de estabilidade, longevidade e universalidade para as decisões, além de propiciar, no âmbito dos tribunais de contas, a univocidade interpretativa da Constituição Federal e da legislação nacional, com especificidade nas políticas de saúde e educação.

A tese sustenta o emprego comum do CPC/15 com base na adoção supletiva e subsidiária da Lei nº 13.105/2015, segundo previsão expressa do seu artigo 15. Neste sentido, as soluções a serem construídas a partir do CPC deixam de decorrer de mera disposição regimental (uma para cada tribunal de contas) para fundar-se em comando legislativo nacional.

Com efeito, observa-se que a adoção subsidiária do Código de Processo Civil, nas trinta e quatro cortes de contas distribuídas em todo o território nacional, pode representar um importante meio disciplinador da marcha processual administrativa se tiver a adesão do Tribunal de Contas da União. Explica-se, o artigo 75 da CF determina que as normas estabelecidas na seção IX, atinentes ao TCU, aplicam-se à organização, composição e fiscalização das cortes de contas nos estados e Distrito Federal, o que leva este pesquisador a intuir o efeito multiplicador na aproximação entre as instâncias de controle.

O Código de Processo Civil/15 pode ser tomado como uma base normativa segura e hábil a ensejar uma compreensão uniformizadora e inteligível, sobretudo ao Poder Judiciário, dessas relevantes instâncias de controle estatal que são as cortes de contas.

Cabe referenciar que o ordenamento jurídico brasileiro, desde a Constituição Federal de 1988, vem experimentando profundas transformações. Dentre estas, cabe apontar o traço axiológico ou valorativo, bem peculiar no novo Código de Processo Civil (CPC).[224] Outrossim, não se pode desconsiderar que, há muito, a sociedade brasileira sofria com a fragmentação e com a flagrante instabilidade da jurisprudência, campo fértil para os voluntarismos

---

[224] O Código de Processo Civil de 1973 passou por inúmeras alterações. Dentre as mais significativas, citamos as Leis nº 8.952, de 1994, e nº 11.232, de 2005, responsáveis pela antecipação dos efeitos da tutela e tutela específica relativa aos deveres de fazer e de não fazer, e a segunda, voltada ao cumprimento e à execução da sentença.

jurisdicionais e administrativos, razão pela qual a presente pesquisa avalia os artigos inaugurais do novo Código de Processo Civil, os quais consignam o dever de interpretar seus comandos consoante valores e normas existentes em nossa Lei Maior, exsurgindo o incentivo estatal da autocomposição, ou seja, sempre que for viável no contexto vivenciado, buscar-se-á uma solução consensual para sanar eventuais contendas.

Embora o artigo 3º do CPC aduza sobre a inafastabilidade da tutela jurisdicional, a Constituição efetivamente projeta seu campo normativo também às disposições do novo Código, como se vê em diversos excertos de sua redação. O Código abre espaço para a autocomposição manifesta e consensual entre as partes.

Nessa seara, revela-se que a primeira proposição de relevância para o controle externo encontra respaldo na baixa eficiência do atual sistema de execuções de títulos executivos extrajudiciais produzidos pelos tribunais de contas, o que atrai para a alternativa mais célere, consubstanciada na formalização de acordos entre os polos processuais com reais possibilidade de sanear, imediatamente, as condutas desvirtuadas que não podem esperar dada a sua importância para o interesse público.

O artigo 10 do CPC estende sua abrangência para os aspectos jurídicos e fáticos no que diz respeito ao direito ao contraditório, motivo pelo qual não pode haver decisão devidamente fundamentada sem a manifestação prévia das partes ou responsáveis. Nesse viés, o dever de informar também está explícito no novo Código Processual, quando obriga o juiz a buscar, das partes, quaisquer informações ou documentos sempre que se deparar com fatos supervenientes ao processo instaurado e que tenham força para provocar modificações na sorte da demanda.

A segunda parte do artigo versa, especificamente, sobre o sistema de precedentes como meio universalizador. É vocação do ordenamento jurídico buscar a coerência sistêmica das decisões, e o modelo de precedentes tenderá a buscar a diminuição da insegurança por meio da integridade do sistema concretizado em decisões coerentes em face de razões de decidir comuns.

Conforme se pretende explicitar, é cada vez maior a necessidade de se clarearem as diferenças que permeiam os preceitos de "jurisprudência e precedentes", sobretudo pelo fato de que, embora não mantenham identidade entre si, no campo jurídico-doutrinário a distinção de ambos tem sido negligenciada como algo de pouca ou nenhuma importância, ofuscando a real importância da adequação dos termos.

Sobreleva-se a necessidade de evidenciar os caracteres dos precedentes pelo fato de que não há razões aparentes para que em um mesmo juízo, ou mesmo colegiado, haja decisões diversas sobre casos similares em suas características nucleares. Nesse contexto, o precedente há de ser vinculante, ressalvados os casos em que nova fundamentação seja apresentada.

No âmbito das cortes de contas, os precedentes servem ao propósito pacificador de compreensões acerca de matérias com forte impacto nas políticas públicas, tais como orçamento, finanças, patrimônio e aspectos contábeis. Mais ainda, na quadra da jurisdição administrativa não há revisão por outra corte; desse modo, a uniformização, *v.g.*, no emprego de verbas públicas em saúde e educação segundo a Constituição e as leis nacionais, assume relevância ímpar.

Alexy (2001, p. 258) ensina que a tarefa na escolha dos precedentes é a de segregar os elementos essenciais dos acidentais na escolha dos paradigmas adequados e, em seguida, torná-los universais jurisprudencialmente. Seguindo adiante, mas ainda por esta linha, o CPC delineou um novo momento processual nacional, passando a jurisprudência do STF e dos tribunais superiores a nortear de modo cogente as decisões de "[...] todos os tribunais e juízos singulares do país". O novo Código infere sobre a aplicação supletiva da norma processual civil, pelas cortes de contas, onde faltar regulamentação regimental no processo administrativo.

Embora a autonomia dos entes federados e os limites da jurisdição administrativas nas três esferas configurem obstáculos de vulto na busca da composição da homogeneidade das decisões, pretende-se destacar que estas, contudo, não resistem aos chamados "princípios constitucionais sensíveis", os quais são formadores da identidade jurídica da Federação, na medida em que exigem universalidade.

Outrossim, não se pode olvidar que os exames realizados na fiscalização das ações da Administração Pública são naturalmente impregnados de princípios, muitos deles constitucionais, o que impõe ao sistema de controle, administrativo ou judicial, a promoção da conciliação entre as regras postas e os valores incrustados nos mandados de otimização. Posto isso, é fato que a clareza e a segurança das decisões dependem do impulso trazido pelo pós-positivismo, o qual proporciona maior estabilidade e longevidade ao próprio ordenamento jurídico (ENGISCH, 1996, p. 206).

Cabe, pois, ao juiz ponderar, ante a necessidade e utilidade contida no caso concreto, até onde um princípio deve ceder *locus* para outro mais bem aplicável à questão em exame. Em palavras mais simples, a tarefa de decidir tornou-se bem mais complexa em face desses vetores de força, que passaram a exigir não só fundamentação, mas fundamentação convincente e controlável pelo destinatário. As teorias da argumentação, dentre elas a defendida por Robert Alexy (2001), vieram em socorro dos julgadores explicando que o discurso jurídico de consenso reclama racionalidade, ao mesmo tempo em que arremata somente ser racional o que for universalizável.[225]

É certo que a fundamentação exige coerência, ou seja, das premissas tecidas a decisão deve ser resultado lógico. Mesmo nos casos em que a lei é silente, difusa em soluções e até mesmo contraditória, sempre caberá, na doutrina de Alexy (2001), a justificação externa,[226] a qual fundamentará a escolha e o afastamento das premissas que eram possíveis do ponto de vista discursivo.

Em desfecho, cumpre condensar que o CPC/15 deve ser o instrumento *tecnológico jurídico* (COUTINHO, 2013) supletivo e subsidiário para a colmatação da lacuna resultante da ausência de uma codificação adjetiva nacional para tribunais de contas, ainda inexistente. Tal compreensão tem como outra vantagem o estabelecimento de uma linguagem comum, literalmente codificada, entre as instâncias administrativa e judicial, facilitando, portanto, a comunicação no sistema de controle particularmente nas funções de saúde e educação.

---

[225] A política pública de saúde é especialmente dependente de decisões que prezem pela universalidade, e a razão reside no fato de que prestações concedidas judicialmente, sem lastro financeiro, acabam por desorganizar a outorga de outros direitos, muitas vezes urgentes e indispensáveis, para uma parcela imensurável da coletividade.

[226] A teoria da argumentação em Robert Alexy será mais bem explorada ainda neste capítulo.

3.5.1 Normas fundamentais do CPC e aplicação processual nos tribunais de contas

O novo Código de Processo Civil traz em seus artigos inaugurais o dever de interpretar seus comandos conforme valores e normas existentes em nossa Lei Maior. Nessa linha que exsurge o incentivo estatal da autocomposição, ou seja, quando viável, deve-se buscar uma solução consensual para sanar eventuais contendas.

É por esse viés que surge uma nova alternativa ao modelo brasileiro de cumprimento dos títulos executivos extrajudiciais produzidos pelos tribunais de contas, da qual se tratará adiante.

Com efeito, logo nos primeiros artigos do Código encontra-se um conjunto de regras e princípios classificados, em face de sua importância propedêutica, como fundamentais. É certo que o rol que se estende, sobretudo até o décimo segundo artigo, não é exauriente. Existem outros distribuídos pela lei, mas, inicialmente, cabe um exame acurado dentro desses limites.

O artigo 1º traz uma inovação bastante interessante quando trata do dever de interpretação do corpo legal consoante valores e normas existentes na Constituição Federal, o que representaria, aparentemente, lugar comum. No entanto, entrevê-se que o legislador buscou com isso levar qualquer violação desse dispositivo ao exame do Supremo Tribunal Federal por meio do recurso extraordinário. Cumpre observar que a norma, em que pese infraconstitucional, atrai fortemente parâmetros constitucionais, o que acabou por torná-la de incomum relevância.

O mencionado dispositivo tem extraordinária relevância para as cortes de contas na medida em que autoriza a autocomposição corporificada nos chamados Termos de Ajuste de Gestão,[227] tema bastante discutido no âmbito nos tribunais, mas de pouco progresso.

---

[227] Conforme Resolução nº 59/2017, do Tribunal de Contas do Estado do Paraná: "Artigo 2º. Considera-se Termo de Ajustamento de Gestão o instrumento de controle vocacionado à adequação e regularização voluntária de atos e procedimentos administrativos sujeitos à fiscalização do Tribunal, mediante a fixação de prazo razoável para que o responsável adote providências ao exato cumprimento da lei, dos princípios que regem a Administração Pública e das decisões não definitivas emanadas deste Tribunal". Por oportuno, assinalam-se alguns tribunais de contas que aplicam o Termo de Ajustamento de Gestão, o pioneiro dessa previsão foi o Tribunal de Contas do Estado de Goiás, por meio da Resolução Normativa

É que se argumenta que as soluções consensuais dependem de alterações nas leis orgânicas das cortes de contas, mas, com a nova codificação e com a previsão expressa do artigo 15 do Código de Processo Civil de 2015,[228] garantindo a sua aplicabilidade, esta tese defende que as saídas negociadas já estão autorizadas e podem ser implementadas imediatamente.

Tais termos, uma vez assinados, podem regular, consensualmente, as proposituras orçamentárias em saúde e educação com mais agilidade e com a vantagem acessória de se partir de uma assunção de responsabilidade pelo Poder Executivo em um título extrajudicial apto à execução.

Outrossim, não se pode olvidar que o §2º do artigo 3º encoraja a promoção, pelo Estado brasileiro, da autocomposição,[229] ou seja, sempre que possível, buscar-se-á a solução consensual. Essa nova política, que deve ser meta do Estado, já era contemplada na Resolução nº 125 do Conselho Nacional de Justiça (CNJ) e agora é alçada à condição de norma processual.

Quanto a esse tema, emerge uma primeira proposição de relevância para o controle externo, pois que o modelo brasileiro de execução dos títulos executivos extrajudiciais produzidos pelos tribunais de contas e executados pelas procuradorias estaduais e municipais, conforme o caso, vem se mostrando ineficiente no que diz respeito à recuperação de débitos imputados em face de danos ao erário ou mesmo de multas pela violação de normas pelos gestores.

Nesse contexto, exsurgem os Termos de Ajuste de Gestão, que, similares ao ajustamento de conduta, conferem celeridade na correção consensual da praxe administrativa. Em outras palavras, as cortes de contas, com arrimo na nova legislação processual, poderiam, com mútuo consenso, firmar com os gestores acordos que

---

nº 006/2012/TCE/GO. A título ilustrativo, não exaustivo, vale destaque para outros estados que contam com os Termos de Ajustamento de Gestão, tais como: Resolução nº 14/2014/TCE/TO/Minas Gerais, Resolução nº 59/2017/TCE/Paraná, Resolução nº 10/2016/TCE/Piauí, Resolução nº 009/2012/TCE/Rio Grande do Norte e Projeto de Instrução Normativa/TCE/2018/Estado do Tocantins – Processo e-Contas nº 8.435/2018.

[228] Artigo 15. Na ausência de normas que regulem processos eleitorais, trabalhistas ou administrativos, as disposições deste Código lhes serão aplicadas supletiva e subsidiariamente.

[229] Artigo 3º. Não se excluirá da apreciação jurisdicional ameaça ou lesão a direito. § 2º O Estado promoverá, sempre que possível, a solução consensual dos conflitos.

estancassem, imediatamente, desvios, sem que fosse necessário esperar o término da longa marcha processual que, como dito, nem sempre é fecunda, conforme comprova o reduzido número de êxitos das execuções ajuizadas nas varas das fazendas públicas.

Com efeito, a integração com o Ministério Público Comum teria como esteio de acoplamento os títulos produzidos consensualmente nas cortes de contas, dado que voltados a correções de rumos de gestão, com especial efeito nas previsões orçamentárias defeituosas e na consequente execução de políticas públicas densamente reguladas constitucionalmente, como saúde e educação.

Cabe rememorar que, em boa parte, a crise de efetividade nas decisões dos tribunais de contas se deve à dependência da capacidade postulatória das procuradorias federais, estaduais e municipais para execução dos títulos previstos no artigo 71, §3º, da CF. O índice de sucesso, até mesmo nas execuções dos títulos do TCU, não ultrapassa 5% e, com os TAGs, ao menos naquilo que não represente ressarcimento aos entes vitimados por prejuízos ou multas aplicadas aos gestores, o Ministério Público Comum poderia atuar, sem usurpação de competências, executando esses títulos produzidos consensualmente entre o Executivo e as cortes de contas, evitando, assim, ações coletivas para a defesa de direitos transindividuais, como o acesso à saúde e à educação.

No que atine à efetividade e à razoável duração do processo, a solução de mérito nos diversos processos encontra-se positivada no artigo 4º. É importante inferir desse dispositivo, além do que já foi dito, o exame em prazo adequado, o qual não inova na duração razoável do processo, mas a recomenda com ênfase.

Tal orientação é curial no controle externo, pois este examina contas consolidadas, emitindo pareceres prévios para os julgamentos pelo Parlamento, além de julgar diretamente as contas prestadas pelos ordenadores de despesas, sendo fundamental que tal exame ocorra no exercício seguinte ao das contas prestadas sob pena de concurso, pela demora, no agravamento de desvios na gestão pública.

Outro aspecto referente à primazia do exame de mérito, referenciado no artigo 4º, vai ao encontro do princípio da verdade material, o qual anima a conduta dos julgadores nas cortes de contas. Para comprovação do argumento, basta o exame atento do artigo 139 do CPC, que cuida dos poderes do juiz e indica que este chegue sempre ao exame do mérito impondo, inclusive, que saneie o processo, suprimindo vícios inerentes aos pressupostos processuais por meio de recomendações às partes ou aos interessados.

No âmbito dos tribunais de contas, a relevância é solar, sobretudo em face da necessidade de liquidação categórica dos débitos imputados nos casos de dano ao erário, não sendo possível admitir, diante de vícios processuais sanáveis, que a decisão não seja líquida e amplie com isso riscos de insucesso na futura execução do título produzido.

A redação do dispositivo torna concreta a visão que permite concluir sobre a relevância da efetividade na solução do mérito nos processos que tramitam na Corte de Contas Federal. Com efeito, é nítido no §2º o ânimo para a relativização de equívocos processuais em face da importância dos elementos documentais caracterizadores da desejada verdade material.

Na sequência desse modesto exame, chega-se à paridade de tratamento às partes, sobretudo no direito ao contraditório albergado artigo 7º. É de se supor que não se trata propriamente de novidade, mas a parte final do dispositivo confere o tom do ineditismo na medida em que estabelece caber ao juiz zelar pelo contraditório, impondo-lhe a nomeação de curador especial para que este não seja violado.

O texto da norma chama a atenção pelo descompasso com a realidade prática vivida no âmbito das cortes de contas. Nessa quadra, o contraditório padece de problemas que vão desde a comunicação processual efetiva, processos com elevado índice de revelia, e se estendem até a dificuldade para obtenção de documentos necessários à promoção da defesa, os quais, não raro, são sonegados aos ex-gestores.

Ademais, em muitos casos a defesa é completamente desprovida de técnica, o que se pode atribuir à multidisciplinariedade dos temas – econômico, financeiro, contábil e jurídico – limitando-se à retórica vazia de conteúdo, de modo que acabam por redundar em consequências gravíssimas, com todos os superlativos que se possa imaginar, para a obtenção da verdade real e para a correção dos rumos da administração.

Os prazos processuais também trazem à baila outro viés sobre a contemplação do contraditório no novo Código, mormente diante da possibilidade de sua ampliação segundo juízo motivado do magistrado. Nesse sentido, o artigo 139, inciso VI, ao estabelecer que o julgador pode alterar a ordem de produção de provas, assim como dilatar prazos, confere maiores possibilidades de defesa aos imputados que já não se encontram no exercício da gestão, seja pela requisição de documentos pela própria corte, seja pela ampliação dos prazos em situações em que a defesa enfrenta temas de maior índice de complexidade.

Ainda no atinente ao contraditório, à ampla defesa e ao dever de não surpresa, o Supremo Tribunal Federal (BRASIL, 2004), em face de eventual invalidação de contrato administrativo, vinha determinando que o Tribunal de Contas outorgasse as devidas garantias processuais com seus consectários de ampla defesa e legítimo contraditório, orientação que assume concretude com a devida ciência dos interessados, sem prejuízo ao particular contratante.

No concernente ao contraditório, é dever reconhecer que o artigo 10[230] da nova legislação processual alçou as possibilidades de defesa a outro patamar. Tal afirmação sustenta-se na oportunização de pronunciamento às partes sobre qualquer tema relevante para o deslinde das demandas; contemplam-se, portanto, para além dos aspectos processuais, os aspectos fáticos.

Sobreleva-se de importância o contraditório, outrossim, na medida em que até mesmo questões que o juiz pode conhecer de ofício devem ser submetidas ao juízo das partes. Isso, de outra forma, oferece concretude ao dever de consulta, fato impeditivo de decisões surpreendentes.

Cabe referenciar que, dentre os deveres do juiz decorrentes da cooperação, surge o dever de consultar as partes sobre todos os pontos relevantes como meio de ampliar o debate. Noutras palavras, o tutelado tem o inescusável direito de ver todos os seus argumentos considerados pelo juiz no momento da decisão.

No dever de prevenção, no mesmo desdobramento lógico, o julgador deve apontar os defeitos processuais, indicando, inclusive,

---

[230] Artigo 10. O juiz não pode decidir, em grau algum de jurisdição, com base em fundamento a respeito do qual não se tenha dado às partes oportunidade de se manifestar, ainda que se trate de matéria sobre a qual deva decidir de ofício.

como deve ser a correção, tudo dentro do espectro do ambiente cooperativo, segundo recomenda o artigo 6º, o qual indica que todos devem cooperar para uma decisão de mérito justa e efetiva.

É possível afirmar, com elevado grau de segurança, que o conteúdo dos achados das auditorias e inspeções que integram as citações realizadas no âmbito do controle externo sofre, no curso do processo, sensíveis alterações. Nesse passo, é importante que o responsabilizado pelo Tribunal de Contas seja devidamente instado a pronunciar-se sobre exatamente tudo que, com inovação, pode levar ao deslinde do processo, sobretudo quando o fato ou fundamento jurídico relevante não tenha sido conteúdo da citação, o que não é incomum. Como se pode observar, esse dever de informar também foi contemplado no novo Código quando obriga o juiz a ouvir as partes sempre que se deparar com fatos supervenientes ao processo instaurado com potencial para modificar, extinguir ou mesmo constituir direitos dos interessados.

Ainda na esteira do contraditório e, mais especificamente, em se tratando de recursos, cumpre observar uma relevante particularidade do controle externo.

É que cabe aos próprios tribunais de contas o reexame, em sede de recursos, das decisões que exara. Em sendo assim, a instrução do processo pode continuar mesmo após a proposição dos recursos, bastando, para isso, que o relator, para formação do seu convencimento, determine novas diligências.

Para esses casos, o artigo 933, guardando coerência com o artigo 10, ambos do CPC, recomenda que, constatando o julgador fato superveniente à decisão recorrida, deve abrir prazo para novas manifestações, sob pena de, ante a violação do contraditório, inquinar o processo de nulidade.

A igualdade processual, consagrada no artigo 7º, é assegurada pela paridade de tratamento no exercício dos direitos e deveres processuais, bem como no acesso aos meios de defesa e aos encargos probatórios. Particularmente no processo administrativo e até mesmo em face do interesse público tão pungente nesse campo, é dever do juiz sopesar bem a distribuição do ônus da prova.

Não é razoável exigir de quem já não é gestor há vários anos documentos que estão ou deveriam estar sob a guarda do Poder Público. Tal medida é irracional porque retarda o processo e impede a sua duração razoável, além de representar manifesto prejuízo à isonomia processual. Como dito na introdução deste trabalho, é evidente que os princípios constitucionais inundaram o ordenamento jurídico pátrio, e essa assertiva se mostra igualmente verdadeira para o exercício da jurisdição de contas. Ao ensejo da constatação, cumpre destacar o artigo 8º do CPC. Tal dispositivo é copioso do ponto de vista axiológico.

O primeiro exame se detém na expressão "ordenamento jurídico". É relevante observar que já não se busca o parâmetro meramente na norma positivada, já que a expressão destacada representa um ambiente muito mais amplo, tanto que Alexy (2001) destacou que o discurso jurídico é um caso especial da manifestação prática geral justamente em face da cogente observância da lei, da dogmática jurídica e dos precedentes, demonstrando, com isso, que o ordenamento é muito mais do que a regra positivada.

No que atine à busca do juiz pelos fins sociais e às exigências do bem comum, cumpre asseverar que não inovam nas vetustas finalidades do direito, já que, desde os primórdios, sempre foram essas e, no que diz respeito à dignidade da pessoa humana, mais uma vez resta identificada a forte influência constitucional destacando um princípio sensível que, como tal, identifica juridicamente o modelo federativo. Apesar disso, pode-se traçar um recorte processual do princípio da dignidade asseverando que representa, antes de tudo, o acatamento do devido processo legal.

3.5.2 Novo CPC e sistema de precedentes como meio universalizador

Em primeiro plano, cumpre salientar que o ordenamento pátrio prima pela coerência sistêmica. Em outras palavras, com excepcionalidade, o sistema jurídico até suporta decisões contraditórias, mas não permite que divergências adjetivadas como eventuais e temporárias, conquanto indesejadas, perdurem como se não pudessem ser evitadas ou não padecessem de defeitos graves. Nesse sentido, tem-se que o sistema de precedentes não elimina, mas reduz a insegurança na medida em que confere integridade ao sistema por meio da uniformização ou universalização de decisões que tenham como tronco comum as mesmas razões de decidir.

Outrossim, a crítica quanto à mitigação do livre convencimento do juiz pelos precedentes não é plausível, vez que ao julgador basta provar que os fatos de determinado caso são distintos dos contidos no paradigma para que possa dele se afastar. Ou ainda, mesmo que os fatos sejam os mesmos em suas características essenciais, ainda assim, não estará impedido de evoluir para novos entendimentos, exigindo-se apenas o cumprimento do encargo da fundamentação do novo posicionamento adotado.

Com efeito, não se pode deixar passar despercebida a resistência do intérprete que, mesmo contramajoritário ou sem possuir um único voto, resiste em inclinar-se diante da autoridade dos textos legais e até mesmo constitucionais inequívocos, utilizando como escudo o argumento de que a realidade fática, mutável como é, reclama uma exegese criativa e lastreada em princípios.

O argumento óbvio de que o direito deve evoluir junto com as necessidades sociais não pode sustentar posturas interpretativas que tangenciam com voluntarismo e, por vezes, invadem competências que pertencem ao Legislativo.

Portanto, relevante fixar que os precedentes são úteis na medida em que se mostram capazes de proporcionar a universalização e a institucionalização do discurso jurídico em qualquer de seus matizes, seja judicial ou administrativo. Tal fenômeno ocorre à exata proporção em que concentra, esclarece entendimentos e proporciona, até mesmo ao Poder Legislativo, uma visão clara, por vezes constrangedora, de como as normas estão sendo interpretadas e aplicadas, favorecendo, com isso, a possibilidade de uma assunção vigorosa da função legiferante pelo poder competente.

Consoante examinado nos capítulos anteriores, os tribunais de contas promovem julgamentos das contas de ordenadores de despesas e pareceres prévios nas contas anuais consolidadas dos chefes do Executivo. Nestas duas quadras, os entendimentos consolidam-se em forma de precedentes e de recomendações respectivamente, e é nesse ambiente que o comando da legislação processual em exame impulsiona a solidificação de compreensões relevantíssimas para o planejamento e execução orçamentária em saúde e educação.

No que toca à estabilidade das decisões, sob a óptica dos precedentes, é possível perceber uma propriedade dicotômica, dado que podem ter viés persuasivo e cogente na medida em que vinculam. Os que apenas persuadem, por óbvio, não vinculam, mas há de ser considerada a sua importância nas razões que servirão como fundamento e promoverão o desencargo de fundamentação em casos similares nas características essenciais. Pode-se afirmar que as decisões que defluem de instâncias inferiores sempre detêm essa força persuasiva nos estamentos superiores da jurisdição, embora não tenham, evidentemente, o condão vinculante.

Em que pese tal consideração, entende-se que não existem razões aparentes para que, em um mesmo juízo ou mesmo um colegiado, possa decidir de modo diverso dois casos similares em suas características nucleares. Nesse caso, o precedente deve ser vinculante, sob pena de afronta ao princípio que prega a universalidade como instrumento basilar de justiça.

Em outros termos, compreende-se que é possível asseverar que a corte ou o juízo sempre estará vinculado aos seus próprios juízos, salvo se apresentar razão que distinga ou supere o entendimento em face da evolução devidamente fundamentada da alteração do posicionamento, inclusive, com clara referência ao entendimento superado. Trata-se, nesse último caso, de lealdade processual que também se aplica ao julgador, seja no âmbito judicial ou administrativo.

É mister dos que decidem, e direito fundamental dos jurisdicionados, a exigência de justiça, previsibilidade, consistência e longevidade decisória, o que somente se dará ante a coerente conexão com o passado de casos semelhantes nos quais o precedente fora aplicado.

Ainda em relação às características dos precedentes, é importante rechaçar as críticas infundadas que destinam aos precedentes a pecha de meio "fossilizador" de entendimentos, de "engessamento" impróprio do juízo de valor dos magistrados de qualquer espécie. Cumpre asseverar que não se trata, em absoluto, disso. Como é cediço, a sociedade, na atualidade, transforma-se com uma velocidade superlativamente alta, o que, por via de consequência, impõe transformações de entendimentos. Para tornar concreto o argumento, basta considerar o conceito de família e suas alterações desde 1988, partindo da união entre homem e mulher, passando pela união estável e chegando, hodiernamente, às famílias homoafetivas.

Nos Estados Unidos (MOORE; OGLEBAY, 1943, p. 40), *v.g.*, em face da origem do modelo de respeito aos precedentes, há essa compreensão, já que não se exige que as cortes permaneçam com o mesmo entendimento; contudo, há de forma muito clara o dever de uniformidade de tratamento aos litigantes, assim como da promoção da estabilidade e da segurança jurídica, ou seja, a mudança de entendimento não será repentina e reconhecerá claramente o equívoco no precedente até então vigente ou uma alteração de entendimento em face de uma clara e consistente mudança social, como no exemplo dado.

3.5.3 Precedente como fonte do direito nos processos dos tribunais de contas

No que tange à importância e à natureza jurídica dos precedentes, Alexy (2001, p. 258) afirma que a discussão atual deixou de ser sobre sua importância, isso não há mais quem questione. O tema que remanesce ainda em debate refere-se à condição de fonte ou não do direito. Concretamente, a mencionada discussão ganhou espaço no ambiente jurídico nacional na medida cautelar no RE nº 376.852, o qual trata diretamente sobre a Lei nº 10.259/2001 e a insurgência contra acórdãos dos juizados especiais federais.

Contudo, no que tange aos precedentes, cumpre observar que se, no âmbito judicial, tem havido universalização, com muito mais razão o sistema de precedentes será útil ao controle externo brasileiro. É que, no modelo brasileiro de controle externo, as revisões das decisões encerram-se na própria corte prolatora, de modo que o filtro nivelador que atua no Judiciário é inexistente na seara dos tribunais de contas, pois não há revisão exterior de análise. Isso porque os recursos interpostos são julgados no âmbito do próprio tribunal prolator da decisão atacada, o que não ocorre no âmbito do Judiciário, onde a jurisdição é depurada e uniformizada na medida em que as matérias são devolvidas para o exame das cortes superiores.

Não é desnecessário asseverar que essa garantia uniformizadora dos recursos representa nada mais nada menos do que a garantia de igualdade perante a lei, sobretudo ao se considerar a aplicação de leis nacionais e de princípios com vigência em todo o território brasileiro. É dever dos que julgam garantir a decisão mais equânime para cada caso, ainda que com eventuais incongruências passageiras, já que as distorções não tendem a perdurar ante a função uniformizadora dos precedentes e da análise dos recursos de maneira concentrada e universalizante.

Os precedentes administrativos devem ser observados como instrumentos de realização do próprio direito, mais ainda, dos direitos fundamentais. Tal assertiva é verdadeira na medida em que facilitam – os precedentes – os arranjos institucionais ou os acoplamentos estruturais. Possibilitam uma visão mais concreta das decisões do controle externo, mais próxima da realidade e, portanto, facilitadora dos processos comunicativos entre quem planeja as políticas públicas, aprova tais políticas e as fiscaliza.

Nesse sentido, o precedente e, sobretudo, os precedentes administrativos podem ser vistos como tecnologia capaz de propiciar a visualização e o emprego dos instrumentos de promoção de políticas públicas eficientes por meio da *sistematicidade e interação com a realidade social de eficácia e de racionalidade gerencial* (SUXBERGER, 2018).

Alexy (2001, p. 258), ao discorrer sobre a dogmática jurídica, afirma que é critério negativo da aferição de um dogma jurídico a verificação da sua compatibilidade com a norma, ou seja, se incompatível com a norma não será um dogma jurídico. Revela-se, de pronto, que o almejado com isso é, antes de tudo, uma uniformidade interpretativa, já que a lei é vocacionada para interpretações lineares.

Viehweg (2008) também se reporta à uniformidade conceitual por meio do que chamou "Catálogo de Topois", ou lugar comum. Trata-se de um entendimento geral, compartilhado por todos, sobre determinados conceitos. Exemplifica-se. No ambiente dos tribunais de contas, todos devem ter o mesmo conceito sobre o que representa, *v.g.*, receita corrente líquida, expressão relevantíssima cunhada na Lei de Responsabilidade Fiscal.

Consoante se pode verificar, a partir da sedimentação dos conceitos, o efeito benéfico imediato é o desencargo de fundamentação do que já se encontra claro no precedente, cabendo tão somente ao julgador demonstrar a adequação em um exercício simplificado de subsunção. Para além desses casos, quando o julgador discordar do entendimento firmado, também não haverá, como já delineado nesse ensaio, embaraço ao que inova na compreensão das coisas, bastando para isso que, ao argumentar, faça-se acompanhar de boas razões para o distanciamento do que era tido como consolidado ou seguro juridicamente.

Na mesma medida em que os conceitos sedimentados são relevantes, outro aspecto fundamental é a escolha do precedente mais adequado à questão a ser dirimida. É necessário que o julgador seja leal dentro do processo e exponha os posicionamentos jurisprudenciais diversos do que pretende adotar e, em segundo lugar, identifique o precedente mais adequado pelas caraterísticas essenciais para o caso que está julgando.

Cumpre observar, na esteira do que se deduz, que o CPC delineia um conjunto de indicações procedimentais que deixam claro o novo momento processual que se instala no país. Como ponto mais marcante, pode-se referenciar que a jurisprudência do STF e dos tribunais superiores passa a nortear de modo cogente as decisões de "todos os tribunais e juízos singulares do país", tudo em reverência aos princípios constitucionais já comentados da legalidade e da isonomia.

Mais ainda, continua o Texto Legal estabelecendo de vez o papel orientador e hierarquizado de decisões, em que enunciados correspondentes à súmula de jurisprudência dominante devem ser editados e seguidos pelos órgãos fracionários, segundo as orientações derivadas do respectivo plenário, vinculando, dessa forma, os entendimentos à jurisprudência pacificada.

Da leitura sistemática do novo Código, a lição que se extrai é de aplicação pelas cortes de contas, onde faltar regulamentação regimental no processo administrativo, da norma processual civil que deverá incidir colmatando a lacuna e, onde existir regulamentação, a aplicação do CPC será orientadora da interpretação.

A fim de tornar concretos os argumentos sobre a urgência da aplicação dos precedentes aos tribunais de contas, passa-se à análise de algumas decisões com fortes notas orçamentárias e, por derivação, evidentes implicações em políticas públicas. Inicialmente, cumpre o exame das contas de ordenador de despesas do Fundo Municipal de Assistência Social do Município de São Félix do Tocantins, Processo nº 2.039, de 2017.

Conforme ensina Marinoni (2010), não se pode constituir um precedente a partir de uma decisão acerca de uma questão de fato, pois que esta é sempre única. O precedente deve surgir da interpretação jurídica de um *"fato-padrão"*, um gênero aplicável a diversas situações. Dentre as técnicas de identificação da *ratio decidendi* levantadas por Llewelling (1960), há cerca de sessenta anos, encontra-se a diretiva de que esta emana da fundamentação da decisão.

O caso acima referenciado tratava de déficit de execução orçamentária no valor de R$75.945,41, em desacordo com o fundamento disposto no artigo 1º, §§1º e 4º, I, "a", da Lei de Responsabilidade Fiscal e no artigo 47, "b", da Lei da Federal nº 4.320, de 17 de março de 1964, sob o pálio do argumento de que, inobstante a existência da irregularidade orçamentária, tratava-se de órgão vinculado ao Poder Executivo, o qual teve as suas consolidadas aprovadas, uma vez apurado superávit orçamentário (Autos nº 4.746/2017 – superávit orçamentário de R$38.279,72). Nesse sentido, entendeu-se que o déficit de execução orçamentária no Fundo Municipal de Assistência Social não causou desequilíbrio nas contas públicas, podendo o achado ser aferido com meras ressalvas.

O que sobra da moldura posta, na lição de Souza (2008), é *dictum* ou *obiter dictum*, revela-se após uma análise dos elementos da própria *ratio decidendi*, pois tudo aquilo que não fizer parte desta última diz respeito ao primeiro. Dessa maneira, se de um lado a *ratio decidendi* é o cerne do precedente, o *dictum* ou *obiter dictum* é a parcela que confere efeito de persuasão intrínseco à lógica sistemática do direito.

Em um precedente, então, a delimitação e identificação do *ratio decidendi* e do *obiter dictum* é de basilar importância, tornando evidente qual a parcela vinculante da decisão a ser extraída para os julgados posteriores e qual o seu segmento persuasivo.

Extrai-se, com base no caso acima exposto, que a *ratio decidendi* assenta-se na premissa de aceitação de déficit orçamentário de fundos vinculados ao Executivo, não arrecadadores de tributos, portanto, nos casos em que o ente municipal for superavitário do ponto de vista orçamentário. O argumento funda-se na premissa de que, nesses casos, não há, em face da LRF, desequilíbrio capaz de tornar irregulares as contas do fundo sob fiscalização.

Contudo, no Processo nº 3.987/14, julgado em 2016, do Fundo de Assistência Social de Rio da Conceição, verificou-se um déficit orçamentário no valor de R$85.261,63, evidenciando, da mesma forma que o primeiro caso, desequilíbrio nas contas, em descumprimento ao que dispõem o artigo 1º, §§1º e 4º, I, "a", da Lei de Responsabilidade Fiscal e o artigo 48, "b", da Lei Federal nº 4.320/64.

Constatou-se ainda que, da análise global do resultado orçamentário, ou seja, confrontando a receita arrecadada (R$6.415.276,54) com a despesa executada (R$6.409.083,68), em 2013, o município obteve um superávit orçamentário no valor de R$6.192,86, evidenciando que as receitas arrecadadas superam o valor das despesas empenhadas no exercício e demonstrando equilíbrio entre os referidos valores, em atendimento ao que dispõem o artigo 1º, §§1º e 4º, I, "a", da Lei de Responsabilidade Fiscal e o artigo 48, "b", da Lei nº 4.320/64, ou seja, para cada R$1,00 de despesa realizada houve R$1,01 de receita arrecadada; no entanto, a corte decidiu pela irregularidade das contas.

Embora não existam casos inteiramente iguais, o que de fato tem importância é a relevância das diferenças que, entre os exemplos consignados, não existem. Cumpre perceber que as distinções não se apresentaram na decisão pela regularidade das contas do Fundo Municipal de Assistência Social do Município de São Félix do Tocantins como relevantes a ponto de justificar a mudança de compreensão da Corte de Contas, de modo que a alteração acaba por ser incompatível com a pretensão de correção, de estabilidade e de segurança jurídica.

As mudanças de entendimentos nos tribunais de contas orientam as gestões, sobretudo as municipais, onde há carência de profissionais especializados em razão da baixa remuneração dos seus servidores. Não se pode desconsiderar que os enunciados dogmáticos se encontram na moldura dos precedentes e também preparam o campo jurídico para futuras soluções de problemas.

Com efeito, não há na decisão pela regularidade das contas qualquer interpretação da norma estrita, considerada, na perspectiva dos casos anteriores com julgamento pela irregularidade das contas, capaz de promover o que a doutrina convencionou chamar de *distinguishing*.

Cabe relembrar que, na oportunidade em que esta pesquisa abordou a legística, apresentada como instrumento científico apto a proporcionar melhorias nas políticas públicas, tratou-se das avaliações sucessivas de impactos normativos e da importância que teriam para o exame dos efeitos reais produzidos pelas normas jurídicas orçamentárias.

Tratava-se de uma apreciação fundada em uma multiplicidade de indicadores técnicos voltados à mediação do desempenho produtivo das normas com forte rigor analítico. Como se pode perceber, os tribunais de contas já promovem, embora sem a metodologia que a legística oferece, uma espécie de avaliação sucessiva do que fora planejado nas leis orçamentárias.

No campo das contas consolidadas, cujo conceito já foi determinado no primeiro capítulo desta tese, possui relevância o caso do município de Barrolândia, Processo nº 4.339/2016. O parecer prévio exarado nas aludidas contas recomendou ao Parlamento daquela localidade que promovesse a rejeição das aludidas contas, sob o argumento de que o registro contábil das cotas de contribuição patronal do ente devidas ao Regime Geral da Previdência Social atingiu o percentual 5,48% dos vencimentos e remunerações, descumprindo o artigo 195, I, da Constituição Federal e artigo 22, inciso I, da Lei nº 8.212/1991.

Tal questão possui um elevado nível de objetividade, de modo que a formação do precedente deveria admitir, segundo um juízo de ponderação flexibilizador do fundamento apresentado, índices de déficits inferiores para que o parecer prévio também fosse pela aprovação; no entanto, o Processo nº 5.045/16, déficit de 18,66%, o Processo nº 5.255/17, déficit de 17,91% e o Processo nº 87/18, déficit de 17,5%, sem mudança nas razões de decidir, todos tiveram recomendação pela rejeição das contas.

Como se poderia supor, não se trata de, como ensina Tucci (2004), *distinguishing*, o qual se apresenta como uma técnica comparativa entre os casos que busca convergências ou divergências entre eles. Neste caso, ao proceder-se o exame de um precedente frente ao caso concreto, o órgão jurisdicional ou administrativo sempre realizará o *distinguishing*, uma vez que se utiliza do confronto entre ambos para se extrair o grau de compatibilidade da *ratio decidendi* do julgado anterior com o presente.

Deve, então, o julgador comparar os elementos objetivos em disputa com os elementos caracterizadores da demanda original, verificando se os fatos fundamentais estão coerentes com o paradigma, com a finalidade de acolher a *ratio decidendi* do precedente no caso concreto.

Com efeito, a utilização de precedentes confere às decisões a promoção e a manutenção do princípio da segurança jurídica. Tal segurança jurídica é desejável no que concerne à busca por parâmetros estáveis para o desenvolvimento regular das atividades de planejamento e execução das políticas públicas, pois, conforme Canotilho (2003), "o homem necessita de segurança para conduzir, planificar e conformar autónoma e responsavelmente a sua vida".

Ampliando o conceito, Ávila (2009) afirma que o termo "segurança" remete a uma necessidade intrínseca humana de autoproteção contra ameaças externas, pela procura de libertar-se do receio e da ansiedade das coisas, pela promoção, pelo Estado, dos bens individuais ou coletivos e pela proteção contra eventuais ameaças às condições existenciais almejadas.

Para Marinoni (2012), além da previsibilidade, a estabilidade é outro aspecto objetivo da segurança jurídica e que delimita uma ideia fluida e contínua da ordem jurídica. A estabilidade, assim como a previsibilidade, deve manter ligação com os precedentes administrativos, pois não há lógica alguma em lutar pela estabilidade legislativa se da lei surgem diversas decisões, em diversos sentidos, caindo na já relatada "jurisprudência lotérica" descrita por Cambi (2001).

Com efeito, não cumpre somente ao julgador do sistema organizacional de justiça comparar os elementos objetivos em disputa com os elementos caracterizadores da demanda original, mas também é dever, nas decisões exaradas no controle externo, aferir se os fatos fundamentais estão coerentes com o paradigma, com a finalidade de acolher a *ratio decidendi* do precedente no caso concreto.

É exatamente nessa toada que o §1º do artigo 882 impõe que alterações de entendimentos, desconectados logicamente do passado de decisões, devem ser fundamentadas com mais vigor devido à necessidade de estabilidade nas relações jurídicas, com previsão, inclusive, consoante o inciso V, de modulação de entendimentos em face de alteração jurisprudencial com origem nas cortes superiores.

Alexy, em sua obra *Teoria da argumentação jurídica* (2001), faz referência ao dever de concreção. Trata-se do dever de ampliar o debate, de trazer para a discussão o maior número de opiniões, ou seja, de oferecer luz para o exame das questões. Nesse aspecto, também foi cuidadoso o CPC, na medida em que determina, no §2º, que os regimentos internos prevejam, ante a necessidade de revisão de posicionamentos jurisprudenciais, espécie de procedimento autônomo em que sejam franqueadas audiências públicas e ampla participação de especialistas, órgãos ou entidades que possam trazer conhecimento, ciência para o deslinde das matérias. Ora, nada mais adequado às cortes de contas, naturalmente plurais nas matérias de que trata, consoante se pode observar na inteligência do artigo 70 da Constituição Federal.

Concluindo o percurso argumentativo e retornando aos precedentes e ao discurso institucionalizado, ambiente fértil para concentração e observação das assimetrias decisórias e para condensação dos entendimentos sustentados por fundamentos consistentes e amplamente debatidos nos termos da lei, da jurisprudência e da dogmática jurídica, é de se supor o encurtamento do caminho que leva as soluções mais tendentes à universalidade.

Com efeito, até mesmo para corrigir determinadas imprecisões ou lacunas legais, esse ambiente concentrado é mais eficiente na medida em que a ausência de facticidade legal é demonstrada com mais ênfase, com mais notoriedade, transparência, evitando-se soluções artificiais para questões sensíveis, como os direitos fundamentais em saúde e educação.

Forçoso considerar que a ausência de uma difusão supraestadual e institucionalizada das análises nas diversas cortes de contas, associada à inexistência de uma codificação administrativa material e processual, contribui com vigor para a aplicação assimétrica das normas nacionais. É preciso determinar unicidade na pluralidade das peculiaridades das gestões regionais, e tal providência tem como nascente o controle externo de cada unidade federada, até mesmo para manutenção da identidade jurídica da federação, consoante estabelecem os princípios sensíveis.

Outro aspecto a ser considerado é o pedagógico, pois "[...] o discurso prático se desenvolve com a finalidade de resolver questões práticas realmente existentes" (ALEXY, 2001). Isso porque os gestores necessitam de orientação jurisprudencial isonômica, clara, longeva e exequível do ponto de vista da realidade da gestão, sobretudo nos pequenos municípios, em que há escassez de mão de obra qualificada em razão das limitações orçamentárias, aspectos abordados na teoria da argumentação jurídica de modo exauriente.

Cabe, portanto, buscar no âmbito das cortes de contas a implementação de deveres institucionais urgentes que efetivarão no país um sistema simétrico de aplicação de normas, baseado na universalização das decisões, como determina o CPC, e que pode ser instrumentalizado pela teoria da argumentação jurídica.

A preocupação de aplicação do CPC também pelas cortes de contas não deriva apenas de um natural isomorfismo entre a jurisdição administrativa de contas e as instâncias do Poder Judiciário, mas, efetivamente, da compreensão de que o CPC estabelece um seguro parâmetro de uniformização para utilização de precedentes, hábeis a atender o necessário reclamo de equidade na resposta estatal.

Por definição, é razoável afirmar que as instituições serão justas na medida em que não fazem distinções arbitrárias entre pessoas na atribuição de seus direitos fundamentais e quando as leis proporcionam um equilíbrio apropriado entre as reinvindicações das vantagens sociais (RAWS, 2008). Nesses moldes, em sendo perfeitamente factível, porquanto legal, a utilização da norma processual civil no âmbito dos processos administrativos fluentes nas cortes de contas, tem-se que é aconselhável a adoção, também, de um sistema de observância de precedentes, de modo a nortear de forma cogente as decisões dos tribunais de contas pátrios, unificando entendimentos e concretizando os princípios constitucionais.

O tópico seguinte tratará dos traços de semelhança entre as sanções penais e administrativas. Essa quadra da pesquisa empenha-se na demonstração de possíveis pontos de acoplamento entre as instâncias de controle administrativo e judicial, buscando-se demonstrar que há compatibilidade nas ações conjuntas voltadas à preservação dos direitos fundamentais, com especial efeito para as prestações em saúde e educação.

3.6 Semelhanças entre as sanções penais e administrativas

O tópico em desenvolvimento abordará uma disfunção existente entre as 34 cortes de contas existentes no país, inclusive o Tribunal de Contas da União, a falta de parâmetros na dosagem de sanções e até mesmo uma categorização objetiva de quais são os relevantes administrativos passíveis de reprimenda pelo Estado.

Acredita-se que essa disfunção é também uma razão para o afastamento entre as instâncias de controle administrativo e judicial, dificultando uma fiscalização efetiva e capaz de garantir políticas públicas de boa qualidade pelo controle coordenado.

3.6.1 Sanções nos tribunais de contas

Os tribunais de contas devem buscar, no tocante à aplicação de medidas aflitivas, parâmetros utilizados pelo direito penal considerando que o direito de punir[231] pertence ao Estado e, como tal, deve seguir parâmetros com a maior uniformidade possível, observando, evidentemente, as distinções entre os processos administrativo e judicial.

Este tópico também apontará defeitos das decisões administrativas causadores das reformas judiciais, buscando, com imparcialidade prática, descrever os pontos de acoplamento que devem ser reparados a fim de que o contato entre o controle judicial e administrativo seja possível, firme na aplicação da lei e na preservação do interesse público.

Preambularmente, é relevante pontuar que o modelo constitucional foi projetado para que houvesse semelhança normativa e procedimental nas diversas cortes de contas, sobretudo quando o TCU[232] assentou-se como parâmetro federal a ser seguido. Contudo,

---

[231] No instante em que a norma é violada, o direito subjetivo do Estado de punir, até então genérico, assume forma de pretensão individualizada dirigida ao transgressor da ordem jurídica. Com efeito, o poder-dever de punir estatal é consectário lógico da segurança pública que se incumbe em face da Constituição Federal no artigo 144.

[232] Constituição Federal, artigo 75. "As normas estabelecidas nesta seção aplicam-se, no que couber, à organização, composição e fiscalização dos Tribunais de Contas dos Estados e do Distrito Federal, bem como dos Tribunais e Conselhos de Contas dos Municípios".

embora fosse razoável pensar que esta identidade normativa seria suficiente para propiciar uma aplicação tendente à uniformidade, não é o que ocorre na prática. Explica-se. Os parâmetros de sancionatórios de aplicação reúnem conceitos extremamente abertos e, em alguns pontos, lacunosos, o que acaba por desaguar em uma indeterminação nas punições aplicadas, fonte abundante de insegurança jurídica.

Além do fator apontado, ainda existe outro. As cortes de contas possuem um método de devolutividade[233] recursal adstrito ao próprio tribunal julgador. É dizer, não existe instância superior administrativa aos tribunais de contas, não existe instância uniformizadora de compreensões sobre a melhor aplicação das normas atinentes à tarefa de controle externo, como ocorre no meio judicial nas cortes superiores.

A Lei Orgânica do Tribunal de Contas do Tocantins, Lei nº 1.284/2001, trata das sanções no capítulo V, a partir do artigo 37, iniciando com delimitação dos jurisdicionados ao alcance da aplicação das penalidades determinadas pela corte. Contudo, tais destinatários, definidos como administradores ou responsáveis, acabam ampliando muito o universo do que se poderia chamar de sujeitos ativos das ações violadoras do ordenamento administrativo.

Essa indeterminação de sujeitos ativos, presente até na legislação do TCU, já foi objeto de análise pelo STF no que diz respeito às empresas envolvidas em desvios de recursos públicos. Há decisões que compreendem que o TCU não pode aplicar medida cautelar com indisponibilidade de bens – caso MS nº 34.357/DF – ministro Marco Aurélio/2016; contudo, a ministra Rosa Weber, no Mandado de Segurança nº 35.404, em 2017, entendeu em sentido contrário.

A primeira turma do STF, também divergindo do entendimento do ministro Marco Aurélio, inclinou-se por entender que compete à Corte de Contas da União aplicar aos responsáveis, em caso de ilegalidade de despesa ou irregularidade de contas, as

[233] Chama-se devolutivo ao efeito do recurso consistente em transferir ao órgão *ad quem* o conhecimento da matéria julgada em grau inferior de jurisdição (MOREIRA, José Carlos Barbosa. Comentários ao Código de Processo Civil. v. V. Rio de Janeiro: Forense, 1998. p. 256). Em tempo, ressalta-se que, com guarida no novo CPC, o recurso devolve a questão nos estritos limites da insurgência – *tantum devolutum quantum appellatum*. cf. STJ – Embargos de Declaração no recurso Especial EDCL no REsp nº 687.173 PB 2004/0142411-8.

sanções previstas em lei, entre outras, multa proporcional ao dano ao erário, artigo 71, VIII, da Constituição Federal, por considerar, sobretudo, que não é a natureza do ente envolvido na relação que permite, ou não, a incidência da fiscalização, mas, sim, a origem dos recursos, conforme artigo 71, II, da Constituição Federal.

A importância das reflexões postas reside no fato de que delas depende a legitimidade ou ilegitimidade passiva nos feitos administrativos, com todos os naturais efeitos de nulidade dos títulos executivos produzidos, artigo 71, §3º c/c artigo 75 da CF, pelos tribunais de contas, muitas vezes voltados à reparação de débitos gerados por desvios com cifras elevadíssimas.

Relevante esclarecer que as sanções têm como objeto a preservação do estrito cumprimento das normas administrativas, mas não só. Há também sanções que derivam de prejuízos causados ao erário, caso em que o débito será imputado para a reparação do dano experimentado pelo ente. A multa aplicada nesses casos, consoante determina a lei, pode chegar ao montante de cem por cento do débito calculado.

Quanto às espécies de sanções, regimentalmente, são categorizadas em pecuniárias e de inabilitação para o exercício de cargos públicos. Com efeito, todas essas sanções derivam de antecedente processo administrativo de tomada de contas ou tomada de contas especiais.[234] A partir disso se definirá o índice de reprovabilidade das condutas administrativas, bem como a ocorrência ou não da reincidência, critério de agravamento da medida aflitiva a ser imposta.

Quanto à indeterminação das sanções propostas, é muito relevante o exame do artigo 157[235] do Regimento Interno (RI) do

---

[234] O Regimento Interno do Tribunal de Contas do Estado do Tocantins conceitua (artigo 74, II) tomada de contas como sendo "a ação desempenhada pelo órgão competente para apurar a responsabilidade de pessoa física, órgão ou entidade que deixarem de prestar contas e das que derem causa a perda, extravio ou outra irregularidade de que resulte, ou possa resultar, dano ao erário, devidamente quantificado", e, no artigo 74, III, denomina tomada de contas especial como "ação determinada pelo Tribunal ou autoridade competente ao órgão central do controle interno, ou equivalente, para adotar providencias, em caráter de urgência, nos casos previstos na legislação em vigor, para apuração dos fatos, identificação dos responsáveis e quantificação pecuniária do dano".

[235] Artigo 157 – A aplicação das multas previstas no artigo 37 da Lei Estadual nº 1.284, de 17 de dezembro de 2001, será proposta a critério do relator, podendo os demais órgãos técnicos da Casa fazer sugestões para a proposição.

Tribunal de Contas do Tocantins, com correspondente no artigo 268 do RI e artigo 58 da Lei Orgânica do TCU. Consoante se pode perceber, é larga a margem de discricionariedade preordenada regimentalmente para a aplicação de sanções.

As expressões empregadas como gestão "ilegítima, antieconômica, bom e regular emprego de recursos públicos" como parâmetros para gradação de sanções em contas julgadas irregulares, associadas a outros termos como "grave infração à norma", acabam por abrir muito a faixa de discricionariedade do julgador do processo administrativo, tornando a decisão pouco inteligível ao escrutínio judicial e propiciando desconstituições de títulos nas varas das fazendas públicas pelo Brasil.

Mais ainda, na quadra administrativa não existem preceitos secundários, ou seja, o *quantum* das penalidades não é previamente ajustado; desse modo, abre-se um campo fértil para o arbítrio e às decisões carentes de fundamentação. As decisões nunca aferem em seus julgados o dolo ou culpa, impossibilitando, na Justiça Eleitoral, os efeitos de inelegibilidade.

Seguindo na temática da dosagem das sanções, percebe-se, com clareza, que as violações do regramento administrativo que redundam em prejuízo aos cofres públicos possuem maior grau de reprovabilidade. Tanto é assim que o artigo 158 do RI/TCE/TO[236] estabelece que as multas aplicadas podem atingir até cem por cento do montante do prejuízo quantificado.

Para a dosagem da sanção, além do valor do dano, são relevantes a gravidade da infração, a existência de dolo ou culpa, além da situação econômica do responsável, levantada na declaração de bens.

No entanto, em que pesem as balizas apresentadas, o que se observa nas dosagens das sanções em decisões do TCE/TO e até mesmo do TCU,[237] nos termos das amostras coletadas, é uma total

---

[236] O Regimento Interno do Tribunal de Contas da União assevera, no artigo 267, que, "quando o responsável for julgado em débito, poderá ainda o Tribunal aplicar-lhe multa de até cem por cento do valor atualizado do dano causado ao erário, conforme estabelecido no artigo 57 da Lei nº 8.443, de 1992".

[237] Processo nº 11.724/2015 – Acórdão nº 1.013/2017/TCE/TO – 2ª Câmara, Processo nº 3.317/2016 – Acórdão nº 370/2018/TCE/TO – 2ª Câmara, Processo nº 2.805/2016 – Acórdão nº 02/2018/TCE/TO – 1ª Câmara, Processo nº 1.971/2015 – Acórdão nº 11/2018/TCE/TO – 1ª Câmara, Processo nº 11.945/2015 – Acórdão nº 17/2018/TCE/TO – 1ª Câmara. Exemplos de processos do TCU: Processo nº TC 034.307/2011-7 – Acórdão nº 1.129/2017/TCU – 1ª Câmara, Processo TC

inobservância desses parâmetros, tornando impossível o controle, até mesmo judicial, dos critérios de aplicação dessas sanções administrativas.

Mas, além das sanções decorrentes dos débitos gerados, existem as que derivam da violação às normas aplicáveis na administração, *v.g.*, LC nº 101/00, Lei nº 8.666/93 e outras. O artigo 39 da Lei nº 1.284/2001 – Lei Orgânica do Tribunal de Contas do Estado do Tocantins – estabelece a aplicação dessas reprimendas segundo uma tabela[238] da qual constaram as sanções a serem impostas. Tal tabela deve ser aplicada após deliberação originária do Tribunal Pleno, inobstante nem mesmo no TCU, parâmetro nacional, tome-se essa providência.

As infrações à norma constitucional, legal ou regulamentar, encontram-se distribuídas em diversos campos. São numerosas as matérias protegidas e cuja violação pode implicar em sanção, *v.g.*, natureza tributária, contábil, financeira, orçamentária, operacional, administrativa e patrimonial.

Além dos casos delineados, existem ainda as sanções que garantem os poderes implícitos da corte, onde existe limitação de até trinta por cento da multa máxima. Tais medidas aflitivas têm vez quando processos ou documentos são sonegados no âmbito das investigações promovidas pelo tribunal – as multas podem chegar a cinquenta por cento do máximo – ou quando, por outra forma, há obstrução nas diligências de inspeção ou auditoria – a multa será de setenta por cento.[239]

No tocante à reincidência das recomendações expedidas pelo tribunal, a sanção pode chegar a até cem por cento do máximo estabelecido no *caput* do artigo 159 do RI do TCE/TO. Cumpre reiterar que, em todos os casos mencionados nos quais há previsão de aplicação de multas, os critérios para dosagem das sanções

---

007.462/2005-8 – Acórdão 1.792/2009/TCU/Plenário, TC Processo nº 028.093/2010-0 – Acórdão nº 2.881/2013/TCU/1ª Câmara, Processo TC nº 008.746/2010-9 – Acórdão nº 7.375/2010/TCU e Processo TC nº 024.182/2009-0 – Acórdão nº 2.702/2013/Primeira Câmara/TCU, entre outros.

[238] LO/TCE/TO "Artigo 39. O Tribunal aplicará multa, cuja tabela de valores será estabelecida mediante ato do Tribunal Pleno, periodicamente reeditado com vistas ao reajustamento dos seus valores, na forma prevista no Regimento Interno [...]".

[239] Regimento Interno do Tribunal de Contas do Estado do Tocantins, artigo 159 e seus respectivos incisos.

devem ser o valor, a dimensão do dano, a gravidade da infração, o dolo ou a culpa e a situação econômica do apenado, ou seja, mesmos requisitos empregados para dosagem das medidas aflitivas quando há débito.

No que atine ao valor do teto para multas, exaustivamente referenciado, o regimento determina que a sua atualização se dê por meio de proposta do presidente da corte, de acordo com o mesmo índice empregado para atualização dos créditos tributários estaduais. Essa referência é importante, sobretudo por revelar a natureza dos créditos auferidos pela aplicação dessas sanções, implicando em renúncia de receita, eventuais prescrições derivadas da inércia do Poder Público nas execuções dos títulos.

É relevante observar que a aplicação das sanções derivadas do não atendimento de prazos, obstrução de diligências, sonegação de processos e até mesmo informações, ou reincidência, podem ocorrer *inaudita altera parte*, antecipando-se a sanção sem que o jurisdicionado seja sequer ouvido. A única providência existente e exigível do controle externo é a prévia comunicação de que a desobediência à norma poderá implicar em sanção.

Não obstante, tal comunicação é inteiramente inútil. É óbvio que a desobediência será sempre punida, mas o cerne da questão não é esse. O exame do tribunal deve ser sobre a real prática por parte do jurisdicionado de atos passíveis de multa, o que somente pode se dar por meio do devido processo legal, indispensável em qualquer caso.

Mas não é só. Após determinar a aplicação de sanções, sem manifestação dos responsáveis, a norma regimental abre a possibilidade de recurso ao tempo em que já reclama o adimplemento da multa aplicada. No entanto, é basilar que o recurso processual, muito distante do que se descreve, se presta a devolver para análise questões que já passaram por uma decisão, a qual se pretende reformar, ou seja, não há como recorrer do que sequer foi decidido. Sem mencionar o desatino da execução antecipada da multa, em patente violação ao devido processo.

O artigo 169 da Norma Regimental do TCE/TO estabelece o termo inicial para fins de contagem de prazo para atualização monetária e acréscimos de juros de mora. Ocorre que o momento inicial, estabelecido para a correção dos valores das sanções derivadas do débito e também de multas, não possui o mesmo fato gerador, prejuízo no primeiro caso e violação de normas no segundo.

Embora o débito possa ser corrigido no momento apontado, as sanções que são indexadas no dano não podem. Explica-se. O débito deriva do prejuízo experimentado pelo ente. Desse modo, é natural que a correção busque a data da sua ocorrência. Mas o título executivo extrajudicial previsto na CF precisa ser constituído para ser exigível; desse modo, a data correta para correção do valor da multa derivada do débito é a que tem início a partir do trânsito em julgado administrativo. Tal apontamento assume grande relevância nos processos com longa tramitação, nos quais o termo inicial não será, segundo se expôs, o mais antigo, data do fato danoso.

Dentre as penalidades na LO e no RI do Tribunal de Contas do Tocantins, a albergada no artigo 41 da LO reveste-se de um rigor incomum. Trata-se da inabilitação do responsável por atos julgados graves pelo tribunal pelo período de até oito anos para o exercício de cargos públicos. Relevante pontuar que os critérios para aferição da gravidade referenciada não são expressamente declinados, tornando tais decisões intangíveis até mesmo ao controle judicial pela ausência de critérios.

No que atine diretamente às sanções e às questões orçamentárias, a Lei nº 10.028, de 19 de outubro de 2000, artigo 5º, assevera que a omissão no dever de divulgação do relatório de gestão fiscal, proposição da Lei de Diretrizes Orçamentárias sem as metas fiscais, ausência de alertas para limitação de empenhos ou omissão de implementação medidas de controle de limites com pessoal pode implicar em multa de até trinta por cento dos vencimentos (artigo 5º, §1º, da Lei nº 10.028/2000).

As cortes de contas, no que atine à fiscalização dos poderes, órgãos e entidades, possuem, no artigo 32 da CF, o fundamento da sua atuação. Assim, fixaram-se na Instrução Normativa TCE/TO nº 2, de 15 de maio de 2013, os principais achados capazes de redundarem em emissão de pareceres prévios pela rejeição das contas anuais consolidadas e julgamento pela regularidade ou não das contas dos ordenadores de despesas.

O parâmetro normativo utilizado na emissão do parecer prévio segrega as irregularidades em violadoras da ordem constitucional, legal e regulamentar e as classifica segundo índices de gravidade. No topo das infrações à Constituição, sempre categorizadas como gravíssimas, está a não aplicação dos vinte e cinco por cento dos impostos e transferências na manutenção e desenvolvimento da educação (artigo 212 da CF).

No campo da prestação pública em educação, exige-se a aplicação de, no mínimo, sessenta por cento das receitas do FUNDEB na remuneração dos profissionais do magistério da educação básica (artigo 60, XII, do ADCT), infração reputada como gravíssima, apta à recomendação de rejeição das contas.

No que atine à prestação da política pública em saúde, a fiscalização do controle externo exige a aplicação mínima de 12% no plano estadual e de 15% no municipal, incidentes sobre a arrecadação dos impostos referenciados nos artigos 155 e 156 da CF, além dos recursos derivados dos artigos 157 e 159, no caso do ente estadual, e 158 e 159 também da CF, nos municípios.

No estamento constitucional, como já prenunciado, todos esses achados e mais alguns já estão parametrizados para que o parecer prévio exarado pela corte seja pela rejeição. Como delineado, essa peça opinativa remetida pelos tribunais de contas ao Parlamento versa com muita ênfase sobre temas relacionados à gestão considerada em seu conjunto. Volta-se à aferição dos resultados do governo, e não se prende a atos de gestão isolados.

No que atine às restrições de ordem legal mais relevantes e observadas nas peças opinativas expedidas pelos tribunais de contas, são considerados gravíssimos os achados relativos à ocorrência de déficit na execução orçamentária (artigos 1º, 4º e 9º da LRF nº 101, de 2000, e artigo 48 da Lei nº 4.320, de 1964), o cancelamento de restos a pagar processados (artigo 37 da CF) e o déficit financeiro (artigo 1º da LRF), envolto em inscrições de restos a pagar processados sem a devida reserva de caixa.

O segundo tipo de análise empreendida nas cortes de contas volta-se ao exame das contas dos agentes que ordenam despesas. Nessa quadra, os atos de gestão são considerados isoladamente. Levam-se em conta as atribuições dos cargos, e a responsabilização é circunscrita nessa moldura.

Dentre as infrações consideradas gravíssimas está a não aplicação dos 25% das receitas dos impostos e transferências na manutenção e desenvolvimento do ensino. Cabe perceber uma correlação natural com o exame que ocorre no âmbito das contas consolidadas. A distinção marcante é que, aqui, há julgamento pela Corte de Contas, e não parecer.

Do mesmo modo, são condutas consideradas gravíssimas os atos de aplicação inadequada das receitas no FUNDEB, assim como os déficits nos percentuais em educação, tal como descrito acima. Além desses apontamentos, encontram-se violações também tidas como gravíssimas nos gastos com pessoal, nos repasses ao Legislativo e nas contratações de operações de crédito em descompasso com o artigo 167 da CF e outras.

Além da inobservância aos limites constitucionais e legais, consideradas como infrações gravíssimas ou graves, existem ainda as violações à gestão patrimonial, à adequada escrituração contábil, à gestão financeira, em licitações, em contratos, convênios e nas relativas às aplicações na previdência, todas com índice de gravidade escalonado entre gravíssimas, graves ou moderadas.

Na quadra do planejamento orçamentário, as questões mais relevantes versam sobre execução de despesas sem crédito orçamentário (artigo 167 da CF), abertura de créditos adicionais (especiais, suplementares) sem autorização legislativa (artigo 167, V, da CF), sem indicação de recursos correspondentes (artigo 167, V) ou de forma ilimitada (artigo 167, VII). Além disso, a inclusão de novos projetos na LOA sem que sejam atendidos os em andamento, e a elaboração das peças orçamentárias em desacordo com os preceitos constitucionais.

Desse modo, restam descritos alguns relevantes administrativos existentes no Tribunal de Contas do Tocantins, mas que se replicam, com algumas sutis alterações, no plano federal. É importante perceber que os todos achados referenciados, direta ou indiretamente, acabam por ter reflexos nas políticas públicas de saúde e educação, o que justifica a idealização de um método sancionatório também inteligível à instância judicial de controle.

É relevante compreender que, além dos defeitos existentes nas decisões administrativas e da demonstrada tendência de mitigação das competências das cortes de contas, há ainda uma dificuldade adicional de compreensão, pelo sistema de justiça, do método – ou da ausência dele – na dosagem das sanções aplicadas pelas cortes de contas.

A fim de contribuir com a aproximação das codificações de linguagens entre o sistema de justiça e de controle externo, o tópico seguinte abordará o modelo norte-americano para aplicações de sanções dentro de faixas preordenadas.

Tal método pode propiciar ao controle externo um parâmetro superior ao que hoje é adotado. Tal ganho deriva da melhor adaptabilidade nas apurações administrativas, sobretudo considerando os elementos legais para o sopesamento de medidas aflitivas, hoje desconsideradas. Como resultado, esperam-se decisões mais claras, controláveis, exequíveis e menos sujeitas às reformas judicias.

3.6.2 Modelo americano como método para aplicação de sanções administrativas nos TCs

Nos Estados Unidos da América (EUA), as "linhas guias de sentença", ou catálogo de sanções disponíveis, serviram, sobretudo, ao propósito de mitigar a enorme faixa de discricionariedade judicial e, com isso, diminuir a disparidade punitiva e a ausência de certeza provocadas em razão das penas indeterminadas.

Em qualquer campo, seja na quadra administrativa de aplicação de sanções ou mesmo penal, é necessário que reste claro o núcleo de proibições a partir do qual a violação faz nascer o fato gerador da reprimenda. Trata-se, até mesmo, de uma garantia constitucional integrante do patrimônio jurídico de qualquer jurisdicionado.

No direito estadunidense, tal como ensina Maier (1984), uma característica geral do sistema de julgamento é a determinação da culpabilidade e a aplicação do *quantum* da pena, considerados, outrossim, os antecedentes delitivos no campo da constatação da medida da culpabilidade, onde a reincidência é fundamental.

A cultura jurídica de indeterminação da pena nos EUA tem como razão, consoante determinado no congresso de Cincinnati de 1870, o argumento de que, para reincidentes, esta seria a única forma de aplicação de sanção, estabelecendo-se, em razão disso, uma faixa mais ampla de discricionariedade ao julgador. No entanto, as críticas ao modelo fundaram-se, sobretudo, no argumento de que, em muitos casos, as decisões estavam permeadas pelo exagero e arbítrio (CULLEN, 1989).

O juiz federal Marvin Frankel, do distrito de Nova Iorque, criticava severamente a ausência de parâmetros classificados como conscientes e uniformes de aplicação de penas ante a mencionada indeterminação e discricionariedade das decisões, muito embora também defendesse que as guias de sanções não fossem necessariamente cogentes (MARTINSON, 1974) diante de casos em que a fuga do padrão pudesse se justificar.

Como se pode observar, os julgamentos continuam abertos a hipóteses em que eventual exceção peculiar abra a possibilidade de não aplicação da sanção presumivelmente correta e constante da guia. Somente haverá o encargo da prova de que, considerando a culpabilidade, gravidade do delito, causas de aumento e diminuição, outra sanção se apresenta como mais justa. Em palavras mais diretas, a fundamentação deverá ser suficiente para afastar a presunção em favor do parâmetro.

No entanto, cabe enfatizar que as circunstâncias atenuantes e agravantes, no modelo americano, possuem influência reflexa sobre a quantidade da pena. A incidência direta fica por conta da gravidade do delito e dos antecedentes do jurisdicionado.

O que mais atrai no método é certamente a diminuição da discricionariedade nos julgamentos. As faixas definidas de sanções reduzem as disparidades das decisões e promovem aplicações de medidas aflitivas mais racionais e, desse modo, abertas ao monitoramento, sem desconsiderar a transparência que deriva do método claro.

No ano de 1978, fundaram-se, no estado em Minnesota, as bases de um sistema punitivo determinado que vigeria até hoje. Mais tarde, foi a vez dos estados de Oregon, Tenessee e Lousiana adotarem um sistema de linhas guia de sentenças voltado à uniformidade, à eliminação de disparidades, conforme ensina Frase (1995).

As mencionadas guias, outrossim, têm como parâmetro, além da gravidade de cada infração, a reincidência do infrator em violações de mesmo jaez. Tais transgressões encontram nas guias faixas mais severas de sanções, embora sem vinculação expressa do juiz às doses punitivas preestabelecidas e resguardando a possibilidade de afastamento das recomendações devidamente cercada de motivações razoáveis.

É certo que tanto na quadra administrativa quanto na penal, a sanção visa reduzir com efetividade a probabilidade da infração pela justiça do castigo imposto, protegendo o interesse público de novas violações e prejuízos. Nesse contexto, as guias, na experiência estadunidense, oferecem juízos rápidos, imparciais e transparentes.

Como dito no preâmbulo deste tópico, as sanções aplicadas nas cortes de contas possuem elevado grau de indeterminação, na medida em que as violações administrativas não se encontram codificadas em preceitos, ou seja, não há núcleo que defina com precisão a ação violadora – equiparada a conduta relevante penalmente – e muito menos a sanção justa a ser aplicada, preceito secundário. A isso tudo se pode somar a ausência de instância niveladora recursal administrativa, o que torna as cortes autorreferentes em suas decisões e fertiliza o arbítrio em alguns casos.

3.6.3 Funcionamento da tabela-guia de sentenças

A tabela possui dois eixos: no vertical, encontram-se as infrações e, no horizontal, o eixo das reincidências atribuídas ao jurisdicionado. A reincidência é valorada em seis estágios, que, associados às 43 categorias delitivas, perfazem 258 possibilidades de sanções. Nas infrações tidas como mais gravosas, a pena máxima atribuída, devidamente fundamentada, pode chegar a 25% da pena-base.

Sobre a categorização dos delitos, estes são agrupados segundo as suas características essenciais, *v.g.*, patrimoniais ou contra a vida. Mas ainda existe um incremento: faz-se um exame das consequências do delito praticado, levando em conta, por exemplo, o montante envolvido no crime praticado, uso ou não de armas e situação da vítima.

Em termos práticos, a primeira tarefa do julgador é a identificação, na tabela, da sanção-base. Evidentemente, os bens jurídicos são valorados, e as reprimendas auferem grandeza segundo o grau de violação do que se pretende tutelar. Na sequência, o exercício voltar-se-á para o exame das características da violação em si, o que poderá dar ensejo à elevação da medida aflitiva dentro da faixa de sanção.

O modelo das sanções determinadas enfrenta críticas que resultam, sucintamente, de uma suposta violação do devido processo pela perda do poder discricionário do juiz. Explica-se. As guias retirariam, segundo aduzem, a possibilidade de aplicação de uma sanção adequada ao caso em julgamento. Asseveram que a sanção deve ajustar-se ao infrator, e não somente ao delito (BERLIN, 1993).

No entanto, a compreensão do método não condiz com a crítica. Na verdade, o que há é uma prévia valoração de condutas reprováveis, seguidas de um exame de culpabilidade baseado em critérios objetivos, sem embargo de afastamento das balizas-guias quando o juiz, fundamentadamente, reunir peculiaridades no caso concreto que justifiquem, de modo controlável, o distanciamento do padrão.

3.6.4 O acoplamento estrutural como tecnologia jurídica sancionatória

É comum o entendimento de que os ilícitos penais são típicos, e os ilícitos administrativos, atípicos ou abertos, ou seja, no ambiente administrativo a lei define genericamente a infração, tocando a autoridade administrativa à aplicação da sanção (CAVALCANTI, 1997). Contudo, é possível a promoção do adequado acoplamento estrutural entre os sistemas organizacionais de controle judicial e administrativo por meio da adequada fundamentação.

Com efeito, somente é possível demonstrar a correta aplicação do tipo administrativo ao caso concreto, permitindo o controle do que foi decidido e aprimorando a aplicação do direito, por meio de critérios, condições e regras claras. Promove-se, assim, a consolidação de uma jurisprudência íntegra, estável e coerente, aperfeiçoando e possibilitando a formação de canais estruturais mais consolidados e de emprego cada vez mais frequente e confiável, facilitando a operação dos sistemas.

A título de exemplo, cite-se o artigo 39 da Lei Orgânica do Tribunal de Contas do Estado do Tocantins, com redação semelhante ao artigo 58 da Lei nº 8.443, de 16 de julho de 1992, que dispõe sobre a Lei Orgânica do Tribunal de Contas da União.

A prescrição nos dispositivos mencionados é de que a Corte de Contas aplicará multa aos responsáveis por: (i) contas julgadas irregulares de que não resulte débito; (ii) ato praticado com grave infração à norma constitucional, legal ou regulamentar de natureza tributária, contábil, financeira, orçamentária, operacional e patrimonial;

(iii) ato de gestão ilegítimo ou antieconômico de que resulte dano ao erário que não possa ser quantificado; (iv) não atendimento, no prazo fixado, sem causa justificada, à diligência do relator ou à decisão do tribunal; (v) obstrução ao livre exercício das inspeções e auditorias determinadas; (vi) sonegação de processo, documento ou informação, em inspeções ou auditorias realizadas pelo tribunal; (vii) reincidência no descumprimento de determinação do tribunal.

É relevante observar que, em parcela das tipificações, com maior destaque para aquelas prognosticadas nos itens ii e iii, observam-se conceitos jurídicos indeterminados, segundo a perspectiva da teoria dos tipos abertos; desse modo, os preceitos primários são complementados com empréstimos de comandos derivados das mais variadas normas. Sobreleva-se alertar que, nesses casos, deve ocorrer forte concretização e integração por meio da motivação empreendida no ato decisório.

O ônus argumentativo daquele que decide, a fim de que a sua decisão possa ser controlada, por exemplo, pelo crivo da proporcionalidade (ou não) da sanção aplicada em determinado caso concreto, é acentuadamente maior. Em termos diretos, impõe-se ao controle administrativo especial esforço no exercício da fundamentação, a qual sustentará o ato decisório.

Tornando concreto o argumento, tem-se que a Lei Orgânica acima admite a aplicação de sanção àquele (artigo 71, incs. II e VIII, da CF/1988) que violar, gravemente, a norma legal orçamentário-financeira.

Por sua vez, a Constituição Federal de 1988, no artigo 77 do Ato das Disposições Constitucionais Transitórias, previu que os municípios aplicariam em saúde, até o exercício de 2004, no mínimo 15% do produto da arrecadação dos impostos a que se refere o artigo 156 e dos recursos de que tratam os artigos 158 e 159, inciso I, alínea "b" e §3º, da CF/88. A Lei Complementar nº 141/2012 regulamentou tal dispositivo e prescreveu o mesmo percentual.

Assim sendo, ao gestor que supostamente desatenda o índice atinente à saúde, somente restará a fundamentação da decisão que recair sobre o caso para que este possa dimensionar e controlar o alcance da expressão legal "gravemente", a qual poderá levar a incidência no tipo administrativo previsto no inciso II do artigo 39 da Lei Estadual nº 1.284/2001, sujeitando o agente à sanção prevista no mesmo dispositivo legal.

É necessário, portanto, que a decisão seja deduzida logicamente do que está posto na fundamentação, com forte emprego do princípio da universalidade, ou seja, importa que os argumentos decisórios sejam lastreados em consensos fundados no âmbito do controle externo. Se assim não for, além do prejuízo ao devido processo legal pelo qual passará o jurisdicionado, ainda remanescerá a insegurança jurídica decorrente de posições particulares e desencontradas, desorientando até mesmo os que estarão no exercício da gestão pública sobre o que é correto ou não, válido ou inválido.

No que atine à Unidade do Direito Sancionador Estatal, atribuindo-se igualdade ontológica entre ilícitos administrativos e penais, não é elementar, embora possível com adequações tecnológicas jurídicas, aplicar ao direito sancionatório administrativo à teoria do crime. Contudo, a tese constitucionalista que garante o devido processo legal, em face da interpretação sistemática das garantias fundamentais asseguradas no artigo 5º da CF/88, exige o esforço em face da necessidade de um ordenamento jurídico racional e universal, capaz de legitimar a própria legislação, a imparcialidade do discurso e, sobretudo, a controlabilidade das decisões.

A supremacia axiológica do ordenamento jurídico, notadamente no ambiente administrativo, impõe, como já afirmado, o controle da racionalidade como antídoto ao decisionismo. Desse modo, a imprecisão da linguagem e as dúvidas graves até mesmo sobre o objetivo pretendido pelas normas aplicáveis – por exemplo, o equilíbrio fiscal e os investimentos em políticas públicas essências – devem ser corrigidas pela *autopoiese*[240] do sistema organizacional de controle externo e pelos acoplamentos estruturais com o sistema de justiça.

Nos sistemas, a racionalidade depende da auto-observação. É necessário que as estruturas internas, organizadas em um ambiente com elevado nível de complexidade, se distingam do ambiente externo caótico. O sistema deve ser capaz de observar a repercussão dos seus feitos no sentido da diminuição das complexidades exteriores.

---

[240] Trata-se de um conceito, importado por Luhmann, da neurobiologia. Significa a capacidade que um sistema tem de produzir as suas estruturas internas e também os seus elementos operacionais. Trata-se da independência do sistema que possibilita a formulação de um código interno, ou seja, um repertório próprio dotado de sentido.

Em termos concretos, sanções desencontradas proporcionam orientações igualmente desencontradas aos gestores públicos, os quais sofrerão com a insegurança jurídica derivada da incerteza sobre quais são as condutas desejáveis sob o crivo do controle externo.

É dever do julgador, seja no sistema de controle externo, seja no sistema judicial, identificar aquele que deu causa a uma infração – imputação física – representativa da violação de um preceito normativo – imputação legal. Contudo, nada obstante a tentativa tímida do sistema de controle externo na análise da existência de dolo ou culpa em sentido estrito, é aqui que reside a real dificuldade de tal apreciação: apreciar a culpa do agente causador de um dano ou violador de uma norma – imputação moral.

Veja-se a complexidade prática no confronto decisório entre o Acórdão nº 1.940/2012, da 2ª Câmara do Tribunal de Contas da União, e o Acórdão nº 599/2019, do Pleno do TCU. Cabe alertar que não se trata de buscar, no exemplo abaixo, um precedente a partir de uma situação de fato, mas do apontamento de um *fato-padrão*,[241] um gênero que deveria ser aplicado a diversas situações.

Nos aludidos acórdãos, o TCU analisou a conduta de gestores que homologaram licitações. No primeiro caso, o prefeito municipal homologou uma licitação em que não houve pesquisa de preço de mercado, e o certame foi considerado ilegal, imputando-se débito e multa ao responsável, por concluir-se haver ocorrido superfaturamento. Nos termos do voto, entendeu-se que o ato de homologação do certame, praticado pelo prefeito responsável, longe de constituir mera formalidade, envolve o exame da legalidade dos atos integrantes do procedimento e da conveniência da contratação. Senão, veja-se a decisão:

> 4.9. Ao revisar e validar o processo licitatório (*homologação*), o Sr. [...] não fez ressalva à ausência da pesquisa de preços, que contribuiu diretamente para o superfaturamento ocorrido. Caso não tivesse se omitido no cumprimento dessa obrigação legal (artigo 40, § 2º, inc. II, da Lei 8.666/1993), certamente o gestor municipal teria se apercebido dos valores excessivos que estavam sendo ofertados naquele momento, dispondo de elementos para evitar o dano ao erário que se anunciava evidente.

---

241 MARINONI, Luiz Guilherme. Eficácia vinculante: a ênfase à *ratio dedidendi* e à força obrigatória dos precedentes. *Revista de Processo*, ano 35, n. 184, São Paulo: Revista dos Tribunais, jun. 2010.

> 4.10. *O fato de ter praticado o ato de homologação com suporte em análises da Comissão de Licitação, portanto, não elide sua culpabilidade, uma vez que sua participação foi absolutamente decisiva para a consumação do prejuízo verificado, bem como das demais irregularidades apuradas no processo.* (Grifo nosso)

No julgamento do segundo processo, o Tribunal de Contas da União deixou de aplicar sanção ao diretor-presidente do órgão em face da promoção da desclassificação, pela comissão de licitação, da proposta mais vantajosa, uma vez que teria deixado de aplicar o critério estabelecido em lei, sob os seguintes fundamentos lançados, após exame acerca da teoria da culpabilidade concernente à homologação do certame. Veja-se:

> Todavia, não há nos autos evidenciação de que o Diretor-Presidente interino tinha o dever de se manifestar especificamente sobe a desclassificação da proposta havida durante os trabalhos da comissão de licitação. Semelhantemente, não há considerações quanto à consciência do gestor acerca da ilicitude do ato praticado, nem tampouco há análise alguma quanto à exigibilidade de conduta diversa.
> Verifica-se, assim, o Diretor-Presidente em exercício foi penalizado tão somente por ter homologado o certame, sem que nenhum juízo tenha sido feito em relação às situações concretas que cercaram a prática do ato de homologação.
> Com as devidas vênias, não vislumbro haver razão para que se esperasse do gestor outra conduta que não a adotada.

Isso significa que, na primeira decisão, o tribunal afirmou que é dever de quem homologa verificar se o certame está ou não de acordo com a lei e, em caso de inobservância desse dever, resta demonstrada culpa do gestor que confirmou certame ilegal. Ou seja, da apreciação da decisão em foco, denota-se que, se houver irregularidade grave em certame homologado, a autoridade competente à homologação, por exercer a função que lhe competia, aparentemente, sem o devido dever de cuidado, estará automaticamente sujeita à penalidade.

Já no segundo julgamento, decide o tribunal que se faz imprescindível a realização de um juízo concernente às situações concretas que cercaram a prática da homologação. Em outras palavras, é cogente apreciar, no caso concreto, a potencial consciência da conduta ilícita ou se é possível exigir (ou não) a conduta diversa do gestor.

Com especial efeito, embora a *ratio* da decisão não se atenha às questões particulares do caso concreto, questões de direito, relevantes, estão em contradição, a responsabilidade que se tem a partir do exercício de um cargo quanto aos deveres de vigilância de providencias administrativas cometidas, legalmente, a terceiros. Fora da moldura circunscrita, o que resta é mero expediente de convencimento, é *obter dictum*.

É relevante perceber que a insegurança jurídica derivada dos posicionamentos acima exemplificados, sobretudo considerando o TCU como corte-parâmetro (artigo 75 da CF), degenera a estabilidade das estruturas internas do sistema de controle externo, dificultando a consolidação de uma linguagem recursiva que se dirige não somente aos jurisdicionados relacionados a União, mas a todos os tribunais de contas da Federação.

Os processos comunicativos referenciados são gerados até mesmo da observação que o sistema organizacional de justiça faz sobre o funcionamento do sistema de controle externo. O sistema observa a rede recursiva de premissas, e o direcionamento resultante e impulsionador das decisões no sistema observado, somente assim, poderá interagir no mesmo ambiente, produzindo informações úteis à diminuição das complexidades no ambiente caótico compartilhado, no presente estudo, as políticas públicas.

Ainda tomando como norte as disposições doutrinárias e legais atinentes à culpabilidade, tem-se o caso do gestor que atua em situação de inexigibilidade de conduta diversa quando lhe é apresentado um cenário de escolha em que, inevitavelmente e sem que tenha concorrido para a falha, terá que promover, para o atendimento de uma das demandas, a não satisfação da segunda.

Verifica-se isso, por exemplo, quando, por escassez de recursos financeiros, decorrente de imprevisível crise econômica, o gestor opta por realizar o pagamento da folha de pessoal sem a obrigatória retenção e repasse das contribuições sociais previdenciárias. Paga-se, de modo a evitar um dano maior, somente a folha líquida.

Está-se, sem dúvidas, diante de uma violação à norma legal, apta, inclusive, a configurar a espécie à tipicidade formal, pela subsunção da conduta àquilo que é vedado pelo ordenamento – tendo em vista a obrigação legal de retenção e repasse das contribuições, e material, ante a grave lesão ao bem jurídico –, ou seja, o comprometimento das receitas do instituto previdenciário e, consequentemente, do pagamento das próprias aposentadorias e pensões.

Contudo, também presente o elemento subjetivo, pois o gestor teria agido de modo voluntário e consciente, almejando a produção de um resultado específico e menos danoso ao emergente interesse público. A culpabilidade, nesta hipótese, deve ser excluída pela absoluta inexigibilidade de conduta diversa, nos termos do artigo 22[242] da LINDB.

Importa muito nas questões decididas pelas cortes de contas o exame da proporcionalidade, fundamental na análise, pelo aplicador do direito, no momento de avaliação das escolhas realizadas pelo agente público, da configuração (ou não) da inexigibilidade de conduta diversa.

No ambiente criminal (artigo 68[243] do CP), a dosimetria é realizada por meio de um sistema trifásico, em que, na primeira fase, deve ser fixada a pena-base (utilizando-se os critérios do artigo 59 do Código Penal); na segunda fase, o juiz deve levar em consideração as circunstâncias atenuantes (contidas no artigo 65 do Código Penal) e agravantes (artigos 61 e 62, ambos do Código Penal); e, finalmente, na terceira fase, as eventuais causas de diminuição e de aumento de pena.

Na quadra sancionatória administrativa, importa destacar que o sistema de controle externo está vinculado à Lei de Introdução às Normas do Direito Brasileiro, a qual prescreve a necessidade de observância, na aplicação das sanções, às circunstâncias que agravam e atenuam a pena, os antecedentes, e a dosimetria das demais sanções de mesma natureza e relativas ao mesmo fato.

---

[242] Artigo 22. Na interpretação de normas sobre gestão pública, serão considerados os obstáculos e as dificuldades reais do gestor e as exigências das políticas públicas a seu cargo, sem prejuízo dos direitos dos administrados.
§ 1º. Em decisão sobre regularidade de conduta ou validade de ato, contrato, ajuste, processo ou norma administrativa, serão consideradas as circunstâncias práticas que houverem imposto, limitado ou condicionado a ação do agente.

[243] Artigo 68 – A pena-base será fixada atendendo-se ao critério do artigo 59 deste Código; em seguida serão consideradas as circunstâncias atenuantes e agravantes; por último, as causas de diminuição e de aumento.
Parágrafo único – No concurso de causas de aumento ou de diminuição previstas na parte especial, pode o juiz limitar-se a um só aumento ou a uma só diminuição, prevalecendo, todavia, a causa que mais aumente ou diminua.

Em decisão[244] recente – Acórdão nº 483/2017, do Processo nº 016.991/2015-5 –, o Tribunal de Contas da União aplicou institutos do direito penal ao empreender a dosimetria da pena a responsáveis penalizados com a declaração de inidoneidade para contratar com a Administração Pública. Consideraram-se, no caso mencionado, as contribuições para os processos de controle externo em face dos acordos de colaboração firmados com o MPF.

O sistema organizacional do Ministério Público, por meio dos seus processos comunicativos, fundados nos princípios da segurança jurídica e da proteção da confiança, comunicou-se com o sistema organizacional de controle externo, fazendo com que as organizações estatais honrassem os compromissos assumidos nos acordos de colaboração e leniência celebrados e em face da sanção premial estipulada.

Assim, mesmo diante da gravidade dos ilícitos, da materialidade envolvida, do grau de culpabilidade do agente e das circunstâncias do caso concreto, o tribunal considerou na dosimetria da pena o fornecimento de informações que vieram a contribuir com as apurações e o reconhecimento da participação nos ilícitos (artigo 157, *caput*, do Regimento Interno), sobrestando a apreciação da matéria e, consequentemente, a aplicação da sanção de inidoneidade.

Especificamente a respeito da reincidência, que ora é o próprio fato típico a ensejar a sanção – artigo 58 da Lei Orgânica do TCU e artigo 39 da Lei Orgânica do TCE/TO –, ora circunstância que agrava a pena aplicada – parágrafo único do artigo 39 da LO do TCE/TO –, o Tribunal de Contas da União, no Acórdão nº 8.252/2013, Processo nº 003.994/2013-9 – Primeira Câmara, já decidiu no sentido do agravamento de sanções, demonstrando uma evolução na consideração de elementos que antes não eram compartilhados entre a esfera judicial e administrativa sancionatória.

Os aspectos sancionatórios nesta parte da pesquisa serviram ao propósito de evidenciar que o isolacionismo jurídico é danoso. O

[244] Processo nº 016.991/2015-5. Acórdão nº 483/2017: https://pesquisa.apps.tcu.gov.br/#/documento/acordao-completo/*/NUMACORDAO%253A483%2520ANOACORDAO%253A2017/DTRELEVANCIA%20desc,%20NUMACORDAOINT%20desc/0/%20?uuid=3930e640-da22-11e9-a412-e587d038582d.

sistema de justiça não pode funcionar sem aproveitar as potencialidades do sistema de controle externo. Em se tratando da aplicação da ciência jurídica, impõe-se a delimitação de sentido do que é racionalmente discursivo. Os acoplamentos estruturais, enquanto *tecnologia jurídica* (COUTINHO, 2013) sancionatória, são instrumentos de estabilização e realização do próprio direito.

Não se pode desconsiderar que as sanções, sejam de índole penal ou administrativa, ao cabo e ao termo são representações da ação estatal e, desse modo, reclamam sistematização e interação, além da natural dimensão que as garantias individuais possuem dentro da conformação do Estado brasileiro, sob pena de inefetividade das prescrições constitucionais que positivam os direitos humanos.

Os sistemas organizacionais, como os de referência, promovem os seus acoplamentos estruturais como parte de suas próprias operações internas; por conseguinte, os processos comunicativos devem ser compartilhados. Reiterando o que já fora afirmado neste estudo, um só sistema é incapaz de cobrir todos os temas inerentes às políticas públicas.

A aplicação das sanções administrativas ou judiciais deve comungar, na medida do possível, dos mesmos códigos nos critérios antagônicos de validade e invalidade, de modo que os processos comunicativos possam evoluir para a aplicação das vias de comunicação, com programas direcionados a objetivos comuns dentro do ambiente compartilhado.

3.7 Uma tecnologia constitucional de acoplamento para a efetividade orçamentária da LRF

Esta parte da pesquisa volta-se ao exame do interesse da União no equilíbrio fiscal do país como representante da ordem jurídica nacional no âmbito da Federação brasileira, isto em face da acentuada crise financeira que reclama providências estatais e da comunidade científica.

Com efeito, os interesses da União, como pessoa jurídica de direito público interno, não serão objeto das reflexões aqui desenvolvidas. Esta parte da tese volta-se ao interesse da União enquanto ente aglutinador dos interesses da universalidade dos membros da Federação na aplicação isonômica da LRF no planejamento e execução orçamentária em cada estado e município.

A análise possibilita uma interpretação constitucional que acopla, no sentido dado pela doutrina de Nicklas Luhmann (2016), a atuação da Procuradoria-Geral da República e também do Tribunal de Contas da União, garantindo a regularidade fiscal do Estado brasileiro a partir de uma modelagem tecnológica constitucional desenvolvida a partir das ações públicas dos sistemas organizacionais de controle mencionados frente ao sistema de justiça.

Tratar-se-á aqui de um meio jurídico adequado de fiscalização baseado na premissa de que o equilíbrio fiscal é indispensável para o custeio das políticas públicas. Assim, com lastro na divisão das competências constitucionais, pretende-se, nesta última parte da presente pesquisa, apresentar um modelo acoplado de relações interorganizacionais voltado ao objetivo final da promoção de prestações públicas de boa qualidade.

3.7.1 Lei de Responsabilidade Fiscal, gastos com pessoal e múltiplas visões do controle externo no plano estadual

Preliminarmente, cabe lembrar que a produção legislativa brasileira é feita com base constitucional no princípio da predominância do interesse, ou seja, a União se encarrega da instância nacional; estados-membros, das condições regionais; e os municípios, das instâncias locais, tal como apontou Almeida (2016). Bem como as normas da União se dividem de forma propedêutica em nacionais, quando coordenam de forma abstrata todos os cidadãos e federais nas vezes em que subordinam apenas os entes da União, tal como doutrina de Miguel Reale (2017).

Por esse raciocínio, a Lei de Responsabilidade Fiscal (DEBUS, 2017) é uma lei nacional, já que vincula a atuação de todos os entes federados, inclusive as pessoas jurídicas que compõem a Administração Pública indireta:

> A Lei de Responsabilidade Fiscal – Lei Complementar n º 101, de 4 de maio de 2000, visa a regulamentar a Constituição Federal, na parte da

Tributação e do Orçamento (Título VI), cujo Capítulo II estabelece as normas gerais de finanças públicas a serem observadas pelos três níveis de governo: Federal, Estadual e Municipal.

É indiscutível que a forma federativa de Estado impõe uniformidade em matéria fiscal, já que desta estrutura pública constrói-se a proteção aos direitos, deveres e garantias fundamentais. O desequilíbrio entre as receitas e despesas de qualquer dos signatários do pacto traz inevitáveis reflexos negativos para a centralidade dos interesses reunidos na União.

Desse modo, impõe-se o exame da aplicação da LRF com os seus postulados, entre outros campos, no tocante às despesas totais com pessoal, um tema atual e de relevância no debate sobre contas públicas. Não se perdendo de vista que, por se tratar de matéria iminentemente constitucional, deve-se buscar aplicar o método hermenêutico concretizador que é, na lição de Coelho (2011, p. 145), aquele que busca: "[...] concretizações minimamente controláveis, nas quais se evidenciem tanto as dimensões objetivas da atividade hermenêutica, emergentes do problema a se resolver, quanto seus aspectos subjetivos".

É necessário, a fim de que haja controle, delimitação de sentido dogmático, ou seja, não é possível que nem mesmo o sistema organizacional de controle externo detenha conceitos assentados daquilo que deve compor a despesa total com pessoal, por exemplo. Os conceitos necessitam de sistematização diante do Texto Legal, sem os quais os problemas jurídicos que a norma visa evitar ou reparar ficarão sem solução.

Robert Alexy (2001) afirma que o emprego da técnica serve ao propósito prescricional de meios para a obtenção de determinados fins. Trata-se, com efeito, de um meio não violento, não traumático e, neste sentido, não violador do próprio Texto Constitucional para resolução de conflitos que, na presente tese, são de índole federativa na medida em que se exige tratamento isonômico entre os estados-membros frente à Constituição e às leis nacionais de regência – no exemplo mencionado, a de Responsabilidade Fiscal.

Tal como esclarece Suxberger (2018), é no vão entre a *dogmática e a técnica jurídica* que surge a problematização que envolve o estudo *puro* do direito – ressalte-se que a Administração Pública e a fiscalização não tratam somente de aspectos jurídicos, como já afirmado diversas vezes nesta tese, mas também de aspectos contábeis, operacionais, financeiros, patrimoniais e orçamentários –, e a sua materialização, a sua procedimentalização.

A mencionada problematização, no campo da fiscalização do orçamento público, que faz desaguar suas consequências nas prestações públicas, passa pelo desenvolvimento de uma tecnologia de fiscalização a partir de acoplamentos organizacionais aptos a mitigar as disfunções orçamentárias causadas pela ausência de *sistematicidade, de racionalidade gerencial*, e pela inobservância da Constituição Federal e das leis nacionais por ocasião da elaboração e da execução orçamentária.

Portanto, a aplicação da LRF reflete-se em padrões constitucionais que consubstanciam o interesse nacional de se estabelecer um padrão de regularidade fiscal, haja vista que desta condição se fiam as construções de políticas públicas que efetivam os direitos, deveres e garantias fundamentais e, logo, é de interesse de todo o Estado brasileiro.

Nesse sentido, sobre o artigo 18 da LC nº 101/00, no que diz respeito ao que compõe o somatório total dos gastos com pessoal, vale ressaltar que o referido dispositivo, ao determinar o somatório dos gastos dos entes com os "[...] ativos, inativos, e os pensionistas, relativos a mandato eletivo, cargos, funções ou empregos, civis, militares e de membros de Poder [...]", buscou, de forma exemplificativa, dar a maior abrangência e segurança jurídica possível à efetividade do comando legal.

A legística formal, tal como examinado no segundo capítulo, fornece os paradigmas técnicos de redação e sistematização acima mencionados. Desse modo, é possível caminhar do planejamento legislativo orçamentário, com a legística material, até a simplificação que impulsiona o controle e a efetividade das políticas públicas, com a legística formal.

Neste ponto, a legística formal orçamentária pode até mesmo ser observada como uma política pública em si, uma política pública aplicada ao desenvolvimento de políticas públicas como saúde e educação, por exemplo. É necessário que, entre os sistemas organizacionais, possa existir um elevado nível de compreensão e de identificação de normas orçamentárias disfuncionadas quanto aos parâmetros cogentes da Constituição e das leis nacionais.

O sentido teleológico do artigo 18 da LC nº 101/00 é nitidamente de proteção, contenção e esforço para abarcar todas as espécies de parcelas referentes ao pessoal a serviço do Poder Público, deixando o mínimo de espaço para qualquer exegese excludente da incidência da norma. Tal posicionamento recebe um reforço a partir da citação "[...] com quaisquer espécies remuneratórias [...]", que busca não deixar dúvidas de que tudo o que for dispendido para que o ente tenha um servidor deve ser contabilizado.

Contudo, o conceito do que representa verba indenizatória tornou a questão tormentosa na interpretação de alguns tribunais de contas, tais como o terço constitucional de férias, que assumiu natureza indenizatória com amparo no argumento de que visa prover o trabalhador de recursos financeiros necessários à sua recomposição física e mental pelo desgaste no período trabalhado.

Esta posição originou-se na Justiça do Trabalho e evoluiu até o Supremo Tribunal Federal (STF) por meio do RE nº 545.317-1/DF,[245] adquirindo força suficiente para ampliar, artificialmente, os gastos com pessoal na medida em que a parcela foi excluída do somatório geral limitador, ainda que o sentido lógico-normativo da Lei de Responsabilidade Fiscal não comporte interpretações tendentes ao desequilíbrio pela ampliação de despesas públicas.

Outro exemplo é o abono de permanência, instituído pela Emenda Constitucional (EC) nº 41/03. Também neste caso houve reconhecimento do caráter indenizatório, considerando que o servidor que já poderia estar em inatividade, quando permanece voluntariamente no serviço público, deve ser compensado. Mais ainda, como não há exigência de contribuição previdenciária em razão desta verba amparada no artigo 4º, IX, da Lei nº 10.887/2004, há negação da natureza remuneratória, restando excluída igualmente do gasto geral com pessoal.

Dentre os tribunais de contas que excluem o terço de férias[246] e o abono de permanência da incidência do art. 18 da LRF, além do TCE/TO, estão os tribunais de contas do Ceará,[247] do Rio Grande do Sul,[248] da

---

[245] BRASIL. Supremo Tribunal Federal. *RE nº 545.317-1/DF*. Disponível em: http://redir.stf.jus.br/paginadorpub/paginador.jsp?docTP =AC&docID=515349. Acesso em: 7 jun. 2019.

[246] O TCE/MG, em sua Consulta nº 1.015.780, cujo relator foi o Cons. Gilberto Diniz, manifesta-se quanto à exclusão do adicional de férias (1/3) do limite de gastos com pessoal, devido ao entendimento de que sua natureza é indenizatória.

[247] TCE/CE. Processo nº 03875/2007-4. Resolução nº 2.582/2009, Relator Itacir Todero. Disponível em: http://imagens.seplag.ce.gov.br/PDF/20091228/do20091228p05.pdf#page=244.

[248] TCE/RS. Processo nº 003889-02.00/04-9.

Bahia,[249] de Pernambuco,[250] do Distrito Federal[251] e do Mato Grosso.[252] Todos esses exemplos possuem, quanto aos aspectos suscitados, um padrão próprio de interpretação, diverso da compreensão dos demais órgãos estaduais de fiscalização, sobre o que deve integrar o cálculo da despesa com pessoal na Federação brasileira.

No tocante ao Imposto de Renda Retido na Fonte (IRRF) dos servidores públicos e à dedução da base de cálculo das despesas totais com pessoal, similarmente não são pacíficas as compreensões dos tribunais de contas dos estados-membros. Os que defendem a exclusão da parcela sustentam que as expressões receita e despesa possuem um conceito contábil e outro financeiro e, sendo a LRF uma norma de jaez financeiro, é natural, segundo entende o Tribunal de Contas do Estado do Rio Grande do Sul (TCE-RS),[253] que todos os conceitos nela inseridos possuam a mesma natureza.

Assim, como o IRRF não constitui variação no patrimônio do ente remunerador, representando, na linha argumentativa, mero registro contábil, já que não implica em saída ou entrada de recursos no cofre da fazenda pública, mas simples operação escritural, apresenta-se possível a sua não inclusão no que atine aos limites de gastos com pessoal da Lei de Responsabilidade Fiscal. Cumpre registrar que aderem a este posicionamento os tribunais de contas do Rio Grande do Sul, Piauí, Espírito Santo, Mato Grosso e Tocantins.

Contudo, a maior parte das cortes de contas entende que a matéria não é somente de natureza jurídico-financeira, o que se constata pelos aspectos orçamentários de que trata. Por outro ângulo,

---

249 TCE/BA. Processo TCE/009670/2015. Resolução nº 000031/2016, proferida pelo Relator Conselheiro Inaldo da Paixão Santos Araújo. Disponível em: https://www.tce.ba.gov.br/servicos/processo/tce-009670-2015.

250 TCE/PE. Processo nº 1.852.810-7 – Acórdão TC nº 0355/2018, Relator Cons. João Carneiro Campos. Sessão 18.04.2018.

251 TCE/DF. Sessão Ordinária nº 4.141/2007. Decisão nº 6.963/2007, proferida pelo Relator Conselheiro Jorge Caetano, em 13 de dezembro de 2007. Proc. nº 18.886/2007. Disponível em: https://www.tc.df.gov.br/app/mesaVirtual/implementacao/?a=documento&f=downloadPDF&iddocumento=128140. Posicionamento mantido no Processo nº 40.419/2017-e, decisão em 20 de setembro de 2018.

252 TCE/MT. Processo nº 16.377-5/2016. Relator Cons. Waldir Júlio Teis. Resolução de Consulta nº 27/2016-TP

253 TCE/RS. Conforme Parecer Coletivo nº 02/2002. Aprovado em Sessão Plenária de 08.05.2002. Cons. Algir Lorenzon. Disponível em: https://consulta.tce.sc.gov.br/RelatoriosDecisao/Decisao/211013536_2541321.htm.

basta observar que a folha de pagamento dos servidores deve ser, necessariamente, empenhada pelo valor bruto, nos termos do artigo 6º da Lei nº 4.320/64, para que o argumento excludente se perca.

Dentre as controvérsias sobre a aplicação da LRF pelas cortes de contas do país, também não são pacíficas as compreensões sobre as contribuições previdenciárias patronais no Poder Legislativo Municipal. A questão é a possibilidade da contabilização desses gastos no âmbito das despesas de custeio das câmaras, excluindo-se, portanto, do limite fiscal com folha de pagamento e alargando, por mais essa forma, a possibilidade de gastos públicos com servidores.

Os tribunais de contas do Piauí,[254] Minas Gerais,[255] Rio Grande do Norte,[256] Santa Catarina[257] e Espírito Santo[258] aderem ao posicionamento anteriormente descrito e definem como eixo central da argumentação a existência de uma distinção conceitual entre folha de pagamento e despesa total com pessoal, o que também favorece ao aumento de gastos nesta área.

No entanto, o artigo 29-A, §1º, da Constituição da República, que proíbe as câmaras de vereadores de executarem gastos superiores a 70% de suas receitas com folha de pagamento, incluídos os subsídios dos vereadores no aludido percentual, necessitava, para que fosse possível gastar mais, ser superado.

Desse modo, a saída ampliativa veio da hermenêutica da Lei de Responsabilidade Fiscal, a qual, no artigo 18, disciplina o conceito de "[...] despesa total com pessoal [...]" de forma mais abrangente, abarcando, portanto, o dispêndio com a folha de pagamento e

---

[254] TCE/PI nº 02438/ 2013 – consulta formulada ao Tribunal de Contas do Estado do Piauí acerca da interpretação correta dos limites constitucionais em relação ao subsídio dos vereadores. Acórdão nº 1.825/2013, publicado no Diário Eletrônico do TCE/TI nº 177, de 02.10.2013 (p. 12), com trânsito em julgado em 07 de outubro de 2013. Disponível em: https://sistemas.tce.pi.gov.br/tceviewer/ index.xhtml?codigoProtocolo=004345/2013, com acesso mais recente em 06.06.2018. Acesso em: 7 jun. 2019.

[255] Súmula nº 100. Disponível em: https://www.tce.mg.gov.br/Noticia/Detalhe/67. Acesso em: 7 jun. 2019.

[256] TCE/RN nº 011851/2005 – expediente de consulta formulado pela Câmara Municipal de Equador. Assunto: Consulta. Conselheiro Relator Alcimar Torquato de Almeida. 73ª Sessão Ordinária realizada em 16.10.2005. Decisão nº 1.596/2005 – TCE.

[257] TCE/SC. Prejulgados nº 16.425 e 1.413, Processo nº 305.913.506. Disponível em: http://www.tce.sc.gov.br/content/lista-geral-de-prejulgados.

[258] TCE/ES. Consulta TC nº 023/2013. Disponível em: https://www.tce.es.gov.br/wp-content/uploads/2017/06/023-2013.pdf.

possibilitando abrigar as contribuições patronais em um percentual maior, exterior ao percentual de 70% das receitas da câmara, permitindo uma interpretação conectada com a função social daquela norma jurídica e a aplicação do princípio da máxima efetividade.

Essa posição jurídica também reforça a interpretação que alarga as despesas com pessoal no âmbito das câmaras de vereadores às bases diversas de incidência do percentual. Esclarece-se. A folha de pagamento tem como base as receitas do Parlamento Municipal, enquanto as despesas totais com pessoal estão indexadas na receita corrente líquida do município, tendo, portanto, alcance hermenêutico e efeitos práticos distintos. Desse modo, a consideração lógica é que os encargos sociais derivam da folha de pagamento, mas não devem integrar o seu montante, podendo ser contabilizados nos 30% destinados a outras despesas de custeio da câmara.

No plano da Federação brasileira, os desencontros de entendimentos, como os que foram descritos, não contribuem para a realização dos efeitos esperados pelo artigo 163 da Constituição da República, tal qual preordenou a LC nº 101/00. Do cumprimento da lei depende o reequilíbrio das contas públicas, de modo que as interpretações criativas, além de distorcerem as informações, somente postergam e dissimulam as péssimas notícias sobre as finanças públicas do país.

As regras limitadoras de gastos, sobretudo com pessoal, previstas na LRF servem exatamente para impor teto de gastos a partir de percentuais para cada um dos estados-membros da Federação. A segurança jurídica impõe a urgente uniformidade de compreensão da fiscalização externa sobre tais temas inseridos em uma lei de quase 20 anos.

3.7.2 Interesse da União como representante da ordem jurídica nacional e a ausência fiscalizatória do TCU sobre aplicação disfuncionada da LRF nos estados-membros

O atual momento mundial é marcado por uma crise que abala até mesmo os alicerces do Estado Democrático de Direito (BAUMAN, 2016) e, tal como já abordado neste capítulo, os precedentes administrativos necessitam integrar-se em um esforço para a realização do próprio direito, com especial efeito os direitos fundamentais, mas não somente, o próprio Parlamento se mostra orientado por interesses puramente eleitorais, como demonstrado no caso da comissão mista do orçamento, importando concluir, a partir desses apontamentos, que os sistemas de controle devem buscar integração no sentido dos reparos que leis orçamentárias desconectadas dos mandamentos constitucionais e legais reclamam.

É dizer, fora da moldura da regularidade, fora da moldura do que é estritamente discricionário ao poder político, as ilegalidades ou inconstitucionalidades devem ser corrigidas a fim de que não seja vulnerado o próprio pacto federativo, como se verá nesta última parte desta tese.

É certo que, para viabilizar a concretização do interesse da Federação no equilíbrio fiscal, as capacidades institucionais existentes nos quadros estruturais da República necessitam de adequado emprego. Com efeito, a fiscalização da aplicação uniforme da Lei de Responsabilidade Fiscal, em todo o território brasileiro, direciona o vetor interpretativo constitucional ao TCU, corte à qual foi confiado o *status* de modelo, de parâmetro de fiscalização nacional (artigo 75 da CF), reconhecendo-se, nestes termos, ser quem melhor pode salvaguardar os interesses de todas as unidades da Federação reunidas sob a representação da União.

Ora, o artigo 34, inciso V, da CF afirma que a União intervirá nos estados e no Distrito Federal sempre que as finanças das unidades da Federação suspenderem, "[...] salvo motivo de força maior [...]", o pagamento da dívida fundada por mais de dois anos. Ocorre que, segundo consta do *Relatório de Garantias Honradas pela União em Operações de Crédito – Setembro de 2018*,[259] foi noticiado pelo Tesouro Nacional o pagamento de R$449,12 milhões em dívidas dos estados.

Nesses casos, depois de informada pela Secretária do Tesouro Nacional, a União realiza o pagamento para depois promover a devida compensação por meio dos repasses que faz a estas unidades federadas. Contudo, isto não tem ocorrido. Segundo notícia veiculada

[259] BRASIL. *Relatório de Garantias Honradas pela União em Operações de Crédito – Setembro de 2018*. Disponível em: https://www.tesouro.fazenda.gov.br/documents/10180/541695/RMGH+-+2018.09.pdf/1dcb0989-9e8e-40dc-a2ea-a9302b0e08d5. Acesso em: 7 jun. 2019.

pelo próprio sítio eletrônico do Supremo Tribunal Federal, publicada no dia 24 de maio de 2019,[260] o STF concedeu liminar para que a União se abstenha, *v.g.*, de bloquear recursos na conta do estado de Minas Gerais, em face da alegação da unidade federativa de que se encontra em situação de penúria fiscal. Na decisão, o ministro afirma que, em casos semelhantes, o STF tem decidido impedir a execução de contragarantias para evitar prejuízo à continuidade dos serviços públicos à população.

É intuitivo perceber que há imbricação econômica entre as unidades da Federação, ou seja, se determinado estado não procede conforme determina a LRF, direta ou indiretamente, haverá perturbação da ordem, colocando em risco a tranquilidade de todo o país.

Igualmente, o RE nº 855.178,[261] ao reafirmar, com repercussão geral, a solidariedade prestacional na área da saúde, com base nos critérios constitucionais de descentralização e hierarquização, aponta, com clareza, para a oneração da União em face do descumprimento, pelos estados e municípios, dos deveres de observância constitucional e legal de manutenção do equilíbrio entre receitas e despesas.

Com efeito, a legística material demonstra, como ficou evidenciado no segundo capítulo, que a dissonância das normas orçamentárias com a LRF se coloca em evidência até mesmo nos caso mais gritantes, como ocorre com a sucessiva fixação de metas de resultado primário deficitárias, o que levará ao comprometimento da capacidade de administração da dívida pública estadual, caso medidas de controle, acompanhamento e contenção dos gastos governamentais, em especial das despesas obrigatórias de natureza continuada e despesas correntes, não sejam tomadas no sentido de um esforço concreto visando ao crescimento real da receita tributária.

Veja-se que a Constituição Cidadã, no artigo 70, ao atribuir responsabilidade ao Congresso Nacional, mediante controle externo, pela fiscalização contábil, financeira, orçamentária, operacional e patrimonial da União e das entidades da Administração direta e indireta sob o crivo da legalidade,

---

[260] BRASIL. STF. RE nº 855.178. Disponível em: http://www.stf.jus.br/portal/cms/verNoticiaDetalhe.asp?idConteudo=412146. Acesso em: 7 jun. 2019.

[261] Idem.

legitimidade e da economicidade, com o auxílio do TCU, não excluiu a responsabilidade sobre os interesses da própria União no cumprimento das leis nacionais, de altíssima relevância para manutenção do equilíbrio federativo.

É fundamental assentar que a fiscalização protagonizada pelo Parlamento Federal incidente sobre a União como pessoa jurídica de direito público interno, enquanto unidade autônoma, não afasta, dentro do pacto federativo, outra função muito mais ampla: a de representante da ordem jurídica nacional aglutinadora sobre todos os estados-membros integrantes do pacto federativo brasileiro.

Existem disfunções federativas que, se ampliadas, como é o caso desequilíbrio fiscal, comprometem os interesses de todos os entes. A Lei de Responsabilidade Fiscal, norma sobre gestão financeira, como já foi dito, foi projetada para outorgar o equilíbrio necessário ao desenvolvimento nacional. Como reforço empírico, vale pontuar que a Secretaria do Tesouro Nacional[262] noticia que 14 estados da Federação tinham superado, já em 2017, o limite da LRF, o qual corresponde a 60% da receita corrente líquida, em gastos com pessoal.

O mesmo órgão federal[263] aponta, na linha do que já fora exposto no primeiro tópico, as diferenças de metodologias empregadas pelos tribunais de contas estaduais para o cálculo das despesas com pessoal, distanciadas da melhor metodologia, que seria seguir os conceitos e procedimentos do Manual de Demonstrativos Fiscais.

Essa realidade, infelizmente, já está impactando nas prestações públicas básicas, como saúde e educação, com a mesma intensidade com que padece de desconfiança a eficiência do controle externo voltado à cobrança da responsabilidade fiscal nos gastos públicos estaduais, que notadamente precisa de investimentos de forma quantitativa e principalmente qualitativa, lembrando-se que,

---

[262] BRASIL. Secretaria do Tesouro Nacional. *Tesouro Nacional divulga o Boletim dos Entes Subnacionais de 2018*. Disponível em: http://www.tesouro.fazenda.gov.br/-/tesouro-nacional-lanca-boletim-de-financas-publicas-de-estados-e-municipios. Acesso em: 7 jun. 2019.

[263] BRASIL. Secretaria do Tesouro Nacional. *Boletim das Finanças Públicas dos Entes Subnacionais*. p. 15. 2016. Disponível em: http://www.tesouro.fazenda.gov.br/documents/10180/0/Boletim+de+Financas+ P%C3%BAblicas+dos+Entes+Subnacionais/107970b4-9691-4263-a856-b37d655b42b2. Acesso em: 7 jun. 2019.

segundo o atual ministro da Fazenda, o Brasil tem um gasto dez vezes maior em previdência do que em educação.[264]

Com efeito, o interesse da União demonstra-se, sobretudo, pela dependência que as unidades federadas possuem do Tesouro Nacional – recursos de toda a Federação –, o que se constata pela decisão do STF[265] anteriormente mencionada, a qual aciona a responsabilidade solidária da União para com os estados-membros e municípios em face de inadimplementos de suas tarefas constitucionais na função saúde, por exemplo.

Ressalta-se, também, que é razão para intervenção da União nos estados e no Distrito Federal o descumprimento da aplicação do mínimo das receitas estaduais de impostos na manutenção e desenvolvimento do ensino e nas ações da função saúde (artigo 34, VII, "e").

Bastante comum observar que a solidariedade que atrai as obrigações para o Tesouro Nacional, na área da saúde, normalmente deriva de gestões irresponsáveis que fazem minguar a receita corrente líquida, diminuindo a base de cálculo por meio de renúncias fiscais, ausência de instituição ou regulação de tributos como o Imposto Predial e Territorial Urbano (IPTU), além de outras condutas desestabilizadoras da ordem constitucional.

Cumpre anotar que as ponderações feitas de forma alguma pretendem atentar contra a autonomia[266] dos entes federados, que é, indiscutivelmente, assegurada pela CF. Cabe aos TCEs a fiscalização da mesma forma que ao TCU no que diz respeito à fiscalização da União como pessoa jurídica de direito público, até mesmo por força do artigo 75 da Constituição da República Federativa Brasileira (CRFB). Contudo, a Corte de Contas Federal possui

---

[264] UOL. *Reforma da Previdência*. Disponível em: https://economia.uol.com.br/noticias/redacao/2019/04/03/brasil-gasta-com-previdencia-10-vezes-o-que-gasta-com-educacao-diz-guedes.htm. Acesso em: 7 jun. 2019.

[265] BRASIL. STF. RE nº 855.178 – Responsabilidade solidária dos entes federados pelo dever de prestar assistência à saúde. Disponível em: http://www.stf.jus.br/portal/jurisprudenciaRepercussao/verAndamentoProcesso.asp?incidente=4678356&numeroProcesso=855178&classeProcesso=RE&numeroTema=793.

[266] Lembramos que os entes federados não têm soberania, e sim autonomia, ou seja, eles podem fazer tudo aquilo pactuado constitucionalmente, mediante competências próprias. Por essa premissa, o pacto federativo impõe direitos e responsabilidades, como, por exemplo, prestar contas.

uma atribuição adicional: nivelar a aplicação das leis nacionais no interesse da Federação.

É que o artigo 34, inciso VII, da Constituição incumbe à União assegurar o cumprimento de princípios constitucionais. Dentre eles, está o da prestação de contas da Administração direita e indireta. Ainda nesta linha e considerando não ser lógico que a União promova intervenção nela mesma para o cumprimento de tais princípios, é intuitivo interpretar que o dispositivo se direciona aos estados-membros e ao Distrito Federal.

Já o artigo 75 da CRFB, tal como anotado anteriormente, determina que o TCU é parâmetro de fiscalização nacional, de modo que, se a prestação e o recebimento das contas afastam-se de um parâmetro médio exigido na aplicação de leis nacionais dentro da Federação, caberá à corte parametrizante indicar a disfunção para que atuem os mecanismos de ajuste, como a representação interventiva, próximo ponto de exame no presente ensaio.

É necessário um modelo firme de responsabilização pelo descumprimento dos deveres funcionais de execução ou de fiscalização, pois o afrouxamento traz sérios reflexos para muito além da unidade federativa em que ocorreu, já que deixa de proporcionar a concretização de direitos, deveres e garantias fundamentais. Trata-se, portanto, de uma quebra de um dever funcional na gestão da coisa pública e, em alguns casos, do próprio controle das contas públicas.

Deve-se considerar, ainda, que a LRF, no campo principiológico, define enunciados diretivos no campo procedimental e busca desvelar o que fazer e o como fazer, no trato dos recursos públicos. Trata-se, assim, de um perfil normativo vinculante e impositivo do orçamento estatal, cogente, que não pode se apresentar como expressão programática, para o futuro, pois se refere ao planejamento para o dispêndio público que se realizará a cada exercício.

A interpretação que pode dar mais resultado prático em matéria de responsabilidade fiscal deve ser a mais uniforme no reconhecimento da validade prática da LRF no território nacional. Trata-se da formulação mais racional, que proporciona, ao mesmo tempo, tanto segurança jurídica quanto máxima efetividade às provisões constitucionais que proporcionam a concretização dos direitos, deveres e garantias constitucionais.

Com efeito, a experiência colhida nos exemplos descritos no primeiro tópico, eficiente expediente na verificação da verdade, mostra que já se tem o resultado por antecipação, ou seja, a quebra da isonomia entre as unidades federadas diante da LRF por ausência de um referencial comum mitigado pela autorreferência[267] dos TCEs.

A operação jurídica de aplicação das regras e princípios de gestão com responsabilidade fiscal, derivados da Constituição da República e da própria lei nacional, deve ser contextualizada com a realidade de endividamento dos entes e com a urgente limitação de gastos com pessoal. Há de ser menos dogmática, formalista e abstrata para ser mais consequencialista; mais ainda, deve haver multidisciplinariedade, *v.g.*, as ciências econômicas também são ferramentas teórico-práticas para a redução das complexidades do sistema.

Contudo, a atuação do TCU tem como parâmetro mais relevante a origem dos recursos manejados, ou seja, se recursos são de origem federal, estará estabelecida a sua competência fiscalizatória; no entanto, há mais a considerar quando se observa a União como ente representativo dos interesses do conjunto de estados-membros na execução de leis nacionais (artigo 34, VI).

É que a Federação brasileira outorga à União a competência para legislar sobre normas de interesse geral, como é o caso da LRF, devido ao princípio da predominância do interesse, isto para que não ocorram movimentos desagregadores, resultantes de tratamentos não isonômicos frente às leis com vigência em todo o território. Trata-se de condição para a sobrevivência do sistema.

Na República Brasileira, a repartição de competências ocorre de forma territorial e deriva da própria Constituição. Essa delimitação passa, entre outros campos, pelo poder legiferante, o qual poderá ter feição exclusiva, privativa ou concorrente, repartindo-se, assim, as competências de modo horizontal e vertical, com lastro nas previsões constitucionais pertinentes.

---

[267] Extrai-se da lição de Niklas Luhmann, em sua obra *A nova teoria dos sistemas*, que é necessário que as complexidades sejam reduzidas pelo fortalecimento de uma codificação de linguagem mais coesa e condizente com a forma de Estado brasileira (LUHMANN, N. *A nova teoria dos sistemas*. Org. C. E. Baeta Neves e E. M. Barbosa Samios. Porto Alegre: Ed. da Universidade/UFRGS, 1997).

A Lei de Responsabilidade Fiscal, lei nacional, é resultado da necessidade que a Federação possui de aplicação, em todas as unidades da Federação, de parâmetros equilibrados entre as receitas e despesas públicas, sem que isso represente perda em suas autonomias. Deve ser elementar a percepção que o interesse republicano do Estado brasileiro precisa exercer a sua superioridade retirando da Constituição a legitimidade para impor limites voltados à observância obrigatória dos princípios constitucionais sensíveis e do cumprimento dessas leis.

Na mesma quadra argumentativa, cabe uma digressão histórica. Quando o Brasil necessitava, com muita frequência, de financiamentos e empréstimos do Fundo Monetário Internacional (FMI), questionava-se amplamente sobre as condicionantes impostas – afirmava-se (TUDE; MILANI, 2013) que representavam afronta à soberania do país. Contudo, o Organismo Internacional não abria mão da supervisão focada na macrogestão do tomador e das providencias de estabilização fiscal. Ora, os valores emprestados pertenciam a toda a sociedade internacional, que, obviamente, esperava o reembolso.

Desse modo, justificava-se a imposição das políticas de reajustamento inclinadas à privatização de empresas estatais, à reciclagem do dinheiro sujo para o pagamento da dívida externa, à diminuição da pobreza e à democratização com eleições multipartidárias. Com especial efeito, está-se tratando, até aqui, da soberania do país, a qual não era de forma alguma violada por esses tipos de exigência.

No campo interno, o valor reinante é a autonomia dos estados-membros. Os recursos agora não pertencem à sociedade internacional, mas são de todas as unidades federativas reunidas em um pacto. Estados descumpridores da LRF devem antes buscar o seu ajustamento para depois terem acesso, por exemplo, a empréstimos com recursos do Fundo de Garantia por Tempo de Serviço (FGTS) – recursos que são de natureza pública – para investimento, por exemplo, em infraestrutura urbana.

A fiscalização do TCU, incidente sobre os empréstimos concedidos, não pode abarcar somente, pois insuficiente, a regularidade da operação de crédito. Deve perscrutar se o dinheiro, que é de todos, não será perdido em razão da inobservância de princípios básicos da boa gestão nos campos tributário, previdenciário e, sobretudo, os limites de gastos com pessoal.

A Lei de Responsabilidade Fiscal é uma norma sobre direito financeiro e, nos termos do artigo 24 da Constituição, encontra-se entre as competências concorrentes. Desse modo, cumpre à União o estabelecimento de normas gerais sobre a matéria. É muito importante perceber que não cabe aos estados-membros atuação legislativa conjunta, mas mera complementação vinculada à observância da regra geral estabelecida para toda a Federação.

Um exame atento da repartição das competências legiferantes leva à imediata compreensão de que tudo parte da predominância do interesse geral, como o equilíbrio federativo entre receitas e despesas, regional, no caso dos estados-membros, e local, onde legislam os entes municipais.

Trata-se do estabelecimento vertical de competências onde não há simultaneidade. De maneira uniforme, a União deve estabelecer a norma geral; após, os estados-membros suplementam a mencionada legislação como base no seu interesse regional, mas respeitado o campo de atuação que cabe à representação jurídica dos entes federados, que somente cabe à União.

Todos os argumentos fixadores do interesse da União em matéria financeira devem ser conjugados com a compreensão de que a CRFB acoplou à competência legislativa a competência fiscalizatória. Desse modo, o limite da fiscalização do TCU em matéria financeira deve ir até o limite normativo geral da União, contido na LRF. Trata-se de um poder – competência legislativa – que é, ao mesmo tempo, um dever, zelar para correta execução da lei.

Impõe-se uma repactuação interpretativa dos limites e competências constitucionais, o que se intenta por meio da apresentação de uma tecnologia jurídica governamental voltada à consecução eficiente e racional das políticas públicas e com replicações, inclusive, de padrões bem-sucedidos em investimentos públicos, tal como abordado no primeiro capítulo, investimentos com elevado índice de efetividade de gestão; com efeito, é o que a representação interventiva, iniciada pelo diagnóstico preciso do TCU contra violações do pacto federativo, pretende alcançar.

A disciplina constitucional é voltada para a atuação de um ou outro ente federado. Trata-se do atingimento dos fins cominados pelo próprio Estado que se concretizam na saúde, na educação e em outras políticas públicas essenciais à dignidade da pessoa humana.

Outrossim, cumpre apontar o TCU como detentor das melhores competências fiscalizatórias em matéria financeira, seja pelo interesse da União na preservação da isonomia entre os entes federados em matéria financeira ou em razão de ser o Congresso Nacional, a quem o TCU presta auxílio em matéria de controle externo, o representante do Estado Federal Brasileiro.

Arrima-se, ainda, o argumento ao se considerar a indispensável autorização do Senado para que os estados-membros contraiam empréstimos internacionais e/ou a atribuição da referida Casa Legislativa Federal para estabelecer o limite máximo de endividamento no tocante à dívida consolidada dos entes federativos.

Os princípios constitucionais sensíveis, juntamente com a obrigatoriedade de observância das normas nacionais e a aplicação dos percentuais constitucionais em saúde e educação, compõem o fundamento de validade de todo o Estado Democrático de Direito Brasileiro e são centros aglutinadores do sistema de coexistência dos entes federados. Neste sentido, o princípio da isonomia (artigo 5º, *caput*, da Constituição) veda tratamentos diferenciados não justificados entre os entes federados.

Desse modo, cumpre à União, no tratamento paritário dispensado aos estados-membros, agir com razoabilidade e proporcionalidade, corrigindo atentados à isonomia sem discriminar, perante a lei, as pessoas sujeitas à ordem normativa contida na LRF, atuando nesse passo como representante da soberania estatal e permitindo a coabitação de várias ordens dentro da mesma ordem jurídica que forma o Estado Federal.

3.7.3 Antídoto constitucional já existente contra violação da isonomia fiscal entre os estados-membros: acoplamento institucional entre TCU e Procuradoria-Geral da República na representação interventiva

É natural que, nas federações, existam vetores de força tendentes à desagregação da associação que envolve os estados-membros. Desse modo, faz-se necessário compor o sistema com mecanismos de proteção de igual ou maior intensidade no sentido da reunião das diversas individualidades e da solução dos dissídios internos.

A Constituição Brasileira de 1988 estabeleceu que, uma vez colocada em risco a Federação em razão da quebra do pacto entre os estados-membros e a União ou entre os municípios e os estados, estaria instalado um litígio de natureza constitucional. Nesse contexto, assume o procurador-geral da República a defesa dos interesses da União concretizados na integridade do ordenamento constitucional (artigo 126 da CF), o que se dá na condição de seu representante judicial e de defensor do cumprimento dos deveres federativos.

Há na Constituição um sistema de controle de legitimidade, uma espécie de figurino que deve orientar os atos estaduais. Esse sistema é composto pelos princípios constitucionais sensíveis (artigo 34, VII, c/c artigo 36, III, da CF). Diante desse contexto em discussão, concretiza-se o antecedente necessário de inobservância dos deveres constitucionais, nascendo, portanto, a representação interventiva junto ao STF.

Cabe reforçar que o contencioso judicial aludido pela violação do pacto federativo poderá ser, inclusive, potencial. É dizer, a efetividade da aludida inobservância das obrigações constitucionais não impositivamente necessita restar consumada, não necessariamente deve concretizar o prejuízo à ordem federativa para que reste consubstanciado o fato gerador indispensável para atuação ministerial. É relevante esclarecer que, embora a legitimidade representativa privativa do procurador-geral da República seja indiscutível, não se pode perder de vista que a Constituição Federal equipou a República com instrumentos de controle específicos em alguns temas compreendidos entre os princípios constitucionais sensíveis, o que abre espaço constitucional para a participação do Tribunal de Contas da União no debate dos postulados federativos quando a violação for de jaez financeiro, orçamentário, patrimonial, contábil e outros inseridos no plexo de competências do controle externo (artigo 71 da CF).

Desse modo, o parâmetro de controle será fundado no artigo 34, VII, da CF, ante a violação de princípios constitucionais sensíveis, e no artigo 34, VI, da CF, quando em questão a aplicação disfuncionada de Lei Nacional por meio de atos normativos infringentes da ordem jurídica nacional e também pela violação concretizada, por meio de atos materiais omissivos ou comissivos, das autoridades estaduais. Desse modo, atos administrativos, atos concretos, portanto, dão ensejo à representação interventiva.

Quanto à procedimentalização, após a representação pelo procurador-geral da República, havendo provimento pelo STF (EC 45/04 – artigo 36, III), ante a recusa à execução do direito federal, medidas serão adotadas a fim de que seja reestabelecida a normalidade.

Dentre os princípios constitucionais sensíveis, que atraem a competência fiscalizatória do TCU, está o da prestação de contas da Administração direta e indireta e a aplicação do mínimo exigido da receita resultante de impostos estaduais, compreendida a proveniente de transferências, na manutenção e no desenvolvimento do ensino e nas ações e serviços públicos de saúde, insculpidos no artigo 34.

Como se pode perceber, os princípios possuem um elevado grau de abstração. As expressões são propositalmente abertas para que o esforço hermenêutico alcance a maior significação possível no contexto da proteção da Federação Brasileira. Um exame sistemático de elevada importância decorre do cotejo entre o princípio da prestação de contas, artigo 34, e o artigo 75, ambos da Constituição Federal.

Conforme se pode observar, no primeiro artigo a Constituição afirma que a prestação de contas é esteio para a formação da identidade jurídica da Federação; no último, artigo 75, aponta o TCU como modelo nacional dessa fiscalização. É até mesmo intuitivo perceber que o legislador constituinte teceu a trama da fiscalização da coisa pública de modo uniforme para todos os entes federados.

Cabe esclarecer que a União, não como pessoa jurídica de direito público, como ente congregador dos estados-membros dentro da Federação, tem todo interesse em um modelo isonômico de gestão fiscal, buscando preservar toda a Administração Pública nacional. Ora, é natural, dentro dessa forma de estado, que as boas e más práticas de gestão irradiem seus efeitos no plano nacional. Trata-se da aplicação do princípio da isonomia dentro do que se pode chamar analogicamente condomínio jurídico, no qual são moradores a própria União, os estados e os municípios.

Ainda sobre o princípio da prestação de contas, é relevante compreender que não se trata de ato meramente burocrático de preenchimento fastioso, no qual a Administração informa dados ao órgão de controle. É muito mais que isso, deve estar assentado que o conteúdo dessas contas prestadas, pelos diversos entes, observe as leis nacionais e que seja recebido, pelas cortes de contas, também conforme as mesmas leis nacionais. Ou seja, para que haja isonomia, as regras de prestação e recebimento das contas devem possuir efeito dúplice.

É possível que as reflexões anteriormente delineadas provoquem a impressão de que, por meio da análise sistemática das disposições constitucionais, haja indevida ampliação das possibilidades de intervenção por violação de princípios constitucionais sensíveis, mas não se trata disso. É indiscutível que os princípios constitucionais sensíveis são taxativos; contudo, o conteúdo e a extensão dos mesmos dependem, para que haja concretização da Constituição, da correlação com outros dispositivos constitucionais correlatos.

Releva esclarecer, igualmente, que o exame judicial não pode ser direcionado às intervenções fundadas em mera dúvida ou controvérsia constitucional. A violação capaz de vencer a blindagem da autonomia do ente federado deve ser de comprovada e grave perturbação da ordem jurídica a ponto de comprometer o equilíbrio federativo, ou seja, se a articulação for remota, sem potencial de dano à ordem jurídica constitucional, não deve haver sequer conhecimento da representação interventiva.

Igualmente, é de se perceber o sentido ampliativo do princípio da prestação de contas quando abarca não só a Administração direta, mas também a indireta. Mais ainda, os princípios sensíveis servem a propósitos integradores da Federação, não podendo ser tomados de forma segregada nos planos federal, estadual e municipal. Em outras palavras, é absurdo se pensar em três tipos de prestação e de recebimento de contas, sobretudo quando estão em jogo leis nacionais, pois tal compreensão não poderia coexistir com a isonomia entre os entes federados.

O Estado de Direito Democrático encontra-se apoiado em um *status* jurídico paritário que, uma vez violado em seus eixos centrais, resulta em graves prejuízos aos direitos fundamentais, como saúde e educação. Desse modo, os princípios que compõem o artigo 34 da Constituição não podem ser examinados de maneira estanque. Exige-se uma compreensão de todos os demais princípios constitucionais relacionados, sobretudo os que violam os direitos da pessoa humana.

Assentada a compreensão de que a representação interventiva pode recair, para além dos atos normativos, em atos concretos administrativos dos estados-membros, cumpre a assertiva de que não são fatos isolados ou episódicos os aptos a indicar a solução interventiva. A orientação é contrária: é necessária uma situação capaz de gerar uma insegurança jurídica global perturbadora do princípio federativo.

Com especial efeito, o pacto federativo reclama isonomia, um modelo único de prestação e recebimento de contas, cuja responsabilidade paradigmática coube, em razão do comando constitucional do artigo 75, ao Tribunal de Contas da União. Ora, onde há interesse da União certamente a Corte de Contas correspondente estará. Não se pode esquecer que a irresponsabilidade fiscal normalmente desemboca no estuário do Tesouro Nacional em razão do crescente endividamento público.

Em recente decisão do TCU sobre a fiscalização de entidades não dependentes do Tesouro Nacional,[268] concluiu-se que a dependência é medida pela constância dos aportes da União. Entendeu-se, naquele julgamento, que, embora recursos federais não tivessem sido aplicados diretamente no pagamento da folha destes entes criados pela União, recursos federais foram vertidos com elevada periodicidade.

É evidente que, embora os entes estatais não integrem a União, é certo que a lógica jurídica de dependência do Tesouro Nacional possui forte implicação. Explica-se: se o móvel ensejador da competência parte da dependência dos recursos reunidos pela Federação, abrir-se-á a fiscalização do TCU, sobretudo quando a dependência é gerada por gestões violadoras dos parâmetros federativos de responsabilidade fiscal.

Na verdade, esse pensamento jurídico não é novidade. É pacífico que o TCU exerce sua fiscalização sempre que prejuízos ao erário

---

[268] BRASIL. Tribunal de Contas da União. *Acórdão nº 15.653/2018*. Disponível em: www.tcu.gov.br.jurisprudencia1980. Acesso em: 10 maio 2019.

federal são gerados, mas é inédito o controle quando o prejuízo à União decorre da sua representação dos interesses da Federação, ou seja, como titular dos interesses de todos os estados-membros frente às gestões ruinosas. Em complemento, não se pode esquecer que a União é solidária sempre que as prestações públicas na área de saúde, por exemplo, são negligenciadas.

O desprezo deliberado pelos comandos da Lei de Responsabilidade Fiscal gera inegável risco de acionamento da solidariedade nesse tipo de política pública, no qual, mais uma vez, os direitos, deveres e garantias fundamentais em jogo atraem a Federação pela manutenção da dignidade da pessoa humana.

Nessa quadra, considerando a natureza das deliberações dos tribunais de contas como decisões administrativas, havendo violações do equilíbrio fiscal por meio interpretações demasiadamente permissivas, restaria comprometida gravemente a ordem pública, ensejando a representação interventiva.

Mais ainda, havendo comprometimento da aplicação do mínimo constitucional resultante das receitas dos impostos estaduais por renúncias de receitas que comprometam a base de cálculo, ou seja, a receita corrente líquida, em que incidem os 25% para manutenção e desenvolvimento do ensino (artigo 212 da CF), mais uma vez o interesse da União seria estabelecido em razão da violação dos direitos da pessoa humana, fundamento básico do princípio federativo.

O mesmo argumento anteriormente expendido aplica-se em outra política pública essencial: a saúde. O artigo 198, §§2º e 3º, da Constituição estabelece que haja percentual incidente sobre o produto da arrecadação de impostos e outros recursos para o custeio das ações e dos serviços de saúde.

Desse modo, do que fora exposto até aqui, compreende-se que o TCU, como ente de fiscalização no plano federal quando em questão as prestações de contas ou a devida aplicação dos percentuais constitucionais em saúde e educação, deve atuar, sem que seja necessária qualquer alteração da atual feição constitucional, junto ao procurador-geral da República, a fim de que este promova a devida representação interventiva na condição de representante judicial dos interesses da União.

Destaca-se que esse processo é de jaez subjetivo e relaciona-se intimamente com os direitos e deveres da União e dos estados-membros. O perfil processual necessariamente envolverá o contraditório a fim de salvaguardar a autonomia dos entes federados de intervenções provocadas por fatos isolados e episódicos, sem comprometimento importante do pacto federativo. Impõe-se, portanto, a ponderação entre os princípios.

Cumpre, outrossim, diferenciar a representação interventiva do controle concentrado de constitucionalidade. Em casos como o da aplicação dos recursos mínimos em saúde, se fará necessário o exame de questões de fato. Não se trata da simples observação de lei ou ato normativo de modo parametrizado na Constituição Federal.

Dentro da compreensão jurídica antes exposta, é intuitivo perceber a necessidade de participação do TCU, ao menos como *amicus curiae* na representação interventiva. É que há elevado interesse nessas controvérsias federativas e evidentes implicações para os cidadãos brasileiros em geral, além da conformidade com a nova sistemática processual brasileira, eminentemente colaborativa.

No que se atine ao inciso VI do artigo 34, recusa à execução de lei nacional, é importante considerar que as consultas respondidas pelos tribunais de contas possuem efeito vinculante para a Administração. No plano dos estados-membros, o conteúdo dessas consultas respondidas na interpretação de leis nacionais, como a de Responsabilidade Fiscal, possui elevado grau de generalidade e abstração, havendo, nesses casos, necessidade de proteção ao princípio federativo, de um nível mínimo de uniformidade hermenêutica, sob pena de violação da isonomia entre os entes federados.

O interesse da União na integridade do ordenamento constitucional estará presente em todos os casos em que houver violação potencial ou efetiva dos deveres federativos pelo estado-membro, cabendo ao STF, após a provocação do procurador-geral da República e na condição de representante da União Federal, a preservação dos princípios sensíveis e das leis nacionais, cuja violação, em face do grau de especialidade da matéria, somente poderá ser detectada com precisão pela Corte de Contas Federal.

É interessante pontuar que a aludida decisão do STF, em sede de representação interventiva, possui caráter declaratório da ofensa aos princípios constitucionais sensíveis ou da recusa à execução da lei nacional. Contudo, o pronunciamento judicial não elimina a lei ou condena a fazer ou deixar de fazer algo, nem mesmo a eficácia do ato estadual é retirada, mas serve como elemento norteador da decisão que será tomada pelo presidente da República na defesa da estabilidade do pacto em face da violação federativa.

CONCLUSÕES

No curso da presente pesquisa, revelou-se que as políticas públicas experimentam substanciais prejuízos nos índices de efetividade em razão do elevado déficit de planejamento orçamentário que parte das propostas do PPA, da LDO e da LOA, formuladas pelo Poder Executivo e que são recebidas com assentimento pelo Legislativo, convertendo-se em leis.

Os exames concretos de diversas disfunções orçamentárias evidenciaram que o descumprimento da Constituição Federal e de numerosas leis nacionais, como, por exemplo, LRF, LDB, Lei Complementar nº 141/12 e Lei nº 8.080/90, identicamente corrobora para a consecução de prestações governamentais malsucedidas, além de infringir seriamente o pacto federativo.

No ambiente complexo e caótico das políticas públicas, observadas segundo o ângulo sistêmico, foram identificados os sistemas de controle externo e de justiça, ambos com atribuições constitucionais voltadas à mitigação da aludida complexidade a partir da seleção de elementos que compõem o espaço organizado interno de cada um deles.

Dentre os dois sistemas, a organização representada pelo Tribunal de Contas recebeu especial destaque, acomodando-se o sistema de justiça como usuário das estruturas externas condutoras de processos comunicativos, em uma relação funcional, a fim de que as operações internas do controle levado a efeito pelas cortes administrativas sirvam como elementos de apoio às suas próprias operações.

Observou-se que o comando constitucional estabelecido no artigo 70 da CF circunscreve o ambiente de incidência do controle externo nos campos contábil, financeiro, orçamentário, operacional e patrimonial, todos com reflexos direitos ou indiretos nas políticas públicas, em face das implicações no planejamento e elaboração das leis orçamentárias, em especial a LOA, a qual autoriza os dispêndios promovidos pelo Executivo.

O primeiro capítulo deste estudo descreveu os elementos internos estruturantes das configurações mais estáveis do interior do sistema de controle externo, com especial destaque para os pareceres prévios, importante meio de comunicação simbolicamente generalizado por congregar o exame de todos os campos de atuação acima descritos a partir do artigo 70 da CF.

Na aludida peça opinativa encontram-se as generalizações que simbolizam as seleções de achados administrativos e motivações segundo os códigos de licitude e ilicitude empregados, com dotação de sentido, nas fiscalizações empreendidas pelos tribunais de contas e com forte repercussão no ambiente das demandas judiciais por políticas públicas levadas a efeito perante o sistema de justiça.

Na descrição do ambiente no qual atua o sistema de controle externo, o orçamento e as finanças públicas devem ser tratados de modo interligado, pois, no orçamento, encontra-se concretizado o planejamento das ações de governo que serão implementadas até o limite das finanças.

Desse modo, a LRF, norma sobre o equilíbrio entre receitas e despesas, assumiu destaque nos processos comunicativos válidos a partir da oposição licito e ilícito concretizada nos elementos de funcionamento do sistema, tais como os pareceres expedidos sobre as contas anuais consolidadas, e nos acórdãos decorrentes do julgamento dos que ordenam despesas para a execução das diversas políticas públicas.

Evidenciou-se que a qualidade das políticas públicas a serem realizadas pelo Estado depende da fiel observância da Lei de Responsabilidade Fiscal no planejamento e na elaboração das peças orçamentárias, além de sustentar a estabilidade e organização do sistema de controle externo e do próprio pacto federativo.

Desde o início da pesquisa, procurou-se sobrelevar que a sua proposta não pretendia indicar o isomorfismo entre os sistemas de justiça e de controle externo para a redução das complexidades nas prestações públicas. Ao invés, a pretensão era reforçar os elementos internos de funcionamento de cada um dos sistemas, os quais necessitam continuar fechados operacionalmente, dado que são naturalmente autorreferenciais e *autopoiéticos*.

Contudo, o primeiro capítulo evidenciou que fechamento operacional não pode redundar ou significar insulamento, isolamento. Se ambos os sistemas não se acoplarem estruturalmente no exame de questões como as metas previstas no Plano Plurianual, execução de novos programas e da regularidade constitucional e fiscal do orçamento, estarão sempre atrasados no seu múnus público fiscalizatório, contribuindo para o acréscimo de complexidades no ambiente em que deveriam atuar reduzindo-as.

Em outras palavras, ainda que com programas diferentes, os dois sistemas convergem para as mesmas demandas, ou seja, a redução das complexidades existentes nas prestações públicas, representando, assim, o acoplamento estrutural uma oportunidade de ampliação das suas áreas de abrangência.

No que atine às influências exteriores ao sistema de controle externo, as derivadas do controle social foram as de maior destaque. Percebeu-se que estas concorrem para a eliminação dos pontos cegos imperceptíveis à auto-observação. Colaboram com os processos internos na medida em que proporcionam a eliminação de obstruções à percepção das violações aos comandos constitucionais e legais nacionais insertas no orçamento e com repercussão sobre as políticas públicas essenciais, impulsionando assim o que se convencionou chamar de imunização complementar do sistema.

Os processos desenvolvidos na comissão mista de orçamento no plano federal serviram ao propósito de demonstrar que a organização representada pelos tribunais de contas deve participar das seleções feitas pelo poder político que impulsiona contingências danosas ao planejamento orçamentário. Demonstrou-se, por meio do exemplo das emendas de apropriação fundadas em receitas fictícias, que a unidade do sistema não pode suportar, sem prejuízo ao interesse público, tais deficiências estruturais.

Constatou-se que a própria codificação de licitude e ilicitude, materializada na Resolução nº 1, de 2006-CN, a qual regulamenta o §1º do artigo 166 da CF, contribui com seus comandos vagos para seleções decisórias apartadas do viés técnico reclamado para a elaboração de um orçamento fundado nas necessidades públicas, em alguns casos, conforme foi analisado, com despesas para além de um exercício sem qualquer previsão no PPA, violando assim frontalmente a Constituição e a Lei de Responsabilidade Fiscal.

Conclui-se que a eficiência é um direito fundamental de cidadania e, no plano orçamentário, não é diverso, pois depende desta premissa a efetividade da gestão. Tal afirmação foi comprovada por meio do Índice de Efetividade da Gestão Municipal (IEGM), no qual, em razão do planejamento orçamentário deficitário, 87% da municipalidade tocantinense não conseguiram atingir o percentual de 50% de efetividade.

Dentre as disfunções orçamentárias aptas a demonstrar a necessária participação acoplada dos sistemas de controle, ainda na fase de planejamento, mereceu destaque o manejo dos créditos adicionais, cujo fundamento é a Lei nº 4.320/64, lei nacional, e a própria Constituição (artigo 167, VI).

Os percentuais de realocação entre categorias de programação, com suplementações de até 81,4%, com abertura via decreto do Executivo, ou seja, sem a participação do Parlamento, violam completamente os comandos constitucionais e expõem o total desprezo pelo planejamento das políticas públicas, trazendo como resultado final o incremento das demandas judiciais, sobretudo nas áreas da saúde e da educação.

As despesas com pessoal na função saúde, segundo o exemplo apresentado no texto, em percentual aproximado de 60% do total das despesas correntes, foram apresentadas para reforçar, com dados, o urgente interesse público no estabelecimento de programas de controle dessas operações, pois estes, ao contrário dos códigos binários, são flexíveis e podem comportar os processos de evolução social demandantes por políticas públicas.

Conclui-se, acerca do atual estado de coisas, que tais operações não podem ser percebidas pelos sistemas de controle como válidas e imunes às suas intervenções em razão da separação dos poderes ou da cronologia do controle incidente, como demonstrado, somente a partir da execução orçamentária e pelo prisma estreito da regularidade.

Ainda no campo das disfunções orçamentárias suscetíveis da atuação acoplada dos sistemas de controle externo e judicial, apresentaram-se as renúncias de receitas. A importância desse apontamento deriva da irregularidade constitucional e legal das concessões e, sobretudo, da redução da receita corrente líquida, base de cálculo estabelecida constitucionalmente para aplicação dos percentuais mínimos em saúde e educação.

Assentou-se, ainda, no primeiro capítulo, em antecipação ao eixo propositivo central do estudo, que as renúncias inconstitucionais e ilegais de receitas, na mesma medida em que diminuem a base de cálculo dos recursos do ente federado, também implicam, ante a solidariedade que se dá, por exemplo, na função saúde, no surgimento do interesse da União na preservação do Tesouro Nacional ante comportamentos desviados e capazes até mesmo de ensejar a providência interventiva prevista no artigo 34, VII, "e", da CF.

Diante das disfunções sucintamente reprisadas, comprovou-se que, em boa parte, as disfunções orçamentárias derivam de programas desprovidos de parâmetros na Constituição e em leis nacionais, gerando-se, assim, obrigações de fazer aptas à reparação judicial após o diagnóstico do controle externo.

Observou-se, outrossim, que as leis orçamentárias se materializam em fontes primárias de aplicação da Constituição Federal, possibilitando, desse modo, a submissão destas ao crivo objetivo do controle de constitucionalidade, ressaltando-se, ainda, que, dentre os princípios constitucionais sensíveis, está o da prestação de contas como instrumento voltado à proteção dos direitos da pessoa humana, com especial efeito nas políticas estruturantes, como saúde e educação.

A interação entre os sistemas de justiça e de controle externo foi apresentada, na segunda parte da pesquisa, como condição sem a qual não haverá, com vistas ao incremento de efetividade, interferência qualificada nas políticas públicas oferecidas à sociedade. A pesquisa buscou apresentar um método redutor das complexidades existentes no ambiente orçamentário, autorizativo das despesas nas prestações públicas estruturantes dos direitos fundamentais garantidos pela Constituição.

Intentou-se desmistificar o dogma da incensurabilidade das decisões políticas sobre alocações em políticas públicas reiteradamente malsucedidas e, em muitos casos, em descompasso com a Constituição Federal e com diversas leis nacionais, esteios do pacto federativo. Restou claro que o foco do controle na regularidade dos gastos públicos é insuficiente, sendo necessário observar, sobretudo, a efetividade do emprego dos dinheiros públicos.

A proposta de legística orçamentária foi apresentada como método capaz de aproximar os processos comunicativos internos aos sistemas referenciados, ou seja, embora cada sistema continue com seus processos comunicativos individualizados, já que os sistemas são mesmo operativamente fechados, concluiu-se ser possível o desenvolvimento de áreas organizadas em cada um dos sistemas com fundamento em um meio simbolicamente generalizado: a legística aplicada ao orçamento.

Constatou-se que a produção orçamentária necessita de um método de problematização fundado em aspectos teóricos, técnicos, lastreado em fundamentos racionais e controláveis, sem contradições performativas, como a aplicação reiterada de recursos públicos em políticas públicas malsucedidas em efetividade. Igualmente, demonstrou-se que é necessário teorizar tanto as receitas quanto as despesas públicas como requisito necessário ao exercício do controle judicial e externo, já que o orçamento público possui muito baixa taxa de fundamentação nas decisões tomadas, dificultando até mesmo o cálculo de aplicação dos mínimos constitucionais em políticas públicas densamente reguladas, como saúde e educação.

A legística, no plano material, direciona-se como meio de calibragem da validade e efetividade das normas orçamentárias. Do ponto de vista formal, a preocupação é na melhoria da comunicação e da compreensão dos aspectos legais autorizativos dos investimentos públicos. Com efeito, o auxílio da ciência legística apresentou-se concretamente por meio de avaliações prévias e sucessivas de impacto, possibilitando até mesmo a revisão da legislação para os exercícios posteriores.

Demonstra-se concretamente, por meio dos gastos com a folha de pagamento dos servidores públicos, que o orçamento necessita com urgência de parâmetros técnicos de elaboração, pois o crescimento da receita corrente líquida já não acompanha, com bastante distanciamento, a evolução das despesas com pessoal, conduzindo-se, assim, os estados a condições ruinosas e completamente impraticáveis para o desenvolvimento de políticas públicas essenciais com um padrão mínimo de efetividade.

A segunda parte da pesquisa apresentou dados comprobatórios de que leis nacionais vêm sendo ostensivamente descumpridas, como a contabilização até mesmo de restos a pagar sem disponibilidade financeira para o cálculo dos limites vinculados constitucionalmente de aplicação em prestações governamentais.

Como antídotos, as auditorias e inspeções levadas a efeito pelos tribunais de contas apresentaram-se como soluções antecipadas aptas a subsidiar, a partir do acoplamento institucional já descrito, a atuação do Judiciário na quadra da insuficiência das políticas públicas. Em termos simples, é mais eficaz atuar nas disfunções do orçamento do que coibir concretamente os efeitos pulverizados do planejamento inconstitucional, ilegal e deficitário de planejamento.

Com efeito, concluiu-se que não há interferência indevida dos sistemas de controle de justiça ou externo quando combatem inconstitucionalidade ou a ilegalidade na formação das peças orçamentárias que darão causa a todos os gastos públicos vinculados. Trata-se, tão somente, do exercício do dever de corrigir, no prazo certo, decisões políticas que, além de violarem preceitos normativos claros, redundam em prejuízos ao interesse da coletividade no campo dos direitos fundamentais.

Como fundamento da conclusão posta acima, foram colacionadas compreensões da mais alta corte do país sobre a legitimidade da interferência judicial no contexto das abusividades governamentais especificamente em políticas públicas, inclusive quando necessárias inclusões orçamentárias.

Depreendeu-se, outrossim, que, embora assentada a premissa de que os processos comunicativos entre os sistemas organizacionais de justiça e de controle externo obedecem a regras de funcionamento peculiares, ou seja, a partir da inexistência de um único código, é verdadeira a afirmação de que se acha em vigor um código funcional ascendente de constitucionalidade ou inconstitucionalidade, de legalidade e de ilegalidade no ambiente orçamentário.

Com especial efeito, demonstrou-se que o acoplamento estrutural entre as organizações de referência inevitavelmente enfrentará, no ambiente das políticas públicas, diversos ambientes caóticos, como o contábil, o operacional, o econômico, o financeiro e o próprio orçamentário. Assentou-se, por essa razão, que os processos comunicativos isolados dos sistemas de controle – de justiça, dos tribunais de contas ou do Ministério Público – se mostrarão invariavelmente insuficientes e não lograrão preencher os requisitos de complexidade interna necessária à redução das complexidades do ambiente das políticas públicas.

Viu-se que, entre os sistemas organizacionais de justiça e de controle externo, não restam claramente estabelecidos os programas que determinam os limites da atuação de cada um deles, dificultando o processo comunicativo. Para dar concretude ao argumento, o exame consequencial do RE nº 848.826/DF deixou claro que a transferência do julgamento dos prefeitos que ordenam despesas dos tribunais de contas para as câmaras de vereadores contraria a codificação constitucional que pondera o juízo técnico sobre o operacional na razão de 2/3, ou seja, a desconstituição do parecer prévio emitido pelos tribunais de contas exige um quórum maior, até mesmo, do que o necessário para alteração da CF, não se justificando a interpretação do sistema organizacional de justiça que faz prevalecer o juízo político nas contas dos prefeitos ordenadores.

A última parte da pesquisa situou-se, com maior ênfase, no vão entre os problemas da inobservância da Constituição Federal e das leis nacionais no planejamento e na execução orçamentária. Concluiu-se que os distúrbios orçamentários são multidisciplinares, assim como já se havia previsto o artigo 70 da CF, ao incumbir os tribunais de contas da fiscalização contábil, financeira, orçamentária, operacional e patrimonial, sob os crivos da legalidade, legitimidade e da economicidade.

Neste ambiente, o orçamentário, os exames meramente jurídicos, dogmáticos, mostram-se insuficientes. Mais ainda, concluiu-se que os procedimentos, as etapas da elaboração das peças orçamentárias, circunscritas apenas ao Executivo e ao poder político, não têm se convertido, conforme demonstrado amplamente no primeiro capítulo, em eficiência nas prestações públicas que, ao cabo e ao termo, são esperadas. Em outros termos, conclui-se que a atual conformação procedimental diante da dogmática constitucional e legal nacional é fracassada.

Desse modo, a problematização do contexto descrito apontou a necessidade do desenvolvimento de tecnologias, sobretudo jurídicas, mas não somente. Tais tecnologias deveriam ser aptas a comportar a multidisciplinariedade que as disfunções orçamentárias apresentam, a fim de que possam ser convertidas em políticas públicas de boa qualidade, além de serem projetadas como estruturas de acoplamentos entre os sistemas organizacionais de justiça, do Ministério Público e de controle externo.

Entre os diversos instrumentos que representam essas tecnologias, foram apresentados processos comunicativos impulsionadores dos arranjos institucionais, espécie de meios de estabilizadores, importantes para segurança jurídica, sistematicidade e integração com a realidade social.

Intentou-se esclarecer que as múltiplas e acentuadas discrepâncias interpretativas, pelas cortes de contas do país, sobre as regras e princípios estabelecidos na Constituição e na LRF impulsionam uma tendência no sentido do afrouxamento de normas, cuja tecnologia jurídica foi projetada, dimensionada, para proteger com rapidez o equilíbrio entre as receitas e as despesas públicas dentro da Federação Brasileira, com evidentes impactos sobre a eficiência das políticas públicas.

Fundado em diversos exemplos, ficou evidenciado que o exame dos programas, projetos e atividades previstas na lei orçamentária necessita de parâmetros sólidos, obedientes aos comandos constitucionais e também às leis nacionais, para que seja possível a fiscalização pelos sistemas organizacionais de controle. Esclareceu-se que a análise compreende todo o ciclo orçamentário, partindo dos planos de governo e estendendo-se até a Lei de Diretrizes Orçamentárias e ao orçamento anual.

O Código de Processo Civil de 2015 apresentou-se no terceiro capítulo como canal de acoplamento estrutural entre os sistemas organizacionais de justiça e de controle externo. O emprego da codificação processual pelos tribunais de contas capaz de proporcionar uma transferência racional de informações entre os sistemas em face de adoção de um instrumento comum, capaz orientar decisões universalizadas e consistentes, ainda que em ambientes de elevada complexidade, tratou-se, em outras palavras, de uma ferramenta de legitimação pelo procedimento, de integração regrada ou em cooperação, tornando as rupturas entre os sistemas organizacionais de justiça e de controle externo menos prováveis.

Ainda tratando sobre o CPC/15, os precedentes administrativos foram observados como instrumentos de realização do próprio direito; mais ainda, dos direitos fundamentais. Tal assertiva mostrou-se verdadeira na medida em que facilitam – os precedentes – os arranjos institucionais ou os acoplamentos estruturais. Em outros termos, possibilitam uma visão mais concreta das decisões do controle externo, mais próxima da realidade e, portanto, facilitadora dos processos comunicativos entre quem planeja as políticas públicas, aprova tais políticas e as fiscaliza.

Na mesma linha da codificação processual civil, tratou-se do acoplamento estrutural entre os sistemas organizacionais de controle a partir da problematização existente entre a dogmática e a procedimentalização das sanções aplicadas pelas cortes de contas. Concluiu-se ser possível a promoção do adequado acoplamento estrutural entre os sistemas organizacionais de referência a partir de decisões deduzidas logicamente segundo critérios comuns de fundamentação no direito sancionatório.

Concluiu-se que isto, no mesmo passo em que privilegiaria o princípio da universalidade, importaria em argumentos decisórios lastreados em consensos fundados no âmbito do controle externo e do sistema de justiça. Deduziu-se que, se assim não for, além do prejuízo ao devido processo legal pelo qual passa o jurisdicionado, ainda remanescerá a insegurança jurídica decorrente de posições particulares e desencontradas, desorientando, até mesmo, os que estarão no exercício da gestão pública sobre o que é correto ou não, válido ou inválido.

Como meio concreto do acoplamento estrutural entre os sistemas organizacionais de justiça, de controle externo e do Ministério Público, apresentou-se uma ferramenta auxiliar de funcionamento de emprego recíproco entre os sistemas para a representação interventiva. Propôs-se, no tocante às operações internas, desenvolvidas nos tribunais de contas, que estas fossem repassadas aos demais sistemas operacionais sem que houvesse necessidade de reprodução dos seus processos comunicativos.

Concluiu-se que os desencontros de entendimentos, seja pela gestão executiva estadual, municipal ou mesmo da fiscalização externa, levada a efeito pelos tribunais de contas estaduais, em suas decisões assimétricas sobre matérias orçamentárias, como, por exemplo, gastos com pessoal, desestabilizam as contas públicas na mesma medida em que geram severa insegurança jurídica e quebra da isonomia entre os estados-membros dentro do pacto federativo e frente à Lei de Responsabilidade Fiscal.

Provou-se que a sistemática adotada pela Constituição Federal, no artigo 34, já impõe medidas interventivas pela União nos estados e no Distrito Federal sempre que, entre outras razões, se fizer necessária a reorganização das finanças das unidades da Federação em face do agravamento da dívida fundada (artigo 34, inciso V, "a") e da inobservância do dever estadual de transferir as receitas tributárias aos entes municipais (artigo 34, inciso V, "b").

Com efeito, assevera-se que o agravamento da crise financeira dos estados e municípios deriva, em substancial parcela, das múltiplas interpretações da LRF, não raras as vezes, sobre conceitos elementares, como o que define as parcelas integrantes da receita corrente líquida. Em outro exemplo, a ampliação dos gastos com pessoal e a sua importante contribuição, juntamente com outras razões, *v.g.*, crise previdenciária, para diminuição das possibilidades de pagamento das dívidas públicas estadual e municipal, fazendo com que o prejuízo seja arcado pelo Tesouro Nacional.

Outras disfunções orçamentárias, como decorrência da inobservância da LRF, também foram apresentadas. Os benefícios tributários e as concessões indevidas exteriores à moldura das possibilidades legais dos estados ocasionam repasses aos municípios de receitas tributárias em frontal desacordo com os parâmetros constitucionais estabelecidos no artigo 34, inciso V, "b", ao passo em que também diminuem, ao que se concluiu, a capacidade de investimento municipal em políticas públicas estruturantes, como saúde e educação.

A partir do artigo 34, inciso VI, da CF, compreendeu-se que a promoção da execução de leis nacionais, como a Lei de Responsabilidade Fiscal, possui forte imbricação com a observância do princípio constitucional sensível da prestação de contas das administrações direta e indireta estaduais (artigo 34, VII, "d"), já que a intervenção é verticalizada, ou seja, sempre será da União nos estados e no Distrito Federal.

Assentou-se o entendimento de que as contas prestadas possuem natureza dúplice, ou seja, devem ser prestadas pela administração e apreciadas (artigo 71, inciso I, da CF) ou julgadas (artigo 71, inciso II, da CF) segundo o padrão de fiscalização do Tribunal de Contas da União (artigo 75 da CF), ao qual coube a tarefa uniformizadora do controle externo no âmbito dos interesses da União como ente aglutinador dos interesses de todos os estados-membros reunidos no pacto federativo, e não como pessoa jurídica de direito público.

Esses argumentos intentaram provar que a LRF é lei nacional cuja promoção da execução válida é, sobretudo, tarefa da União, e mais, que da sua fiel observância depende a organização das finanças da Federação, revelando-se que, na estrutura da República, quem detém as melhores competências institucionais de fiscalização da aplicação da lei de forma isonômica em todas as unidades federativas, no interesse da União, é o TCU.

Conclui-se ao final do estudo que, da composição mais ou menos acoplada dos mecanismos de proteção, dependerá a satisfação ou não dos interesses da Federação. Nesta seara, o procurador-geral da República detém a titularidade da defesa dos interesses da União concretizados na integridade do ordenamento constitucional pela execução do direito federal, e o TCU, o plexo de competências constitucionais, apto para detecção da violação das regras voltadas ao equilíbrio fiscal na Federação.

Com efeito, a titularidade da representação interventiva é do PGR na condição de representante da União, interessada no cumprimento dos princípios constitucionais sensíveis e no equilíbrio fiscal. Contudo, o processo comunicativo com o controle externo federal, o Tribunal de Contas da União, necessita relacionar-se de modo intersistêmico a fim de que a autorreferência de cada entidade de controle não acabe por fazer com que, em face do desequilíbrio fiscal, o Tesouro Nacional se veja obrigado a sustentar políticas públicas estaduais em face da solidariedade que congrega os entes federados.

Observa-se que a representação interventiva, que pode ser promovida pela Procuradoria-Geral da República junto ao Poder Judiciário, a partir da detecção pelo TCU de violações constitucionais ou legais nacionais, atentatórias contra o equilíbrio fiscal nacional e com fundamento na base técnica do órgão de controle externo federal, representa uma forma de acoplamento estrutural, com base constitucional já existente e de imediata aplicação, apta à restauração do equilíbrio fiscal nas peças orçamentárias dos entes federados, fazendo com que as políticas públicas essenciais passem a ser prestadas com melhor qualidade.

A tese revelou que os diversos sistemas de controle, interagindo e agindo acopladamente, podem controlar os investimentos públicos, sem que isso represente ingresso nas competências constitucionais dos Poderes Legislativo e Executivo, corrigindo as distorções derivadas de violações à própria Constituição e às leis nacionais estruturantes de políticas públicas essenciais.

Em conclusão, espera-se que a presente tese surta impactos relevantes e direcionem uma atuação mais efetiva na inter-relação e acoplamento das instâncias judiciais e os órgãos de controle. Essa compreensão deve se espraiar para as unidades da Federação e União.

REFERÊNCIAS

ABRAHAM, Marcus. *Curso de Direito Financeiro*. 3. ed. Forense, 2015.

ADEODATO, João Maurício. *Ética e retórica*: para uma teoria dogmática jurídica. 5. ed. São Paulo: Editora Saraiva, 2012.

ALEXY, R. *Teoria da argumentação jurídica*: a teoria do discurso racional como teoria da fundamentação jurídica. São Paulo: Landy, 2001.

ALEXY, R. *Teoria de los derechos fundamentales*. Centro de Estudios Politicos, 2002.

ALMEIDA, Fernanda Dias Menezes de. *Competência na Constituição de 1988*. 10. ed. São Paulo: Atlas, 2016.

AMARAL, G. *Direito, escassez & escolha*: em busca de critérios jurídicos para lidar com a escassez de recursos e decisões trágicas. São Paulo: Renovar, 2001.

AMES, B. *Os entraves da democracia no Brasil*. Rio de Janeiro: Editora FGV, 2003.

ANDRADE, N. A. *Planejamento governamental para municípios*: Plano Plurianual, Lei de Diretrizes Orçamentárias e Lei Orçamentária Anual. São Paulo: Atlas, 2010.

ANTICO, C.; JANNUZZI, P. M. *Indicadores e a gestão de políticas públicas*. 2006. Disponível em: *www.fundap.sp.gov.br/debatesfundap/pdf/Gestao_de_Poi%C3%ADticas_. Publicas/ Indicadores_e_Gest%C3%A3o_de_Pol%C3%ADticas_P%C3%BAblicas.pdf*. Acesso em: 10 maio 2018.

ANTUNES, Maciel Carlos. *Maturidade do Alinhamento Estratégico Entre o Plano Plurianual e os Órgãos de Controle: Um Estuado de Caso no Ministério Público da União*. Dissertação de Mestrado. Universidade de Brasília – UNB. Brasília – DF, 2011. Disponível em: http://repositorio.unb.br/handle/10482/9750. Acesso em: 29 out. 2019.

ARRETCHE, M. Tendências no estudo sobre avaliação. *In*: RICO, E. M. (Org.). *Avaliação de políticas sociais*: uma questão em debate. São Paulo: Cortez, 1998.

ASSIS, Luiz Gustavo Banbini. *Processo Legislativo e Orçamento público*: a função do controle do Parlamento. Tese de Doutorado. Universidade de São Paulo – USP. São Paulo, 2009. Disponível em: https://teses.usp.br/teses/disponiveis/2/2134/tde-30042010-083530/publico/Luiz_Gustavo_Bambini_de_Assis_Tese.pdf. Acesso em: 30 out. 2019.

ÁVILA, H. *Teoria dos princípios*: da definição à aplicação dos princípios jurídicos. 10. ed. ampl. e atual. São Paulo: Malheiros, 2009.

AZEVEDO, Ricardo Rocha de. *Imprecisão na estimação orçamentária dos municípios brasileiros*. Dissertação de Mestrado. Universidade de São Paulo – USP. Ribeirão Preto – SP, 2013. Disponível em: https://teses.usp.br/teses/disponiveis/96/96133/tde-17032014-110156/publico/RicardoRAzevedo_Corrigida.pdf. Acesso em: 30 out. 2019.

BACELLAR FILHO, R. F. *Direito administrativo*. São Paulo: Saraiva, 2008.

BALEEIRO, A. *Uma introdução às ciências das finanças*. 16. ed. Rio de Janeiro: Forense, 2006.

BANHOS, Sérgio Silveira. *Discricionariedade, orçamento, direitos fundamentais e estado constitucional*. 2012. 239 f. Tese (Doutorado em Direito) – Pontifícia Universidade Católica de São Paulo – PUC-SP, São Paulo – SP, 2012. Disponível em: https://tede2.pucsp.br/bitstream/handle/6027/1/Sergio%20Silveira%20Banhos.pdf. Acesso em: 30 out. 2019.

BARCELOS, A. P. de. *A eficácia jurídica dos princípios constitucionais*: o princípio da dignidade da pessoa humana. Rio de Janeiro: Renovar, 2002.

BARROSO, L. R. Da falta de efetividade à judicialização excessiva: direito à saúde, fornecimento gratuito de medicamentos e parâmetros para a atuação judicial. *In*: DE SOUZA NETO, Cláudio Pereira; SARMENTO, Daniel (Coord). *Direitos Sociais*: fundamentos, judicialização e direitos sociais em espécie. Rio de Janeiro: Lúmen Juris, 2008.

BASTOS, C. R. *Curso de Direito Constitucional*. 20. ed. São Paulo: Saraiva, 1999.

BASTOS, C. R.; MARTINS, I, G. da S. *Comentários à Constituição do Brasil*. 2. ed. São Paulo: Saraiva, 2001.

BAHIA. Tribunal de Contas do Estado da Bahia. Processo TCE/009670/2015. Resolução nº 000031/2016, proferida pelo Relator Conselheiro Inaldo da Paixão Santos Araújo. Disponível em: https://www.tce.ba.gov.br/servicos/processo/tce-009670-2015.

BAUMAN, Zigmunt. *Estado de Crise*. Rio de Janeiro: Zahar, 2016.

BAUMOL, W. *Welfare Economics and the Theory of the State*. Cambridge, MA: Harvard University Press, 1952.

BELLONI, I.; MAGALHÃES, H.; SOUSA, L. C. de. *Metodologia para avaliação de políticas públicas*: uma experiência em educação profissional. São Paulo: Cortez, 2001.

BERCOVIC, G. *Constituição econômica e desenvolvimento*: uma leitura a partir da Constituição de 1988. São Paulo: Malheiros Editores, 2005.

BERLIN, E. P. The Federal Sentencing Guidelines Failure To Eliminate Sentencing Disparity: Governmental Manipulations Before Arrest. *Wisconsin Law Review*, 1993.

BEZERRA FILHO, J. E. *Orçamento aplicado ao setor público*: abordagem simples e objetiva. São Paulo: Atlas, 2012.

BEZERRA, M. O. *Em nome das "bases"*: política, favor e dependência pessoal. Rio de Janeiro: Relume Dumará: Núcleo de Antropologia Política, 1999.

BEZERRA, M. O. Políticos, Representação Política e Recursos Públicos. *Horizontes Antropológicos*, Porto Alegre, v. 7, n. 15, p. 181-207, jul. 2001.

BILLIER, J-C.; MARYOLI, A. *História da filosofia do direito*. Barueri/SP: Manole, 2005.

BINENBOJM, G. (Coord.). Direitos fundamentais. *Revista da Associação de Procuradores do Novo Estado do Rio de Janeiro*, Rio de Janeiro, v. XII, 2003.

BOBBIO, N. *A Era dos Direitos*. Rio de Janeiro: Elsevier, 2004.

BRASIL. Ministério da Fazenda. *Boletim das Finanças Públicas dos Entes Subnacionais*. Disponível em: http://www.tesouro.fazenda.gov.br/documents/10180/0/Boletim+de+Financas+P%C3%Bablicas+dos+Entes+Subnacionais/107970b4-9691-4263-a856-b37d655b42b2. Acesso em: 7 jun. 2019.

BRASIL. CÂMARA DOS DEPUTADOS. *Informativo*: entenda o que é receita corrente líquida. Disponível em: http://www2.camara.leg.br/camaranoticias/noticias/53635.html. Acesso em: 02 jan. 2019.

BRASIL. Ministério da Fazenda. *Relatório de Garantias Honradas pela União em Operações de Crédito – Setembro de 2018*. Disponível em: https://www.tesouro.fazenda.gov.br/documents/10180/541695/RMGH+-+2018.09.pdf/1dcb0989-9e8e-40dc-a2ea-a9302b0e08d5. Acesso em: 7 jun. 2019.

BRASIL. Supremo Tribunal Federal. Disponível em: http://redir.stf.jus.br/paginadorpub/paginador.jsp?docTP=AC&docID=515349. Acesso em: 7 jun. 2019.

BRASIL. Supremo Tribunal Federal. *RE nº 855.178*. Disponível em: http://www.stf.jus.br/portal/cms/verNoticiaDetalhe.asp?idConteudo=412146. Acesso em: 7 jun. 2019.

BRASIL. *Tesouro Nacional divulga o Boletim dos Entes Subnacionais de 2018*. Disponível em: http://www.tesouro.fazenda.gov.br/-/tesouro-nacional-lanca-boletim-de-financas-publicas-de-estados-e-municipios. Acesso em: 7 jun. 2019.

BRASIL. TSE – RESPE: 29.681 Nova Porteirinha/MG, Relator: Min. Ricardo Lewandowski, data de julgamento: 16.10.2008. Disponível em: http://www.tse.jus.br/hotsites/catalogo-publicacoes/pdf/revista_jurisprudencia/ RJTSE19_4.pdf. Acesso em: 07 jan. 2019.

BRASIL. *Manual de Elaboração de Programas*. Brasília: Biblioteca do Senado Federal, 2006.

BRASIL. Tribunal de Constas da União. *Acórdão nº 15.653/2018*. Disponível em: www.tcu.gov.br.jurisprudencia1980. Acesso em: 10 maio 2019.

BRASIL. TSE – RESPE: 29.535 Catingueira/PB 215312008, Relator: Min. Marcelo Henriques Ribeiro de Oliveira, data de julgamento: 16.12.2008, Data de Publicação: DJE – Diário de Justiça Eletrônico – 02.02.2009.

BRASIL. TSE – RO: 75.179 Palmas/TO, Relator Min. Arnaldo Versiani, data de julgamento: 08.09.2010, Dada de Publicação: PSESS – Publicado em Sessão, Data 08.09.2010.

BRASIL. Constituição (1988). Constituição da República Federativa do Brasil: promulgada em 5 de outubro de 1988. Disponível em: http://www.planalto.gov.br/ccivil_03/Constituicao/ConstituicaoCompilado.htm. Acesso em: 07 jan. 2019.

BRASIL. *Constituição Federal de 1988*. Brasília: Biblioteca do Senado Federal, 1988. Disponível em: http://www.planalto.gov.br/ccivil_03/Constituicao/Constituicao.htm. Acesso em: 6 fev. 2017.

BRASIL. *Decreto nº 5.233, de 6 de outubro de 2004*. Estabelece normas para a gestão do Plano Plurianual 2004-2007 e de seus Programas e dá outras providências. Brasília: Biblioteca do Senado Federal, 2004.

BRASIL. *Lei Federal Complementar nº 135, de 04 de maio de 2010*. Altera a Lei Complementar nº 64, de 18 de maio de 1990, que estabelece, de acordo com o §9º do art. 14 da Constituição Federal, casos de inelegibilidade, prazos de cessação e determina outras providências, para incluir hipóteses de inelegibilidade que visam a proteger a probidade administrativa e a moralidade no exercício do mandato. Brasília, DF, jun. 2010. Disponível em: http://www.planalto.gov.br/ccivil_03/LEIS/LCP/Lcp135.htm. Acesso em: 09 jan. 2019.

BRASIL. *Lei Federal Complementar nº 64, de 18 de maio de 1990*. Estabelece, de acordo com o art. 14, §9º da Constituição Federal, casos de inelegibilidade, prazos de cessação, e determina outras providências. Brasília, DF, maio 1999. Disponível em: http://www.planalto.gov.br/ccivil_03/LEIS/LCP/Lcp64.htm. Acesso em: 09 jan. 2019.

BRASIL. *Lei Federal nº 101, de 04 de maio de 2000*. Estabelece normas de finanças públicas voltadas para a responsabilidade na gestão fiscal e dá outras providências, Brasília, DF, maio 2000. Disponível em: http://www.planalto.gov.br/ccivil_03/LEIS/LCP/Lcp101.htm. Acesso em: 09 jan. 2019.

BRASIL. *Lei Federal nº 4.320/64*. Estatui Normas Gerais de Direito Financeiro para Elaboração e Controle dos Orçamentos e Balanços da União, dos Estados, dos Municípios e do Distrito Federal. Brasília: Biblioteca do Senado Federal, 2000.

BRASIL. *Lei n. 10.259 de 12 de julho de 2001*. Dispõe sobre a instituição dos Juizados Especiais Cíveis e Criminais no âmbito da Justiça Federal. Disponível em: http://www.planalto.gov.br/ccivil_03/leis/LEIS_2001/L10259.htm. Acesso em: 2 fev. 2017.

BRASIL. *Lei n. 10.259, de 12 de julho de 2001*. Dispõe sobre a instituição dos Juizados Especiais Cíveis e Criminais no âmbito da Justiça Federal. Disponível em: http://www.planalto.gov.br/ccivil_03/leis/LEIS_2001/L10259.htm. Acesso em: 2 fev. 2017.

BRASIL. *Lei n. 13.105 de 16 de março de 2015*. Código Processo Civil. Disponível em: http://www.planalto.gov.br/ccivil_03/_ato2015-2018/2015/lei/l13105.htm. Acesso em: 1 fev. 2017.

BRASIL. *Lei n.º 11.653, de 07 de abril de 2008*. Dispõe sobre o Plano Plurianual para o período 2008/20011. Brasília: Biblioteca do Senado Federal, 2008.

BRASIL. *Lei nº 8.443, de 16 de julho de 1992*. Lei Orgânica do Tribunal de Contas da União. Diário Oficial da União. Brasília, 1992. Disponível em: http://www.planalto.gov.br/ccivil_03/Leis/L8443.htm. Acesso em: 9 fev. 2016.

BRASIL. Supremo Tribunal Federal. Disponível em: http://redir.stf.jus.br/paginadorpub/paginador.jsp?docTP =AC&docID=515349. Acesso em: 07 jan. 2019.

BRASIL. Supremo Tribunal Federal. ADC nº 29/DF. Rel. Min. Luiz Fux. Tribunal Pleno. Brasília, DF, 16 de fevereiro de 2012. *Lex*: jurisprudência do STF. Disponível em: http://portal.stf.jus.br/processos/detalhe.asp?incidente=4065372. Acesso em: 08 jan. 2019.

BRASIL. Supremo Tribunal Federal. ADC nº 30/DF. Rel. Min. Luiz Fux. Tribunal Pleno. Brasília, DF, 16 de fevereiro de 2012. *Lex:* jurisprudência do STF. Disponível em: http://portal.stf.jus.br/processos/detalhe.asp?incidente=4070308. Acesso em: 08 jan. 2019.

BRASIL. Supremo Tribunal Federal. ADI nº 2238-5/DF. Rel. Min. Ilmar Galvão. Tribunal Pleno. Brasília, DF, 09 de agosto de 2007. *Lex:* jurisprudência do STF. Disponível em: http://redir.stf.jus.br/paginadorpub/paginador.jsp?docTP=AC&docID=547193. Acesso em: 08 jan. 2019.

BRASIL. Supremo Tribunal Federal. ADI nº 3.715/TO. Rel. Min. Gilmar Mendes. Tribunal Pleno. Brasília, DF, 21 de agosto de 2014. *Lex:* jurisprudência do STF. Disponível em: http://portal.stf.jus.br/processos/detalhe.asp?incidente=2379556. Acesso em: 08 jan. 2019.

BRASIL. Supremo Tribunal Federal. ADI nº 328/SC. Rel. Min. Ricardo Lewandowski. Tribunal Pleno. Brasília, DF, 02 de fevereiro de 2009. *Lex:* jurisprudência do STF. Disponível em: http://portal.stf.jus.br/processos/detalhe.asp?incidente=1501900. Acesso em: 08 jan. 2019.

BRASIL. Supremo Tribunal Federal. ADI nº 4.578/DC. Rel. Min. Luiz Fux. Tribunal Pleno. Brasília, DF, 16 de fevereiro de 2012. *Lex:* jurisprudência do STF. Disponível em: http://portal.stf.jus.br/processos/detalhe.asp?incidente=4065372. Acesso em: 08 jan. 2019.

BRASIL. Supremo Tribunal Federal. RE nº 235.593/MG. Rel. Min. Celso de Mello. Tribunal Pleno. Brasília, DF, 31 de março de 2004. *Lex:* jurisprudência do STF. Disponível em: http://portal.stf.jus.br/processos/detalhe.asp?incidente=4662945. Acesso em: 08 jan. 2019.

BRASIL. Supremo Tribunal Federal. RE nº 848.826/CE. Rel. Min. Celso de Mello. Tribunal Pleno. Brasília, DF, 27 de agosto de 2015. *Lex:* jurisprudência do STF. Disponível em: http://portal.stf.jus.br/processos/detalhe.asp?incidente=4662945. Acesso em: 08 jan. 2019.

BRASIL. Supremo Tribunal Federal. RE nº 855.178 – Responsabilidade solidária dos entes federados pelo dever de prestar assistência à saúde. Disponível em: http://www.stf.jus.br/portal/jurisprudenciaRepercussao/verAndamentoProcesso.asp?incidente=4678356&numeroProcesso=855178&classeProcesso=RE&numeroTema=793.

BRASIL. Supremo Tribunal Federal. *Acórdão no Mandado de Segurança n. 23.550-DF*. Tribunal Pleno: Relator Min. Marco Aurélio. Disponível em: http://www.stf.jus.br/arquivo/cms/sobrestfconhecastfjulgamentohistorico/anexo/ms21564.pdf. Acesso em: 2 fev. 2017.

BRASIL. Supremo Tribunal Federal. *Acórdão no Mandado de Segurança n. 23.550-DF*. Tribunal Pleno: Relator Min. Marco Aurélio. Disponível em: http://www.stf.jus.br/arquivo/cms/sobrestfconhecastfjulgamentohistorico/anexo/ms21564.pdf. Acesso em: 2 fev. 2017.

BRASIL. Supremo Tribunal Federal. *Informativo eletrônico de decisões*. Disponível em: http://www.stf.jus.br/arquivo/informativo/documento/informativo343.htm. Acesso em: 6 fev. 2017.

BRASIL. Supremo Tribunal Federal. *Mandado de Segurança n. 25.880*. Diário de Justiça. Brasília, 2006a. Disponível em: http://www.stf.jus.br/portal/processo/verProcessoPeca.asp?id=308397830&tipoApp=.pdf. Acesso em: 1 fev. 2017.

BRASIL. Supremo Tribunal Federal. *Mandado de Segurança n. 25.880*. Diário de Justiça. Brasília, 2006a. Disponível em: http://www.stf.jus.br/portal/processo/verProcessoPeca.asp?id=308397830&tipoApp=.pdf. Acesso em: 1 fev. 2017.

BRASIL. Supremo Tribunal Federal. *MS 25.092 ADIn 375*. Disponível em: http://redir.stf.jus.br/paginadorpub/paginador.jsp?docTP=AC&docID=86258. Acesso em: 1 fev. 2017.

BRASIL. TRF-5. APELAÇÃO CÍVEL AC 08006121820154058401/RN. Rel. Desembargador Federal Cid Marconi. 3ª Turma. Recife, PE, 04 de março de 2016. *Lex:* jurisprudência do TRF-5. Disponível em: https://trf-5.jusbrasil.com.br/jurisprudencia/328394950/apelacao-civel-ac-8006121820154058401-rn. Acesso em: 08 jan. 2019.

BRASIL. Tribunal de Contas da União. Relatório e parecer prévio sobre as contas do governo da República. Brasília: TCU, 2007. Disponível em: https://portal.tcu.gov.br/lumis/portal/file/fileDownload.jsp?fileId=8A8182A1555B6CBB01557EA0DF4F27B5&inline=1. Acesso em: 08 jan. 2019.

BRASIL. Tribunal Superior Eleitoral – RO: 40.137/CE, Relator Min. Henrique Neves, data de julgamento: 26.08.2014, Dada de Publicação: DJE – Diário de Justiça Eletrônico – 27.08.2014.

BRITTO, Carlos Ayres. *O Regime Constitucional dos Tribunais de Contas*. Editora Fórum. Notícias. Disponível em: http://www.editoraforum.com.br/noticias/o-regime-constitucional-dos-tribunais-de-contas-ayres-britto/. Acesso em: 08 jan. 2019.

BROWN, Renato Jorge Brown. *Controle Externo da Administração Pública Federal no Brasil*: o TCU – uma análise jurídico-administrativa. Rio de Janeiro: América Jurídica, 2002.

BUCCI, M. P. D. O conceito de política pública em direito. *In*: BUCCI, M. P. D. (Coord.). *Políticas Públicas*: reflexões sobre o conceito jurídico. São Paulo: Saraiva, 2006.

BUCCI, M. P. D. *Fundamentos para uma teoria jurídica das políticas públicas*. São Paulo: Saraiva, 2013. p. 13.

BUENO, C. S. *Novo Código de Processo Civil* – Anotado. 2. ed. São Paulo: Saraiva, 2016.

BUGARIN, B. J. O sistema de fiscalização dos recursos públicos federais adotado no Brasil. *Revista do TCU* nº 64, 1995.

BUGARIN, P. Princípio Constitucional da Eficiência: Um enfoque doutrinário multidisciplinar. *Revista do TCU*, 2011. Disponível em: revista.tcu.gov.br/ojs/index.php/RTCU/article/download.

BÜLOW, O. V. *Teoria das Exceções e dos Pressupostos Processuais*. 2. ed. LZN. 2003.

BURKHEAD, J. *Orçamento público*. Rio de Janeiro: Fundação Getúlio Vargas, 1971.

CALSAMIGLIA BLANCAFORT, Albert. Sobre la Dogmática Jurídica presupuestos y funciones del saber jurídico. (Ejemplar dedicado a: Metodologias y Derecho Privado). *In*: *Anales de Cátedra Francisco Suárez*, n. 22, 1992.

CANELA JR., O. *A efetivação dos direitos fundamentais através do processo coletivo*: um novo método de jurisdição. Apresentação qualificação doutorado: orientador Kasuo Watanabe. 2008.

CANELA JR., O. *Controle judicial de políticas públicas*. São Paulo: Saraiva, 2011.

CANOTILHO, J. J. G. *Direito constitucional e Teoria da Constituição*. 3. ed. Coimbra: Almedina, 1999.

CANOTILHO, J. J. G. *Direito Constitucional e Teoria da Constituição*. 7. ed. Coimbra: Livraria Almedina, 2003.

CANOTILHO, J. J. G.; MOREIRA, V. *Fundamentos da Constituição*. Coimbra: Coimbra, 1991.

CAMBI, E. Jurisprudência lotérica. *Revista dos Tribunais*, São Paulo, v. 90, n. 786, p. 108-128, abr. 2001.

CAPPELLETTI, M. Formações sociais e interesses coletivos diante da Justiça Civil. *Revista de Processo*, São Paulo, n. 5, p. 128-159, jan./mar. 1977.

CARVALHO, D. *Orçamento e contabilidade pública*: teoria e prática. Rio de Janeiro: Editora Elsevier, 2010.

CASTRO, C. L. F. de. *Dicionário de políticas públicas*. v. 2. Minas Gerais: Ed. da UEMG, 2015.

CASTRO, C. L. F. de; PINTO, L. M. R. S. (Orgs.). *Dicionário de políticas públicas*. v. 2. Minas Gerais: Ed. da UEMG, 2015.

CAVALCANTI, B. S.; OTERO, R. B. *Novos padrões gerenciais no setor público*: medidas do governo americano orientadas para o desempenho e resultados. Texto para Discussão n.º 16. Brasília: MARE/ENAP, 1997.

CAVALIERI FILHO, S. *Programa de Sociologia Jurídica*. 8. ed. Rio de Janeiro: Forense, 2000.

CHAVES, F. E. C. *Controle Externo da gestão pública*. 2. ed. Niteroi/RJ: Ímpetus, 2009.

CHAYES, A. *How does constitution establish Justice*? 101 harv. L.Rev.1026 (1988). Disponível em: http://www.nja.nic.in/P-950_Reading_Material_5-NOV-15/1.How%20does%20 Constitution %20establish%20Justice.pdf. Acesso em: 07 jun. 2017.

CEARÁ. Tribunal de Contas do Ceará. Processo nº 03875/2007-4. Resolução 2582/2009, Relator Itacir Todero. Disponível em: http://imagens.seplag.ce.gov.br/PDF/20091228/do20091228p05.pdf#page=244.

CHRISTOPOULOS, Basile Georges Campos. *Controle de constitucionalidade de normas orçamentárias*: o uso de argumentos consequencialista nas decisões do Supremo Tribunal Federal. Tese de Doutorado. Universidade de São Paulo – USP. São Paulo – SP. 2014. Disponível em: https://teses.usp.br/teses/disponiveis/2/2133/tde-11022015-103805/publico/BASILE_GEORGES_CAMPOS_CHRISTOPOULOS_TESE.pdf. Acesso em: 30 out. 2019.

CINTRA, A. C. de A.; GRINOVER, A. P.; DINAMARCO, C. R. *Teoria Geral do Processo*. São Paulo: Malheiros, 2001.

CITADINI, A. R. *O Controle da Administração Pública*. São Paulo: Ed. Max Limonad, 1995.

COHEN, E.; FRANCO, R. *Avaliação de projetos sociais*. Petrópolis: Vozes, 1993.

COHEN, M.; NAGEL, E. *Introducción a la lógica y al método científico*. 2. ed. Buenos Aires: Amorrortu, 1971.

COLLUCCI, C. *STJ Suspende ações para fornecimento de remédios que não constam no SUS*. Disponível em: http://www1.folha.uol.com.br/cotidiano/2017/05/1887533-stj-suspende-acoes-para-fornecimento-de-remedios-que-nao-constam-no-sus.shtml. Acesso em: 07 jun. 2017.

COMPARATO, F. K. *A afirmação histórica dos direitos humanos*. São Paulo: Saraiva, 2003.

COSTA, F. L. da; CASTANHAR, J. C. Avaliação de programas públicos: desafios conceituais e metodológicos. *RAP – Revista de administração pública*, Rio de Janeiro, v. 37, n. 5, p. 969-992, set./out. 2003.

COELHO, I. M. *Interpretação Constitucional*. 4. ed. São Paulo: Saraiva, 2011.

COURTIS, C. Critérios de justiciabilidade dos direitos econômicos, sociais e culturais: uma breve exploração. *In*: SOUZA NETO, C. P. de; SARMENTO, D. (Coords.). *Direitos Sociais*: fundamentos, judicialização e direitos sociais em espécie. Rio de Janeiro: Lumen Juris, 2008.

COUTINHO, Diogo. O direito nas políticas públicas. *In*: MARQUES, Eduardo (Org.). *A política pública como campo disciplinar*. São Paulo: Unesp, 2013. p. 181-200.

CRESPO, E. B.; HERNÁNDEZ, E. M.; PERULLES, L. F. G. *Tratado del derecho a la protección de la salud*. 2. ed. Madrid: Laxes – S. L. Fotocomposición, 2004.

CULLEN, F. T.; GILBERT, K. E. *Reaffirming rehabilitation*. USA: Anderson Publishing: Cincinnati, 1989.

CUNHA JÚNIOR, D. da. *Curso de direito constitucional*. 4. ed. Salvador: JusPodivm, 2010.

DALLARI, D. de A. *Elementos da teoria geral do estado*. 26. ed. São Paulo: Saraiva, 2007.

DEBUS, Edson Ronaldo do Nascimento. *Lei Complementar 101/2000*: entendendo a LRF. 2. ed. Brasília: Secretaria do Tesouro Nacional, 2017.

DINAMARCO, C. R. *Discricionariedade, devido processo legal e controle jurisdicional dos atos administrativos*. São Paulo: Malheiros, 2003.

DINAMARCO, C. R. *Fundamentos do processo civil moderno*. 3. ed. São Paulo: Malheiros, 2000.

DIDIER JR., F.; PEIXOTO, R. *Novo Código de Processo Civil (2017)* – Anotado com dispositivos normativos e enunciados (comparativo com CPC/73). 3. ed. Salvador: JusPodivm, 2017.

DIREITOS HUMANOS. *Declaração Universal dos Direitos dos Homens e do Cidadão de 1789*. Disponível em: http://www.direitoshumanos.usp.br/index.php/Documentos-anteriores-%C3%A0-cria%C3%A7%C3%A3o-da-Sociedade-das-Na%C3%A7%C3%B5es-at%C3%A9-1919/declaracao-de-direitos-do-homem-e-do-cidadao-1789.html. Acesso em: 10 maio 2019.

DISTRITO FEDERAL. Tribunal de Contas do Distrito Federal. Sessão Ordinária nº 4141/2007. Decisão nº 6963/2007, proferida pelo Relator Conselheiro Jorge Caetano, em 13 de dezembro de 2007. Proc. 18.886/2007. Disponível em: https://www.tc.df.gov.br/app/mesaVirtual/implementacao/?a=documento&f=downloadPDF&iddocumento=128140. Posicionamento mantido no Processo nº 40.419/2017-e, decisão em 20 de setembro de 2018. Acesso em: 7 jun. 2019.

DWORKIN, R. *Levando os direitos a sério*. São Paulo: Martins Fontes, 2010.

ENGISCH, K. *Introdução ao pensamento jurídico*. 7. ed. Lisboa: Fundação Calouste Gulbekian, 1996.

ESCOLA, H. J. *El Interés Público Como Fundamento Del Derecho Administrativo*. 1989:31 *In*: PIETRO, M. S. Z. di. *Discricionariedade administrativa na Constituição de 1988*. 2. ed. São Paulo: Editora Atlas, 2007.

ESPÍRITO SANTO. Tribunal de Contas do Espírito Santo. *Consulta TC-023/2013*. Processo TC 2073/2013 – Câmara Municipal de Pinheiros – ES. Disponível em: https://www.tce.es.gov.br/wp-content/uploads/2017/06/023-2013.pdf.

FEIJÓ, P. H.; MEDEIROS, M.; ALBUQUERQUE, C. *Gestão de finanças públicas*. Fundamentos e Práticas de Planejamento, Orçamento e Administração Financeira com Responsabilidade Fiscal. 2008.

FEIJÓ, P. H.; PINTO, L. F.; MOTA, F. G. L. *Curso de SIAFI* – Uma abordagem Prática da Execução Orçamentária e Financeira. 2. ed. Brasília: Coleção Gestão Pública, 2008.

FERNANDES, J. U. J. *Tomada de contas especial*: processo e procedimento nos Tribunais de Contas e na Administração Pública. 3. ed. Belo Horizonte: Ed. Fórum, 2005.

FERNANDES, J. U. J. *Tribunais de contas do Brasil*: jurisdição e competência. Belo Horizonte: Ed. Fórum, 2003.

FERNANDES, Jorge Ulisses Jacoby. *Tomada de Contas Especial*: processo e procedimento na administração pública e nos tribunais de contas. Volume 4. 5. ed. Belo Horizonte: Fórum, 2012.

FERNANDES, Jorge Ulisses Jacoby. *Tribunais de Contas do Brasil:* jurisdição e competência. 3. ed. rev. atual. e ampl. Belo Horizonte: Fórum, 2012.

FERRAZ JR., T. S. O Judiciário frente à divisão dos poderes: um princípio em decadência. *Revista USP* 21/14, mar. 1994.

FERRAZ, L. *Controle da Administração Pública*: elementos para compreensão dos Tribunais de Contas. Belo Horizonte: Mandamentos, 1999.

FIGUEIREDO, M. F.; FIGUEIREDO, A. M. C. Avaliação política e avaliação de políticas: um quadro de referência teórica. *Análise & Conjuntura*, v. 1, n. 3, Belo Horizonte, set./dez. 1986.

FOLSCHER, A. Budget Methods and Practices. *In*: SHAH, A. (Coord.). *Budgeting and Budgetary Institutions*. Washington: The World Bank, 2007.

FONTELES, S. S. O Princípio da simetria no federalismo brasileiro e a sua conformação constitucional. *Revista Jurídica da Procuradoria-Geral do Distrito Federal*, Brasília, v. 40, n. 2, p. 119-140, jul./dez. 2015. Disponível em: http://revista.pg.df.gov.br/index.php/RJPGDF/article/viewFile/291/218. Acesso em: 08 jan. 2019.

FRASE, R. Sentencing Guidelines in Minnesota and Other American States: A Progress Report. *In*: CLARKSON, C.; MORGAN, R. (Eds.). *The Politics of Sentencing Reform*. Clarendon Press: Oxford, 1995.

FREITAS, J. A democracia como princípio jurídico. *In*: FERRAZ, L.; MOTTA, F. *Direito público moderno*. Belo Horizonte: Del Rey, 2003.

FURTADO, J. R. C. *Elementos de direito financeiro*. 2. ed. Belo Horizonte: Fórum, 2010.

GALDINO, F. *Introdução à teoria dos custos dos direitos*: direitos não nascem em árvores. São Paulo: Lúmen Júris, 2005.

GARCIA, G. G. Las reformas de salud y los modelos de gestión. *Revista Panamericana de Salud*, 2001, n. 9, v. 6, p. 406-412.

GARCIA, R. C. *A Reorganização do processo de planejamento do governo federal*: o PPA 2000-2003. Brasília: IPEA, 2000.

GASPARINI, D. *Direito administrativo*. 11. ed. São Paulo: Editora Saraiva, 2006.

GIACOMONI, J. *Orçamento Público*. 15. ed. São Paulo: Atlas, 2010.

GONÇALVES FILHO, M. F.; GRINOVER, A. P.; FERRAZ, A. C. da C. *Liberdades públicas*. Parte geral. São Paulo: Saraiva, 1978.

GRINOVER, A. P. A ação civil pública refém do autoritarismo. *Revista Forense*. 2010.

GRINOVER, A. P. Doutrinas Essenciais de Direito Constitucional. *Revista de Direito Bancário e do Mercado de Capitais*, v. 4. p. 563, out. 2008.

GRINOVER, A. P. O controle de políticas públicas pelo Judiciário. *Revista de Direito Bancário e do Mercado de Capitais*, v. 42, p. 11, out. 2008.

HABERMAS, J. *Direito e democracia*: entre facticidade e validade. v. II. Rio de Janeiro: Tempo Brasileiro, 1997.

HARADA, K. *Direito financeiro e tributário*. 20. ed. São Paulo: Atlas, 2011.

HESSE, K. *Temas fundamentais do Direito Constitucional*. São Paulo: Saraiva, 2013.

HORVATH, E. *O orçamento no século XXI*: tendências e expectativas. São Paulo: Universidade de São Paulo, 2014.

JACOBI, P. R. Políticas sociais locais e os desafios da participação citadina. *Ciência & Saúde Coletiva*, v. 7, n. 3, p. 443-454, 2002.

JOYCE, P. Linking performance and budgeting under the separation of powers: the Three Greatest Obstacles Created by Independent Legislatures. 2005. *In*: SEMINÁRIO FMI SOBRE ORÇAMENTAÇÃO POR RESULTADOS.

JR-ZANETI, H.; JR-DIDIER, F. Processo coletivo passivo. *Rev. Ciên. Jur. e Soc. da Unipar*, Umuarama, v. 11, n. 2, jul./dez. 2008.

LEITE, C. B. *A proteção social no Brasil*. São Paulo: Imprenta, 1972.

LIENERT, I.; MOO-KYUNG, J. The Legal Framework for Budget Systems: an International Comparison. *OECD Journal of Budgeting*, Paris, v. 4, n. 3, 2004.

LIMA, E. C. P. Algumas observações sobre Orçamento Impositivo no Brasil. *Planejamento e políticas públicas*/Ipea. Brasília, n. 26. jun./dez. 2003.

LIMA, L. H. *Controle externo*: Teoria e Jurisprudência para os Tribunais de Contas. 7. ed. Rio de Janeiro: Forense; São Paulo: Método, 2018.

LIMA, L. H. *Controle Externo:* Teoria, Jurisprudência e mais de 500 questões. Rio de Janeiro: Elsevier, 2011.

LIMA, V. de M. *Teoria da hermenêutica da responsabilidade decisória*: Direitos Sociais entre Ativismo Judicial e Decisão Jurídica Democrática. São Paulo: Juruá Editora, 2016.

LLEWELLYN, Karl N. *The common law tradition*. Boston-Toronto: Little, Brown and Company, 1960.

LUHMANN, N. *El derecho de la sociedad*. México: Universidade Iberoamericana, 2002.

LUHMANN, N. *O direito a sociedade*. São Paulo: Martins Fontes, 2016.

LUHMANN, N.; DE GEORGI, R. *La sociedad de la sociedad*. México: Herder, 2007.

LUHMANN, N. *A Nova Teoria dos Sistemas*. Org. C. E. Baeta Neves e E. M. Barbosa Samios. Porto Alegre, Ed. Da universidade/UFRGS, 1997.

MACAHADO JR., J. T.; REIS, H. da C. *A Lei 4.320 comentada e a Lei de Responsabilidade Fiscal*. 31. ed. Rio de Janeiro: IBAM, 2002/2003.

MACHADO, A. C. da C. *Constituição Federal interpretada*: artigo por artigo, parágrafo por parágrafo. São Paulo: Editora Florence, 2016.

MACIEL, D. A.; KOERNER, A. Sentidos da judicialização da política: duas análises. *Revista Lua Nova*, São Paulo, n. 57, 2002.

MAIER, J. B. La cesura del juicio penal, en Doctrina Penal. *In*: *Doctrina Penal*. Buenos Aires: Ed. Depalma, 1984.

MARINONI, L. G. *A legitimidade da atuação do Juiz a partir do direito fundamental a tutela efetiva*. São Paulo: RT, 2010.

MARINONI, L. G. *Precedentes obrigatórios*. São Paulo: RT, 2010.

MARINONI, L. G. O Precedente na dimensão da segurança jurídica. *In*: *A força dos precedentes*: estudos dos cursos de mestrado e doutorado em direito processual civil da UFPR. 2. ed. Salvador: JusPodivm, 2012.

MARTINS, Carolina Machado Freire. *Os efeitos da judicialização da saúde no orçamento público federal*: a desprogramação na assistência farmacêutica. Dissertação de Mestrado. Universidade de São Paulo – USP. São Paulo – SP, 2013. Disponível em https://teses.usp.br/teses/disponiveis/2/2133/tde-10112015-090439/publico/CAROLINA_MACHADO_FREIRE_MARTINS_MESTRADO_JUDICIALIZACAO.pdf. Acesso em: 30 out. 2019.

MARTINSON, R. *What works?* Questions and answers about prison reform. 1974. Disponível em: https://www.nationalaffairs.com/public_interest/detail/what-works-questions-and-answers-about-prison-reform. Acesso em: 7 out. 2018.

MATEUS, W. R. A competência dos Tribunais de Contas. *Revista IOB de Direito Administrativo*, n. 41, maio 2009.

MATIAS-PEREIRA, J. *Finanças públicas*: a política orçamentária no Brasil. 5. ed. São Paulo: Atlas, 2010.

MATO GROSSO. Tribunal de Contas do Estado de Mato Grosso. *Processo nº 16.377-5/2016*. Disponível em: https://www.tce.mt.gov.br/protocolo/detalhe/num/163775/ano/2016.

MEDAUAR, O. *Controle da administração pública*. 3. ed. São Paulo: Revista dos Tribunais, 2014.

MEDAUAR, O. *Controle da administração pública*. São Paulo: RT, 1993.

MELLO, C. A. B. de. *Curso de direito administrativo*. 22. ed. São Paulo: Malheiros, 2007.

MENDES, G. F.; BRANCO, P. G. G. *Curso de Direito Constitucional*. 12. ed. São Paulo: Saraiva, 2012.

MENDONÇA, J. V. dos S. Vedação do retrocesso: o que é e com perder o medo. *In*: BINENBOJM, Gustavo (Coord.). *Revista da Associação de Procuradores do Novo Estado do Rio de Janeiro*, v. XII, Direitos Fundamentais. Rio de Janeiro: Lumen Juris, 2003.

MENDES, André. *Desafios para Políticas Públicas Municipais*. Fundação Getúlio Vargas – FGV. Capítulo de Periódico "Cadernos FGV Direito Rio – Série Clínicas. Educação e Direito" – vol. 08. Rio de Janeiro, 2017. Disponível em: bibliotecadigital.fgv.br/dspace/bitstream/handle/10438/19490/Cadernos%20FGV%20Direito%20Rio%20-%20Série%20Clínicas%20-%20Volume%208.pdf?sequence=1&isAllowed=y. Acesso em: 30 out. 2019.

MILESK, H. S. *O controle da gestão pública*. São Paulo: Revista dos Tribunais, 2003.

MINAS GERAIS. Tribunal de Contas. *Súmula 100*. Disponível em: https://www.tce.mg.gov.br/Noticia/Detalhe/67. Acesso em: 7 jun. 2019.

MINISTÉRIO DO PLANEJAMENTO, ORÇAMENTO E GESTÃO. *Plano Plurianual 2004-2007*: relatório anual de avaliação – exercício o 2007 – ano base 2006. Brasília: Biblioteca do Senado Federal, 2007.

MONTESQUIEU, C. de S. Baron de. *Do Espírito das Leis*. São Paulo: Martin Claret, 2007.

MOORE, J. W.; OGLEBAY, R. S. The Supreme Court, stare Decisis and the Law of Case. *Texas Law Review*, v. 21, 1943.

MORAES, A. de. *Direito constitucional*. 23. ed. São Paulo: Atlas, 2008.

MULLER, Friedrich. *O novo paradigma do direito*: introdução à teoria e metódica estruturantes do direito. São Paulo: Ed. Revista dos Tribunais, 2007.

MULLER, Friedrich. *Teoria estruturante do direito*. São Paulo: Ed. Revista dos Tribunais, 2007.

MUSGRAVE, R. *Teoría de la Hacienda Pública*. Madrid: Aguilar, 1969.

MUSGRAVE, R.; MUSGRAVE, P. B. *Finanças públicas*. Teoria e prática. São Paulo: Ed. Campus, 1980.

NADER, R. M. A avaliação como ferramenta para uma gestão pública orientada para resultados. O caso do Governo Federal Brasileiro. *In*: X CONGRESO INTERNACIONAL DEL CLAD, 2005. Disponível em: http://unpan1.un.org/intradoc/groups/public/documents/clad/clad0053502.pdf. Acesso em: 7 out. 2018.

NALINI, J. R. O juiz e a proteção dos interesses difusos. *Revista da Procuradoria-Geral do Estado de São Paulo*, São Paulo, p. 49-62, jun. 1992.

NASCIMENTO, E. R. *Gestão pública*: tributação e orçamento; gestão fiscal responsável; LRF; tópicos em contabilidade pública; gestão pública no Brasil, de JK a Lula; administração financeira e orçamentária; finanças públicas nos três níveis de governo. 2. ed. São Paulo: Saraiva, 2010.

NASCIMENTO, Rodrigo Melo do. A execução judicial das decisões proferidas pelos Tribunais de Contas. *Revista do TCU*, Brasília, n. 125, p. 84-101, set./dez. 2012. Acesso em: 08 jan. 2019.

NEIVA, Vinicius Mendonça. *Características do orçamento brasileiro e sua relação com o planejamento. O caso dos Ministérios da Educação e dos Transportes*. Dissertação de Mestrado. Universidade de Brasília – UNB. Brasília – DF, 2011. Disponível em: http://repositorio.unb.br/handle/10482/9908. Acesso em: 29 out. 2019.

NEVES, D. A. A. *Novo CPC*: Código de Processo Civil Lei 13.105/2015. 3. ed. São Paulo: Método, 2016.

NEVES, M. *A constitucionalização simbólica*. São Paulo: Acadêmica, 1996.

NOLL, Peter. *Gesetzgebungs*. Broschiert: Studium, 1973.

NÓBREGA, M. *Lei de Responsabilidade Fiscal e leis orçamentárias*. São Paulo: Ed. Juarez de Oliveira, 2002.

NUNES, A. A. A avaliação econômica de fármacos e outras tecnologias em saúde instrumentalizando o poder público e judiciário para a tomada de decisão: potencialidades e limitações. *In*: BLIACHERIENE, Ana Carla; SANTOS, José Sebastião dos (Org.). *Direito à vida e à saúde*: impactos orçamentário e judicial. 1. ed. v. 1. São Paulo: Editora Atlas, 2010. p. 143-161.

OLIVEIRA, R. F. de. *Curso de Direito Financeiro*. 4. ed. São Paulo: Revista dos Tribunais, 2011.

OLIVEIRA, R. F.; HORVAT, E.; TAMBASCO, T. C. C. *Manual de Direito Financeiro*. São Paulo. Ed. Revista dos Tribunais, 1990.

OLSEN, A. C. L. *Direitos Fundamentais Sociais*: efetividade frente à reserva do possível. Curitiba: Juruá, 2008.

ORDACGY, André da Silva. *A tutela de direito de saúde como um direito fundamental do cidadão*. Brasília: Jus Navegandi, 2007. Disponível em: http://www.dpu.gov.br/pdf/artigos/artigo_saude_andre.pdf. Acesso em: 12 maio 2017.

PASSEROTTI, Denis Camargo. *O orçamento como instrumento de intervenção no domínio econômico*. Dissertação de Mestrado. Universidade de São Paulo – USP. São Paulo – SP. 2014. Disponível em: https://teses.usp.br/teses/disponiveis/2/2133/tde-20052016-105731/publico/Dissertacao_Denis_Camargo_Passerotti_USP_2014.pdf. Acesso em: 30 out. 2019.

PARAÍBA. Tribunal de Contas do Estado da Paraíba. *Processo nº 10.153/2011*.

PERELMAN, C. *The New Rhetoric*: A Treatise on Argumentation. Indiana: University of Notre Dame Press, 1971.

PERNAMBUCO. Tribunal de Contas do Estado de Pernambuco. *Processo nº 1852810-7*. Disponível em: https://tce.pe.gov.br/internet/index.php/mais-noticias-invisivel/193-2018/abril/3892-tce-responde-consulta-do-mppe-sobre-contabilizacao-de-despesas-com-pessoal.

PESSOA, J. G. de Paiva; SILVA, J. A. Fonseca. Sistemas de controle externo – abordagem sobre os sistemas anglo-saxão e latino-americano. *Revista Controle*, v. X, n. 2, 2012.

PIAUÍ. Tribunal de Contas do Piauí. *Consulta nº 02438/ 2013* – Consulta Formulada ao Tribunal de Contas do Estado do Piauí acerca da interpretação correta dos limites constitucionais em relação ao subsídio dos vereadores. Acórdão nº 1.825/2013, publicado no Diário Eletrônico do TCE/TI nº 177, de 02.10.2013 (p. 12), com trânsito em julgado em 07 de outubro de 2013. Disponível em: https://sistemas.tce.pi.gov.br/tceviewer/ index.xhtml?codigoProtocolo=004345/2013. Acesso em: 6 jun. 2018.

PINTO, É. G. *Financiamento dos Direitos à saúde e educação*. Uma perspectiva constitucional. Belo Horizonte: Fórum, 2015.

PIRES, J. A Realização Orçamentária e Financeira de Emendas Orçamentárias e o seu Controle pelo Executivo por Meio da (In)Fidelidade Parlamentar. 2005. Disponível em: www.tesouro.fazenda.gov.br/Premio_TN/XPremio/sistemas/1tosiXPTN/resumo.htm. Acesso em: 20 ago. 2018.

POSNER, R. A. *Direito, pragmatismo e democracia.* Rio de Janeiro: Editora Forense, 2010.

POSNER, R. A. *The problems of jurisprudencie.* Cambridge, Mass.: Harvard University Press, 2003.

POSNER, R. A. *Economic analysis of law.* New York: Aspen, 2003.

RAMALHO, D. E.; PINTO, E. G. O gasto pode até ser mínimo, a qualidade da educação não. São Paulo, Estadão. 2014. Disponível em: https://politica.estadao.com.br/blogs/fausto-macedo/o-gasto-pode-ate-ser-minimo-a-qualidade-da-educacao-nao/.

RAMOS, E. da S. *Ativismo Judicial*: parâmetros dogmáticos. São Paulo: Saraiva, 2010.

RAWS, J. *Uma teoria da justiça.* 3. ed. São Paulo: Martins Fontes, 2008.

REALE, Miguel. *Lições Preliminares do Direito.* São Paulo: Saraiva, 2017.

REZENDE, F. *Planejamento no Brasil*: auge, declínio e caminhos para a reconstrução. Texto para discussão nº 4. Brasília, DF: CEPAL. Escritório no Brasil/IPEA, 2009.

REZENDE, F.; CUNHA, A. (Orgs.). *A reforma esquecida II*: obstáculos e caminhos para a reforma do processo orçamentário. Rio de Janeiro: Editora FGV, 2014.

REZENDE, F.; CUNHA, A. *O Orçamento dos Brasileiros*: por que ele não desperta maior interesse? Rio de Janeiro: FGV Projetos, 2014.

RIBEIRO TORRES, C. A.; GRAZIA, G. de. *Experiências de Orçamento Participativo no Brasil*: Período de 1997 a 2000. São Paulo: Editora Vozes, 2003.

RIBEIRO, R. J. B. *Controle Externo da Administração Pública Federal no Brasil*: O Tribunal de Contas da União. Uma análise jurídico-administrativa. Rio de Janeiro: América Jurídica, 2002.

RIVERO, J. *Direito administrativo.* Coimbra: Almedina, 1981.

RIO GRANDE DO NORTE. Tribunal de Contas. *Consulta nº 011851/2005* – Expediente de Consulta formulado pela Câmara Municipal de Equador. Assunto: Consulta. Conselheiro Relator Alcimar Torquato de Almeida. 73ª Sessão Ordinária realizada em 16/10/2005. Decisão nº 1.596/2005 – TCE.

RIO GRANDE DO SUL. Tribunal de Contas do Estado do Rio Grande do Sul. *Processo nº 003889-02.00/04-9.* Disponível em: https://www1.tce.rs.gov.br/portal/page/portal/tcers/inicial.

RIO GRANDE DO SUL. Tribunal de Contas do Estado do Rio Grande do Sul. *Parecer Coletivo nº 02/2002.* Disponível em: https://portal.tce.rs.gov.br/search?site=processos_pub&q=parecer+coletivo+02%2F2002&sort=date%3AD%3AL%3Ad1&client=tce_rs_processos&output=xml_no_dtd&proxystylesheet=tce_rs_processos&proxyreload=1&aba=consultas&filter=0&getfields=*&oe=UTF-8&ie=utf-8&lr=lang_pt&wc=200&wc_mc=1&ud=1.

ROCHA, P. E. N. de M. *Congresso Nacional e Orçamento Público*: o processo decisório da fase legislativa do ciclo orçamentário. Brasília/DF: UnB, 1997.

SABBAG, C. *Orçamento e desenvolvimento.* Campinas: Millenium, 2007.

SANCHES, O. A Atuação do Poder Legislativo no Orçamento: Problemas e Imperativos de um Novo Modelo. *Revista de Informação Legislativa,* Brasília, v. 35, n. 138, p. 5-23, jun. 1998.

SANCHES, O. M. *Dicionário de orçamento, planejamento e áreas afins.* Brasília: OMS, 2004.

SANCHES, O. M. *Dicionário de orçamento, planejamento e áreas afins*. Brasília: Prisma, 1997.

SANTA CATARINA. Tribunal de Contas do Estado de Santa Catarina. Prejulgado a 16.425 e 1413, Processo nº 305913506. Disponível em: http://www.tce.sc.gov.br/content/lista-geral-de-prejulgados.

SANTANA JÚNIOR, Jorge José Barros de. *Transparência fiscal eletrônica*: uma análise dos níveis de transparência apresentados nos sites dos poderes e órgãos dos Estados e do Distrito Federal do Brasil. Dissertação de Mestrado. Recife, 2008. Disponível em: http://repositorio.unb.br/handle/10482/4018. Acesso em: 10 jan. 2019.

SANTOS, R. de C. L. F. dos. *Orçamento Público*. 2. ed. Florianópolis: CAPES: UAB, 2012.

SANTOS, Rodrigo Valgas dos. *Procedimento administrativo nos tribunais de contas e câmaras municipais*. Belo Horizonte: Del Rey, 2006.

SARLET, I. W. *A eficácia dos direitos fundamentais*: uma teoria geral dos direitos fundamentais na perspectiva constitucional. 10. ed. Porto Alegre: Livraria do Advogado, 2010.

SARLET, I. W. *Proibição do retrocesso, dignidade da pessoa humana e direitos fundamentais na Constituição Federal de 1988*. 5. ed. Porto Alegre: Livraria do Advogado, 2008.

SCHICK, A. Can National Legislatures Regain an Effective Voice in Budget Policy? *OECD Journal on Budgeting*, v. 1, n. 3, p. 15-42, 2002.

SCHWARTZ, G. A. D. *Direito à saúde*: efetivação em uma perspectiva sistêmica. Porto Alegre: Livraria do Advogado, 2001.

SCHWARTZ, B. *American Constitucional Law*. UK: Cambridge University Press, 1955.

SILVA FILHO, O. C. da Tomada de Contas Especial Responsabilidade Civil e Julgamento das Contas. *Revista do Tribunal de Contas do Distrito Federal*, Brasília: Ed. Costa e Silva, v. 25, t. 1, 1999.

SILVA, J. A. da S. *Ação popular constitucional*. 2. ed. São Paulo: Malheiros Editores, 2007.

SILVA, J. A. da. *Curso de direito constitucional positivo*. 21. ed. São Paulo: Malheiros, 2002.

SILVA, J. A. da. *Orçamento programa do Brasil*. São Paulo: Revista dos Tribunais, 1973.

SILVA, Waldir Antonio Serafim da. *O orçamento público como um sistema de informações gerenciais voltado para o acompanhamento físico-financeiro: proposta de um modelo conceitual*. 2000. 155 f. Dissertação (Mestrado em Ciências Cont. Atuariais) - Pontifícia Universidade Católica de São Paulo – PUC-SP, São Paulo – SP, 2000. Disponível em: https://tede2.pucsp.br/bitstream/handle/1465/1/Waldir%20Antonio%20Serafim%20da%20Silva.pdf. Acesso em: 30 out. 2019.

SIMIONI, Christiane. *A qualidade do gasto público no âmbito estadual e o papel dos órgãos de controle*. *In*: MACHADO, Eloísa (Coord.). Controle da administração pública. São Paulo: Fundação Getúlio Vargas – FGV. Direito SP, 2014. p. 15-38. Disponível em: http://bibliotecadigital.fgv.br/dspace/bitstream/handle/10438/13313/Controle%20da%20Administração%20Pública%20-%209%20-%20DIGITAL.pdf?sequence=5&isAllowed=y. Acesso em: 30 out. 2019.

SLOMSKI, V. *Manual de contabilidade pública*: de acordo com as normas internacionais aplicadas ao setor público (IPSASB/IFAC/CFC). 3. ed. São Paulo: Atlas, 2013.

SOARES, F. M. *Direito Administrativo de Participação*. São Paulo: Ed. Del Rey, 1997.

SOARES, R. M. Fiscalização e controle do executivo pelo legislativo. *Revista de Informação Legislativa*, v. 26, n. 101, p. 147-160, jan./mar. 1989.

SOUZA NETO, C. P. de; SARMENTO, D. (Coord.). *Direitos sociais*: fundamentos, judicialização e direitos sociais em espécie. Rio de Janeiro: Lumen Juris, 2008.

SPECK, B. W. *Inovação e rotina no Tribunal de Contas da União*. São Paulo: Fundação Konrad Adenauer, 2000.

SUNDFELD, C. A. *Contratações Públicas e seu Controle*. São Paulo: Malheiros, 2003.

SUXBERGUER, A. H. G. *Direitos humanos e democracia*: estudos em homenagem ao Professor Vital Moreira. Rio de Janeiro: Lúmen Juris, 2018.

THEODORO JR., H.; NUNES, D.; BAHIA, A. M. F.; PEDRON, F. Q. *Novo CPC*: fundamentos e sistematização. 2. ed. Rio de Janeiro: Forense, 2015.

TOLLINE, H. *Em busca de uma participação efetiva do Congresso no Processo de elaboração orçamentária*. 2008. Biblioteca digital da Câmara dos Deputados. Disponível em: http://bd.camara.gov.br. Acesso em: 20 ago. 2018.

TORRES, R. L. O mínimo existencial, os direitos sociais e a reserva do possível. *In*: NUNES, A. J. A.; COUTINHO, J. N. M. (Orgs.). *Diálogos Constitucionais*: Brasil-Portugal. Rio de Janeiro: Renovar, 2004.

TORRES, R. L. *O orçamento na Constituição*. Rio de Janeiro: Renovar, 1995.

TORRES, R. L. *Tratado de direito constitucional financeiro e tributário*. v. 5. Rio de Janeiro: Renovar, 2008.

TRIBUNAL DE CONTAS DA UNIÃO. *Acórdão n. 2006/2006*. Ata n. 44, de 1º de novembro de 2006. Brasília, 2006b. Disponível em: http://portal2.tcu.gov.br/portal/pls/portal/docs/2049576.PDF. Acesso em: 9 fev. 2017.

TRIBUNAL DE CONTAS DA UNIÃO. *Acórdão TCU n. 1989/2015*. Disponível em: https://contas.tcu.gov.br/juris/SvlHighLight?key=41434f5244414f2d434f4d504c45544f2d31343833303234&sort=relevancia&ordem=desc&bases=acordao-completo;&highlight=&posiçãoDocumento=0&numDocumento=1&totalDocumentos=1. Acesso em: 6 fev. 2017.

TRIBUNAL DE CONTAS DA UNIÃO. *AC-TCU 2545/2011*. Disponível em: https://contas.tcu.gov.br/juris/SvlHighLight?key=41434f5244414f2d434f4d504c45544f2d31323034343332&sort=RELEVANCIA&ordem=DESC&bases=acordao-completo;&highlight=&posicaoDocumento=0&numDocumento=1&totalDocumentos=1. Acesso em: 6 fev. 2017.

TRIBUNAL DE CONTAS DA UNIÃO. *Resolução TCU n. 246 de 30 de novembro de 2011*. Altera o Regimento Interno do Tribunal de Contas da União, aprovado pela Resolução TCU nº 155, de 4 de dezembro de 2002. Disponível em: http://portal.tcu.gov.br/lumis/portal/file/fileDownload.jsp?fileId=8A8182A24E08D405014E0D2F671648A7. Acesso em: 1 fev. 2017.

TRIBUNAL DE CONTAS DA UNIÃO. Rui Barbosa e as finanças públicas brasileiras. In: TRIBUNAL DE CONTAS DA UNIÃO. *Rui Barbosa, uma visão do controle do dinheiro público*, TCU, 2000, p. 51.

TRIBUNAL DE CONTAS DO ESTADO DO TOCANTINS. *Manual de auditoria governamental*. Palmas/TO: TCE/TO, 2014.

TRINDADE, A. C. *Tratado de direito internacional de direitos humanos*. Porto Alegre: Sergio Fabris, 1997.

TROTABA, L.; COTTERET, J. M. *Finances Publiques*. 3. ed. University of California. Dalloz, 1969.

TUCCI, J. R. C. e. *Precedente judicial como fonte do direito*. São Paulo: Revista dos Tribunais, 2004.

TUDE, J. M.; MILANI, C. S. A Política Externa Brasileira em relação ao Fundo Monetário Internacional durante o Governo Lula. *Rev. Bras. Polít. Int.*, n. 56, v. 1, p. 85-103, 2013.

UNGARO, Gustavo Gonçalves. Controle Interno e Controle Social da Administração Pública. *In*: MACHADO, Eloísa (Coord.). Controle da administração pública. São Paulo: Fundação Getúlio Vargas – FGV. Direito SP, 2014. p. 63-76. Disponível em: http://bibliotecadigital.fgv.br/dspace/bitstream/handle/10438/13313/Controle%20da%20Administração%20Pública%20-%209%20-%20DIGITAL.pdf?sequence=5&isAllowed=y. Acesso em: 30 out. 2019.

UOL. *Reforma da Previdência*. Disponível em: https://economia.uol.com.br/noticias/redacao/2019/04/03/brasil-gasta-com-previdencia-10-vezes-o-que-gasta-com-educacao-diz-guedes.htm. Acesso em: 7 jun. 2019.

VIEHWEG, T. *Tópica e Jurisprudência*: uma contribuição à investigação dos fundamentos jurídico-científicos. 5. ed. Porto Alegre: SAFE, 2008.

WATANABE, K. Demandas coletivas e os problemas emergentes da práxis forense. *Revista de Processo*, n. 67, jul./set. 1992, p. 23.

WAUTELET, P. Le droit au preces équitable et L'égalité des armes. *In*: CAUPAIN, T. L. *L'efficaté de la justice civil em Europe Bruxelles*, 2000.

WEICHERT, M. A. *Saúde e Federação na Constituição Brasileira*. Rio de Janeiro: Lúmen Juris, 2004.

ZYMLER, B. *O controle externo das concessões de serviços públicos e das parcerias público-privadas*. Belo Horizonte: Fórum, 2005.

Esta obra foi composta em fonte Palatino Linotype, corpo 10,5
e impressa em papel Offset 75g (miolo) e Supremo 250g (capa)
pela Gráfica Laser Plus, em Belo Horizonte/MG.